# 111 GRÜNDE, BASKETBALL ZU LIEBEN

CLAUS MELCHIOR

# 111 GRÜNDE, BASKETBALL ZU LIEBEN

## EINE LIEBESERKLÄRUNG AN DEN SCHÖNSTEN SPORT DER WELT

SCHWARZKOPF & SCHWARZKOPF

# INHALT

**WARM-UP** .................................. 9

**1. SLAM DUNKS** ........................... 15
*Weil Basketball von menschlichem Erfindergeist Zeugnis ablegt | Weil ... Michael Jordan! | Weil in der NBA Basketball auf höchstem Niveau zelebriert wird | Weil Barack Obama Basketball-Fan ist | Weil Basketball kein Männersport ist | Weil der deutsche Basketball in Heidelberg groß wurde | Weil das olympische Debüt des Basketballs ein überaus kurioses war | Weil Kevin Durant (vielleicht) der Beste ist | Weil Dirk Nowitzki »der Hitze« trotzte | Weil James Naismith der Welt die Dreizehn Gebote brachte*

**2. NO-LOOK PASSES** ....................... 59
*Weil das »Dream Team« die wahren Galaktischen waren | Weil die Harlem Globetrotters die ganze Welt verzaubern | Weil Wilt Chamberlain einmal 100 Punkte in einem Spiel erzielte | Weil die »Riesen vom Rhein« mal ganz groß waren | Weil die Welt Meisterinnen sucht | Weil Kobe Bryant ein talentierter Fußballer ist | Weil der 4. Juli ein guter Tag ist | Weil Magic zauberte | Weil Grün eine meisterliche Farbe ist | Weil es die WNBA gibt*

**3. HOOK SHOTS** ........................... 99
*Weil Kareem Abdul-Jabbar den Skyhook perfektionierte | Weil das Auseinanderhalten der Europapokalwettbewerbe im Basketball eine Denksportaufgabe ist | Weil die Ruhmeshalle des Basketballs eine Reise wert ist | Weil die San Antonio Spurs das Teams des 21. Jahrhunderts sind | Weil im Basketball die südkalifornische Seenplatte entdeckt wurde und die Heiligen der Letzten Tage dem Jazz frönen | Weil Albatrosse fliegen können | Weil Marlies Askamp in der WNBA Furore machte | Weil in Chicago die Bullen los sind | Weil Basketball den Sportunterricht erträglich machte | Weil Dirk Nowitzki in den Fußstapfen von Frido Frey wandelt*

**4. REVERSE LAY-UPS** .......................... 131
*Weil im Basketball auch Frauen an die Pfeife dürfen | Weil man nicht jeden Freiwurf verwandeln muss, um ein Superstar zu sein | Weil Larry Bird und Magic Johnson die NBA retteten | Weil die Euroleague die europäische Spitzenklasse vereint | Weil Olympisches Gold der schönste Schmuck ist | Weil das College eine Schule des Lebens ist | Weil Oskar Roth Meistertitel sammelte | Weil Deutschland einmal beinahe Weltmeister geworden wäre | Weil Jason Collins der erste offen schwule aktive amerikanische Profisportler ist | Weil es den Clásico auch im Basketball gibt*

**5. FADEAWAY JUMPERS** ...................... 161
*Weil Dirk Nowitzki Dirk Nowitzki ist | Weil es in Miami heiß hergeht | Weil das Basketballturnier zu den Höhepunkten der Olympischen Spiele gehört | Weil Jerry West im Westen sein Glück fand | Weil Wasserburg Spitze ist | Weil die Gießen 46ers der letzte Bundesliga-Dino waren | Weil Franken eine Basketballhochburg ist | Weil Larry Bird eine Legende ist | Weil im Basketball auch Verlierer Punkte erhalten | Weil Svetislav Pešić ein großer Trainer ist*

**6. REBOUNDS** .............................. 201
*Weil Dennis Rodman mal was mit Madonna hatte | Weil die Welt Meister sucht | Weil Klaus Weinand Endspieldauergast war | Weil Tim Duncan ein Vorbild ist | Weil Michael Jordan die Sportmode revolutioniert hat | Weil auch in der DDR Basketball gespielt wurde | Weil Dirk Bauermann ein Meistertrainer ist | Weil Bill Russell der Herr der Ringe ist | Weil Holger Gschwindner Dirk Nowitzki entdeckte | Weil in Los Angeles immer Showtime ist*

**7. PICK AND ROLL** .......................... 233
*Weil der NBA Draft alljährlich für Aufregung sorgt | Weil im Basketball die Dinge ins Rollen kommen | Weil die deutschen Frauen einmal beinahe die Europameisterschaft gewonnen hätten | Weil »Sir Charles« der »Round Mound of Rebound« war | Weil die Celtics und Lakers sich nicht riechen*

können | Weil Detlef Schrempf seinen Weg machte | Weil Basketballspiele mitunter ganz schön lang dauern können | Weil der Barmer TV die 1990er beherrschte | Weil Oscar Robertson der Meister des Triple-Doubles war | Weil Dirk Nowitzki mit einem Werbespot einen Shitstorm ausgelöst hat

## 8. ASSISTS .................................... 267
Weil John Stockton dafür sorgte, dass der »Mailman« die Post bringen konnte | Weil der deutsche Basketball kompetente Entwicklungshelfer hatte | Weil (fast) jeder mal Europameister werden kann | Weil Basketballer »mächtige Herrscher des Volkes« sind | Weil die Houston Rockets einen Traum hatten | Weil Bastian Schweinsteiger Basketballfan ist | Weil Norbert Thimm den Sprung nach Spanien wagte | Weil Phil Jackson ein »Zen Master« ist | Weil Göttingen eine Basketballstadt ist | Weil beim TuS Lichterfelde in der Nachwuchsarbeit Maßstäbe gesetzt wurden

## 9. ALLEY OOPS .................................... 299
Weil das Basketballturnier der Olympischen Spiele von München das chaotischste Finale aller Zeiten hatte | Weil sich beim Basketball Stars und Sternchen am Spielfeldrand drängeln | Weil auch große Städte große Mannschaften haben können | Weil die ABA den Basketball aufregender machte | Weil es nicht nur Dirk Nowitzki und Detlef Schrempf in die NBA geschafft haben | Weil der Basketball kein Unentschieden kennt | Weil Basketballer in Niedersachsen »sturmfest und erdverwachsen« sind | Weil »Dr. J« der König des Dunks war | Weil ganz Amerika im März verrückt spielt | Weil Agon Düsseldorf die 1980er beherrschte

## 10. BLOCKS .................................... 335
Weil Detroit die »Bad Boys« hatte | Weil Daugava Riga eine bemerkenswerte Siegesserie startete und weil sie vorbei ist | Weil in der NBA ein legendärer Zauber in der Luft liegt | Weil Deutschland einmal eine Goldene (Basketball-)Generation hatte | Weil George Mikan den Basketball revolutionierte | Weil im Basketball auch kleine Leute ganz groß rauskommen können | Weil Alba Berlin den Korać-Pokal gewann | Weil es auch beim Basketball was zu

*meckern gibt | Weil der Pokal seine eigenen Gesetze hat | Weil Bill Walton zu den dankbaren Untoten gehört*

## 11. BUZZER BEATERS .......................... 365
*Weil man Basketball lesen kann | Weil man Basketball sehen kann | Weil man Basketball hören kann | Weil der TSV München 1860 gerne am Anfang dabei ist | Weil Red Auerbach die Siegeszigarre erfand | Weil die Frauen schon früh um europäische Titel kämpften | Weil Frank Buschmann mit Leib und Seele Basketballer ist | Weil LeBron James ein Hitzkopf ist | Weil Hagen eigentlich immer dabei war | Weil es im Basketball kein Elfmeterschießen gibt | Das beste Team aller Zeiten*

# WARM-UP

## VORWORT

Im Englischen gibt es den Begriff *poetry in motion*, für den die deutsche Sprache kein exaktes Äquivalent kennt. Er bezeichnet jenen Moment, in dem Bewegung sich zu einem Ausdruck lyrischer Schönheit erhöht, einen Moment, den die Menschheit historisch wohl immer wieder im Tanz gesucht hat. Heute liefert auch der Sport solche Augenblicke, und von allen Mannschaftsspielen ist Basketball wohl dasjenige, welches sich am ehesten mit diesen Worten fassen lässt. Wenn eine Mannschaft sich gefunden hat, wenn alle Teile ineinander greifen, wenn die Spieler jeglichen Egoismus hinter sich lassen, um gemeinschaftlich zum Ziel zu kommen, dann ergeben sich Momente erhabener Schönheit, für die der Begriff *poetry in motion* wie geschaffen scheint. Das hat etwas mit Rhythmus zu tun, auch darin ist die Verwandtschaft zum Tanz zu erkennen, und dieser Rhythmus erschließt sich selbst dem Laien im Publikum ganz unmittelbar.

Solche Momente bietet der Basketball oft auch in individuellen Aktionen: der Distanzwurf, der sein Ziel findet und ohne den Ring zu berühren durchs Netz rutscht; der präzise Pass, der die gegnerische Abwehr durchschneidet und den leichten Korberfolg ermöglicht; der perfekt gesetzte Block und das anschließende »Abrollen« des Spieler, um einen Pass entgegen zu nehmen: *poetry in motion*. Und selbst Momenten, in denen sich eine urtümliche Kraft Bahn bricht – dem Slam Dunk etwa oder dem machtvollen Block einer Korbaktion –, wohnt diese Schönheit inne.

Basketball galt und gilt hierzulande als das »körperlose Spiel«. In der Tat sind dem Spiel, im Unterschied zu manch anderem, Zweikampfsituationen mit inhärenter Verletzungsgefahr fremd. Körperlos im Sinne der Vermeidung jeglichen physischen Kontakts ist es aber schon lange nicht mehr. Besonders der Kampf unter dem Korb verlangt vollen körperlichen Einsatz, und wer die Voraussetzungen dafür nicht mitbringt, wird es auf höchster Ebene nicht weit bringen. Aufgrund der Vielfalt der gestellten Anforderungen gehören Basketballer zu den besten Athleten der Welt. Und weil die Körbe nun mal hoch hängen, sind die meisten Spieler mit einigen Zentimetern mehr gesegnet als wir Normalverbraucher, müssen also eine gewaltige Körpermasse in Bewegung bringen. Mit welcher Geschmeidigkeit sie das tun und dabei den Eindruck von Mühelosigkeit und Leichtigkeit erwecken, lässt immer wieder staunen und macht einen wesentlichen Teil der Ästhetik des Spiels aus.

Schönheit und Athletik sind die eine Seite, doch Basketball ist auch ein Sport, dem eine ganz eigene Dramatik innewohnt. Die Führung kann beständig wechseln, selbst ein großer Vorsprung garantiert oft keine Sicherheit, und ein ausgeglichenes Spiel garantiert in der Schlussphase höchste Spannung. In kaum einem anderen Sport liegen Sieg und Niederlage so nah beieinander.

Basketball ist aber nicht nur ein Sport, der Zuschauer in gewaltigen Zahlen in die Hallen und vor die Bildschirme zieht, sondern vor allem ein Spiel, das in allen Teilen der Welt große Popularität genießt und von Millionen aus Spaß an der Freude betrieben wird – der internationale Basketball-Verband FIBA gibt die Zahl der aktiven Spieler mit 450 Millionen an. Die Voraussetzungen sind einfach: Benötigt werden ein Ball und ein Korb und schon kann's losgehen. Und selbst wenn die zwei Personen, mit denen bereits ein Wettstreit möglich ist, nicht da sind, so kann man alleine vor der eigenen Garage oder auf dem Spielplatz üben. Auf dieser einfachen Basis hat sich Basketball zu einem weltweiten Phänomen entwickelt.

Basketball ist ein Sport für Männer und Frauen, für jung und alt; Basketball kann auf eine lange Geschichte zurückblicken und hat in den über einhundert Jahren seiner Existenz viele Geschichten geschrieben; Basketball bringt Superstars und grandiose Mannschaften hervor, die sich in spannenden Meisterschaften und großen Turnieren messen; Basketball inspiriert Schriftsteller, Filmemacher und Musiker. Basketball sollte man spielen, Basketball sollte man erleben. Aber man kann auch darüber lesen, z. B. die auf den folgenden Seiten aneinander gereihten 111 Liebeserklärungen, die den geneigten Leser hoffentlich dazu veranlassen, sich nach der Lektüre einem alten Slogan der amerikanischen Profiliga NBA anzuschließen, der da lautet: »I love this game!«

*Claus Melchior*

## VORBEMERKUNG

Die Sprache des Basketball ist englisch und obwohl es für viele Fachbegriffe deutsche Entsprechungen gibt, bleibt es unmöglich, in einem Text über Basketball ganz ohne englische Terminologie auszukommen. Manches wird im Text erläutert, doch an dieser Stelle seien zumindest die Bezeichnungen für die Positionen der Spieler und einige häufig verwendete Abkürzungen erklärt:

Der Center agiert in der üblichen Grundaufstellung normalerweise sowohl in Offensive wie Defensive weitgehend in der Zone unter den Körben und ist normalerweise der größte Spieler. Unterstützt wird er von zwei Forwards, also Angreifern, deren Aufgabe es ist, für Korberfolge zu sorgen. Dabei wird zwischen Power Forward und Small Forward unterschieden, der meist größere Power Forward kommt dabei der Rolle des Centers näher. Für Würfe von außen und den Spielaufbau sind die beiden Guards verantwortlich, wobei zwischen dem Point Guard, dem Spielmacher, und dem eher für Distanzwürfe zuständigen Shooting Guard unterschieden wird. Die Positionen sind flexibel, Rollenwechsel möglich und üblich, so kann ein Team auch mal in einer Formation mit zwei Centern und nur einem Guard spielen.

# ABKÜRZUNGEN

**NBA** National Basketball Association
(die führende US-Profiliga)

**ABA** American Basketball Association
(eine von 1967 bis 1976 existierende
Konkurrenzliga)

**NCAA** National Collegiate Athletic Association
(organisiert die jährlichen College-Meisterschaften)

**WNBA** Women's National Basketball Association
(die amerikanische Profiliga für Frauen)

**FIBA** Fédération Internationale de Basketball
(der internationale Dachverband)

**DBB** Deutscher Basketball-Bund

**BBL** Basketballbundesliga

# KAPITEL 1
# SLAM DUNKS

**GRUND NR. 1**

# WEIL BASKETBALL VON MENSCHLICHEM ERFINDERGEIST ZEUGNIS ABLEGT

Aus der Fernsehwerbung – der deutschen zumindest – wissen wir, dass so gut wie alle wichtigen Dinge des Lebens von den Schweizern erfunden wurden. Oder vielleicht doch nicht alle? Wie schaut es da beispielsweise bei Sportarten aus? Wollten wir am Grabe des Erfinders des Fußballspiels einen Kranz niederlegen, würden wir vergeblich suchen, denn dieser Sport kennt keinen Erfinder, sondern hat sich einfach so aus spätmittelalterlichen Volksvergnügungen entwickelt. Beim Basketball ist das anders, auch hier waren die Schweizer allerdings nicht beteiligt. Doch der Name des Schuldigen ist bekannt: Es handelt sich um den Sportlehrer James Naismith.

Naismith wurde 1861 in Ramsey im kanadischen Ontario geboren und absolvierte ein Sportstudium an der McGill University in Montreal. 1891 trat er eine Stelle als Sportlehrer am YMCA International Training College in Springfield (Massachusetts) an. Die Winter in New England sind hart, weshalb der Sportunterricht zu dieser Jahreszeit vorwiegend in der Halle stattfand und weniger Abwechslung bot als in den Sommermonaten. Deshalb erhielt Naismith vom Leiter der Schule den Auftrag, ein Spiel zu entwickeln, mit dem die unausgelasteten Schüler beschäftigt werden konnten. Das Spiel sollte wenig Raum beanspruchen, der Fitness dienen und nicht zu hart sein.

Unter den zur Auswahl stehenden Bällen entschied sich Naismith für den beim europäischen Fußball verwendeten, von dem die geringste Verletzungsgefahr auszugehen schien. Um Körperkontakte auf ein Minimum zu beschränken, erlaubte er zur Bewegung des Balles nur das Passspiel mit der Hand; Dribbeln war also zunächst verboten. An den beiden Schmalseiten des Spielfelds ließ er in der Höhe Körbe anbringen, dort hinein sollte der Ball befördert werden. Naismith brachte insgesamt 13 Regeln zu Papier und nannte das Ganze »Basket Ball«. Das erste Spiel kam im Dezember 1891 zur Austragung; die beiden Mannschaften bestanden aus jeweils neun Spielern. Damit waren die Grundlagen eines neuen Sports geschaffen, auch wenn die Regeln im Laufe der Zeit natürlich noch einige Verfeinerungen erfuhren.

Naismith zufolge soll die erste Gruppe von Schülern, mit denen er seine Erfindung erprobte, wenig Enthusiasmus gezeigt haben. Doch das Spiel gewann auf dem Campus dann doch bald solche Popularität, dass der YMCA (der Christliche Verein Junger Männer) sich bald an seine landesweite Verbreitung machte. Naismith begann unterdessen 1893 in Denver ein Medizinstudium und wechselte 1898, nach dem Erwerb des Doktortitels, auf eine Stelle an der University of Kansas. Zu seinen Pflichten gehörte bis 1907 auch das Coaching des Basketballteams der Universität, danach übernahm er bis zu seiner Emeritierung im Jahre 1937 eine Reihe anderer Funktionen. Von seiner Tätigkeit in Kansas gingen zahlreiche Impulse aus, die nicht unerheblich dazu beitrugen, Basketball zu einer der populärsten Sportarten an amerikanischen Colleges und Universitäten und darüber hinaus zu machen.

Naismith starb im Jahre 1939. Bereits zu seinen Lebzeiten waren ihm zahlreiche Ehrungen zuteil geworden. 1936 ermöglichte ihm eine Geldsammlung unter den Mitgliedern der National Association of Basketball Coaches, von denen viele bei ihm gelernt hatten, den Besuch der Olympischen Spiele von Berlin, wo er die Medaillen an die besten Teams des ersten olympischen Basketballturniers überreichen durfte. Die 1959 in Springfield eröffnete Basketball Hall of Fame trägt seinen Namen und selbstverständlich gehörte er auch zum ersten Jahrgang der in die Ruhmeshalle aufgenommenen Personen.

Der Siegeszug seiner Erfindung, von Springfield um die ganze Welt, mag James Naismith mit Stolz erfüllt haben. Dennoch betrachtete er sein Werk mit einer gewissen lakonischen Abgeklärtheit: »Die Erfindung des Basketballs war kein Zufall. Es wurde entwickelt, um ein Bedürfnis zu befriedigen. Die Jungs wollten einfach nicht ›Der Plumpsack geht rum‹ spielen.«

GRUND NR. 2

## WEIL ... MICHAEL JORDAN!

Vielleicht gibt es ihn ja gar nicht, den besten Basketballspieler aller Zeiten. Ich meine, wer entscheidet das überhaupt? Und nach welchen Kriterien? Es gibt NBA-Spieler, die haben mehr Titel gewonnen als Michael Jordan; es gibt Spieler, die haben mehr Punkte erzielt; und es gibt wohl auch Spieler, die besser verteidigt haben. Es gibt Spieler, von denen wird behauptet, sie seien der »neue Michael Jordan«. Aber sind sie wirklich besser als der große Meister? Nein, sind sie nicht. Er war unübertroffen und bleibt der Beste.

War das abzusehen? Von Steffi Graf gibt es Filmbilder, wie sie im Alter von vier Jahren Bälle über das Netz schlägt, und man muss kein Tennisexperte sein, um zu erkennen, dass hier ein außergewöhnliches Talent am Werke ist. Doch als Michael Jordan in seinem zweiten Highschool-Jahr in der Schulmannschaft spielen wollte, hielt sein Coach ihn nicht für gut genug. Er musste wohl noch ein wenig wachsen, aber trotzdem ... In seinen beiden letzten Schuljahren durfte er dann aber mittun und erregte mit seinen Leistungen überregional Aufsehen, weshalb sich zahlreiche Colleges um seine Dienste bemühten. Er blieb in dem Staat, in dem er aufgewachsen war, und entschied sich für die University of North Carolina. Gleich in seinem ersten Jahr, 1982, gewann er mit den Tar Heels die NCAA-Meisterschaft und erzielte im Endspiel gegen Georgetown und Patrick Ewing den entscheidenden Korb.

Nach drei Jahren verließ er die Universität und meldete sich 1984 zum NBA Draft an. Und hier könnte man erneut den Eindruck gewinnen, seine Talente seien verkannt worden, denn er wurde erst an dritter Stelle von den Chicago Bulls ausgewählt. Zwei andere Teams, die Houston Rockets und die Portland Trail Blazers, bevorzugten also andere Spieler.

Die Vereine stehen ja immer vor der Entscheidung, ob sie den besten noch zur Wahl stehenden Spieler nehmen oder einen Spieler für die Position, auf der sie den größten Bedarf haben. Houston entschied sich für Hakeem Olajuwon, obwohl man mit Ralph Sampson bereits einen Center hatte, und Olajuwon entwickelte sich in der Tat zum Superstar. Portland glaubte, in Clyde Drexler schon einen Spieler vom Typ Jordans zu haben, und entschied sich für den Center Sam Bowie, dessen NBA-Karriere dann doch erheblich hinter der Olajuwons und Jordans zurückblieb. Ob man als Teamverantwortlicher wohl gut schlafen kann, wenn man weiß, dass man Michael Jordan hätte haben können und ihn sich durch die Lappen gehen ließ?

In der NBA erregte Jordan in seiner ersten Saison gleich solches Aufsehen, dass sich einige in ihrem empfindlichen Ego verletzte Veteranen beim All-Star Game zu der kindischen Maßnahme hinreißen ließen, den Jungstar zu schneiden. Rookie des Jahres wurde er trotzdem, und die Zahl der Auszeichnungen, die er im weiteren Verlauf seiner Karriere anhäufen konnte, ist Legion: Sechsmal gewann er mit den Bulls den Meistertitel, wobei er jedes Mal zum wertvollsten Spieler der Finalserie gewählt wurde; zehnmal war er Scoring Champion der NBA, dreimal verzeichnete er die meisten Steals; fünfmal erhielt er die Trophäe für den wertvollsten Spieler der Liga. Und das ist nur die Spitze des Eisbergs.

Einzige Parallele zu dem Phänomen Michael Jordan im amerikanischen Sport des 20. Jahrhunderts ist wohl der Baseballspieler Babe Ruth, der in den 1920ern und 1930ern seine Sportart dominiert hatte und in ähnlicher Weise im Fokus der öffentlichen Aufmerksamkeit stand. Ruth war einer der ersten Sportler, mit denen in großem Umfang Werbung gemacht wurde; nun setzte Michael

Jordan neue Maßstäbe in der Vermarktung seines Images. Er erhielt einen Basketballschuh seines Namens und die meist von Regisseur Spike Lee gedrehten Werbespots machten den Superstar auch zur Ikone der Produktwerbung. »Be like Mike« wurde der Slogan für die Kids, die ihn verehrten, und wohl nicht nur für diese.

Auch die NBA profitierte nicht unerheblich vom Charisma Michael Jordans. Waren Bird, Magic und Kareem noch eher amerikanische Stars gewesen, so transzendierte Jordan alle Grenzen und wurde zum weltweiten Superstar und verhalf damit gleichzeitig auch der NBA zum internationalen Durchbruch, die nun begann, sich weltweit zu vermarkten. Eine wichtige Rolle dabei spielte natürlich auch der Auftritt des von Jordan angeführten »Dream Teams« bei den Olympischen Spielen 1992 in Barcelona. Für Jordan war es bereits seine zweite Olympiateilnahme; er hatte schon 1984 in Los Angeles mit dem US-Team Gold gewonnen.

Möglicherweise wurde der ganze Hype Michael Jordan dann zu viel; vielleicht ein Grund, warum er im Oktober 1993 nach drei Meistertiteln mit den Bulls völlig überraschend seinen Rücktritt erklärte. Vermutlich spielten bei dieser Entscheidung auch Berichte in amerikanischen Medien eine Rolle, die dem Basketballstar Kasinobesuche und das Zocken um nicht unerhebliche Geldbeträge unterstellten, nicht zu Unrecht, wie Jordan später einräumte. Im Juli 1993 war zudem sein Vater ermordet worden; auch das dürfte den Wunsch befördert haben, sich aus dem Licht der Öffentlichkeit zurückzuziehen. Umso überraschender dann aber die Meldung im Februar 1994, Michael Jordan werde sich in diesem Sommer im Baseball, dem Lieblingssport seines Vaters, versuchen. Er spielte für die Birmingham Barons, ein Farmteam der Chicago White Sox, das dem Eigentümer der Bulls gehörte.

Doch Baseball ist ein schwieriger Sport, in dem sich junge Talente jahrelang empordienen müssen. Zu schwierig, wie sich erweisen sollte, für einen 31-jährigen Seiteneinsteiger, der diesen Sport seit der Schulzeit nicht mehr betrieben hatte.

Der Drang, sich im sportlichen Wettbewerb zu beweisen, war aber offenkundig noch nicht erloschen. »I'll be back«, hatte der Terminator angedroht; »I'm back«, verkündete Michael Jordan im März 1995 in einer nur aus diesen Worten bestehenden Presseerklärung. Er war immer noch der Größte und führte die Bulls von 1996 bis 1998 zu drei weiteren Meistertiteln. Dann aber wurde der Vertrag mit Coach Phil Jackson nicht verlängert, die Bulls entschieden sich für einen völligen Neuaufbau des Teams und der Start der Saison 1998/99 verzögerte sich wegen der Aussperrung der Spieler durch die Eigentümer. Daraufhin verkündete Jordan im Januar 1999 zum zweiten Mal seinen Rücktritt.

2000 erwarb er Anteile an den Washington Wizards und mit dem Beginn der Saison 2001/02 schnürte er für dieses Team noch einmal seine Sneakers. Der letzte Auftritt eines alten Mannes, der nicht genug kriegen konnte? Nicht unbedingt, denn Jordan war immer noch der mit Abstand beste Spieler seines Teams. Das allerdings war schwach besetzt und verfehlte auch mit dem neuen Anführer zweimal die Playoffs. Am 16. April 2003 bestritt Michael Jordan sein endgültig letztes NBA-Spiel. Eine wichtige Rolle in der NBA spielt er aber auch heute noch: Seit 2010 ist er Mehrheitseigner der Charlotte Bobcats, die ab der Saison 2014/15 wieder unter dem Namen Hornets firmieren.

Was machte den Spieler Michael Jordan so besonders? Vermutlich war er der vielseitigste Spieler der NBA-Geschichte und er beherrschte alle Elemente des Spiels auf höchstem Niveau. Er brillierte auf drei Positionen, als Shooting Guard, als Small Forward und auch als Point Guard. Er konnte aggressiv zum Korb ziehen, er hatte einen kaum zu verteidigenden Fadeaway Jump Shot und er konnte von jenseits der Dreierlinie punkten. In der Liste der Punktejäger liegt er nur hinter Kareem Abdul-Jabbar und Karl Malone zurück, sein Punkteschnitt von 30,12 pro Spiel ist der beste aller Zeiten. Und ein Karriereschnitt von 5,3 Assists pro Spiel zeugt davon, dass er keineswegs ein eigennütziger Spieler war. Genauso eindrucksvoll aber auch seine Leistungen in der Defensive. Nicht nur ließ er seinen Gegenspielern keine Ruhe, nur John Stockton und Jason Kidd konnten in ihrer Karriere eine größere Zahl von Steals verbuchen. Und selbst bei den Rebounds kam er auf den für einen Guard erstaunlichen Karriereschnitt von 6,2 pro Spiel. Nicht zuletzt beeindruckte er immer wieder mit der Fähigkeit, in kritischen Momenten das Spiel an sich zu reißen und die Entscheidung herbeizuführen.

Motivationsgurus, besonders in den USA, wollen uns immer wieder weismachen, wenn man etwas nur wirklich wolle, dann könne man es auch erreichen. Das ist Unsinn, wie nicht nur meine eigenen, überaus dürftigen sportlichen Leistungen belegen, sondern auch Michael Jordans Baseballkarriere. Wenn es aber auf dem Basketballfeld einen gab, der den Eindruck erweckte, seine unbändige Willenskraft erlaube es ihm, alles zu erreichen, dann war es Michael Jordan. Auch deshalb ist und bleibt er der Größte.

**GRUND NR. 3**

## WEIL IN DER NBA BASKETBALL AUF HÖCHSTEM NIVEAU ZELEBRIERT WIRD

In Europa sind Mannschaftssportarten auf nationaler Ebene üblicherweise in einem Ligasystem in Form einer Pyramide organisiert. Ganz oben thront eine Liga, in der die besten Vereine des Landes vereint sind und um die nationale Meisterschaft kämpfen. Darunter folgen weitere Ligen, und je weiter wir hinabsteigen, desto mehr Ligen existieren parallel nebeneinander, sozusagen das Fundament der Pyramide. Alles ist miteinander verzahnt und durchlässig, weshalb es geschehen kann, dass ein Verein wie die TSG Hoffenheim, der jahrzehntelang in unteren Klassen Fußball spielte, in die Bundesliga aufsteigt, wenn er von einem früheren Hobbyfußballer plötzlich mit Millionen unterstützt wird.

In den USA ist das anders. Auch dort gibt es in den populären Teamsportarten eine oberste Liga, die allgemein als die beste gilt (im Baseball sind es zwei, die aber zu Saisonende einen Meister ausspielen). Doch bei diesen Ligen handelt es sich um privatwirtschaftlich organisierte Unternehmen in Form von geschlossenen Gesellschaften, die neue Mitglieder nur gelegentlich und nach eigenem Gutdünken zulassen. Man könnte sie also auch als Kartelle bezeichnen.

Diese Topligen – die National Football League, die National Hockey League, National League und American League im Baseball und eben die National Basketball Association – werden gemeinhin als Major Leagues bezeichnet und alle darunter existierenden Ligen gelten als Minor Leagues. Der Major-League-Status dieser Topligen ist das Ergebnis eines historischen Ausleseprozesses, und theoretisch besteht jederzeit die Möglichkeit, das in einer Sportart dominierende Kartell durch die Etablierung eines Konkurrenzunternehmens herauszufordern. Heute erscheint der Status der genannten Ligen jedoch so zementiert, dass derartige Herausforderungen kaum zu erwarten sind, schon allein deshalb, weil sie einen gewaltigen Kapitaleinsatz verlangen würden. Dass im Basketball einmal die NBA dieses unangefochtene Monopol besitzen würde, war jedoch keineswegs absehbar, als die Liga nach dem Ende des Zweiten Weltkriegs ihre ersten vorsichtigen Schritte tat.

Versuche, im Basketball eine Profiliga zu etablieren, reichen jedoch zurück bis ins 19. Jahrhundert. In Philadelphia wurde 1898 – als das Spiel noch kein Jahrzehnt alt war – eine Liga gegründet, die sich National Basket Ball League nannte. Der Name erscheint etwas anmaßend, denn der Einzugsbereich der Liga umfasste eigentlich nur einen durch die Großstädte New York und Philadelphia begrenzten Streifen an der Ostküste. Das Ende der Liga kam während der Saison 1903/04 im Januar 1904.

1925 nahm mit der American Basketball League (ABL) eine Liga den Spielbetrieb auf, die enge Beziehungen zu der ebenfalls noch jungen National Football League (NFL) pflegte. Eine Reihe von Eigentümern unterhielt Teams in beiden Ligen. Man begann mit neun Klubs, die so klingende Namen trugen wie Boston Whirlwinds, Brooklyn Arcadians, Buffalo Bisons, Chicago Bruins, Cleveland Rosenblums, Detroit Pulaski Post Five, Fort Wayne Caseys, Rochester Centrals und Washington Palace Five.

Erster Meister wurden die Cleveland Rosenblums, die den Namen ihres Eigentümers trugen. Als herausragendes Team des Landes galten aber dennoch die Original Celtics, ein in New York beheimatetes Profiteam, das alljährlich zwischen 150 und 200 Spiele absolvierte und die allermeisten davon gewann. Die ABL verbot ihren Teams 1926, Spiele gegen die Celtics – die nichts mit den heutigen Boston Celtics zu tun haben – auszutragen, woraufhin diese widerwillig der Liga beitraten. Dort zeigten sie dann aber in den beiden folgenden Spielzeiten eine solche Dominanz, dass sie danach wieder ausgeschlossen wurden. Eine Reihe anderer Teams gab unterdessen aus wirtschaftlichen Gründen auf, und während der Saison 1930/31, mitten in der Weltwirtschaftskrise, stellte dann die ganze Liga den Spielbetrieb ein. 1933 war die ABL allerdings schon wieder da, erneut mit ausschließlich im Nordwesten des Landes angesiedelten Teams. Diesmal schaffte man 20 Jahre. Der letzte Meister wurde 1953 gekürt, danach war endgültig Schluss. Die Baltimore Bullets, Meister der Saison 1945/46, wechselten 1947 in die NBA bzw. deren Vorläufer, die Basketball Association of America, und gewannen dort gleich in ihrer ersten Saison den Titel.

Weiter westlich, in der Region um die Großen Seen, war die National Basketball League (NBL) angesiedelt. Die Liga begann 1937 mit 13 Teams, von denen die meisten von örtlichen Industriebetrieben gesponsert wurden. Sehr stabil war die Liga nicht. Unter den Teams herrschte ein ständiger Wechsel, manche hielten nur eine Spielzeit durch. Nach dem Krieg hatte die Liga jedoch mit George Mikan von den Minneapolis Lakers einen großen Star in ihren Reihen, und das machte sie wohl auch für eine andere ums Überleben kämpfende Liga interessant, die bereits erwähnte Basketball Association of America (BAA).

Die Teams der ABL und der NBL spielten überwiegend in kleinen Sporthallen, darunter sogar Schulturnhallen. Andererseits gab es die NHL. Die umfasste damals zwar nur sechs Teams – zwei in Kanada und vier in den USA –, doch diese spielten alle in großen Mehrzweckhallen wie Madison Square Garden, Boston Garden und Chicago Stadium. Der Besitzer des Boston Garden, Walter Brown, konnte die Eigentümer der Arenen von New York, Detroit, Chicago und Toronto von der Idee überzeugen, diese an bisher ungenutzten Abenden mit Basketballspielen zu füllen. Zu diesem Zweck hoben sie 1946 eine neue Profiliga aus der Taufe, die besagte BAA.

Die Gründungssaison bestritten folgende elf Teams: Boston Celtics, Chicago Stags, Cleveland Rebels, Detroit Falcons, New York Knicks, Philadelphia Warriors, Pittsburgh Ironmen, Providence Steam Rollers, St. Louis Bombers, Toronto Huskies, Washington Capitols. Zwei eigentlich für Buffalo und Indianapolis vorgesehene Mannschaften kamen nicht aus den Startlöchern. Die Mannschaften spielten in einer Eastern und einer Western Division, und der Meister wurde in den auf die reguläre Saison folgenden Playoffs ermittelt.

In der Finalserie der Saison 1946/47 besiegten die Philadelphia Warriors die Chicago Stags. (Die Einteilung in »Divisionen« bedeutet nicht, dass nicht auch gegen alle anderen Teams gespielt wird. Meist steht jedoch gegen die Teams aus der eigenen Division eine größere Zahl von Spielen auf dem Spielplan. Für jede Division wird eine separate Tabelle geführt, die über die Playoff-Teilnahme entscheidet.)

Die Teams aus Detroit, Cleveland, Pittsburgh und Toronto gaben bereits nach der ersten Saison auf. Damit war es auch mit dem internationalen Flair der neuen Liga vorbei; es sollte Jahrzehnte dauern, bis man nach Kanada zurückkehrte. Neu aus der ABL kamen die Baltimore Bullets hinzu, die mit dem Gewinn des Meistertitels gleich bewiesen, dass in der BAA zunächst keineswegs besserer Basketball gespielt wurde. Als Liga mit den besten Spielern galt ohnehin eher die NBL, und genau aus dieser Liga stießen 1948 mit den Fort Wayne Pistons, den Indianapolis Jets, den Minneapolis Lakers und den Rochester Royals vier Teams zur BAA, die nun also aus zwölf Teams bestand. Mit den von George Mikan angeführten Lakers gewann erneut ein frisch eingetretenes Team den Titel. Mit den Indianapolis Jets und dem Gründungsmitglied Providence Steam Rollers lösten sich nach dieser Saison jedoch auch zwei Teams auf.

Die NBL hatte die Saison 1948/49 mit zehn Klubs bestritten, mit deren Wirtschaftlichkeit es nicht durchgehend zum Besten stand. Sechs von ihnen – Anderson Packers, Denver Nuggets, Sheboygan Redskins, Syracuse Nationals, Tri-City Blackhawks, Waterloo Hawks – wurden im August 1949 in die BAA übernommen. Mit den Indianapolis Olympians kam noch ein neuer Klub hinzu, und die Liga nannte sich fortan National Basketball Association (NBA). Der neue Name suggeriert einen Zusammenschluss gleicher Partner, zumal zehn der nun 17 Teams ihre Wurzeln in der NBL hatten. Doch die Organisationsstrukturen kamen von der BAA. Folgerichtig erkennt die NBA für die Zeit vor der Saison 1949/50 bis heute nur Ergebnisse und Statistiken aus der BAA an. Dieser Logik zufolge gelten die Philadelphia Warriors als der erste NBA-Meister.

Zweifellos war es die BAA gewesen, die nach dem Krieg in den großen Städten Präsenz gezeigt hatte. Doch von der Idee einer Großstadtliga war vorerst einmal nicht allzu viel übrig geblieben, denn einige der übernommenen Klubs waren doch in eher obskuren Ortschaften angesiedelt. In weiten Teilen des Landes war die NBA noch überhaupt nicht vertreten. Dies war jedoch insofern nicht ungewöhnlich, als damals auch in den beiden Major Leagues im Baseball St. Louis und Washington die Grenzen nach Westen und Süden markierten.

Für die erste Saison unter dem neuen Namen, 1949/50, wurde die Liga in drei Divisionen – East, West und Central – geteilt. Die

Eastern Division bestand mit Ausnahme der Syracuse Nationals aus alten BAA-Teams, im Westen tummelten sich neben den Indianapolis Olympians ausschließlich 1949 hinzugekommene NBL-Teams, in der Central Division konkurrierten die 1948 gewechselten NBL-Teams und zwei Gründungsmitglieder der BAA. Den Meistertitel holten erneut die Lakers mit dem überragenden George Mikan.

In den folgenden Jahren kam es häufig zu Veränderungen in der Zusammensetzung der Liga. 1950 schieden die Teams aus Anderson, Chicago, Denver, Sheboygan, St. Louis und Waterloo aus. 1950/51 spielten die verbliebenen elf Teams nun wieder in zwei Divisionen, mitten in der Saison stellten auch die Washington Capitols den Spielbetrieb ein. Diese Spielzeit ist jedoch vor allem deshalb bedeutsam, weil in ihr erstmals Spieler mit schwarzer Hautfarbe zum Einsatz kamen.

Ab der Saison 1951/52 spielten die vormaligen Tri-City Blackhawks in Milwaukee unter dem Namen Hawks weiter; nach der Saison 1952/53 verschieden die Indianapolis Olympians, da waren's nur noch neun. Ein Jahr später, 1954, traf das gleiche Schicksal die Baltimore Bullets. Die Bullets sind bis heute der letzte Klub, der völlig von der Bildfläche veschwand. Seither wechseln Teams, die in einer Stadt nicht zurechtkommen, den Standort, anstatt den Betrieb einzustellen.

Von 1954 bis 1961 bestand die NBA aus acht Mannschaften und durchlief eine Phase der Konsolidierung. Zwar hatte die Liga mit dem Laufbahnende von George Mikan ihre Hauptattraktion verloren, doch mit der Einführung der Shot Clock, die die für einen Angriff zur Verfügung stehende Zeit begrenzte, gelang es, das Spiel schneller und attraktiver zu machen. 1957 wechselten die Pistons aus Fort Wayne nach Detroit und die Royals aus Rochester nach Cincinnati. Bis auf die Syracuse Nationals spielten damit nun alle Teams in Metropolen mit einem Einzugsbereich von mindestens einer Million Einwohnern. Mit Bill Russell auf der Centerposition begann die große Zeit der Boston Celtics, die 1957 ihren ersten Titel gewannen und von 1959 bis 1969 zehn weitere folgen ließen. Unterbrochen wurde diese Serie nur 1958 durch die St. Louis Hawks mit Bob Pettit, einem weiteren der großen Stars der 1950er, und 1967 durch die Philadelphia 76ers.

Neue Stars machten sich einen Namen und sorgten für verstärktes Interesse an der Liga: Elgin Baylor (ab 1958, Lakers), Wilt Chamberlain (ab 1959, Warriors), Oscar Robertson (ab 1960, Royals) und Jerry West (1960, Lakers). 1960 verließen die Lakers Minneapolis und zogen nach Los Angeles; damit war die NBA nun auch an der Westküste vertreten.

Unter den großen Städten fehlte allerdings immer noch Chicago und so etablierte man dort 1961 ein neues Team namens Packers. Aus den Packers wurden ein Jahr später die Zephyrs, doch auch mit diesem Namen wurde der Klub in Chicago nicht glücklich und wanderte 1963 weiter nach Baltimore, wo man den Namen Bullets wiederbelebte.

1962 bereits waren die Warriors nach San Francisco umgesiedelt, um den Lakers an der Westküste Gesellschaft zu leisten. Die damit in Philadelphia entstandene Lücke wurde 1963 durch die Nationals gefüllt, die Syracuse verließen und sich fortan 76ers nannten. Sportlich standen die 1960er-Jahre im Zeichen einer starken Rivalität zwischen den Celtics und den Lakers, wobei in dieser Zeit die Celtics stets die Oberhand behielten.

1966 begann eine weitere Phase großer Veränderungen auf der NBA-Landkarte, denn die Zeichen standen auf Expansion. Ein dritter Versuch, endlich in Chicago Fuß zu fassen, gelang 1966 mit der Gründung der Chicago Bulls. 1967 kamen die San Diego Rockets und die Seattle SuperSonics hinzu, 1968 die Phoenix Suns und die Milwaukee Bucks. Im gleichen Jahr zogen die St. Louis Hawks nach Atlanta. 1970 nahm die NBA gleich drei neue Klubs in ihre Reihen auf, die Cleveland Cavaliers, die Buffalo Braves und die Portland Trail Blazers. Angesichts von nunmehr 17 Teams wurde die alte Struktur mit zwei Divisionen aufgegeben. Fortan gab es zwei »Conferences« mit jeweils zwei »Divisions«, im Osten die Atlantic und die Central Division, im Westen die Midwest und die Pacific Division. In den Playoffs ermittelten die beiden Konferenzen ihre Meister, die dann in der Finalserie den NBA Champion ausspielten. Mit den geografischen Veränderungen war es aber noch nicht vorbei: 1971 veränderten sich die Rockets von San Diego nach Houston, und die San Francisco Warriors, die bereits seit 1966 in Oakland spielten, nannten sich fortan Golden State Warriors. Ein Jahr später mutierten die Cincinnati Royals zu den Kansas City / Omaha Kings, weil das Team seine Heimspiele in diesen beiden Städten austrug. 1975 wurde der Standort Omaha aufgegeben und fortan hieß es nur noch Kansas City Kings. 1973 zogen die Bullets aus Baltimore ein Stück nach Süden in die Landeshauptstadt. Nach einem Jahr unter dem Namen Capital Bullets entschieden sie sich für die Bezeichnung Washington Bullets. Ebenfalls 1974 wurde mit den New Orleans Jazz ein weiteres Team in die Liga aufgenommen.

Dem Ende der großen Celtics-Dynastie folgten Anfang der 1970er die besten Jahre der New York Knicks, die unter Coach William »Red« Holzman um ihren Star Walt Frazier zweimal (1970 und 1973) den Titel gewannen und ein weiteres Mal die Finalserie erreichten. Ebenfalls ihren ersten Titel holten 1971 die Milwaukee Bucks mit dem neuen Superstar Lew Alcindor, der bald zu den Lakers wechseln und unter dem Namen Kareem Abdul-Jabbar spielen sollte. Noch vor diesem Wechsel holten die Lakers 1972 endlich ihre erste Meisterschaft seit dem Umzug nach Los Angeles. Keiner Mannschaft gelang es in jenen Jahren, den Titel zu verteidigen. Die Celtics waren 1974 und 1976 vorn, doch mit den Golden State Warriors (1975), den Portland Trail Blazers (1977), den Washington Bullets (1978) und den Seattle SuperSonics (1979) trugen sich vier weitere Teams erstmals in die Liste der Titelträger ein. Damit kamen zugleich auch große Stars wie Rick Barry (Warriors), Bill Walton (Trail Blazers) und Wes Unseld (Bullets) zu Titelgewinnen.

Während die NBA eifrig dabei war, neue Territorien zu erobern, sah sie sich der Herausforderung durch eine neue Liga ausgesetzt, der 1967 gegründeten American Basketball Association (ABA). Der Erfolg der NBA hatte Popularität und Wirtschaftskraft des Profibasketballs unter Beweis gestellt, nun wollten andere auch etwas von diesem Kuchen abhaben. Die ABA führte eine Reihe von Neuerungen ein und zeigte attraktiven Basketball, doch finanziell konnte man mit der etablierten Liga nicht wirklich mithalten. 1976 löste sich die ABA auf und vier ihrer Teams – New York Nets (bald New Jersey Nets), Indiana Pacers, Denver Nuggets, San Antonio Spurs – wurden in die NBA übernommen. Dies sollte der bis heute letzte Versuch bleiben, das Monopol der NBA zu unterlaufen. Auch die großen Stars der ABA zeigten von nun ihre Kunst in der NBA. Zwei von ihnen, Julius »Dr. J« Erving und Moses Malone, holten 1983 mit den Philadelphia 76ers den Meistertitel.

Trotz der sportlichen Ausgeglichenheit und des »Sieges« über den Rivalen ABA stand es mit der NBA nicht zum Besten. Im Unterschied zur spektakulären ABA wurde in der NBA eine langsame und eher stationäre Variante des Spiels praktiziert; zudem beschädigten häufige körperliche Auseinandersetzungen auf dem Feld das Image. Fernsehanstalten und Sponsoren zeigten wenig Interesse und so schien die Zukunft der Liga keineswegs in rosigem Licht. All dies änderte sich jedoch in den 1980ern. Mit Erving »Magic« Johnson und Larry Bird waren zwei neue Superstars erschienen, die der alten Rivalität zwischen Lakers und Celtics neue Nahrung gaben. Diesmal teilten sich die Teams die Siege, und am Ende des Jahrzehnts hatte die Liga ein ungekanntes Maß an Popularität erreicht. Ein gewichtiger Anteil daran gebührt auch David Stern, der 1984 das Amt des Commissioners, also des obersten Geschäftsführers, übernommen hatte und sich vor allem als geschickter Marketingstratege erwies. Und dass im gleichen Jahr ein junger Mann namens Michael Jordan sein Debüt in der Liga gab, war gewiss auch nicht von Schaden. Einen weiteren Schub erhielt die NBA durch die Zulassung von Profis bei Olympischen Spielen. Das aus NBA-Profis zusammengestellte »Dream Team«, mit dem die USA 1992 in Barcelona olympisches Gold holten, verschaffte der Liga weltweite Aufmerksamkeit.

Im Zuge dieses Aufschwungs kam es zu einer weiteren Expansion der Liga. 1980 stießen die Dallas Mavericks dazu, 1988 die Charlotte Hornets und die Miami Heat, im Jahr darauf die Orlando Magic und die Minnesota Timberwolves. 1995 schließlich unternahm man mit der Aufnahme der Toronto Raptors und der Vancouver Grizzlies den Schritt nach Kanada. Einige weitere Ortswechsel waren ebenfalls zu verzeichnen. Aus den Buffalo Braves wurden 1978 die San Diego Clippers, die 1984 nach Los Angeles weiterzogen. Die Jazz verabschiedeten sich 1979 aus New Orleans, um ihre Zelte in Utah aufzuschlagen. Der Trend ging nach Westen, und so suchten auch die Kansas City Kings ab 1985 ihr Heil im kalifornischen Sacramento.

Das Ende der 1980er markierte auch das Ende der Dominanz der Lakers und der Celtics. 1989 und 1990 holten sich die »Bad Boys« der Detroit Pistons um Isiah Thomas den Meistertitel. Und dann übernahmen die Chicago Bulls unter Headcoach Phil Jackson und angeführt von Michael Jordan und Scottie Pippen das Kommando. Von 1991 bis 1993 und von 1996 bis 1998 gewannen die Bulls jeweils dreimal in Folge den Titel. Dazwischen lag ein Intermezzo, in dem sich Michael Jordan als Baseballspieler versuchte. Was sich die Houston Rockets mit ihrem eigenen Superstar, Hakeem Olajuwon, zunutze machten, um 1994 und 1995 siegreich zu bleiben. Die Dominanz von Michael Jordan und den Bulls verhinderte, dass einige Superstars der 1990er-Jahre wie Charles Barkley (76ers und Suns), Karl Malone und John Stockton (Jazz) oder auch Patrick Ewing (Knicks) zu Titelgewinnen kamen.

Neuerdings hatte die NBA auch mit einem im amerikanischen Profisport nicht unbekannten Phänomen zu kämpfen, nämlich Arbeitskämpfen zwischen Eigentümern und Spielergewerkschaft.

Bereits 1995 und 1996 war es zu kurzzeitigen Aussperrungen gekommen, die jedoch außerhalb der Saison stattfanden. 1998/99 hingegen zog eine solche Aussperrung die Verkürzung der regulären Saison auf 50 Spiele nach sich, und auch die Saison 2011/12 musste nach einer Aussperrung verkürzt werden. Das Verhältnis zwischen Eigentümern und Spielern ist mitunter angespannt, und immer wenn das »Collective Bargaining Agreement« (die Vereinbarung, die das Verhältnis der beiden Seiten regelt) zur Neuverhandlung ansteht, müssen die Fans gespannt beobachten, ob eventuell ein Arbeitskampf droht.

Mit den San Antonio Spurs holte 1999 erstmals ein Team, das aus der ABA zur NBA gestoßen war, die Meisterschaft. Bisher eher unter den Mauerblümchen der Liga, hatten die Spurs nun mit David Robinson ein Mitglied des »Dream Teams« und mit Tim Duncan einen weiteren Superstar in ihren Reihen. Dazu kam mit Gregg Popovich ein Coach mit herausragenden Qualitäten.

Von nun an gehörten die Spurs immer zu den besten Teams der Liga. Bevor sie jedoch 2003, 2005 und 2007 drei weitere Titel verbuchen konnten, mussten sie zunächst einmal hinter den Lakers zurückstehen. Headcoach Phil Jackson führte das Team um die Superstars Shaquille O'Neal und Kobe Bryant von 2000 bis 2002 dreimal hintereinander zum Finalsieg. Mit den Detroit Pistons (2004) und der Miami Heat (2006) kamen dann zur Abwechslung auch mal wieder zwei Teams aus dem Osten zu Erfolgen. Dann kehrten – immer ein gutes Zeichen für die Liga – die Celtics und die Lakers gleichzeitig in die Erfolgsspur zurück. 2008 holten sich die Celtics gegen den alten Rivalen den 17. Titel, 2010 drehten die Lakers, die auch 2009 gewonnen hatten, den Spieß um und sicherten sich ihre 14. Meisterschaft.

2004 hatte die Liga noch einmal die Struktur geändert. Innerhalb der beiden Konferenzen gibt es nun jeweils drei Divisionen: Atlantic, Central und Southeast im Osten; Northwest, Pacific und Southwest im Westen. Vorausgegangen waren 2001 der Umzug der Grizzlies von Vancouver nach Memphis und 2002 der Hornets von Charlotte nach New Orleans. Charlotte wurde 2004 mit einem neuen Team, den Bobcats, entschädigt. Die Gesamtzahl der Teams betrug nun 30, was die gerade beschriebene Neueinteilung der Divisionen nach sich zog.

Aufgrund der durch den Hurrikan Katrina hervorgerufenen Zerstörungen spielten die New Orleans die Saison 2005/06 und einen Teil der folgenden Saison in Oklahoma City, bevor sie in ihre Heimatstadt zurückkehren konnten. Oklahoma erhielt 2008 ein eigenes Team, als die SuperSonics ihre Zelte in Seattle abbrachen und sich fortan Thunder nannten. 2012 wechselten die Nets aus New Jersey nach Brooklyn, behielten aber ihren Namen bei. In Washington hingegen waren bereits 1997 aus den Bullets die Wizards geworden; die Hornets heißen seit 2013 Pelicans und die Bobcats werden ab der Saison 2014/15 unter dem Namen Hornets spielen, wie das ursprünglich in Charlotte beheimatete Team.

Im 21. Jahrhundert ist die NBA zunehmend auch zur Bühne für Stars aus anderen Ländern geworden. Einige kommen aus Ländern mit großer Basketballtradition, so Dražen Petrović, Vlade Divac und Toni Kukoč aus dem ehemaligen Jugoslawien, oder die Litauer Šarūnas Marčiulionis, Arvydas Sabonis und Žydrūnas Ilgauskas. Oder auch der Spanier Pau Gasol, der bei den letzten Titelgewinnen der Lakers eine wichtige Rolle spielte. Andere kommen aus Ländern, die im Basketball eine eher geringe Rolle spielen, so der Niederländer Rik Smits, der Kongolese Dikembe Mutombo, der Chinese Yao Ming, der Argentinier Manu Ginóbili und natürlich auch der Deutsche Dirk Nowitzki. All dies sind Spieler, die der NBA ihren Stempel aufdrückten; die Gesamtzahl der in der NBA engagierten Ausländer ist jedoch weit größer.

Dominierendes Team der letzten Jahre sind die Miami Heat, die 2010 einen großen Coup landeten, als es ihnen gelang, ihrem wichtigsten Spieler, Dwyane Wade, mit LeBron James und Chris Bosh zwei weitere große Stars zur Seite zu stellen. 2011 standen Dirk

Nowitzki und die Dallas Mavericks einem ersten Titelgewinn dieses Trios im Weg, doch 2012 und 2013 konnten weder die Oklahoma Thunder noch die San Antonio Spurs den Triumph des Teams aus Florida verhindern, das auch 2014 wieder das Finale erreichte, dort diesmal jedoch von den Spurs in die Schranken gewiesen wurde.

Die NBA entstand aus bescheidenen Anfängen, und ihre Gründer hätten sich wohl kaum vorstellen können, dass ihr Projekt einmal weltweite Aufmerksamkeit auf sich ziehen und Milliarden umsetzen würde. Die Gegenwart mag hinter den goldenen Jahren des »Dream Teams« zurückstehen, heutigen Stars wie LeBron James, Kobe Bryant und Tim Duncan nicht die ungeteilte Verehrung zuteil werden wie einst Michael Jordan, Magic Johnson und Larry Bird. Auch der Abstand zwischen den besten Teams aus NBA und Europa mag geschrumpft sein. Dennoch bleibt unumstritten: Der beste Basketball der Welt wird weiterhin und auch in absehbarer Zukunft in der NBA gespielt!

**GRUND NR. 4**

## WEIL BARACK OBAMA BASKETBALL-FAN IST

Von Vladimir Putin wissen wir, dass es keine Sportart gibt, die er nicht beherrscht, und er es notfalls auch mit einem Grizzlybären aufnehmen würde. Mao Zedong präsentierte sich einst als unerschrockener Schwimmer in Chinas Flüssen. Gerhard Schröder, Mittelstürmer beim TuS Talle, bekam von seinen Mitspielern den Spitznamen »Acker«, und Angela Merkel ist bekanntlich eine kompetente Skilangläuferin und kennt Bastian Schweinsteiger. Und der Lieblingssport des US-Präsidenten? Basketball!

Die Amerikaner verlangen von ihrem Präsidenten, dass er so sei wie sie, ein *regular guy*, mit dem man auch mal ein Bier trinken kann. Ob das ein sinnvolles Anforderungsprofil für den mächtigsten Mann ist (bis jetzt zumindest war es ja immer ein Mann), lassen wir mal dahingestellt. Zweifellos aber hilft ein gewisses Maß an Sportbegeisterung, wenn es gilt, den Eindruck von Volksnähe zu erwecken. Und die meisten Präsidenten mussten dabei nicht einmal unbedingt heucheln: Gerald Ford war im College ein Footballstar; Ronald Reagan arbeitete als Sportreporter, bevor es ihn nach Hollywood verschlug; George Bush der Ältere war Kapitän der Baseballmannschaft der Yale University, und sein Sohn eine Zeit lang Mitbesitzer der Texas Rangers, eines Major-League-Baseballteams.

Barack Obamas Basketballbegeisterung begann bereits in seinen Jugendjahren auf Hawaii. Glaubt man seiner Autobiografie *Dreams From My Father*, so spielte der Sport eine bedeutsame Rolle bei der Identitätsfindung und bot ihm eine Gemeinschaft, in der er sich heimisch fühlen konnte. Er gehörte dem Basketballteam seiner Highschool an, einem der besten der Insel, und träumte von einer Karriere als Profi. In einem Gespräch mit einem Journalisten von *Sports Illustrated* erinnerte er sich daran, wie ihm im Alter von 16 Jahren erstmals ein Dunking gelang. Ganz unbegabt war er also wohl nicht, aber selbst in der Schulmannschaft kein Star, und so gingen die Träume von der NBA nicht in Erfüllung. Die Begeisterung für das Spiel aber blieb erhalten.

In seiner Zeit in Chicago hatte er das Privileg, die größten Jahre der Bulls mit Michael Jordan hautnah zu erleben, und man könnte sogar sagen, dass er in eine Basketballfamilie einheiratete, denn der Bruder seiner Gattin Michelle, Craig Robinson, war ein erfolgreicher College-Spieler in Princeton und arbeitet heute als Coach.

Auch im Weißen Haus frönt der Präsident dieser Leidenschaft. Eine seiner ersten Amtshandlungen war es, die Tennisplätze der Residenz umgestalten zu lassen, sodass dort nun auch Basketballspiele ausgetragen werden können. Zu solchen wird regelmäßig eingeladen, und dabei scheint es mitunter recht heftig zuzugehen. Im November 2010 wurde der Präsident von einem gegnerischen Ellenbogen getroffen und erlitt eine Platzwunde an der Oberlippe, die mit zwölf Stichen genäht werden musste. Auch der oberste Boss der NBA, David Stern, bekam die Gelegenheit, die Basketballkünste des Präsidenten zu begutachten, verband jedoch ein Bekenntnis zur Partei Obamas mit der Einschätzung, dieser sei ein nicht ganz so guter Spieler, wie er selbst glaube. Inzwischen zollt der Präsident dem Alter Tribut und hat die Zahl der Einladungen zu Basketballpartien im Weißen Haus deutlich zurückgefahren.

Und außerdem hat er ja auch noch andere Pflichten. Zu seinen liebsten dürfte aber weiterhin der alljährliche Empfang der NBA-Meistermannschaft gehören, der ihm Gelegenheit gibt, mit den besten Spielern des Landes über seinen Lieblingssport zu fachsimpeln.

**GRUND NR. 5**

## WEIL BASKETBALL KEIN MÄNNERSPORT IST

Gibt es irgendeinen Sport – außer Synchronschwimmen und Rhythmischer Sportgymnastik –, bei dem nicht seine Ausübung durch Männer als der »richtige« Sport gilt, während Frauen den Sport eben »auch« ausüben? Vielleicht Eiskunstlauf. Bei Mannschaftssportarten ist der Sachverhalt in jedem Fall eindeutig. Männer spielen Fußball, Frauen allenfalls Frauenfußball, den manche sogar für eine eigenständige Sportart halten, obwohl die Frauen ganz eindeutig nach den gleichen Regeln und auf den gleichen Spielfeldern spielen.

Und, machen wir uns nichts vor, auch im Basketball ist das nicht anders: Männer können Superstars werden und wahnwitzige Einkünfte verbuchen, Frauen erreichen bestenfalls einen gewissen Bekanntheitsgrad und können froh sein, wenn sie von ihrem Sport einigermaßen leben können. Und das Medienecho ist entsprechend.

Im Unterschied zum Fußball beispielsweise kann Basketball jedoch für sich in Anspruch nehmen, von Anfang an auch von Frauen praktiziert worden zu sein. Wie bei den Männern liegen auch bei den Frauen die Wurzeln des Spiels in Massachusetts. Im Winter 1892, nur ein Jahr nach seiner Erfindung durch James Naismith, begann die Lehrerin Senda Berenson am Smith College, einer renommierten Lehranstalt für Frauen, ihre Schülerinnen für den neuen Sport zu begeistern. Aus Sorge, ihre Schützlinge könnten sich überanstrengen, und vielleicht auch um eventueller Kritik vorzubeugen, modifizierte sie die Regeln ein wenig, indem sie das Spielfeld in drei Zonen einteilte und die Spielerzahl auf neun pro Team festlegte, von denen einige die zugewiesene Zone nicht verlassen durften. Das erste Spiel wurde am 21. März 1893 ausgetragen, Männer durften nicht unter den Zuschauern sein, das wäre nicht schicklich gewesen.

Senda Berenson machte sich in den folgenden Jahren in einer Reihe von Publikationen für die Verbreitung des Spiels unter Frauen stark und gilt als die »Mutter des Basketballs«. 1985 wurde sie zusammen mit zwei Trainerinnen als erste Frau in die Hall of Fame aufgenommen.

Frauenbasketball fand in den folgenden Jahren Verbreitung an einer Reihe von Colleges, wobei es oft nach individuell modifizierten Regelwerken gespielt wurde. Allgemein akzeptiert war der Frauensport jedoch noch keineswegs. So sprach sich die Amateur Athletic Union (AAU), die in den USA den Amateursport außerhalb der Colleges organisierte, 1908 gegen öffentliche Basketballspiele von Frauen aus. 1926 allerdings richtete dieselbe Organisation das erste landesweite Basketballturnier für Frauen aus. Ähnlich wie bei den Männern gab es nun eine Reihe von Firmenmannschaften, in denen sich Frauen sportlich betätigen konnten. 1924 und 1928 war Frauenbasketball sogar als Demonstrationswettbewerb bei den Olympischen Spielen vertreten. Bis der Basketball an den Colleges auch bei den Frauen in ähnlicher

Weise organisiert wurde wie bei den Männern, dauerte es bis zu den 1970ern, als der Gesetzgeber die Universitäten zwang, beim sportlichen Angebot Frauen nicht zu diskriminieren. Erst dann wurden in den USA die Regeln weitgehend dem Spiel der Männer angeglichen.

Eines der ersten Profiteams für Frauen waren die All American Red Heads, eine Art weibliche Version der Harlem Globetrotters. Die Red Heads spielten nach Männerregeln und absolvierten von 1936 bis 1986 alljährlich mehr als 200 Spiele im ganzen Land. Bei der Aufnahme des Teams in die Hall of Fame im Jahre 2012 wurde es für seinen beständigen Kampf gegen die über Athletinnen verbreiteten Stereotypen gewürdigt.

Auf internationale Anerkennung in Form der Aufnahme ins olympische Programm mussten die Basketballerinnen bis 1976 warten. Der Weltverband FIBA allerdings war gegenüber dem Frauensport durchaus aufgeschlossen. Die erste Europameisterschaft der Männer wurde 1935 ausgetragen, die Frauen waren nur drei Jahre später erstmals an der Reihe. Ähnlich war es bei den Weltmeisterschaften, dem ersten Männerturnier 1950 folgte bereits 1953 der erste Wettbewerb für Frauen. Der Europapokal der Landesmeister wurde 1959 eingeführt, zwei Jahre nach dem entsprechenden Männerwettbewerb.

In Deutschland war vor dem Krieg von Basketball spielenden Frauen noch nichts zu hören; nach dem Krieg aber durften die Frauen bereits im Jahre 1947, im gleichen Jahr wie die Männer, ihre erste Meisterschaft austragen. Vermutlich hat man sich die Spiele noch etwas anders vorzustellen als heutzutage, zumindest waren die Leistungsunterschiede beträchtlich. So besiegten die Meisterinnen vom Jahn München bei der Endrunde den SV Prag Stuttgart mit dem seltenen Ergebnis von 51:1.

In den USA scheiterte in den Jahren seit dem Zweiten Weltkrieg eine ganze Reihe von Versuchen, eine Profiliga für Frauen zu etablieren. Erfolg hatte erst die 1996 gegründete Women's National

Basketball Association (WNBA). Theoretisch wäre es auch denkbar, dass eine Frau für ein NBA-Team spielen könnte.

1969 drafteten die San Francisco Warriors eine hoch talentierte High-School-Spielerin namens Denise Long. Wohl ein Publicity Stunt, der vermutlich Aufmerksamkeit für eine zu gründende Profiliga wecken sollte. Der Pick wurde von der Liga annulliert, schon weil die NBA damals nur Spieler aufnahm, die vier Jahre College vorweisen konnten.

1977 drafteten die New Orleans Jazz mit der Center-Spielerin Lusia Harris ebenfalls eine Frau. Diesmal hatte die Liga keine Einwendungen, doch Harris verzichtete auf die Teilnahme am Trainingslager. Nicht so Ann Meyers, die 1980 einen Vertrag von den Indiana Pacers erhielt. Meyers war eine der besten College-Spielerinnen gewesen und hatte mit dem US-Team Olympiagold und WM-Titel gewonnen. Auch hier war den Pacers das mit der Aktion verbundene Aufsehen sicherlich nicht unwillkommen. Einen Platz im Saisonkader erhielt Meyers letztlich nicht. Eher möglich wäre wohl auch die Einstellung eines weiblichen Headcoachs, doch solches hat es bislang noch nicht gegeben. Auf dem Feld stehen Frauen in der NBA aber immerhin als Schiedsrichterinnen.

Seit 1985 sind auch immer wieder Frauen in die amerikanische Hall of Fame aufgenommen worden, darunter bis heute 16 Spielerinnen. Könnte sich darunter die beste Spielerin aller Zeiten befinden? Eine Internet-Recherche erweckt den Eindruck, als würde diese Frage nicht annähernd das gleiche Interesse wecken wie die Frage nach dem besten männlichen Basketballer aller Zeiten. Zu den berühmtesten amerikanischen Spielerinnen gehören neben der bereits erwähnten Ann Meyers u. a. Cynthia Cooper, Nancy Lieberman, Lynette Woodard, Teresa Edwards, Lisa Leslie und Sheryl Swoopes. Die Größte – im doppelten Sinne des Wortes – war aber vielleicht Uljana Semjonova. Die Lettin beeindruckte nicht nur mit einer Körpergröße von 2,12 Metern und Schuhgröße 58, sondern war auch eine Titelsammlerin allererster Klasse. Mit Daugava Riga

gewann sie zwischen 1967 und 1989 18 Europapokale und 15 russische Meisterschaften; mit der sowjetischen Nationalmannschaft zwei olympische Goldmedaillen, drei WM- und zehn EM-Titel.
Kein Zweifel: Basketballerinnen sind nicht zu übersehen!

**GRUND NR. 6**

## WEIL DER DEUTSCHE BASKETBALL IN HEIDELBERG GROSS WURDE

Der erste deutsche Basketballmeister kam 1939 mit dem LSV Spandau aus Berlin, der erste Nachkriegsmeister 1947 mit dem MTSV Schwabing aus München. Doch die erste wirkliche Basketballhochburg Deutschlands war zweifellos Heidelberg. Betrachtet man die Meisterlisten bei Männern und Frauen, so könnte man fast den Eindruck gewinnen, als sei in den 1950ern nur in der Stadt am Neckar erfolgreicher Basketball gespielt worden. Anteil an dieser Erfolgsgeschichte hat eine ganze Reihe von Vereinen.

Es begann 1947 mit der Gründung einer Basketballabteilung im Heidelberger Turnerbund. Treibende Kraft dabei war Anton Kartak. Er hatte 1942 auf einer Prager Oberschule das Abitur abgelegt und war nach dem Krieg zum Jurastudium nach Heidelberg gekommen.

Gleich in ihrer ersten Spielzeit führte er die Basketballer des HTB im November 1947 zum dritten Platz bei der deutschen Meisterschaft; im folgenden Jahr folgte der erste Meistertitel. Zur dieser Mannschaft gehörte auch Theodor Schober aus dem tschechischen Ostrau, der spätere Bundestrainer und Präsident des Deutschen Basketball-Bundes.

Im Juli 1947 wurde mit dem Basketballclub Heidelberg ein reiner Basketballverein gegründet, im November 1948 kam die Basketballabteilung des Heidelberger TV 1846 dazu und zwei Jahre später begann man auch beim USC Heidelberg mit der Ausübung des Basketballspiels.

Abteilungsleiter beim USC wurde Anton Kartak, der jedoch gleichzeitig nicht nur als Bundestrainer, sondern weiterhin auch als Spielertrainer beim Turnerbund tätig war und mit diesem Verein von 1951 bis 1953 dreimal die Deutsche Meisterschaft gewann. 1954 und 1956 langte es für den HTB noch zweimal zum dritten Platz. 1952 holten auch die Frauen des HTB den Meistertitel, ein Double, das später nur noch dem TuS 04 Leverkusen im Jahre 1979 gelang.

Eine größere Rolle im Heidelberger Frauenbasketball spielte allerdings von Anfang an die TSG 1878 Heidelberg, die 1948 und 1951 deutscher Vizemeister geworden war und dazwischen zwei vierte Plätze belegt hatte. 1953 folgte eine weitere Vizemeisterschaft und dann 1954 endlich der Meistertitel. Endspielgegner in jenem Jahr war der Basketballclub Heidelberg, der mit diesem zweiten Platz den größten Erfolg seiner Vereinsgeschichte feierte.

Beim Titelgewinn 1954 hatte die TSG vom Übertritt zahlreicher Spielerinnen des HTB profitiert, nun aber wanderten viele von ihnen zum Heidelberger TV 1846 weiter, einige gingen auch zum USC. Damit begann die große Zeit der Basketballerinnen des HTV 1846, die von 1955 bis 1960 sechsmal in Folge den Meistertitel gewannen. 1957 waren die Frauen des USC der unterlegene Endspielgegner; ein Jahr später schafften sie noch einen dritten Platz. Mit einem Vizemeistertitel 1961 ging die Serie der HTV-Frauen zu Ende, doch 1963 reichte es noch einmal zur Meisterschaft, die jedoch das Ende der großen Jahre des HTV markierte.

Die führende Rolle im Heidelberger Frauenbasketball übernahm einige Jahre später der Heidelberger SC, der 1968 aus einer Fusion dreier Heidelberger Vereine, darunter der Turnerbund, entstanden war. Die HSClerinnen landeten von 1969 bis 1976 immer unter den ersten vier der deutschen Meisterschaft und gewannen diese 1973. Dies sollte der letzte große Titel Heidelberger Basketballerinnen bleiben.

Bei den Männern hatte sich unterdessen Mitte der 1950er der USC auf den Weg zur Spitze gemacht. 1956 gelang es unter der Regie von Spielertrainer und Nationalspieler Kurt Schönhaar, erstmals den HTB zu überflügeln und in der Deutschen Meisterschaft den zweiten Platz zu belegen. Nun übernahm Anton Kartak, der inzwischen seine Spieler- und Trainerkarriere beim HTB beendet hatte, das Traineramt und führte den USC 1957 und 1958 zu seinen beiden ersten deutschen Titeln. Endspielgegner war in beiden Fällen der HTV. Zu den wichtigsten Spielern der Mannschaft gehörte neben Kurt Siebenhaar Oskar Roth, der herausragende deutsche Basketballspieler der 1950er, der Kartak vom HTB zum USC gefolgt war.

Eine Änderung des Austragungsmodus der Deutschen Meisterschaft verhinderte fortan, dass mehrere Heidelberger Teams an der Endrunde teilnehmen konnten. Das änderte allerdings nichts an der Dominanz des USC Heidelberg, der von 1959 bis 1962 vier weitere Meistertitel errang. Die Mannschaft war in all den Jahren von erstaunlicher Kontinuität geprägt: mit Volker Heindel, Werner Lamade, Fritz und Hennes Neumann, Oskar Roth, Horst Stein und Manfred Ziegler waren sieben Spieler bei allen sechs Meistertiteln dabei, Ludwig Gundacker fehlte nur beim ersten Titelgewinn 1957 und drei weitere Spieler gehörten immerhin viermal dazu. 1959 führte Kurt Siebenhaar das Kommando, 1962 fungierte Oskar Roth als Spielertrainer; und dazwischen war Anton Kartak nochmals auf die Trainerbank zurückgekehrt, der dann später ab 1968 als Sportwart und 1973 als Präsident des Deutschen Basketball-Bundes tätig war und 1986 zum Ehrenpräsidenten des Verbandes ernannt wurde.

Auch in den folgenden Jahren gehörte der USC zu den führenden deutschen Vereinen. Zu einem weiteren Meistertitel reichte es jedoch erst wieder 1966, wieder unter dem Trainer Kurt Siebenhaar. Von den alten Meisterspielern des Rekordmeisters waren Hannes Neumann und Volker Heindel noch dabei. Diese Meisterschaft berechtigte natürlich zur Teilnahme am Europapokal der Landesmeister. Dort war im Achtelfinale Real Madrid der Gegner. Noch in der 37. Minute führten die Heidelberger gegen den haushohen Favoriten mit einem Punkt, am Ende stand eine 88:93-Niederlage zu Buche, und auch im Rückspiel hielt sich die Niederlage mit 15 Punkten in ehrbaren Grenzen.

Auf nationaler Ebene folgte nun eine kleine Durststrecke, von 1973 bis 1978 sollte der USC dann allerdings nochmals durchgehend zu den besten vier Teams in Deutschland gehören. 1973 und 1977 kamen zwei Meistertitel dazu, in den Jahren 1974 und 1975 zog man im Finale den Kürzeren. Nun herrschte nicht mehr die gleiche Kontinuität, neben Dietrich »Didi« Keller, dem Star der Mannschaft, war nur sein Nationalmannschaftskollege Hans Riefling in allen Finalspielen dieser Periode dabei.

Auch im DBB-Pokal konnte man in jenen Jahren einige Erfolge feiern. Einer Finalniederlage im Jahre 1975 folgte 1977 der Sieg gegen den TuS 04 Leverkusen, der das Double aus Meisterschaft und Pokal bedeutete. 1978 gelang es, diesen Erfolg gegen den SSV Hagen zu wiederholen. Da waren Keller und Riefling nicht mehr dabei und dieser Pokalsieg sollte der letzte große Erfolg des USC bleiben. Der Unterhalt eines Spitzenteams verlangte einen Finanzeinsatz, den man in Heidelberg nicht leisten konnte. 1980 stieg man erstmals aus der Bundesliga ab, und seitdem reichte es nur noch zu Gastspielen im Oberhaus in den Spielzeiten 1981/82, 1983/84 und 1984/85.

Gibt es eine Erklärung dafür, warum ausgerechnet Heidelberg zu der Stadt wurde, die den Basketballsport in Deutschland nicht unerheblich voranbrachte? Peter Wittig, der Chronist des Heidelberger Basketballs, sieht auf der Website des USC Heidelberg die Gründe in einer einzigartigen Gemengelage, die sich in Heidelberg nach dem Zweiten Weltkrieg entwickelte.

Die Stadt war im Krieg weitgehend unversehrt geblieben; eine renommierte Universität lockte Studenten in großer Zahl an; und auch zahlreiche Flüchtlinge aus dem Osten Europas, die bereits mit dem Basketball in Berührung gekommen waren, fanden den Weg dorthin. Die 7. US-Armee hatte ihr Hauptquartier in der Stadt am Neckar aufgeschlagen und brachte den Heidelberger Jugendlichen den American Way of Life und damit auch das in Deutschland noch kaum verbreitete Spiel mit den Körben nahe. Das fand wiederum vielleicht auch deshalb großen Anklang, weil Heidelberg nicht über eine ausgeprägte Fußballtradition verfügte. Hinzu kommt sicherlich auch, dass in jenen Jahren finanzielle Möglichkeiten von weit geringerer Bedeutung waren als der enthusiastische Einsatz von engagierten Pionieren, wie sie Heidelberg in Gestalt von Anton Kartak und seinen Mitstreitern hatte.

Die großen Jahre des Heidelberger Basketballs sind Vergangenheit, doch die Stadt ist keineswegs von der deutschen Basketball-Landkarte verschwunden. Der USC Heidelberg gehört seit vielen Jahren zum festen Bestand der 2. Bundesliga und spielt heute unter dem Namen MPL Academics in der ProA, der oberen Division der 2. Liga. Ebenfalls in der 2. Liga agiert die Frauenmannschaft, die nun den Namen MPL BasCats trägt. Und alle Traditionalisten unter den Basketballfreunden hätten sicher nichts dagegen, mal wieder ein Team aus Heidelberg in der Erstklassigkeit zu begrüßen.

**GRUND NR. 7**

## WEIL DAS OLYMPISCHE DEBÜT DES BASKETBALLS EIN ÜBERAUS KURIOSES WAR

Die Olympischen Sommerspiele 1936 in Berlin waren ein gigantisches Propagandaspektakel, zum Zweck, die in Deutschland herrschende Nazidiktatur in ein vorteilhaftes Licht zu rücken. Ausgerechnet bei diesen Spielen hatte Basketball seinen ersten Auftritt als olympischer Sport und das Turnier entwickelte sich zu einem der kuriosesten der gesamten Sportgeschichte.

Basketball war zu jenem Zeitpunkt ein in Deutschland weitgehend unbekannter Sport und die Veranstalter machten sich nicht die Mühe, dafür eine geeignete Sporthalle zur Verfügung zu stellen. So fanden die Spiele im Freien auf den Tennisplätzen des Reichssportfeldes statt. Auch die benutzten Bälle entsprachen keineswegs dem Standard, den die Spieler aus dem Mutterland des Sports gewohnt waren. Es handelte sich um einem Fußball ähnliche Lederbälle, die bei feuchter Witterung dazu neigten, zusätzliches Gewicht aufzusaugen. Pro Spiel durften maximal sieben Spieler eingesetzt werden, obwohl den meisten Teams ein doppelt so großer Kader zur Verfügung stand. Eine Regel, die den Einsatz von Spielern mit einer Körpergröße von über 1,90 Metern verboten hätte, wurde nach einem Protest der amerikanischen Mannschaft wieder außer Kraft gesetzt.

Insgesamt hatten sich 23 Länder für das Turnier gemeldet, das im Pokalsystem als doppelte Ausscheidungsrunde ausgetragen wurde, das heißt, in den ersten beiden Runden konnten sich Teams nach Niederlagen über eine Trostrunde noch für die nächste Runde qualifizieren, sodass erst eine zweite Niederlage das endgültige Ausscheiden bedeutete. So kamen vom 7. bis zum 14. August insgesamt 40 Spiele zur Austragung. Das spanische Team wurde noch vor Turnierbeginn wegen des kurz zuvor ausgebrochenen Bürgerkriegs zurückgerufen und auch Ungarn verzichtete. Peru trat in der vierten Runde nicht mehr an, aus Protest gegen ein dem Fußballteam des Landes nach einem Platzsturm peruanischer Fans auferlegtes Wiederholungsspiel gegen Österreich.

Die USA schickten kein aus den besten Spielern des Landes zusammengesetztes Nationalteam, sondern die Sieger eines Qualifikationsturniers der besten Amateur- und College-Mannschaften. Dieses Turnier war von einem von den Universal Studios in Hollywood gesponserten Team gewonnen worden, das dann allerdings durch einige Spieler des Endspielgegners und einen College-Spieler ergänzt wurde. Der eigentliche Turnierfavorit, die Long Island

University Blackbirds, die die gerade abgelaufene College-Saison mit einer Bilanz von 33-0 beendet hatten, zog zurück, weil man sich nicht für ein in Nazideutschland ausgetragenes Turnier qualifizieren wollte. Das Team hatte einige Spieler jüdischen Glaubens in seinen Reihen.

Wie erwartet beherrschte die amerikanische Mannschaft das olympische Turnier dennoch unangefochten. Das Endspiel gegen Kanada entwickelte sich zu einer Farce, denn heftiger Regen hatte den Platz in eine Schlammwüste verwandelt, die es nicht mehr erlaubte, mit dem aus allen Poren triefenden Ball, der an einen Medizinball erinnerte, ein reguläres Dribbling auszuführen. Am Spielfeldrand registrierte der Kapitän des US-Teams, Bill Wheatley, 500 Regenschirme, von denen er annahm, darunter hätten sich Zuschauer befunden. Bei Halbzeit waren gerade einmal 19 Punkte zusammengekommen, von denen 15 auf das Konto der USA gingen. In der zweiten Halbzeit kamen beide Teams noch einmal auf jeweils vier Punkte, sodass es am Ende 19:8 hieß. Der beste Schütze der Amerikaner, Joseph Fortenberry, verbuchte die gleiche Punktzahl wie das gesamte kanadische Team. Bronze ging an Mexiko, das sich zuvor mit 26:12 gegen Polen durchgesetzt hatte. Die Medaillen überreichte Dr. James Naismith, der Erfinder des Spiels.

Die deutsche Mannschaft unterlag in der ersten Runde der Schweiz mit 25:18, kam in der Trostrunde zu einem kampflosen Sieg über die nicht angetretenen Spanier und musste nach einem 58:16-Debakel gegen Italien in der zweiten Runde endgültig die Segel streichen. Da es in Deutschland kaum Basketballspieler gab, waren vor den Spielen einige Handballspieler umgeschult worden, darunter ein junger Student aus Dortmund namens Willi Daume. Dem späteren Präsidenten des Nationalen Olympischen Komitees entging damit möglicherweise die Teilnahme am olympischen Handballturnier, in dem Deutschland die Goldmedaille gewann. Im Basketballturnier gehörte Daume zwar zum Kader der 14 Auserwählten, kam jedoch nicht zum Einsatz. Trainiert wurde das

Team von Hugo Murero, der es nach dem Krieg als Sportjournalist bis zum Sportchef des WDR brachte und in dieser Funktion zu den Mitbegründern der ARD-*Sportschau* gehörte.

Daume zog nach den Spielen in der *Reichszeitschrift der deutschen Handball- und Basketballspieler* ein erstaunlich kritisches Fazit des deutschen Auftritts. Er beklagte die sprunghafte, wenig konsequente Vorbereitung, die mangelnde mannschaftliche Geschlossenheit im Auftreten des Teams und den insgesamt zu geringen Aufwand, der im Lande bei der Etablierung dieser Sportart betrieben worden sei, die ihm offensichtlich schnell ans Herz gewachsen war.

Für die USA begann mit dem Olympiaturnier von 1936 eine beispiellose Siegesserie, die erst 1972 ein umstrittenes Ende fand. Und auch in Deutschland blieb das Turnier nicht ganz folgenlos, denn immerhin kam es 1939 erstmals zur Austragung einer Deutschen Meisterschaft.

**GRUND NR. 8**

## WEIL KEVIN DURANT (VIELLEICHT) DER BESTE IST

Der beste Spieler der NBA ist normalerweise auch der beste Spieler der Welt. Auf diese Einschätzung können sich vermutlich die meisten Basketballfreunde einigen. Wer aber ist aktuell der beste? Da dürften die Meinungen dann bereits auseinandergehen.

Nostalgiker könnten sich für Kobe Bryant entscheiden, doch der wird von Verletzungen geplagt und hat seine besten Jahre eindeutig hinter sich. Deutsche würden vielleicht schon aus Patriotismus für Dirk Nowitzki votieren, aber auch der ist nicht mehr der Jüngste und auch kaum der Beste. Anführer des besten Teams der letzten Jahre ist LeBron James, und der wäre für die Mehrheit vermutlich auch der erste Anwärter auf den Thron. Aber in der Saison 2013/14 wurde er von einem anderen Spieler übertroffen, der sich damit endgültig in die Kandidatenreihe geschoben haben dürfte: Kevin Durant von den Oklahoma City Thunder.

Kevin Durant wurde in der amerikanischen Landeshauptstadt Washington geboren und ging dort auch zur Schule. Nach einem Wachstumsschub vor seinem letzten Schuljahr entwickelte er sich zu einem der besten Highschool-Spieler des Landes. Er entschied sich für ein College fern der Heimat, die University of Texas in Austin. Dort zeigte er schon in seiner ersten Saison herausragende Leistungen und erzielte im Schnitt 25,8 Punkte pro Spiel. Als erster Spieler überhaupt wurde er schon in seinem ersten Jahr als Collegespieler des Jahres ausgezeichnet.

Wie heute üblich beschloss er, nicht länger zu warten, sondern gleich Profi zu werden. Beim NBA Draft des Jahres 2007 wurde er hinter Greg Oden mit dem zweiten Pick von den Seattle SuperSonics gezogen. Oden ging an die Portland Trail Blazers, versäumte aber gleich die erste Saison wegen einer Knieoperation. Durant hingegen spielte eine ausgezeichnete Saison, an deren Ende er die Auszeichnung als Rookie des Jahres erhielt.

2008 siedelten die SuperSonics nach Oklahoma um und änderten ihren Namen. Gleichzeitig erhielt Durant mit Russell Westbrook einen Mitspieler, mit dem zusammen er den Klub am neuen Standort an die NBA-Spitze führen sollte. Seit 2010 wurde er jedes Jahr ins All-Star-Team berufen. Von 2010 bis 2012 und 2014 beendete er die Saison jeweils mit dem besten Punkteschnitt der NBA, beim ersten Mal war er der jüngste Spieler, dem dies gelang. 2011 erreichte Oklahoma das Finale der Western Conference, scheiterte dort aber an den Dallas Mavericks, die sich dann auch den Titel holten. 2012 räumte man mit den Mavericks, den Los Angeles Lakers und den San Antonio Spurs nur Namen von Rang zur Seite, bekam im Finale von den Miami Heat dann aber die Grenzen aufgezeigt. Durants überragende Leistungen brachten ihm auch internationale Berufungen ein. 2010 führte er das US-Team in der Türkei zum Weltmeistertitel und wurde zum besten Spieler des Turniers gewählt. Auch bei den Olympischen Spielen 2012 in London erwies er sich als fleißiger Punktesammler und holte mit seiner Mannschaft die Goldmedaille.

Durant kann beide Forward-Positionen spielen. Zu Beginn seiner NBA-Karriere galt sein Spiel als etwas einseitig und auf den Weg zum Korb ausgerichtet. Seither hat er sich jedoch auch zu einem formidablen Defensivspieler entwickelt, wobei ihm die gewaltige Spannweite seiner Arme zunutze kommt. Und in der Offensive besitzt er inzwischen durchaus auch ein Auge für den freien Mitspieler. In der Saison 2013/14 schaffte er eine Serie von 41 aufeinander folgenden Spielen mit mindestens 25 Punkten und brach damit einen Rekord von Michael Jordan. Insgesamt standen am Ende Durchschnittswerte von 32 Punkten, 7,4 Rebounds und 5,5 Assists zu Buche. Nachdem er dreimal nur hinter LeBron James hatte zurückstehen müssen, wurde er für diese überragenden Leistungen mit der Wahl zum wertvollsten Spieler der Saison belohnt. In den Playoffs allerdings kam das Aus wieder in den Conference Finals gegen die San Antonio Spurs. Der ganz große Wurf fehlt also noch, ist aber möglicherweise nur eine Frage der Zeit.

Kevin Durant ist ein Superstar, der sich offenkundig im »kleinen« Oklahoma wohlfühlt und den es nicht ins Rampenlicht der großen Metropolen zieht. Vom Ego kann er mit LeBron James und Kobe Bryant nicht mithalten, doch genau dies trägt zu seiner Beliebtheit nicht unwesentlich bei. Und selbst wenn er nicht der populärste Spieler sein sollte, ist er zur Zeit vielleicht einfach nur der beste.

**GRUND NR. 9**

## WEIL DIRK NOWITZKI »DER HITZE« TROTZTE

2006 gewannen die Dallas Mavericks die ersten beiden Spiele der NBA-Finalserie gegen die Miami Heat. Im dritten Spiel gingen sie mit einer zweistelligen Führung in die Schlussminuten und schienen auf bestem Weg zu ihrer ersten NBA-Championship. Doch man verschenkte die scheinbar sichere Führung und verlor auch die nächsten drei Spiele. Der ersehnte erste Meistertitel ließ also weiter auf sich warten, sehr zum Unwillen von Eigentümer Mark Cuban. Und Dirk Nowitzki dürfte sich Gedanken darüber gemacht haben, ob er wohl noch einmal so nahe an den Titelgewinn kommen würde, ohne den in den USA auch eine große Karriere als unvollendet betrachtet wird.

In den folgenden Jahren folgten weitere Enttäuschungen. Trotz guter Leistungen in der regulären Saison mussten die Mavericks in den Playoffs meist schon in der ersten Runde die Segel streichen und erwarben sich so den Ruf einer Mannschaft, die zum Versagen neigte, wenn es hart auf hart kam. Wenig deutete darauf hin, dass sich dies in der Saison 2010/11 ändern könnte.

Der Kern des Teams blieb im Wesentlichen intakt. Dirk Nowitzki unterschrieb einen neuen Vierjahresvertrag, und auch Center Brendan Haywood, dessen Vertrag ebenfalls ausgelaufen war, verlängerte mit den Mavericks. Die sommerliche Ziehung der besten Nachwuchsspieler brachte keine Hilfe, da die Mavs nur weit hinten in der zweiten Runde einen Spieler auswählen durften. Sie gaben einige Spieler an die Charlotte Bobcats ab und erhielten im Tausch dafür den Center Tyson Chandler, der sich als wesentliche Verstärkung erweisen sollte. Die Rolle des Point Guards lag weiterhin in den bewährten Händen von Jason Kidd; DeShawn Stevenson unterstützte ihn als Shooting Guard; neben Dirk Nowitzki agierte Shawn Merrion als Small Forward, und mit Jason Terry besaßen die Mavericks einen der besten sechsten Männer der Liga.

Der Saisonstart gelang ausgezeichnet, Ende Dezember standen 24 Siegen nur sieben Niederlagen gegenüber. Es folgten ein schwächerer Januar, ein exzellenter Februar, ein passabler März und so zog man als Zweiter der Southwest Division in die im April beginnenden Playoffs ein. In der Setzliste der Western Conference bedeutete das Platz 3 hinter den San Antonio Spurs und dem Sieger der Pacific Division, den Los Angeles Lakers.

Gegner in der ersten Runde waren die Portland Trail Blazers. Die Mavericks gewannen die ersten beiden Spiele im heimischen American Airlines Center, verloren dann aber das dritte und vierte Spiel in Portland, letzteres trotz einer zwischenzeitlichen 23-Punkte-Führung. Die Rückkehr des alten Playoff-Gesichts? Vorerst nicht, denn die beiden nächsten Spiele gingen wieder an die Texaner, die damit ins Conference-Halbfinale einzogen. Dort trafen sie auf die Los Angeles Lakers, den Titelverteidiger, der zuletzt dreimal hintereinander im Finale gestanden hatte. Im ersten Spiel in Los Angeles lagen die Mavericks zwischenzeitlich mit 16 Punkten zurück und gingen mit einem Sieben-Punkte-Defizit ins letzte Viertel, gewannen aber noch mit 96:94. Auch das zweite Spiel sah mit 93:81 die Mavs als Sieger. Das dritte Spiel der Serie, nun in Dallas, folgte dem Muster des ersten, wieder drehten die Mavericks im Schlussviertel einen Rückstand um. Und im vierten Spiel fielen die Lakers um Kobe Bryant und Pau Gasol dann völlig auseinander. Am Ende schlug ein sensationell hoher 122:86-Sieg des Teams aus Texas zu Buche, 20 erfolgreiche Dreipunktwürfe bedeuteten einen Playoff-Rekord. Die Mavericks wirkten nun wie ein Team, das bereit schien, die Gunst der Stunde zu nutzen.

Im Finale des Westens genossen die Mavericks nun wieder Heimrecht in den beiden ersten und auch in einem möglichen siebten Spiel, denn der Gegner Oklahoma City Thunder lag in der Setzliste hinter den Mavs. Oklahoma hatte im Halbfinale die Memphis Grizzlies ausgeschaltet, die in der ersten Runde sensationell die San Antonio Spurs eliminiert hatten, das beste Team der regulären Saison.

Im ersten Spiel steuerte Dirk Nowitzki 48 Punkte zu einem 121:112 seiner Mannschaft bei und verwandelte dabei 24 Freiwürfe ohne einen Fehlversuch, auch dies ein Playoff-Rekord. Alles schien nach Plan zu laufen. Doch im zweiten Spiel hieß es am Ende 106:100 für die Gäste um ihren Star Kevin Durant. Im dritten

Spiel in Oklahoma City bügelten die Mavericks diesen Ausrutscher mit einer dominanten ersten Hälfte aus, die zu einem 93:87-Erfolg reichte. Im vierten Spiel sahen die Mavericks angesichts eines 15-Punkte-Rückstands und einer Restspielzeit von fünf Minuten wie sichere Verlierer aus, retteten sich aber mit einer Aufholjagd in die Verlängerung. Die sah am Ende die Mavericks mit 112:105 vorne, nicht zuletzt dank 40 Punkten ihres deutschen Superstars. Auch das fünfte Spiel verlief eng. Oklahoma gewann die ersten drei Viertel knapp, doch gegen Spielende ergriffen die Mavericks das Kommando und sicherten sich mit einem 100:96 den Einzug in die Finalserie.

Wie schon 2006 hieß der Gegner Miami, der auf dem Weg ins Finale die Philadelphia 76ers, die Boston Celtics und die Chicago Bulls, im Osten das beste Team der Vorrunde, ausgeschaltet hatte. Die beiden Begegnungen der regulären Saison waren an die Mavericks gegangen, dennoch galten die Heat als hoher Favorit. Kaum einer erwartete, dass die Mavericks dem Superstar-Trio um LeBron James, Dwyane Wade und Chris Bosh würden Paroli bieten können, zumal die Heat aufgrund der besseren Bilanz in der regulären Saison den Heimvorteil genossen.

Die Serie begann am 31. Mai 2011. Im ersten Spiel in der American Airlines Arena von Miami führten die Mavericks am Anfang des dritten Viertels vorübergehend mit acht Punkten, doch am Ende hieß es 92:84 für die Gastgeber. Dirk Nowitzki war mit 27 Punkten der beste Werfer, verletzte sich aber kurz vor Schluss am Finger. Das zweite Spiel verlief zunächst ausgeglichen, dann aber sicherte sich Miami einen 15-Punkte-Vorsprung. Dallas kam zurück und 27 Sekunden vor Schluss brachte Nowitzki sein Team mit einem Dreier mit 93:90 in Führung. Doch nur zwei Sekunden später glichen die Heat ebenfalls mit einem Dreier wieder aus. Drei Sekunden vor Schluss gelang Nowitzki mit seiner verletzten linken Hand ein Korbleger und der letzte Wurf von Dwyane Wade sprang vom Ring zurück. Die Mavericks hatten im entscheidenden Moment Nervenstärke bewiesen und mussten nicht mit der Last eines 0-2-Rückstands nach Hause zurückkehren.

Nun standen drei Spiele in Dallas an. Die Mavericks hätten also mit drei Heimsiegen den Sack zumachen können, doch es kam anders. Im ersten dieser Spiele mussten sie erneut einem Rückstand hinterherrennen, und diesmal langte es nicht ganz, obwohl Dirk Nowitzki 34 Punkte erzielte. Miami verhinderte mit exzellenter Verteidigung den Ausgleich durch Nowitzki in letzter Sekunde und gewann mit 88:86. Im vierten Spiel der Serie ging es hin und her. Ein Nowitzki-Korbleger 14 Sekunden vor Schluss stellte die Führung der Mavericks auf drei Punkte; beide Mannschaften erzielten noch je zwei Punkte und am Ende hieß es 86:83. Beide Mannschaften hatten nun je zwei Spiele gewonnen, und damit war klar, dass die Entscheidung in Miami fallen würde. Im fünften Spiel, dem letzten in Dallas, führte Miami mit 100:97, dann übernahm John Terry das Kommando und die Mavericks beendeten das Spiel mit einem 15:3-Lauf. Endergebnis also 112:103, die Mavs reisten mit einer Führung im Gepäck nach Miami.

Immer noch wurde allgemein erwartet, dass die Heat mit zwei Siegen in den letzten Spielen alles klarmachen würden. Dazu allerdings musste LeBron James zur Normalform zurückkehren. Nachdem er im vierten Spiel nur acht Punkte erzielt hatte und auch in Spiel 5 im letzten Viertel mehr oder minder von der Bildfläche verschwunden war, begann er unter Basketballfans zum Gegenstand von Witzeleien zu werden. Dirk Nowitzki hingegen hatte zusätzlich zu seiner Handverletzung auch noch mit einer heftigen Erkältung zu kämpfen, zeigte aber dennoch herausragende Leistungen. Der öffentlichen Wahrnehmung der Heat konnte es da nicht förderlich sein, als vor dem sechsten Spiel ein Video auftauchte, in dem LeBron James und Dwyane Wade sich über Nowitzkis Krankheitssymptome lustig machten. Im Vergleich zu einem Mann, der eine Mission zu verfolgen schien, wirkten die beiden wichtigsten Spieler der Miami Heat wie pubertierende Jungspunde.

Im sechsten Spiel am 12. Juni 2011 ging Miami mit 20:11 in Führung, doch Dallas antwortete mit einem Lauf von 21:4 Punkten und führte zum Ende des ersten Viertels mit fünf Punkten. Im zweiten Viertel übernahmen die Heat noch einmal die Führung, doch zur Halbzeit lagen die Mavericks knapp vorn. Im dritten Viertel ging LeBron James erneut auf Tauchstation, sodass die Mavs ihren Vorsprung auf neun Punkte ausdehnen konnten. Dies ließen sie sich auch im letzten Viertel nicht mehr nehmen und gewannen mit 105:95 ihren ersten Meistertitel.

Dirk Nowitzki hatte erstmals in der Finalserie nicht die meisten Punkte für sein Team erzielt, die Wahl zum »Most Valuable Player« war dennoch nur eine Formsache. Dies waren nicht mehr die Dallas Mavericks, die im entscheidenden Moment die Nerven verloren, und Nowitzki hatte allen Widerständen zum Trotz bewiesen, dass er in der Lage war, ein Team zu führen und Höchstleistungen zu bringen, wenn es darauf ankam.

Fortan würde niemand mehr sagen können, Dirk Nowitzki sei zwar ein großer Spieler gewesen, aber unfähig, Titel zu gewinnen. Auch in der Heimat wusste man diese Leistung richtig einzuschätzen und wählte den Würzburger zum Sportler des Jahres 2011.

**GRUND NR. 10**

## WEIL JAMES NAISMITH DER WELT
## DIE DREIZEHN GEBOTE BRACHTE

James Naismith formulierte 13 Regeln für das von ihm erfundene Spiel. Heute umfasst das Regelbuch über 100 Regeln und Basketball gehört nicht mehr zu den Spielen mit einem einfachen Regelwerk. Dies gilt umso mehr, da der internationale Verband und die NBA nach leicht abweichenden Regeln spielen lassen, und auch bei den Frauen und im amerikanischen Collegebasketball unterschiedliche

Vorschriften gelten. Entscheidend aber bleibt, dass es den dafür zuständigen Autoritäten immer wieder gelungen ist, auf Fehlentwicklungen des Spiels zu reagieren und diese durch Anpassung der Regeln in den Griff zu bekommen, wenn auch vielleicht nicht immer im ersten Versuch. Das Erstaunlichste an den von Naismith niedergeschriebenen Regeln ist, was alles nicht drinsteht. Werfen wir also einen Blick darauf, was sich aus den ursprünglichen Dreizehn Geboten entwickelt hat.

Naismith macht keine Angabe zur Anzahl der Spieler, aus denen eine Mannschaft bestehen soll. Anfangs war es wohl nur wichtig, dass beide Teams die gleiche Spielerzahl aufwiesen. Das erste Basketballspiel der Geschichte am Springfield College wurde mit Neunermannschaften bestritten, vermutlich weil genau 18 Studenten an dem Spiel teilnehmen wollten. Die hohe Spielerzahl erwies sich jedoch bald als hinderlich und wurde bereits 1897 auf fünf Spieler pro Mannschaft reduziert. Logischerweise ist bei Naismith auch noch nicht von Auswechslungen die Rede, die erst nach der Reduzierung der Spielerzahl praktiziert wurden. Ursprünglich durften ausgewechselte Spieler nicht mehr zurückkehren; 1920 wurde die einmalige Rückkehr gestattet, 1934 die zweimalige, ab 1945 darf unbegrenzt gewechselt werden.

Nicht erwähnt wird von Naismith auch die Höhe der Körbe. Sie lag jedoch immer bei den auch heute üblichen zehn Fuß, das sind 3,05 Meter. Die ursprünglich in der Sporthalle von Springfield verwendeten Pfirsichkörbe erwiesen sich als hinderlich für den Spielfluss, da der Ball ja nach jedem Treffer heruntergeholt werden musste. Schon bald wurden an ihrer Stelle mit Draht eingefasste Ringe verwendet, seit 1912 dann die heute gebräuchlichen offenen Netze.

1895 wurden erstmals Bretter hinter dem Korb angebracht, die zunächst hinter den Körben befindliche Zuschauer am Eingreifen ins Spiel hindern sollten. Der bis heute gültige Abstand zwischen Brett und Auslinie wurde 1939 festgelegt.

Im ursprünglichen Regelwerk finden sich auch keine Angaben zum Ball. Verwendet wurden anfangs Fußbälle, was kein Problem war, solange das Dribbeln nicht erlaubt war. Dann aber beeinflussten die bei Lederbällen damals üblichen Nähte das Sprungverhalten des Balles doch erheblich. 1929 kamen Bälle mit verborgenen Nähten auf, seit 1942 gibt es maschinell geformte, nahtlose Bälle.

Bei Naismith wurde jeder Korberfolg noch mit einem Punkt belohnt. Freiwürfe als Strafe für Fouls wurden 1894 eingeführt; zwei Jahre später ging man dazu über, Korberfolge aus dem Feld mit zwei Punkten zu belohnen. Experimente mit einer Dreipunktelinie gab es bereits vor dem Zweiten Weltkrieg, erstmals eingeführt wurde sie 1961 in der vergleichsweise obskuren American Basketball League mit dem Ziel, kleineren Spielern ein bessere Chance einzuräumen, zu Punkten zu kommen, und die Defensive zu entzerren. In der American Basketball Association gelangte sie zu größerer Popularität; nachdem diese Liga in der NBA aufgegangen war, kam die neue Linie auch dort und später auch im internationalen Basketball zur Anwendung. Der Abstand der Linie vom Korb variiert von Regelwerk zu Regelwerk.

Naismith hatte die Spielzeit auf zweimal 15 Minuten festgelegt, doch schon bald verlängerte man die Hälften um jeweils fünf Minuten. Unentschiedene Spiele wurden in den USA bis in die 1960er im »Sudden Death« entschieden, das heißt, die Mannschaft, die den ersten Punkt nach Wiederaufnahme des Spiels erzielte, war der Sieger, möglicherweise ohne, dass der Gegner jemals in Ballbesitz gelangt war. Zweifellos ein Vorteil für die Mannschaft, die den besseren Spezialisten für den spieleröffnenden Sprungball hatte. Als probates Gegenmittel erwies sich die Einführung einer Verlängerung mit festgelegter Minutenzahl. International hatte man mit dem Unentschieden weniger Probleme und seine Abschaffung erfolgte erst in den 1970ern.

Als Foul gewertet wurden in der Frühphase des Spiels die gleichen Vergehen wie heute, wobei allerdings auch Schrittfehler als

Foul galten. Die Bestrafung für mehrfache Fouls unterschied sich jedoch bis 1945 von der heute gängigen Praxis, als die Disqualifikation für das fünfte Foul eingeführt wurde. Anfangs durfte jeder Spieler einer Mannschaft Freiwürfe werfen, was zu einer unwillkommenen Spezialisierung führte, der man 1924 durch die Regelung entgegentrat, den gefoulten Spieler zur Ausführung der Freiwürfe zu bestimmen.

Die von Naismith formulierten Regeln zum Passen des Balles haben bis heute ihre Gültigkeit behalten. Das Dribbeln mit dem Ball war bei ihm aber noch verboten. Ab 1901 durften die Spieler den Ball einmal aufspringen lassen, mussten ihn danach jedoch abgeben. Ab 1909 durfte nach heutiger Art gedribbelt und aus dem Dribbling heraus auch geworfen werden, was das Offensivspiel grundlegend veränderte.

Erstaunlicherweise enthalten die Naismith-Regeln auch keine Angaben zur Spielfeldgröße. Anfangs wurde das Spielfeld wohl schlichtweg durch die Hallenwände begrenzt. Ab 1904 erfolgte die Begrenzung durch Linien. Ging ein Ball ins Aus, so erhielt diejenige Mannschaft das Einwurfsrecht, die den Ball im Aus als erste berührte, was zu heftigen physischen Auseinandersetzungen im Kampf um den Ball führte. Als Reaktion darauf wurde 1913 die heute gültige Regelung eingeführt, nach der die Mannschaft den Einwurf bekommt, die den Ball im Spielfeld nicht als letzte berührt hat.

Bis 1932 konnte die im Ballbesitz befindliche Mannschaft das ganze Spielfeld nutzen, was es der verteidigenden Mannschaft schwer machte, den Ball zu erobern. Deshalb wurde die Mittellinie eingeführt, verbunden mit dem Verbot, den Ball in die eigene Hälfte zurückzuspielen, sobald er sich in der gegnerischen Hälfte befand. Ein Jahr später wurde diese Regel durch die Verpflichtung ergänzt, den Ball innerhalb von zehn Sekunden in die gegnerische Hälfte zu bringen.

1936 wurde die Dreisekundenregel eingeführt, die es Angriffsspielern verbot, länger als drei Sekunden unter dem Korb zu parken. Die Ausmaße der Zone, für die diese Regel gilt, wurden in späteren Zeiten immer mal wieder verändert. Noch immer aber bestand keine Verpflichtung, innerhalb einer bestimmten Frist einen Korbversuch zu unternehmen, was es erlaubte, eine Führung durch ausgedehnten Ballbesitzbasketball zu verteidigen. Um dieser destruktiven Art des Spiels ein Ende zu bereiten, führte die NBA 1954 die 24-Sekunden-Uhr ein, das heißt, innerhalb dieser Zeit musste ein Angriff abgeschlossen werden. Die FIBA zog 1960 nach, legte die Angriffszeit aber auf 30 Sekunden fest.

Bis 1937 wurde das Spiel nach jedem Korberfolg mit einem Sprungball in der Mittellinie wieder aufgenommen, was der Mannschaft, die den größten Spieler oder den mit der größten Sprungkraft in ihren Reihen hatte, einen beträchtlichen Vorteil einräumte. Außerdem führten Sprungbälle oft zu unerwünscht heftigem physischen Kontakt. Ab 1937 ging der Ball nach einem Korberfolg zum Einwurf an die gegnerische Mannschaft, was nicht nur die genannten Nachteile beseitigte, sondern das Spiel auch erheblich beschleunigte.

Einige weitere Regeländerungen sollten dazu dienen, großen Spielern das Leben ein wenig zu erschweren. In gewisser Hinsicht war bereits die Dreisekundenregel ein Vorläufer dieser Maßnahmen. 1944 wurde das Blocken des Balles untersagt, wenn dieser den Höhepunkt seiner Flugkurve überschritten hat, die sogenannte »Goaltending Rule«. 1958 führte die NBA eine Regel ein, die auch Angreifern verbietet, den Ball zu berühren, sobald er sich über dem Korb befindet, eine Regel, die von der FIBA nicht übernommen wurde. Und von 1967 bis 1977 wurde das Dunken des Balles im College-Basketball verboten, offiziell um Verletzungen zu verhindern, tatsächlich aber, um Lew Alcindor, dem späteren Kareem Abdul-Jabbar, seine stärkste Waffe zu nehmen.

Und noch eine interessante Fußnote: Bis 1949 war das Coaching während des Spiels offiziell verboten! Und die NBA nahm sogar Einfluss auf das taktische Verhalten ihrer Teams, indem sie bis 2001 die Zonenverteidigung untersagte.

2. KAPITEL
# NO-LOOK PASSES

**GRUND NR. 11**

# WEIL DAS »DREAM TEAM« DIE WAHREN GALAKTISCHEN WAREN

Wenn es einen Moment gibt, der den Übergang der NBA von einer amerikanischen Basketballliga zu einem globalen Phänomen kennzeichnet, dann war es der Auftritt der amerikanischen Mannschaft 1992 bei den Olympischen Sommerspielen von Barcelona. Dies war kein für einen Showkampf zusammengestelltes All-Star-Team, sondern die größte Ansammlung von Talenten, die in einem Mannschaftssport jemals in ein ernsthaftes Turnier geschickt wurde. Und die ganze Welt schaute zu und staunte.

Wie konnte es dazu kommen? 1988 gewann das amerikanische Turnier in Seoul nur die Bronzemedaille. 1980 konnte man wegen des Boykotts der Spiele von Moskau nicht gewinnen und die Niederlage von 1972 kam unter dubiosen Umständen zustande, weshalb sie in den USA nie als solche akzeptiert wurde. Ein dritter Platz unter regulären Bedingungen aber, das rührte am amerikanischen Selbstverständnis als Basketballnation Nummer eins. Da traf es sich gut, dass einerseits Juan Antonio Samaranch als Präsident des IOC inzwischen alle Hürden für die Teilnahme von Profisportlern an Olympischen Spielen beseitigt hatte und dass andererseits die NBA gerade die größte Ansammlung von Superstars in ihrer Geschichte erlebte. Was also lag näher, als genau diese Stars nach Barcelona zu schicken, um der Welt zu demonstrieren, wie Basketball wirklich geht?

Tatsächlich wurde die Idee, auch im Basketball Profis am Olympiaturnier teilnehmen zu lassen, von Borislav Stanković, dem Generalsekretär der FIBA, forciert, während die NBA von dem Gedanken, ihre besten Spieler im Sommer mit Spielen auf einem anderen Kontinent zu belasten, gar nicht so begeistert war, nicht ahnend, welche Marketing-Möglichkeiten sich dadurch eröffnen würden.

Letztlich aber konnte man sich der nationalen Aufgabe nicht entziehen und begann mit der Zusammenstellung der Mannschaft.

Im September 1991 wurden die Namen von zehn Spielern bekannt gegeben, die sich zum Mitmachen bereit erklärt hatten. Nicht fehlen durfte natürlich Michael Jordan, inzwischen anerkannt der beste Spieler der Liga. Magic Johnson und Larry Bird hatten ihren Karrierehöhepunkt bereits überschritten und mit HIV und Rückenproblemen zu kämpfen, wurden aber nominiert, weil sie die 1980er-Jahre geprägt hatten und mit den Lakers und Celtics zwei der traditionsreichsten Teams der Liga repräsentierten. Dazu kamen mit John Stockton und Karl Malone ein eingespieltes Duo von den Utah Jazz, Jordans Mannschaftskamerad von den Chicago Bulls Scottie Pippen, außerdem Patrick Ewing von den New York Knicks, David Robinson von den San Antonio Spurs, Charles Barkley von den Philadelphia 76ers und Chris Mullin von den Golden State Warriors.

Zwei Plätze waren damit noch offen und wurden im Mai 1992 vergeben. Einer davon ging an Clyde Drexler von den Portland Trail Blazers; der letzte blieb einem College-Spieler vorbehalten und ging an Christian Laettner, der für die Duke University gespielt hatte.

Einzige Überraschung war vielleicht die Nichtberücksichtigung von Isiah Thomas von den Detroit Pistons. Hier soll Michael Jordan seinen Einfluss geltend gemacht haben, der mit seinen Bulls ein überaus gespanntes Verhältnis zu den »Bad Boys« von den Pistons pflegte. Und der College-Platz im Aufgebot hätte auch an Shaquille O'Neal gehen können.

Einige der Auserwählten hatten bereits Olympiaerfahrungen: Robinson gehörte zu den Verlierern von 1988, Jordan, Ewing und Mullin hatten 1984 Gold geholt, als Malone ebenfalls ein Kandidat war, aber unberücksichtigt blieb. Auch der Trainerstab umfasste nur Namen von Rang. Chuck Daly, der die Pistons zu zwei Meistertiteln geführt hatte, übernahm das Kommando; ihm zur Seite standen mit Lenny Wilkens ein erfahrener NBA-Coach und mit

Mike Krzyzewski (Duke) und P. J. Carlesimo (Seton Hall) zwei renommierte College-Coaches. Schon vor den ersten Nominierungen hatte die Zeitschrift *Sports Illustrated* den Begriff »Dream Team« für die Mannschaft geprägt.

Doch zunächst einmal galt es, überhaupt die Olympiaqualifikation zu sichern. Die vier dem amerikanischen Kontinent zugebilligten Plätze wurden beim Tournament of the Americas vergeben, das vom 27. Juni bis zum 5. Juli 1992 in Portland, Oregon, ausgetragen wurde und den ersten offiziellen Auftritt des »Dream Teams« sah. Kuba musste sich mit 136:57 deklassieren lassen und Kanada und Argentinien ging es in den weiteren Gruppenspielen kaum besser, ebenso wenig wie Puerto Rico und Venezuela in Halbfinale und Endspiel. Am knappsten ging es im Halbfinale gegen Puerto Rico zu, und das endete mit 119:81!

Und in Barcelona lief es nicht anders. Das »Dream Team« gewann alle acht Spiele und nahm im gesamten Turnier keine einzige Auszeit. Der durchschnittliche Vorsprung betrug 44 Punkte. Zu den Opfern gehörte auch die deutsche Nationalmannschaft, die in der Vorrunde mit 111:68 ins Hintertreffen geriet. Am besten zog sich noch Kroatien aus der Affäre, das in der Vorrunde mit 103:70 und im Finale mit 117:85 unterlag. Und all dies ging den US-Boys absolut spielerisch von der Hand, die sich eine Woche lang in Monte Carlo vorbereitet hatten und auch in Barcelona das Leben genossen – Michael Jordan, wie zu hören war, vorwiegend auf dem Golfplatz, Charles Barkley hingegen auch auf der Partymeile La Rambla.

Während seiner aktiven Zeit äußerte Franz Beckenbauer gelegentlich den Wunsch, einmal in einer Mannschaft spielen zu wollen, in der jeder den Ball stoppen könne. NBA-Stars können natürlich erwarten, dass ihre Mitspieler den Ball fangen können. Aber ihren Sport auf diesem Niveau zelebrieren zu können, war auch für die erfolgsverwöhnten Mitglieder des »Dream Teams« eine besondere Erfahrung. Und Barcelona 1992 machte sie weltweit zu Rockstars. Coach Chuck Daly wähnte sich dementsprechend auf Tournee mit Elvis und den Rolling Stones. Um noch einmal zum Fußball zurückzukehren: Im Vergleich zu den vermeintlichen *Galácticos* von Real Madrid spielte das »Dream Team« tatsächlich in einer anderen Dimension.

Alle der beteiligten Spieler wurden später in die Hall of Fame gewählt (mit Ausnahme von Christian Laettner, dessen NBA-Karriere die Erwartungen nicht erfüllte, die er im College geweckt hatte). Die gleiche Ehre wurde auch dem Team als Ganzes und dreien der vier Coaches zuteil (die Ausnahme ist hier Carlesimo). Das Team diente jungen Sportlern in aller Welt als Inspiration und machte Millionen zu Basketballfans. Es ging *nur* um Sport, aber bessere Botschafter haben die Vereinigten Staaten nur selten gefunden.

**GRUND NR. 12**

## WEIL DIE HARLEM GLOBETROTTERS DIE GANZE WELT VERZAUBERN

Die Artland Dragons oder die Charlotte Bobcats sind Basketballverächtern vermutlich kein Begriff. Würde man solche Leute – die es ja geben soll – fragen, ob sie überhaupt eine Mannschaft kennen, so fiele höchstwahrscheinlich der Name der Harlem Globetrotters, deren weltweiter Bekanntheitsgrad wohl von keinem anderen Team erreicht wird.

Die Wurzeln der Globetrotters liegen in der Southside von Chicago, jenem Teil der Stadt, in dem sich die schwarze Bevölkerung konzentrierte. Dort eröffnete 1927 der Savoy Ballroom, ein Tanzlokal, zu dessen Attraktionen auch gelegentliche Sportveranstaltungen gehörten, darunter Auftritte einer kürzlich gegründeten Basketballmannschaft, die unter dem Namen Savoy Big Five antrat. Schon bald begann das Team, in der Umgegend von Chicago und dann auch im gesamten Mittleren Westen gegen örtliche Gegner anzutreten.

Als Besitzer und Manager fungierte Abraham »Abe« Saperstein, der den Namen Harlem Globetrotters erfand und auch das Design der klassischen, in den amerikanischen Nationalfarben Rot, Weiß und Blau gehaltenen Trikots entwarf. Der New Yorker Stadtteil Harlem war in jenen Jahren das Zentrum afroamerikanischer Kultur. Mit New York hatte das Team von Abe Saperstein eigentlich zwar nichts zu tun, doch der Name weckte positive Assoziationen und funktionierte als Chiffre für die Hautfarbe der Spieler. Saperstein selbst war ein 1902 in London geborener Einwanderer jüdischen Glaubens.

Die Praxis, übers Land zu ziehen und sich lokalen Herausforderern zu stellen, das sogenannte »barnstorming«, war in jenen Jahren im afroamerikanischen Sport weit verbreitet, denn in den weißen Ligen herrschte noch strikte Rassentrennung und funktionierende schwarze Ligen auf die Beine zu stellen, bedeutete in der Zeit der Großen Depression eine erhebliche Herausforderung, wie sich vor allem im Baseball zeigte, dem auch in der schwarzen Bevölkerung enorm populären amerikanischen Nationalsport.

Baseballmannschaften, die mit *barnstorming* ihren Unterhalt verdienten, hatten die Gewohnheit entwickelt, dem sportlichen Wettstreit durch Showeinlagen beim Aufwärmen und auch im Spiel zusätzlichen Reiz zu verleihen, eine Praxis, die auch Bestandteil der Auftritte der Globetrotters war. Zunächst einmal stand aber durchaus der Sport im Mittelpunkt.

1939 organisierte die Zeitung *Chicago Herald American* das World Professional Basketball Tournament, ein Einladungsturnier, das bis 1948 alljährlich zur Austragung kam und die besten Teams des Landes zusammenführte. Bei der ersten Austragung erreichten die Globetrotters das Halbfinale, ein Jahr später, 1940, gewannen sie das Turnier.

Nach dem Zweiten Weltkrieg begann der Aufstieg der NBA, in der inzwischen auch schwarze Spieler mitwirken durften, was den Kreis der Spieler verkleinerte, die bereit waren, sich den Globetrotters anzuschließen. Diese blieben unabhängig und zogen weiterhin durch das Land. Nun entwickelten sich die Showeinlagen wie spektakuläre Würfe, artistische Dribblings und gekonntes Jonglieren des Balls zum Markenzeichen des Teams, das 1952 außerdem den Jazzstandard *Sweet Georgia Brown* zu seiner Erkennungsmelodie erhob. Man spielte nun seltener gegen örtliche Gegner, sondern meist gegen ein mitreisendes Team, das vorwiegend unter dem Namen Washington Generals antrat und den überlegenen Globetrotters als Prügelknabe diente.

In den 1950ern begann man auch, dem Namen Globetrotters alle Ehre zu machen und sich weltweit einen exzellenten Ruf als Unterhaltungsattraktion zu erwerben. Am 22. August 1951 pilgerte die Rekordzahl von 75.000 Berlinern ins Olympiastadion, um einen Auftritt der Globetrotters zu erleben. 1959, in den heftigsten Jahren des Kalten Krieges, reiste das Team auf sowjetische Einladung für neun Spiele nach Moskau, wo es sogar von Partei- und Regierungschef Nikita Chruschtschow empfangen wurde. 1968 führten die vielen Reisen das Team dann endlich auch zu einem ersten »Heimspiel« nach Harlem.

Eine ganze Reihe von Spielern benutzte die Globetrotters als Sprungbrett zur NBA; der berühmteste von ihnen war Wilt Chamberlain. Auch zwei Mitglieder der Baseball Hall of Fame, Bob Gibson und Ferguson Jenkins, spielten kurzzeitig für das Team, dem mit Bob Karstens 1942/43 auch ein Spieler mit weißer Hautfarbe angehörte. 1995 verpflichtete man mit Orlando Antigua erstmals einen Latino, bereits zehn Jahre zuvor hatten mit der Olympiasiegerin Lynette Woodard und Joyce Walker zwei Frauen Verträge unterschrieben.

Die Globetrotters haben insgesamt acht weltbekannte Persönlichkeiten zu Ehrenmitgliedern ernannt: Henry Kissinger, Bob Hope, Kareem Abdul-Jabbar, Whoopi Goldberg, Nelson Mandela, Jackie Joyner-Kersee, Johannes Paul II. und Jesse Jackson. Besonders Kissinger und Johannes Paul II. hatten sich ja in Ausübung ihrer Ämter als US-Außenminister und Papst als wahre Globetrotter erwiesen. Bill Cosby und Magic Johnson unterschrieben 1972 bzw. 2003 lebenslange Verträge mit dem Team, die ihnen jährlich das exorbitante Honorar von einem Dollar einbringen.

Seit 2007 veranstalten die Globetrotters analog zum NBA Draft die jährliche »Ziehung« eines Spielers, der dann aufgefordert wird, sich dem Team anzuschließen. Unter den Auserwählten befand sich mit Tim Howard der Torhüter der amerikanischen Fußballnationalmannschaft und mit Lionel Messi ein weiterer Fußballstar, der aufgrund seiner Körpergröße kaum für eine Karriere als Basketballer prädestiniert scheint, aber sicherlich in der Lage ist, einen Basketball auf dem Finger zu jonglieren.

Das Unternehmen Harlem Globetrotters floriert also weiterhin. Inzwischen geht man mitunter mit mehreren Teams gleichzeitig auf Tournee. Seit den 1990ern kommt es auch immer wieder zu Spielen gegen amerikanische College-Teams, in denen nicht das Entertainment, sondern der Sport im Mittelpunkt steht. Doch die Show muss weitergehen, und in über 20.000 Spielen in weltweit etwa 120 Ländern haben sich die Harlem Globetrotters schon lange vor dem »Dream Team« als exzellente Botschafter des Basketballs erwiesen und Millionen von Menschen Vergnügen bereitet.

**GRUND NR. 13**

## WEIL WILT CHAMBERLAIN EINMAL 100 PUNKTE IN EINEM SPIEL ERZIELTE

Glaubt man seinen eigenen Bekundungen, dann war Wilt Chamberlain der vermutlich wildeste Schürzenjäger der Basketballgeschichte. Zum Glück konnte er jedoch auch ganz hervorragend Basketball spielen, sodass er sich nicht nur diesen eher zweifelhaften Ruhm an die Fahnen heften darf.

Wilton Norman Chamberlain wuchs in Philadelphia auf und betätigte sich in seinen jungen Jahren zunächst als Leichtathlet. Aufgrund seiner Körpergröße und weil das Spiel mit dem großen Ball in seiner Heimatstadt einfach enorm populär war, wandte er sich dann doch auch dem Basketball zu. An der Highschool brach er alle Rekorde und die Colleges standen Schlange, um das Ausnahmetalent für sich zu gewinnen.

Etwas überraschend entschied er sich nicht für eine Hochschule in Heimatnähe, sondern für die University of Kansas. Bei den Jayhawks hatte er zunächst das damals noch obligatorische Jahr im Freshman Team zu absolvieren, bevor er mit der regulären Auswahl auflaufen durfte. Gleich in seinem ersten Spiel im Dezember 1956 erzielte er 52 Punkte und holte 31 Rebounds, Ersteres bis heute ein Jayhawks-Rekord.

Im NCAA-Finale des Jahres 1957 mussten Chamberlain und die Jayhawks nach dreimaliger Verlängerung eine bittere Niederlage gegen die University of North Carolina hinnehmen. Die nächste Saison verlief frustrierend, denn die Gegner verlegten sich zunehmend auf langes Ballhalten – im College-Basketball gab es damals noch keine Shot Clock – und Chamberlain wurde oft von drei Gegenspielern gleichzeitig attackiert. Das Team konnte nicht an den Erfolg des Vorjahres anknüpfen, doch seine persönlichen Zahlen waren erneut überragend. Und ganz nebenbei tat er sich auch wieder als Leichtathlet hervor.

Nach drei Jahren verließ er das College, musste aber, den damaligen Regeln entsprechend, noch ein Jahr warten, bevor ihn ein NBA-Team verpflichten durfte. Dieses Jahr überbrückte er bei den Harlem Globetrotters, die 1959 mit ihm eine historische Russlandreise unternahmen. Auch später kehrte er außerhalb der NBA-Saison immer mal wieder zu den Globetrotters zurück, bei denen seine Qualitäten als Entertainer bestens zur Geltung kamen und er sich nicht mit beinharten Abwehrspielern herumplagen musste.

Doch die NBA blieb das eigentliche Ziel und im Oktober 1959 zogen ihn die Philadelphia Warriors beim alljährlichen Draft. Sie verwendeten dafür ihr sogenanntes »Territorial Pick«, eine Besonderheit jener Jahre, die es Teams ermöglichen sollte, Spieler aus ihrer Heimatregion zu verpflichten, die dort als College-Spieler einen guten Ruf erworben hatten. Wilt Chamberlain war der erste Spieler, bei dem ein NBA-Team dieses Recht für sich reklamierte, weil er in der betreffenden Stadt aufgewachsen war. Er erhielt einen Vertrag, der ihn schon in seinem Rookie-Jahr zum bestbezahlten Spieler der Liga machte. Gleich in seiner ersten Saison brach er eine Reihe von NBA-Rekorden, darunter den Saisonpunkterekord. Er wurde als wertvollster Spieler, Rookie des Jahres und wertvollster Spieler des All-Star-Spiels ausgezeichnet. Doch in den Playoffs scheiterten die Warriors an Bill Russell und den Celtics.

Die Rivalität zwischen Russell und Chamberlain überstrahlte in den 1960ern in der NBA alles. Und sie war vielleicht noch intensiver als die der 1980er zwischen Magic Johnson und Larry Bird, denn aufgrund ihrer gemeinsamen Position als Center begegneten sich die beiden ja auch direkt auf dem Spielfeld, während die Stars der 1980er unterschiedliche Positionen bekleideten und sich deshalb selten in einem 1-gegen-1-Duell fanden.

Meist hatte Chamberlain die besseren persönlichen Statistiken, doch Russells Teams gewannen die Titel. Dies trug Chamberlain den Ruf ein, ein nur an den eigenen Zahlen interessierter Egoist zu sein, während Russell als der ultimative Mannschaftsspieler galt, der seine Mitspieler besser machte und den Erfolg des Teams über alles stellte. Dieser Vorwurf hat sicherlich eine gewisse Berechtigung, ist zugleich aber auch ungerecht. Die Teams der Celtics waren wesentlich ausgeglichener besetzt und das Punktesammeln gehörte nie zu den vorrangigen Aufgaben Russells; die Teams, in denen Chamberlain spielte, waren hingegen auf sein Scoring angewiesen. Doch die Dominanz eines einzigen Spielers ist zumindest auf höchster Ebene selten ein Erfolg versprechendes Modell.

In seiner zweiten Spielzeit erzielte Chamberlain als erster Spieler überhaupt mehr als 3.000 Saisonpunkte. Gleichzeitig verbuchte er mehr als 2.000 Rebounds, was bis heute keinem anderen Spieler gelungen ist. In der folgenden Saison stellte er am 2. März 1962 in Herschey (Pennsylvania) einen Rekord für die Ewigkeit auf, als er in einem Spiel gegen die New York Knicks sagenhafte 100 Punkte erzielte. Und dies geschah vor der Einführung der Dreipunktelinie!

Michael Jordans Bestmarke in einem Spiel liegt bei 69 Punkten; Kobe Bryant, der nächste Verfolger von Wilt Chamberlain in dieser Rangliste, kam 2006 in einem Spiel auf 81 Punkte. Sowohl Bryant wie Jordan verbuchten in ihren Rekordspielen natürlich mehrere Dreier. Und Wilt beließ es nicht bei diesen Rekorden: Sein Punktedurchschnitt pro Spiel stand am Ende der Saison bei 50,2, im Schnitt holte er sich 25,7 Rebounds pro Spiel, beides bis heute unangetastete Marken. Er kam auf 4.029 Punkte; der einzige Spieler, der außer ihm jemals die 3.000-Punkte-Marke übertraf, ist Michael Jordan! Erstaunlicherweise wurde er in der gesamten regulären Saison nie ausgewechselt und absolvierte 3.882 Spielminuten. Sein Team kam auf insgesamt 3.890 Minuten, die Differenz von acht Minuten erklärt sich daraus, dass Wilt einmal wegen eines zweiten Technischen Fouls vorzeitig das Spielfeld verlassen musste.

Insgesamt eine unfassbare individuelle Saisonleistung, die erstaunlicherweise nicht mit der Auszeichnung zum Most Valuable Player honoriert wurde. Die ging an Bill Russell, und in den Playoffs scheiterten die Warriors, wie gewohnt, an den Celtics.

Vor der Saison 1963/64 zogen die Warriors nach San Francisco um, doch in seiner ersten Saison an der Westküste verfehlte das Team die Playoffs. In der folgenden Spielzeit wurde Chamberlain zurück in seine Heimatstadt getradet, zu den 76ers, wie sich die nach Philadelphia verfrachteten Syracuse Nationals nun nannten.

1965 und 1966 bedeuteten die Celtics die Endstation in den Playoffs, doch 1967 wendete sich das Blatt. Im Finale der Eastern

Division bezwangen die Sixers den Rivalen aus Boston in fünf Spielen. Gegner in der Endspielserie waren ausgerechnet die Warriors, doch nun ließen sich die Sixers nicht mehr vom Weg abbringen und holten in sechs Spielen endlich den ersten Meistertitel der Karriere von Wilt Chamberlain. Dessen Punkteschnitt war diesmal der niedrigste seiner Laufbahn, dafür holte er immer noch die meisten Rebounds und war sogar Dritter bei den Assists mit einem Schnitt von 7,8 pro Spiel. Wie schon im Vorjahr wurde er dafür mit der Wahl zum MVP belohnt. Im folgenden Jahr verbuchte er sogar die meisten Assists der Liga, nicht schlecht für einen vermeintlichen Egoisten. Dies brachte ihm seinen insgesamt vierten MVP-Titel. Doch im Finale der Eastern Divison verspielten die Sixers als erstes Team der NBA-Geschichte einen 3-1-Vorsprung und unterlagen, natürlich, den Celtics in sieben Spielen.

Im Juli 1968 schickten die Sixers ihren Superstar in einem Trade zu den Los Angeles Lakers. In seinen beiden ersten Jahren in Los Angeles erreichten Chamberlain und die Lakers jeweils das NBA-Finale, unterlagen jedoch einmal den Celtics und einmal den New York Knicks, beide Male in sieben Spielen. 1971 scheiterten die Lakers an den Milwaukee Bucks, im folgenden Jahr gelang die Revanche und im Finale mussten auch die Knicks daran glauben. Der zweite NBA-Titel für Wilt Chamberlain war perfekt.

1973 waren dann wieder die Knicks an der Reihe. Nach dieser Saison unterzeichnete Chamberlain einen Vertrag als Spielertrainer bei den San Diego Conquistadors in der ABA. Spielen durfte er dort allerdings nicht, denn die Lakers beharrten darauf, dass er ihnen noch ein Vertragsjahr schulde. Das Coaching langweilte ihn, und so beendete er nach der Saison seine Karriere.

Nach dem Basketball erwies er sich als erfolgreicher Geschäftsmann und folgte außerdem dem Ruf nach Hollywood. Höhepunkt seiner Filmkarriere war ein Auftritt neben Arnold Schwarzenegger in dem Film *Conan the Destroyer* (1976, *Conan der Zerstörer*). 1999 starb er an einem Herzversagen.

Wilt Chamberlain hatte kein sonniges Gemüt. Immer wieder geriet er mit seinen Coaches aneinander, was seinem Ruf nicht förderlich war. Der Eigentümer der Warriors wagte sogar die Behauptung, das Publikum in San Francisco sei nicht erschienen, um den Star anzufeuern, sondern um ihn verlieren zu sehen – eine etwas seltsame Verhaltensweise, wenn ein Team gerade erst in der neuen Heimat angefangen hat. All diese Kontroversen verhinderten, dass Wilt von den Basketball-Fans so geliebt wurde, wie dies seine sportlichen Leistungen eigentlich verdient hätten. Sein Sitz im Pantheon der Basketball-Götter ist ihm dennoch sicher.

In einer Autobiografie aus dem Jahre 1992 überraschte Chamberlain die Öffentlichkeit mit der Behauptung, im Laufe seines Lebens mit über 20.000 verschiedenen Frauen Sex gehabt zu haben. Seine Basketballpunkte zumindest wurden am Anschreibetisch gezählt und wir können uns auf die angegebenen Zahlen verlassen. Aber selbst wenn bei den Frauen – im Unterschied zum Basketball – der gelegentliche Dreier dabei gewesen sein sollte, so erscheint die kolportierte Zahl doch recht unwahrscheinlich.

Ein Blogger hat nachgerechnet: In der Annahme, der Don Juan habe mit seinen sexuellen Kapriolen nicht schon im Kleinkindalter begonnen, kommt er auf einen Schnitt von 1,36 Eroberungen pro Tag. Und das erscheint dann doch fast unwahrscheinlicher, als dass ein NBA-Spieler noch einmal auf 100 Punkte in einem Spiel kommen könnte.

**GRUND NR. 14**

## WEIL DIE »RIESEN VOM RHEIN« MAL GANZ GROSS WAREN

Sportförderung durch das örtliche Chemiewerk hat in Leverkusen Tradition. Der dazugehörige Betriebssportverein wurde bereits 1904 unter dem Namen Turn- und Spielverein gegründet. Als die Deutsche Turnerschaft in den 1920ern die Trennung von Turn- und Sportvereinen verlangte, entstanden daraus die Sportvereinigung Bayer 04 Leverkusen und der Turn- und Spielverein 04 Bayer Leverkusen, die erst 1984 zum Turn- und Sportverein Bayer 04 Leverkusen wiedervereinigt wurden. Eine Basketballabteilung entstand erst 1961 aus einer Schulmannschaft des Leverkusener Carl-Duisburg-Gymnasiums. Im Unterschied zu den in der Sportvereinigung beheimateten Fußballern gehörten die Basketballer dem TuS 04 an.

Die junge Abteilung entwickelte sich prächtig und nach nur sieben Jahren gelang 1968 der Aufstieg in die Bundesliga. Im ersten Bundesligajahr zog man sofort ins Meisterschaftshalbfinale ein, wo dann aber Titelverteidiger MTV Gießen Endstation war. Im zweiten Bundesligajahr, 1969/70, gelang eine perfekte Saison: 18 Siege in 18 Spielen in der Nordgruppe der Bundesliga, sechs Siege in sechs Spielen in der Endrunde, dann ein Sieg im Finale gegen den MTV Gießen. Ungeschlagen blieb man auch im Pokal, ein klarer Endspielsieg gegen den VfL Osnabrück sicherte das Double.

In der folgenden Saison gab es zwei Niederlagen; beide Titel gingen aber erneut nach Leverkusen. Die dritte Meisterschaft in Serie folgte 1972 und mit Norbert Thimm, Dieter Kuprella und Jochen Pollex standen drei Spieler des Vereins im deutschen Aufgebot für die Olympischen Spiele in München.

In Leverkusen wurde professionell gearbeitet, was dem Team einen Wettbewerbsvorteil gegenüber dem Rest der noch stark von Vereinen aus Universitätsstädten geprägten Bundesliga verschaffte. In den Meistermannschaften spielten allerdings nicht nur Spieler, die mit Geld und durch das Angebot von Arbeits- und Ausbildungsplätzen nach Leverkusen gelockt worden waren, sondern auch eine Reihe von Kräften aus dem eigenen Nachwuchs. Unter denen befand sich mit Achim Kuczmann ein junger Mann, der insgesamt 15 Jahre für den TuS 04 in der Bundesliga spielte und dem Verein anschließend als Coach auf den verschiedensten Ebenen erhalten blieb.

Die Dominanz der frühen 1970er hatte keinen Bestand, dennoch wurden in diesem Jahrzehnt noch zwei weitere Meisterschaften (1976 und 1979) und zwei Pokale (1974 und 1976) gewonnen. Unterdessen hatten auch die Frauen des Vereins die deutsche Spitze erreicht. Einem Vizemeistertitel im Jahre 1975 folgten Meisterschaften in den Jahren 1978 und 1979, sowie drei Pokalsiege (1976, 1977, 1979). Wären die Männer im Pokalwettbewerb 1979 im Halbfinale nicht am späteren Sieger MTV Gießen gescheitert, so hätten in jenem Jahr alle vier Titel bei Männern und Frauen dem TuS 04 Leverkusen gehören können. Für die Frauen war das Double von 1979 allerdings der letzte Titelgewinn. Von 1980 bis 1982 gab es drei Endspielniederlagen gegen Agon Düsseldorf, von 1988 bis 1992 kamen noch einige dritte und vierte Plätze dazu.

Mit dem ehemaligen Spieler Otto Reintjes stellte Leverkusen als erster deutscher Klub einen hauptamtlichen Manager ein. Dennoch dauerte es eine Weile, bis der Verein an die Erfolge der 1970er-Jahre anknüpfen konnte. 1985 war es wieder so weit: Im Finale wurde der DTV Charlottenburg bezwungen. Ein etwas überraschender Titelgewinn, denn in der Bundesliga hatte es zunächst nur zum fünften Platz gereicht. 1986 folgte dann mal wieder ein Double und 1987 ein weiterer Pokalsieg. Während anderswo überwiegend Amerikaner die Ausländerstelle besetzten, war bei Bayer mit John Johnson ein Engländer der überragende Akteur jener Jahre.

Von 1987 bis 1989 scheiterte man jeweils im Meisterschaftsfinale, zweimal am rheinischen Rivalen Saturn Köln und einmal an Steiner Bayreuth. Dann jedoch begannen die besten Jahre. Trainer der Mannschaft war inzwischen Dirk Bauermann, und einige der besten deutschen Spieler hatten den Weg nach Leverkusen gefunden, darunter neben Denis Wucherer, die späteren Europameister Chris Welp, Michael Koch, Henning Harnisch und Moritz Kleine-Brockhoff, später auch Hansi Gnad. Von 1990 bis 1996 ging der

Meistertitel ohne Unterbrechung an den Rhein, viermal kam auch der Pokalsieg dazu.

In den Endspielen hatten es die »Riesen vom Rhein«, wie sich die Leverkusener in ihren besten Zeiten auch nannten, meist mit Konkurrenten aus Berlin zu tun, zunächst der BG Charlottenburg, dann dem Nachfolgeverein Alba Berlin. Viermal hatte sich Bayer gegen die Berliner durchsetzen können, doch 1997 kam im Halbfinale das Aus gegen die Albatrosse und die sich abzeichnende Wachablösung war vollzogen. Auch 1999 zog man im Halbfinale gegen die Berliner den Kürzeren, 2000 ging das Finale gegen den gleichen Gegner verloren, und damit waren die großen Jahre endgültig vorbei. Die Gründe dafür lagen nicht nur in den nach dem Bosman-Urteil erheblich verschärften Rahmenbedingungen, sondern vor allem in Etatkürzungen seitens der Bayer AG.

Es folgten magere Jahre in der Bundesliga, in denen alle Versuche, wieder ein Spitzenteam auf die Beine zu stellen, scheiterten. 2007 verkündete der Hauptsponsor die völlige Einstellung der Zahlungen an das Basketballteam. So wurde die Spielzeit 2007/08 zur letzten Bundesligasaison des inzwischen unter dem Namen Bayer Giants firmierenden Rekordmeisters. Auch großer Einsatz der Fans konnte das Scheitern aller Versuche, eine Lösung der finanziellen Probleme und neue Sponsoren zu finden, nicht verhindern. Die Bundesligalizenz wurde nach Düsseldorf übertragen, wo ein großer Teil der Mannschaft unter dem Namen Giants Düsseldorf weiterspielte. Mit wenig Erfolg: 2010 musste die Trägergesellschaft Insolvenz anmelden und eine neue gegründet werden. 2011 folgte der Abstieg aus der Bundesliga. 2013 wurde den Düsseldorf Baskets, wie sich der Verein inzwischen nannte, die Lizenz sowohl für die Bundesliga wie die 2. Liga/ProA entzogen. Seitdem hat der Verein erneut Insolvenz angemeldet.

In Leverkusen aber wird weiter Basketball gespielt. Inzwischen haben sich die Bayer Giants aus der Regionalliga West, in die sie 2008 zurück mussten, wieder in die ProA heraufgearbeitet, die sie in der Saison 2013/14 als Neuling auf dem 13. Platz abschlossen. Möglicherweise ist damit die Grenze des Machbaren erreicht, aber vielleicht sind die großen Zeiten des Leverkusener Basketballs ja doch noch nicht vorbei.

Werksmannschaften leiden immer ein wenig unter dem Vorwurf, die Unterstützung durch eine große Firma sei eine Art Wettbewerbsverzerrung. Anderseits haben hierzulande in den letzten Jahrzehnten bei Männern wie Frauen immer wieder Teams von der Unterstützung großzügiger Sponsoren profitiert und große Erfolge erreicht. In Leverkusen hat diese Art der Unterstützung – wie oben bereits erwähnt – Tradition, und die bedeutende Rolle, die Bayer Leverkusen bei der Professionalisierung des deutschen Basketballs gespielt hat, sollte deshalb nicht gering geschätzt werden.

**GRUND NR. 15**

## WEIL DIE WELT MEISTERINNEN SUCHT

Bei den Olympischen Spielen mussten die Frauen bis 1976 warten, bis auch sie um Gold, Silber und Bronze kämpfen durften; die Geschichte der Weltmeisterschaften beginnt hingegen ähnlich wie bei den Männern bereits in den 1950ern. Und wie bei den Männern begann es in Südamerika.

Die erste Weltmeisterschaft der Frauen fand 1953 in Chile statt, in freier Luft im Nationalstadion der Hauptstadt Santiago. Zehn Nationen nahmen teil, darunter mit Frankreich und der Schweiz nur zwei aus Europa. Nach den Vorrunden ermittelten sechs Teams in einer Gruppe jeder gegen jeden den Weltmeister. Gastgeber Chile und die USA gingen mit einer Bilanz von 3-1 ins letzte Spiel; mit einem 49:36 sicherten sich die Amerikanerinnen den Pokal. Der erwies sich als zu groß für die Maschine der US Air Force, die das Team nach Hause beförderte. Platz 3 ging an Frankreich vor

Brasilien, das in der Endrunde den späteren Weltmeisterinnen die einzige Niederlage beigebracht hatte.

Vier Jahre später wurde das Turnier am Zuckerhut in Rio de Janeiro ausgetragen. Unter den zwölf Teilnehmerländern befanden sich diesmal drei europäische aus dem Ostblock, die sich auch gleich recht eindrucksvoll in Szene setzten. In den Gruppenspielen der Vorrunde konnte die Tschechoslowakei den Titelverteidigerinnen eine Niederlage zufügen und sicherte sich am Ende den dritten Platz. Die Sowjetunion und die USA überstanden die Finalrunde ungeschlagen, bis sie im letzten Spiel aufeinandertrafen. Die Amerikanerinnen um die Aufbauspielerin Katherine Washington, die bereit 1953 dabei gewesen war, mussten hart kämpfen, um ihren Titel schließlich mit 51:48 zu verteidigen.

Die dritte WM der Frauen fand dann bereits zwei Jahre später in Moskau statt, war aber nur eine bessere Europameisterschaft. Das einzige nicht europäische Teilnehmerland war Nordkorea und von den teilnehmenden europäischen Ländern gehörte nur Jugoslawien nicht dem Warschauer Pakt an. Eine klare Sache für die Sowjetunion, die in keinem Spiel ernsthaft in Bedrängnis geriet. Auf den Plätzen folgten Bulgarien und die Tschechoslowakei. Die nächste Weltmeisterschaft kam erst 1964 in der peruanischen Hauptstadt Lima zur Austragung und diesmal waren die führenden Nationen aus Amerika und Europa dabei. Doch der erwartete Showdown der Supermächte UdSSR und USA blieb aus. Die Amerikanerinnen ließen sich bereits in der Vorrunde von Bulgarien überraschen und zogen dann in der Finalrunde gegen die Tschechoslowakei und nochmals Bulgarien den Kürzeren. Das Spiel gegen die Sowjetunion ging gar mit 71:37 verloren und so blieb am Ende nur der vierte Rang. Die Russinnen holten sich dann auch souverän erneut den Titel, dahinter landeten die Tschechoslowakei und Bulgarien in umgekehrter Reihenfolge zu 1959.

An der Vormachtstellung der Sowjetunion war auch 1967 in Prag nicht zu rütteln. Silber ging völlig überraschend an das Team aus

Südkorea vor den Gastgeberinnen. Erstmals war mit der DDR auch ein Team aus Deutschland qualifiziert, das mit zwei Vorrundensiegen auch die Endrunde erreichen konnte. Dort reichte eine Bilanz von zwei Siegen und drei Niederlagen dann zu Rang 4, der besten Platzierung eines deutschen Frauenteams bei Weltmeisterschaften. Ein Debakel erlebten hingegen die USA, die nicht über den elften und letzten Platz hinauskamen. Die nächste Weltmeisterschaft sollte eigentlich 1970 in Chile stattfinden, kam dann aber erst 1971 in Brasilien zur Austragung. Erneut ungeschlagen auf Platz 1 die Sowjetunion, die Tschechoslowakei holte den im eigenen Land verpassten zweiten Platz zurück, gefolgt von Gastgeber Brasilien. Auch 1975 blieb das Turnier in Südamerika. Im kolumbianischen Cali sicherte sich die Sowjetunion den fünften Titel in Folge, vor dem Überraschungszweiten Japan und dem alten Rivalen Tschechoslowakei. Die USA kamen zum dritten Mal hintereinander nicht über die Vorrunde hinaus.

1979 wurde die Weltmeisterschaft an Südkorea und damit erstmals nach Asien vergeben. Was einen Boykott sämtlicher Ostblockländer nach sich zog, die zu Südkorea damals keine diplomatischen Beziehungen unterhielten. Die Siegesserie der Sowjetunion war damit bereits Geschichte, bevor das Turnier überhaupt begann. Am Ende der Finalrunde schlugen drei Teams mit einer Bilanz von 5-1 zu Buche; das Korbverhältnis besiegelte den Titelgewinn für die USA vor Südkorea und Kanada. Im letzten Spiel hatten die Amerikanerinnen Kanada mit 77:61 besiegt, bei einem Unterschied von weniger als 14 Punkten wäre der Titel an die Kanadierinnen gegangen.

Vier Jahre später versammelte sich die weibliche Basketballelite bereits zum dritten Mal in Brasilien. Erstmals wurde nach den Spielen der Finalgruppe ein Endspiel der beiden Gruppenbesten ausgetragen. Dabei kam es nach längerer Pause wieder zu einem echten Showdown zwischen der Sowjetunion und den USA, die im Vorfeld der Olympischen Spiele von Los Angeles ein starkes Team nominiert hatten. Im Gruppenspiel hatte die Sowjetunion mit 85:84 knapp die Oberhand behalten. Im Finale erzielten die USA sechs Sekunden vor Schluss den 82:82-Ausgleich, doch die Russinnen konnten den letzten Angriff erfolgreich abschließen und sich damit zum sechsten Mal in die Siegerliste eintragen. Im ebenfalls erstmals ausgetragenen kleinen Finale siegte China über Südkorea.

1986 rückte man die Weltmeisterschaft der Frauen wieder auf den bis heute gültigen Termin in geraden Jahren zwischen den Olympischen Sommerspielen. Im eigenen Land wollte die Sowjetunion ihre lange Dominanz fortsetzen, erlebte jedoch eine böse Überraschung. Zum ersten Mal wurde das Turnier in zwei Sechsergruppen ausgetragen, aus denen dann die beiden besten Teams im Überkreuzvergleich die Finalisten ermittelten. Sowohl die Sowjetunion wie auch die USA setzten sich in ihren Gruppen überlegen durch und hatten auch im Halbfinale keine Probleme. Das Endspiel wurde jedoch nicht zu der erwarteten knappen Angelegenheit, sondern brachte einen überlegenen 108:88-Sieg der Amerikanerinnen. Den dritten Platz sicherte sich Kanada mit einem 64:59 über die Tschechoslowakei. 1990 in Malaysia blieb für die Sowjetunion gar nur der fünfte Platz, während die USA den Titel verteidigen konnten. Die Endspielgegnerinnen kamen diesmal aus Jugoslawien; im Spiel um Platz 3 fegte Kuba die Tschechoslowakei aus der Halle.

Bei drei Austragungen im eigenen Land hatte es für Brasilien nur zu einem dritten Platz gelangt, doch 1994 in Australien gelang der erste Titelgewinn. Dabei verloren die Brasilianerinnen in der Vorrunde gegen die Slowakei und in der Zwischenrunde gegen China. Doch der Modus verzieh solche Ausrutscher und erlaubte dennoch den Einzug ins Halbfinale. Dort gelang den Südamerikanerinnen die große Sensation mit einem 110:107 gegen ein US-Team mit der mehrfachen Olympiasiegerin Teresa Edwards und den zukünftigen WNBA-Stars Lisa Leslie und Sheryl Swoopes. Und im Endspiel gelang dann auch die Revanche gegen China, während die USA im kleinen Finale gegen Australien wenigstens noch Platz 3 retten konnten.

Für das Jahr 1998 war die Austragung des WM-Turniers nach Deutschland vergeben worden. Die Spiele fanden in Münster, Wuppertal, Rotenburg/Fulda, Karlsruhe, Dessau, Bremen und Berlin statt und als Gastgeber durfte auch die bundesdeutsche Nationalmannschaft teilnehmen, zum ersten und einzigen Male in der Geschichte des Wettbewerbs. Angeführt von Marlies Askamp war das deutsche Team weitgehend mit dem identisch, dass bei der Europameisterschaft 1997 glänzend abgeschnitten hatte. In der Vorrunde erwiesen sich Australien und Kuba als unüberwindliche Hürden, doch ein mehr als deutlicher Sieg gegen die Demokratische Republik Kongo reichte zum Einzug in die Zwischenrunde.

Dort gab es knappe Niederlagen gegen Brasilien und die Slowakei und einen Sieg gegen Ungarn. Das langte nicht zum Einzug ins Viertelfinale; in den Platzierungsspielen um die Ränge 9 bis 12 brachten eine Niederlage gegen Japan und ein Sieg gegen China den elften Platz im Schlussklassement. Weltmeister wurden wieder einmal die USA, die sich im Halbfinale gegen Brasilien für die Niederlage von 1994 revanchiert hatten. Das Endspiel war die Neuauflage eines alten Duells, in dem die Amerikanerinnen um Lisa Leslie beträchtliche Mühe hatten, Russland mit 71:65 niederzuhalten. Bronze ging an Australien.

2002 in China waren die Medaillengewinnerinnen die gleichen. Wieder marschierten die Amerikanerinnen weitgehend ungefährdet durch das Turnier, doch im Endspiel hatten Lisa Leslie & Co. erneut mit hartem Widerstand Russlands zu kämpfen, bevor der 79:74-Sieg feststand.

Australiens Gegner im Spiel um Platz 3 war diesmal Südkorea. 2006, zur Abwechslung wieder einmal in Brasilien, erreichten die Medaillengewinner der beiden vorherigen Turniere erneut das Halbfinale, mit den Gastgeberinnen als Vierte im Bunde. Die USA und Russland waren bereits in der Vorrunde aufeinandergetroffen (90:80 für die USA) und begegneten sich dann im Halbfinale wieder. Die Russinnen hatten ihre Lehren gezogen und brachten den Amerikanerinnen mit 75:68 die erste Turnierniederlage seit zwölf Jahren bei. Als bestes Team des Turniers erwies sich aber Australien, das im Halbfinale gegen Brasilien einen Rückstand gedreht hatte und im Endspiel gegen Russland mit 91:74 seinen ersten WM-Titel holte. Das Spiel um Platz 3 war eine noch einseitigere Angelegenheit zugunsten der USA gegen Brasilien.

2010 in der Tschechischen Republik waren die USA wieder obenauf und gewannen sämtliche ihrer Spiele mit einem durchschnittlichen Vorsprung von 35 Punkten. Einzig Australien konnte einigermaßen mithalten, scheiterte dann aber im Achtelfinale an den Gastgeberinnen. Die schafften es bis ins Finale, dort hieß es dann 89:69 für die USA.

Im Spiel um den dritten Platz setzte sich Spanien gegen Weißrussland durch. Achtmal sind die USA inzwischen Weltmeister geworden und haben damit die Sowjetunion/Russland mit ihren sechs Titelgewinnen auf Platz 2 dieser Rangliste verwiesen. 2014 in der Türkei werden die Weltmeisterinnen alles daransetzen, diese Erfolgsbilanz auszubauen.

GRUND NR. 16

## WEIL KOBE BRYANT EIN TALENTIERTER FUSSBALLER IST

Wenn es denn tatsächlich ein vererbbares Basketball-Gen geben sollte, so gehört Kobe Bryant sicher zu jenen, denen das Talent in die Wiege gelegt wurde. Sein Vater Joe »Jellybean« Bryant spielte insgesamt acht Jahre in der NBA, auch sein Onkel John »Chubby« Cox, der Bruder seiner Mutter, absolvierte einige NBA-Spiele. Kobes Weg in die NBA ist aber noch aus anderen Gründen ungewöhnlich, denn da sein Vater seine Laufbahn in Europa fortsetzte, verbrachte Kobe einige Jugendjahre in Italien, wo er auch Fußball spielte und zum Fan des AC Mailand wurde.

Nach der Rückkehr der Familie in die USA entwickelte er sich in Philadelphia bald zu einem der herausragenden Highschool-Spieler des Landes und beschloss, den Sprung in die NBA ohne den Umweg über das College zu wagen. Beim 1996er NBA Draft zogen ihn die Charlotte Hornets in der ersten Runde mit dem 13. Pick und reichten ihn dann umgehend im Austausch mit Center Vlade Divac an die Los Angeles Lakers weiter. Scheinbar ein schlechtes Geschäft für die Hornets, aber die benötigten damals keinen Guard, und zudem ist der weitere Karriereweg von 17-Jährigen schwer zu prognostizieren, auch wenn sie in der Schule zu den Besten gehören.

Kobe landete also an der Westküste und gab kurz nach seinem 18. Geburtstag sein Debüt im Team der Lakers, als damals jüngster NBA-Spieler aller Zeiten. In seiner ersten Saison wurde er meist eingewechselt, durfte aber während des All-Star Weekends am Slam Dunk Contest teilnehmen, den er trotz seiner jungen Jahre überzeugend gewann. Ab seiner dritten Saison, 1998/99, gehörte er endgültig zur Startformation der Lakers und die Vergleiche mit Superstars wie Michael Jordan und Magic Johnson häuften sich. Zusammen mit Shaquille O'Neal und unter Anleitung von Coach Phil Jackson führte er den Klub von 2000 bis 2002 zu drei NBA-Titeln.

Nun zeigte sich aber auch, dass der junge Superstar seine Macken hatte. Es fiel ihm nicht leicht, das Rampenlicht mit Shaq zu teilen, und auch mit seinem Coach geriet er wiederholt aneinander. 2003 brachte folgerichtig mit einem frühen Ausscheiden in den Playoffs gegen die San Antonio Spurs das Ende der Titelserie. Einen Karriereknick bedeutete auch ein im gleichen Jahr gegen ihn erhobener Vergewaltigungsvorwurf. Der Strafprozess musste allerdings eingestellt werden, da das Opfer nicht zu einer Aussage bereit war. Die anschließende Zivilklage endete mit einer außergerichtlichen Einigung.

Trotz dieser Ablenkungen gelang den Lakers in der Saison 2003/04 die Rückkehr ins NBA-Finale, das dann jedoch überraschend gegen die Detroit Pistons verloren ging. Phil Jackson war der Querelen müde und trat von seinem Posten zurück. Doch der Klub hielt zu dem jüngeren seiner Superstars und tradete Shaquille O'Neal nach Miami.

Nun waren die Lakers Kobes Team, und er musste beweisen, dass er es zu Titeln führen konnte. In der Saison 2004/05 wurden allerdings zunächst einmal sogar die Playoffs verpasst, was Bryant dazu brachte, die Rückkehr von Phil Jackson als Coach zu befürworten. Doch es sollte noch eine Weile dauern, bis die Lakers wieder auf Kurs waren, was allerdings nicht an seinen individuellen Leistungen lag. 2006 und 2007 war er jeweils der beste Scorer in der NBA; in einem Spiel gegen die Toronto Raptors am 22. Januar 2006 erzielte er 81 Punkte, mehr waren nur Wilt Chamberlain in seinem legendären 100-Punkte-Spiel gelungen. Doch die Lakers scheiterten jeweils in der ersten Playoff-Runde. Bryants Status als einer der besten Spieler aller Zeiten stand nicht in Zweifel, wohl aber, ob er bereit war, sein Spiel im nötigen Umfang in den Dienst des Teams zu stellen.

2007/08 wurde er erstmals zum wertvollsten Spieler der Saison gewählt, und die Lakers kehrten in die NBA-Finals zurück, unterlagen dort jedoch dem alten Rivalen aus Boston. Ein Jahr später aber gelang der Finalsieg gegen die Orlando Magic, und Kobe Bryant war endlich vom Makel befreit, er könne nur an der Seite von Shaquille O'Neal den Titel gewinnen. 2010 revanchierten sich die Lakers dann auch noch für die Finalniederlage von 2008 gegen die Celtics.

Seither allerdings jagen die Lakers und Kobe Bryant vergeblich einem weiteren Titel hinterher. Die Saison 2013/14 versäumte er nahezu vollständig aufgrund mehrerer Verletzungen, darunter ein Achillessehnenriss, der ihn bereits die Teilnahme an den 2013er Playoffs gekostet hat. Sein letzter großer Erfolg war der Gewinn der

Goldmedaille mit dem US-Team bei den Olympischen Spielen 2012 in London, bereits sein zweiter nach Peking 2008.

In der Liste der besten NBA-Korbjäger hat er sich inzwischen auf Platz 4 geschoben, bei einigermaßen guter Gesundheit wird er in der Saison 2014/15 an Michael Jordan vorbeiziehen. Eine große, wenn auch nicht makellose, Karriere, die ihm so im Fußball vermutlich nicht beschieden wäre. Fußballfans aber haben immerhin die Möglichkeit, Kobe Bryant in Werbespots zu erleben, in denen er mit Lionel Messi Faxen macht.

**GRUND NR. 17**

## WEIL DER 4. JULI EIN GUTER TAG IST

Seit den 1980ern besaß die NBA auch im deutschen Fernsehen eine gewisse Präsenz und spätestens seit dem Auftritt des »Dream Teams« bei den Olympischen Spielen in Barcelona 1992 waren die Superstars der amerikanischen Liga auch hierzulande keine Unbekannten mehr. Man hoffte auf einen Basketballboom und dazu sollte auch die Europameisterschaft beitragen, die im Sommer 1993 zum dritten Mal in der Bundesrepublik Deutschland stattfand.

Als Favorit ging die deutsche Mannschaft jedoch keineswegs ins Rennen, schließlich hatte es bei den beiden letzten europäischen Titelkämpfen 1989 und 1991 nicht einmal zur Qualifikation gereicht. Bei den Spielen von Barcelona war allerdings mit einem siebten Platz der bisher wertvollste internationale Erfolg einer deutschen Nationalmannschaft herausgesprungen. Dort allerdings hatte NBA-Star Detlef Schrempf das Team verstärkt, der diesmal nicht dabei sein wollte. So sollte ein ausschließlich aus Bundesligaspielern zusammengesetztes Team die Kastanien aus dem Feuer holen.

Den Kern der Mannschaft bildeten Spieler der führenden Bundesligavereine Bayer Leverkusen (Christian Welp, Michael Koch,

Moritz Kleine-Brockhoff), Alba Berlin (Hans-Joachim Gnad, Henning Harnisch, Stephan Baeck, Henrik Rödl, Teoman Öztürk) und TTL Basketball Bamberg (Kai Nürnberger, Mike Jackel). Außerdem dabei waren Gunther Behnke von der BG TuS Bramsche/Osnabrück und Jens Kujawa von der BG Stuttgart/Ludwigsburg. Betreut wurde das Team von Bundestrainer Svetislav Pešić, der als Spieler den Europapokal der Landesmeister gewonnen und als Trainer bereits einige Erfolge in seiner jugoslawischen Heimat gefeiert hatte.

Die 16 teilnehmenden Mannschaften begannen das Turnier in vier Vierergruppen, aus denen sich jeweils die besten drei für die Zwischenrunde qualifizierten, die in zwei Sechsergruppen ausgetragen wurde, unter Mitnahme der gegen ebenfalls qualifizierte Konkurrenten erzielten Resultate. Die Vor- und Zwischenrundenspiele kamen in Karlsruhe und Berlin zur Austragung, mit dem Viertelfinale verlagerte sich das Geschehen in die Münchner Olympiahalle.

Die deutsche Mannschaft startete in Berlin mit einer Niederlage gegen Estland recht holprig in das Turnier, konnte ihre weiteren Vorrundenspiele gegen Belgien und Slowenien dann aber deutlich gewinnen und zog als Gruppenzweiter in die Zwischenrunde ein. Dort setzte es dann Niederlagen gegen Frankreich und den Turnierfavoriten Kroatien.

Erst ein Sieg gegen die Türkei sicherte den vierten Gruppenplatz und damit das Vorrücken ins Viertelfinale, wo man als Außenseiter in das Spiel gegen Spanien ging, den Sieger der anderen Zwischenrundengruppe. Doch das deutsche Team wuchs über sich hinaus und überraschte nach großem Kampf mit einem 79:77-Sieg in der Verlängerung. Welch starken Gegner man da bezwungen hatte, zeigte sich, als die Spanier sich in den Platzierungsspielen überlegen den fünften Platz sicherten.

Auf die Deutschen wartete unterdessen im Halbfinale mit Griechenland ein weiterer schwerer Brocken, der in der Olympiahalle aufgrund der lautstarken Unterstützung durch zahlreiche Landsleute beinahe ein Heimspiel hatte. Doch die Gastgeber behielten die Nerven, lagen bei Halbzeit mit drei Punkten vorn und verteidigten diesen Vorsprung auch in der zweiten Halbzeit, um am Ende als 76:73-Sieger vom Platz zu gehen. Das zweite Halbfinale zwischen Kroatien und Russland galt als vorweggenommenes Endspiel. Etwas überraschend behielten die Russen mit 84:76 die Oberhand gegen ein kroatisches Team, das bis dahin als einziges im gesamten Turnier noch kein Spiel verloren hatte und sich dann auch gegen die Griechen problemlos den dritten Platz sicherte.

Das deutsche Team hat nun nichts mehr zu verlieren, aber so kurz vor dem großen Ziel möchte man nun auch nicht straucheln.

Die Olympiahalle ist mit 10.800 Zuschauern ausverkauft, bei einer Halle dieser Größenordnung in Deutschland damals keineswegs eine Selbstverständlichkeit, am Spieltag hatte es noch Karten gegeben. Doch das Publikum steigert sich in einen Rausch, als immer deutlicher wird, dass die deutsche Mannschaft auch in diesem Spiel keineswegs klein beigeben will. In der ersten Halbzeit zieht man zwischenzeitlich sogar auf elf Punkte davon, bei Halbzeit sind davon noch drei Punkte übrig und es steht 38:35. In der zweiten Halbzeit werden es noch einmal neun Punkte, doch dann drehen die Russen auf und liegen drei Minuten vor Schluss mit 68:63 vorn.

Vor allem eine miserable Freiwurfquote der Deutschen hat zu diesem Rückstand beigetragen. Doch nun übernimmt einer der Kleinsten im Team, Aufbauspieler Kai Nürnberger, das Kommando und erzielt fünf Punkte in Folge.

Kurz vor Schluss steht es immer noch unentschieden und die Russen sind in Ballbesitz. Henning Harnisch foult, um seiner Mannschaft die Möglichkeit zum letzten Angriff zu sichern. Der Russe Sergej Babkov verwandelt beide Freiwürfe, damit verbleiben den Deutschen noch 15 Sekunden zum erneuten Ausgleich. Nürnberger bringt den Ball nach vorne, zieht scheinbar zum Korb, legt den Ball dann aber auf den von der Seite kommenden Chris Welp ab, der ihn in den Korb stopft und bei dieser Aktion auch noch gefoult wird. Die Uhr zeigt noch 3,9 Sekunden an, der fällige Freiwurf könnte also die Entscheidung bringen, aber Welp hat bisher in diesem Spiel nur einmal in fünf Versuchen von der Linie getroffen. Doch diesmal zeigt er keine Nerven und verwandelt sicher.

Ähnlich wie 1972 im Endspiel der Olympischen Spiele von München bleiben den Russen noch etwa drei Sekunden, um den Rückstand in einen Sieg zu verwandeln. Doch der Distanzwurf von knapp hinter der Mittellinie trifft nur den Ring, es bleibt beim 71:70 und Deutschland ist Europameister.

Mannschaftskapitän Hansi Gnad darf den Pokal entgegennehmen und Christian Welp wird zum wertvollsten Spieler des Turniers gewählt. Doch auch wenn Welp im entscheidenden Moment zur Stelle war und den Sieg sicherte, so war dies nicht der Erfolg eines einzelnen Spielers, sondern das Ergebnis einer geschlossenen Mannschaftsleistung.

Der 4. Juli ist ein guter Tag für den deutschen Sport. 1954 vollbrachte die Fußballnationalmannschaft an jenem Tag das viel beschworene »Wunder von Bern«. Und 39 Jahre später kann man durchaus vom »Wunder von München« sprechen. Der 1993 am amerikanischen Unabhängigkeitstag errungene Europameistertitel bleibt bis heute der einzige internationale Titel der deutschen Basketballnationalmannschaft.

**GRUND NR. 18**

## WEIL MAGIC ZAUBERTE

Wenn man schon in der Schule den Spitznamen »Magic« erhält, dann muss man wohl mit außergewöhnlichen Fähigkeiten gesegnet sein. Earvin Johnson aus Lansing in Michigan wurde diese Ehre im Alter von 15 Jahren zuteil. Seine Schulerfahrungen waren jedoch keineswegs nur positiv. Im Zuge der Integrationsbemühungen der 1970er musste er eine bislang rein weiße Highschool besuchen, auf der er mit einem gehörigen Maß an Rassismus konfrontiert wurde.

Er stammte aus einer basketballbegeisterten Familie, betrachtete Bill Russell als Vorbild, und sein überragendes Talent auf dem Basketballplatz ließ ihn auch auf der ungeliebten Schule bald zu einer Führungspersönlichkeit reifen. Am Ende seiner Schulzeit stand der Gewinn der Staatsmeisterschaft von Michigan. Obwohl er auch die Chance gehabt hätte, für berühmte Colleges wie UCLA oder Indiana zu spielen, blieb er in der Heimat und entschied sich für Michigan State. Bereits in seinem zweiten Jahr führte er die Spartans 1979 zum Sieg im NCAA-Finale gegen die Indiana State University mit Larry Bird. In jenen Jahren erlaubte die NBA fünf College-Spielern pro Jahr den vorzeitigen Eintritt beim Draft, wenn sie eine wirtschaftliche Notlage ihrer Familie nachweisen konnten. Johnson nutzte diese Möglichkeit nach seinem zweiten College-Jahr. Mit dem ersten Pick wählten ihn die Los Angeles Lakers; nie zuvor war ein Spieler als erster gezogen worden, der nicht die komplette College-Zeit von vier Jahren absolviert hatte. Die Lakers, die 1979 die Playoffs erreicht hatten, durften so hoch ziehen, weil sie den Pick in einem Trade mit den New Orleans Jazz erworben und sich dann in einem Losentscheid gegen die Chicago Bulls durchgesetzt hatten.

Magic begann seine NBA-Karriere sofort mit einem Titelgewinn, bei der Wahl zum Rookie des Jahres musste er sich jedoch seinem Rivalen Larry Bird beugen. Der Wettstreit der beiden beherrschte in den 1980er-Jahren die Liga und die Schlagzeilen. Beide wurden je dreimal zum wertvollsten Spieler gekürt, bei den Meistertiteln behielt Magic mit 5-3 die Oberhand, gegenseitig trieben sie sich zu Höchstleistungen. Während der Saison 1981/82 hatte er mit einem Imageproblem zu kämpfen, da ihm eine treibende Rolle bei der Entlassung von Lakers-Coach Paul Westphal zugeschrieben wurde. Doch mit seinem in jeder Hinsicht gewinnenden Lächeln und vor allem natürlich seinen überragenden Leistungen spielte er sich schnell in die Herzen aller Basketballfans und wurde zu einem der Gesichter der Liga.

Dann am 7. November 1991 der Schock: In einer Pressekonferenz teilte Magic Johnson mit, er sei positiv auf den HI-Virus getestet worden und werde seine Karriere beenden. Er bekannte sich zu einem recht ausschweifenden Sexualleben, in dessen Folge er sich die Infektion zugezogen habe, wies aber alle Gerüchte, er sei bi- oder homosexuell, zurück. Nach damaligem Kenntnisstand galt die HIV-Infektion als sicheres Todesurteil und Aids wurde allgemein als Krankheit wahrgenommen, die nur Homosexuelle und Drogensüchtige befalle. Magics Schicksal schärfte einerseits das Bewusstsein dafür, dass auch strikte Heterosexualität keinen Schutz vor dem Virus bot, belegte andererseits aber auch, dass es möglich war, der Krankheit Paroli zu bieten, zumindest wenn man sich die bestmögliche Therapie leisten konnte.

Obwohl er nicht mehr aktiv war, wurde er von den Fans ins Team der Western Conference für das All-Star Game der Saison 1991/92 gewählt, was bei einigen seiner Mit- und Gegenspieler auf Kritik stieß, die offenbar eine Ansteckung befürchteten. Magic spielte dennoch, bot eine überragende Leistung und wurde zum Spieler des Spiels gewählt. Es folgte die Berufung ins »Dream Team«, doch in Barcelona kam er aufgrund von Knieproblemen nur zu gelegentlichen Einsätzen. Vor der Saison 1992/93 kündigte er ein Comeback in der NBA an, nahm davon nach erneuter Kritik aus Kollegenkreisen aber Abstand, was er später mit der Distanz und dem Wissen vieler Jahre ebenso als Fehler einstufte wie seinen ursprünglichen Rücktritt.

1994 amtierte er kurzzeitig als Headcoach der Lakers, 1996 versuchte er sich, nunmehr 36 Jahre alt, nochmals als Spieler, scheiterte mit den Lakers jedoch in der ersten Playoff-Runde an den Houston Rockets.

Magics bevorzugte Position war die des Point Guard, trotz seiner für diese Position ungewöhnlichen Größe von 2,06 Metern. Genau diese Größe erlaubte es ihm, auch als Forward zu reüssieren. Nicht selten spielte er während eines Spiels, je nach Bedarf, mehrere Positionen. Als Point Guard initiierte er den unter dem Begriff »Showtime« bekannten, auf schnellen, überraschenden Pässen beruhenden Fast-Break-Stil der Lakers. Vermutlich war er nicht der erste Spieler, der einen »No-Look Pass« an den Mann brachte, doch keiner beherrschte diese Variante so gut wie er. Sein Karrieredurchschnitt von 11,2 Assists pro Spiel wird nicht einmal von John Stockton übertroffen, und es gibt durchaus Experten, die ihn für einen besseren Spieler halten als Michael Jordan.

Dem Basketball blieb Magic nach seiner Karriere in vielerlei Hinsicht verbunden, zeitweise als Fernsehexperte, zwischenzeitlich auch als Anteilseigner an den Lakers. 2012 erwarb er mit einer Gruppe von Geschäftsleuten die Los Angeles Dodgers, eines der populärsten Baseballteams der USA. Seither wird ihm auch ein Interesse am Erwerb der Los Angeles Clippers nachgesagt. Seine wirtschaftlichen Aktivitäten reichen jedoch weit über den Bereich des Sports hinaus und machen ihn als Geschäftsmann zu einem der erfolgreichsten Profisportler überhaupt, wobei er sich auch immer wieder zugunsten der afroamerikanischen Gemeinschaft engagierte.

Magic Johnson ist bis heute eine der bedeutendsten Persönlichkeiten, die der Basketball jemals hervorgebracht hat. Und ausgerechnet eine solche Persönlichkeit will Donald Sterling, Schwachkopf, Rassist und unerklärlicherweise Besitzer der Los Angeles Clippers, bei Spielen seines Teams nicht in der Halle sehen?! Jener Rassismus, der ihn schon in den Schuljahren plagte, hat ihn also vier Jahrzehnte später wieder eingeholt. Sein souveräner Umgang damit darf als vorbildlich gelten, und sollte es ihm tatsächlich vergönnt sein, die Clippers in seinen Besitz zu bringen, so wäre dies eine Pointe besonderer Art.

**GRUND NR. 19**

## WEIL GRÜN EINE MEISTERLICHE FARBE IST

Möglicherweise ändern amerikanische Profiklubs nach einem Titelgewinn – wie hierzulande offenbar üblich – tatsächlich den Briefkopf. In Erinnerung gehalten werden die Erfolge aber in erster Linie durch das Aufhängen eines Banners oder Wimpels in der heimischen Spielstätte. Wenig vom Erfolg verwöhnte Klubs mögen auf diese Weise auch schon mal eine Division oder Conference Championship feiern. Nicht so in Boston. Richtet man im dortigen Garden den Blick zur Decke, so fallen stolze 23 Banner ins Auge und alle würdigen Meistertitel in der jeweiligen Liga. Sechs davon gehören dem Eishockeyteam der Boston Bruins, die anderen den Boston Celtics, die sich mit 17 Titelgewinnen Rekordmeister der NBA nennen dürfen.

Die Celtics wurden 1946 von Walter A. Brown, dem Besitzer des Boston Garden, ins Leben gerufen, um in der von Brown zusammen mit anderen Halleneignern gegründeten Basketball Association of America (BAA) zu spielen und die Hallen mit Zuschauern zu füllen. Der Name des Klubs war nicht nur eine Verbeugung vor einem erfolgreichen New Yorker Team der Zwischenkriegsjahre, sondern vor allem eine Verbeugung vor der großen irischstämmigen Bevölkerung Bostons. Da kam als Teamfarbe nur Grün infrage, und das Wappen ziert ein Leprechaun, ein Naturgeist aus der irischen Mythologie, der glücklichen Menschenwesen einen Topf mit Gold verheißt (ein Leprechaun ist auch das Maskottchen der irischen Quidditch-Nationalmannschaft in J. K. Rowlings Harry-Potter-Romanen). Bis zu der 1949 erfolgten Umbenennung in NBA brachte der Zwerg den Celtics kein Glück, doch in jenem Jahr verpflichtete Brown mit Arnold »Red« Auerbach jenen Mann als Coach, der die sportlichen Geschicke der Celtics in den kommen Jahrzehnten in Händen halten und das Team zu ungeahnten Erfolgen führen sollte.

1950 stießen mit dem Point Guard Bob Cousy und dem Center Ed Macauley zwei Spieler zum Team, die sich zu großen Stars entwickelten. Macauley wurde von Auerbach 1956 allerdings an die St. Louis Hawks abgegeben, im Tausch für einen Draft Pick, mit dem er den überragenden College-Center Bill Russell zu den Celtics holte.

Auerbach war ein Meister solcher Transaktionen, durch die er immer wieder erstklassige Spieler für sein Team gewinnen konnte. Beim gleichen Draft konnte er auch die Rechte an dem Forward Tommy Heinsohn und dem Guard K. C. Jones (der allerdings erst 1958 zu den Celtics stieß) erwerben. Damit war der Kern jenes Teams beisammen, das 1957 den ersten NBA-Titel nach Boston holte und von 1959 bis 1966 acht weitere gewann. 1966 zog sich Auerbach auf die Position des General Managers zurück. 1967 gab es eine kurze Unterbrechung der Siegesserie, doch 1968 und 1969 konnten zwei weitere Banner im Garden aufgehängt werden.

Bill Russell fungierte seit 1966 als Spielertrainer und war damit der erste schwarze Headcoach im amerikanischen Profisport. Im Gegensatz zu den Red Sox, dem für seinen Rassismus berüchtigten örtlichen Baseballklub, leisteten die Celtics einen großen Beitrag zur Öffnung der NBA für afroamerikanische Spieler. Mit Chuck Cooper hatten sie 1950 als erstes Team einen Spieler schwarzer Hautfarbe gedraftet; Russell war der erste schwarze Superstar und Headcoach der Liga. 1964 führten die Celtics als erstes Team eine komplett schwarzen Starting Five ins Feld, darunter auch Sam Jones, der bei allen zehn Meisterschaften von 1959 bis 1969 dabei war. Diese zehn Titel übertrifft als Spieler nur Bill Russell.

1969 übernahm Tommy Heinsohn, der noch heute als Fernsehkommentator bei Spielen der Celtics tätig ist, für ein Jahrzehnt das Amt des Headcoachs. Nach einer Phase des Neuaufbaus wurden der Erfolgsbilanz 1974 und 1976 zwei weitere Titel hinzugefügt. Zu den Stars der 1970er-Jahre gehörten John »Hondo« Havlicek, der schon seit 1962 dabei war und 1965 mit einem der berühmtesten Steals der Basketballgeschichte den Celtics den Einzug ins Finale gesichert hatte, und außerdem Dave Cowens, Paul Silas und Jo Jo White.

In den späten 1970ern machte das Team erneut eine Durststrecke durch und Red Auerbach griff wieder einmal in die Trickkiste. 1978 draftete er einen jungen Forward namens Larry Bird, obwohl der erst das dritte seiner vier College-Jahre absolviert hatte und die Universität auch nicht vorzeitig verlassen wollte. Den damaligen Regeln entsprechend behielten die Celtics die Rechte an Bird, der dann auch 1979 tatsächlich nach Boston kam und eine neue Erfolgsperiode initiierte.

Den Kern der großen Celtics-Teams der 1980er-Jahre bildeten die »Big Three« aus Larry Bird, Robert Parish und Kevin McHale, ergänzt durch Spieler wie Cedric Maxwell, Dennis Johnson, Bill Walton und auch den gegenwärtigen General Manager der Celtics, Danny Ainge. 1981, 1984 und 1986 konnte man weitere Banner unter dem Dach des Boston Garden anbringen, dazwischen lag aber auch eine schmerzhafte Niederlage gegen die Los Angeles Lakers in der Finalserie 1985. Red Auerbach war bereits wieder dabei, für die Zukunft zu planen, und hatte den Celtics den zweiten Pick beim Draft von 1986 gesichert, der erfolgreiche Jahre nach dem endlichen Abgang der »Big Three« zu garantieren schien. Doch der von den Celtics ausgewählte Len Bias starb zwei Tage nach dem Draft an einer Überdosis Kokain. Mit der alternden Stammbesetzung blieb das Team zunächst noch konkurrenzfähig, kam aber an den Detroit Pistons und Chicago Bulls nicht mehr vorbei.

Bei dem spätestens in den 1990ern nötigen Neuaufbau wurde Bias dann schmerzlich vermisst. Als Retter galt der Forward Reggie Lewis, der inzwischen die Führung des Teams übernommen hatte. Doch Lewis erlag im Sommer 1993 einem Herzstillstand. Es schien, als laste nun ein Fluch auf dem ruhmreichen Klub. Der nötige Neuaufbau blieb über Jahre Stückwerk, und auch die Hoffnungen, der erfolgreiche Rick Pitino könne das Team in die Erfolgsspur zurückführen, erfüllten sich nicht.

Pitino trat während der Saison 2000/01 zurück. Möglicherweise wäre es besser gelaufen, hätten die Dallas Mavericks nicht Pitinos Plan unterlaufen, einen jungen Deutschen namens Dirk Nowitzki zu draften. Der hätte dann mit Paul Pierce zusammenspielen können, den die Celtics bereits 1998 gedraftet hatten und der mit den Jahren bewies, dass er in die Reihe der ganz großen Celtics-Stars gehört. 2001/02 erreichten die Celtics völlig überraschend zum ersten Mal seit 1988 wieder das Finale der Eastern Conference. Auch in den folgenden Jahren waren sie ein Playoff-Team, jedoch kein Titelanwärter.

2003 rückte Danny Ainge ins Management und 2004 verpflichtete er Doc Rivers als Headcoach. Die Saison 2006/07 verlief katastrophal, und obwohl die statistischen Voraussetzungen besseres versprachen, fielen die Celtics in der Draft Lottery nach der Saison auch noch auf Platz 5 zurück, was ihnen die Chance nahm, mit Greg Oden oder Kevin Durant einen der beiden potenziellen Superstars zu landen, die diesmal zur Auswahl standen.

Ähnliches war bereits 1997 passiert, als man sich große Hoffnungen auf Tim Duncan machen konnte, die Lotterie aber einen schlechteren Pick erbrachte, als die Wahrscheinlichkeitsrechnung versprach. 2007 allerdings gelang Danny Ainge ein Geniestreich, der den im Herbst 2006 verstorbenen Red Auerbach stolz gemacht hätte. Er nutzte den eigentlich enttäuschenden Pick, um in einem Trade mit den Seattle SuperSonics Ray Allen zu den Celtics zu holen. Dann arrangierte er mit seinem früheren Mannschaftskameraden Kevin McHale, der bei den Minnesota Timberwolves das Sagen hatte, einen weiteren Trade, der Kevin Garnett nach Boston brachte. Die zweite Inkarnation der »Big Three« war geboren und auf einen Schlag gehörten die Celtics wieder zu den Titelkandidaten.

Das hört sich einfach an, funktioniert aber nur, wenn man den Handelspartnern einen Gegenwert in Form von anderen Spielern oder Draft Picks bieten kann und außerdem in der Lage ist, die erworbenen Spieler innerhalb der vorgeschriebenen Gehaltsobergrenze angemessen zu bezahlen. Ein voller Erfolg wurden die Transaktionen vom Sommer 2007 auch deshalb, weil Ainge mit einem weiteren Pick für die Celtics einen talentierten Point Guard namens Rajon Rondo draften konnte.

Die runderneuerten Celtics gewannen in der Saison 2007/08 66 Spiele. Noch nie zuvor hatte sich ein Klub um 42 Spiele im Vergleich zur Vorsaison verbessert. Die Playoffs gestalteten sich zunächst schwierig, weil das Team in den beiden ersten Runden gegen die Atlanta Hawks und die Cleveland Cavaliers kein Auswärtsspiel gewinnen konnten und jeweils über sieben Spiele gehen mussten. In den Eastern Conference Finals gegen die Detroit Pistons reichten dann sechs Spiele, darunter zwei Siege in Detroit. Im Finale ging es gegen den alten Rivalen aus Los Angeles. Mit Heimsiegen in den ersten beiden Spielen legten Paul Pierce & Co. den Grundstein für den 17. Meistertitel, der mit einem deutlichen Sieg im sechsten Spiel festgemacht wurde. In der folgenden Saison vermisste der Titelverteidiger den verletzten Kevin Garnett in den Playoffs und schied in der zweiten Runde gegen die Orlando Magic aus. 2010 reichte es erneut zum Finaleinzug, wieder ging es gegen die Lakers, die diesmal jedoch im siebten Spiel die Oberhand behielten.

Die folgenden Jahre wurden von der Hoffnung geleitet, die in die Jahre gekommenen »Big Three« könnten sich noch einmal zu einem letzten großen Auftritt aufraffen. 2012 verlor man in den Conference Finals eine hart umkämpfte Serie gegen die Miami Heat. 2013 entschloss man sich dann zum völligen Neuaufbau und gab Pierce und Garnett an die Brooklyn Nets ab; Ray Allen war bereits im Jahr zuvor nach Miami gewechselt. In der Saison 2013/14 verfehlte ein junges Team mit einem jungen Coach die Playoffs und die Fans hoffen auf neue Geniestreiche von Danny Ainge, auf dass bald wieder ein neues Banner unter dem Garden-Dach aufgezogen werden kann.

**GRUND NR. 20**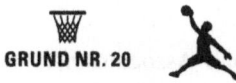

## WEIL ES DIE WNBA GIBT

Zu den fortbestehenden Ungerechtigkeiten im Verhältnis der Geschlechter gehört, dass es bis heute nur in den seltensten Fällen gelungen ist, Strukturen zu etablieren, die es sportlich veranlagten Frauen erlaubt, ihre Begabung zum Beruf zu machen, also Profisportlerin zu werden. Am besten dran sind da noch Individualsportlerinnen, denn zumindest im Tennis und im Golf gibt es Turnierserien, die es mit entsprechendem Talent gesegneten Athletinnen erlauben, ein Auskommen zu finden.

Natürlich wird auch in den meisten Mannschaftssportarten in den höchsten europäischen Ligen inzwischen Geld gezahlt, wenn auch nicht im bei Männern üblichen Umfang. Und im Mutterland des Basketballs, den USA, ist es in dieser Sportart nach einer Reihe vergeblicher Anläufe inzwischen gelungen, eine Profiliga für Frauen zu etablieren, die auf einigermaßen stabilen Füßen zu stehen scheint.

Der erste Versuch, eine professionelle Basketballliga für Frauen zu gründen, war die Women's Basketball League (WBL), die im Dezember 1978 mit insgesamt acht Teams den Spielbetrieb aufnahm. In der Saison 1979/80 gingen sogar 14 Teams an den Start, von denen allerdings zwei nach nur wenigen Spielen aufgeben mussten. Im folgenden Spieljahr versuchten sich nochmals neun Teams, doch der Olympiaboykott der USA vom Sommer 1980 hatte die Hoffnungen zunichte gemacht, durch das olympische Turnier dem Frauenbasketball Aufmerksamkeit zu verschaffen. Nach der Saison 1980/81 waren die finanziellen Ressourcen erschöpft und die Liga gab auf.

1984 versuchte sich eine neue Organisation namens Women's American Basketball Association (WABA), schaffte jedoch nur eine Saison. Der nächste Anlauf erfolgte 1993 unter dem Namen

Women's Basketball Association (WBA). Die Spielzeit wurde in den Sommer verlegt, um der NBA auszuweichen. Nach drei Jahren scheiterte auch dieser Versuch, und Hoffnungen, es 1997 noch einmal zu versuchen, erfüllten sich nicht. 1996 erfuhr Frauenbasketball im Zuge der Olympischen Sommerspiele von Atlanta einen Popularitätsschub, in dessen Folge eine neue Liga namens American Basketball League (ABL) auf den Plan trat. Man spielte im Winter, in der Saison 1996/97 mit acht Teams, in der folgenden sogar mit neun. Obwohl der Liga ein hohes sportliches Niveau bescheinigt wurde, reichten die zur Verfügung stehenden Finanzmittel nicht aus, und die Liga gab während der Saison 1998/99 auf.

Dabei mag auch die Konkurrenz einer neuen Liga eine Rolle gespielt haben, die am 21. Juni 1997 ihr erstes Spiel ausgetragen hatte. Es handelte sich um die Women's National Basketball Association (WNBA), die gegenüber allen bisherigen Profiligen der Frauen den Vorteil hatte, dass hinter ihr – der Name deutet es an – die geballte Macht der NBA stand. Die Saison erstreckte sich von Juni bis Oktober, also nicht parallel zu der der Männer. Die acht Teams befanden sich alle im Besitz der NBA. Die ABL zahlte angeblich besser, doch die WNBA war besser finanziert und hatte deshalb den längeren Atem. Zwar sind von den ursprünglichen acht Teams nur vier auch heute noch dabei, dafür sind acht weitere hinzugekommen, und mit diesen zwölf Klubs geht die WNBA 2014 in ihre 18. Saison.

Bei ihrer Gründung präsentierte die Liga mit Rebecca Lobo, Lisa Leslie und Sheryl Swoopes drei Spielerinnen, die aufgrund ihrer College-Karriere einen guten Namen hatten und der neuen Liga Glanz verleihen sollte. Lobo spielte für die New York Liberty, Leslie für die Los Angeles Sparks, und diese beiden Teams aus den Metropolen an Ost- und Westküste waren als Zugpferde der ganzen Liga gedacht. Doch die ersten vier Titel gingen alle an die Houston Comets, bei denen Sheryl Swoopes zusammen mit Cynthia Cooper und Tina Thompson ein unbezwingbares Trio bildete. Cooper konnte auf eine lange und illustre Karriere in Europa zurückblicken und gilt vielen Experten als die beste Basketballerin aller Zeiten; Thompson stand am Beginn einer langen Karriere in der WNBA, die sie erst mit der Saison 2013 als beste Korbschützin der Ligageschichte beendete.

Der Rücktritt von Cynthia Cooper nach der Saison 2000 bedeutete das Ende der Herrschaft der Comets. Die beiden nächsten Titel gingen an die Los Angeles Sparks, die mit Michael Cooper von einem früheren NBA-Spieler der Lakers gecoacht wurden und mit Marlis Askamp auch eine deutsche Spielerin in ihren Reihen hatten. Ein weiterer früherer NBA-Spieler, Bill Laimbeer, sorgte dann 2003 mit den Detroit Shock für den ersten Titelgewinn eines Teams aus der Eastern Conference der Liga. Eine Sensation, denn das Team hatte im Vorjahr noch den letzten Platz im Osten belegt. 2006 und 2008 gelangen zwei weitere Titelgewinne. Laimbeer gehörte als Center zu den »Bad Boys« der Detroit Pistons, die Ende der 1980er die NBA dominierten, und wohl niemand wäre damals auf die Idee gekommen, ihm eine erfolgreiche Karriere als Coach ausgerechnet im Frauenbasketball vorherzusagen.

Mit den Indiana Fever gewann 2012 ein weiteres Team aus dem Osten, ansonsten blieb der Titel immer im Westen. Zweimal (2004 und 2010) siegte Seattle Storm, einmal (2005) die Sacramento Monarchs und ebenfalls zweimal (2007 und 2009) Phoenix Mercury. Beim ersten Erfolg des Teams aus Phoenix amtierte Paul Westhead als Coach, der 1980 die Lakers zum NBA-Titel geführt hatte und damit als erster Trainer Titelgewinne in den führenden Profiligen bei Männern und Frauen holte. Gegner von Indiana im Finale 2012 waren die Minnesota Lynx, die 2011 und 2013 den Titel holten und damit das dominierende Team der letzten Jahre sind.

Inzwischen hat sich die WNBA einen festen Platz im amerikanischen Sportgeschehen gesichert. Erstmals haben junge Spielerinnen nun ein Ziel, das sie anstreben können, ohne befürchten zu müssen, dass die Liga schon nicht mehr existiert, wenn sie das entsprechende Alter erreicht haben. Auch für ausländische Spielerinnen bildet die WNBA ein erstrebenswertes Ziel, aus Deutschland absolvierten neben Marlies Askamp Linda Fröhlich (vier Jahre) und Martina Weber (zwei Spiele) einige Spielzeiten.

Hinsichtlich der Dauer ihrer Existenz kann man bei der WNBA von einer Erfolgsgeschichte sprechen. Doch die Zuschauerzahlen haben sich gegenüber früheren Jahren auf einem niedrigeren Niveau eingependelt. Man mag es als ungerecht empfinden, doch hinter der Aufmerksamkeit, die die Männer und die NBA für sich reklamieren können, wird die WNBA auch in den kommenden Jahren zurückstehen müssen.

# 3. KAPITEL
# HOOK SHOTS

**GRUND NR. 21**

## WEIL KAREEM ABDUL-JABBAR DEN SKYHOOK PERFEKTIONIERTE

Bei seiner Geburt in New York im Jahre 1947 maß Ferdinand Lewis Alcindor Jr. stolze 57,2 Zentimeter. Was bleibt einem da anderes übrig, als einer der besten Basketballspieler aller Zeiten zu werden? Beim Übertritt in die High School hatte er bereits die Zweimetermarke erreicht; bei seinem Eintritt in die NBA wurde seine Körpergröße mit 2,18 Meter angegeben.

Körpergröße allein macht natürlich noch keinen guten Basketballer, doch bei Lew Alcindor paarte sie sich mit außergewöhnlichen athletischen Fähigkeiten. In vier Jahren gewann seine High School mit ihm 79 von 81 Spielen; seine College-Karriere bei der University of California Los Angeles (UCLA) wird von keinem anderen Spieler übertroffen. In ihrem ersten Jahr mussten die Studenten damals noch im sogenannten Freshman Team spielen, erst danach durften sie in der regulären Mannschaft antreten.

Unter Führung von Coach John Wooden verbuchten die Bruins mit Lew Alcindor von 1967 bis 1969 eine Bilanz von 88 Siegen bei nur zwei Niederlagen. Sie gewannen dreimal die NCAA-Meisterschaft und Alcindor wurde jeweils zum besten Spieler des Turniers gewählt. Er stellte eine Fülle individueller Rekorde auf, die zum Teil heute noch Bestand haben.

Um seine Dominanz zu brechen, ging die NCAA so weit, den Dunk zu verbieten; eine Regelung, die erst 1976 wieder aufgehoben wurde. Natürlich gehörte Alcindor 1968 auch zu den Kandidaten für das US-Olympiateam, verweigerte jedoch die Teilnahme aus Protest gegen die Diskriminierung der schwarzen Bevölkerung in den USA. Ein erstes Zeichen, dass man es hier nicht nur mit einem exzellenten Sportler, sondern mit einem politisch denkenden Menschen zu tun hatte.

Die Harlem Globetrotters boten dem Giganten die runde Summe von einer Million Dollar, doch Alcindor entschied sich für die NBA. Die gerade einmal ein Jahr alten Milwaukee Bucks wählten ihn mit dem ersten Pick des 1969er NBA Draft. Auch die New York Nets aus der ABA wollten ihn verpflichten. Er entschied sich jedoch für das erste Angebot der Bucks, das über dem der Nets lag, und verzichtete darauf, die beiden Klubs gegeneinander auszuspielen, da ihm eine solche Auktion entwürdigend erschien. Möglicherweise erinnerte sie ihn zu sehr an historische Sklavenmärkte.

Mit ihrem neuen Superstar machten sich die Milwaukee Bucks auf den Weg an die NBA-Spitze. Bereits in seinem ersten Jahr erreichten sie den zweiten Platz in der Eastern Division und Lew Alcindor wurde zum Rookie of the Year gewählt. Ein Trade brachte dann mit Oscar Robertson einen weiteren Superstar zu den Bucks, die sich so in der Saison 1970/71, im dritten Jahr ihrer Existenz, den NBA-Titel sichern konnten. Alcindor erzielte 31,7 Punkte pro Spiel und wurde zum wertvollsten Spieler der Liga gewählt. Vor der folgenden Saison machte er seinen bereits in den College-Jahren erfolgten Übertritt zum Islam öffentlich und nahm den Namen Kareem Abdul-Jabbar an. Wie bereits Muhammad Ali, der vormalige Cassius Clay, hatte erfahren müssen, kam so etwas in der amerikanischen Öffentlichkeit nicht gut an und Abdul-Jabbar hatte von nun an das Image eines Troublemakers.

Sportlich lief es jedoch weiterhin bestens. Auch 1972 und 1974 wurde er zum MVP gewählt und 1974 erreichten die Bucks erneut das NBA-Finale, in dem sie allerdings den Boston Celtics unterlagen. Doch er fühlte sich mit seinen kulturellen und religiösen Interessen in der vergleichbar kleinen Stadt im Mittleren Westen nicht gut aufgehoben und bat den Klub um einen Transfer nach New York oder Los Angeles. Der Wunsch wurde ihm erfüllt, und ab 1975 spielte er für die Los Angeles Lakers, mit denen er bis zum Ende seiner langen Karriere im Jahre 1989 fünf NBA-Titel gewann und weitere drei Male die MVP-Trophäe.

Nachdem er mehrere Augenverletzungen erlitten hatte, begann er in der Saison 1974/75 eine Schutzbrille zu tragen, und diese »Goggles« wurden zu einem Markenzeichen, ebenso wie der von ihm patentierte »Skyhook«, ein Hakenwurf, gegen den alle Verteidigungsversuche machtlos blieben. Seine lange Karriere verdankte er auch einem legendären Fitness-Programm, das u. a. asiatische Kampfkünste und Yoga umfasste.

Vom Wesen her eigentlich eher scheu und introvertiert, nahm er auch weiterhin kein Blatt vor den Mund, wenn ihm etwas nicht passte. Dennoch avancierte er in den 1980ern zu einer Art »Elder Statesman« der NBA und eroberte sich Respekt und Zuneigung der Basketballfans zurück, wovon eine Fülle von Ehrungen zeugt, die ihm in seiner letzten Saison in allen NBA-Städten zuteil wurde.

Am Ende seiner Karriere schlugen für Kareem Abdul-Jabbar 38,387 Punkte zu Buche. Damit führt er bis heute die Rangliste der NBA-Scorer an, und es ist kein Spieler in Sicht, der ihm diese Position auf absehbare Zeit streitig machen könnte.

Pat Riley, sein langjähriger Coach bei den Lakers, bezeichnete ihn anlässlich seines Rücktritts 1989 als den besten Spieler aller Zeiten. Man mag das heute anders sehen, denn ein gewisser Michael Jordan hatte damals seine besten Jahre noch vor sich. Einer der Größten auf dem Basketballfeld war Kareem jedoch allemal, im eigentlichen wie im übertragenen Sinne. Und vielleicht das beste Beispiel dafür, dass gerade die Unangepassten, die der Öffentlichkeit nicht nach dem Mund reden, die besten Botschafter eines Sports sein können.

**GRUND NR. 22**

## WEIL DAS AUSEINANDERHALTEN DER EUROPAPOKALWETTBEWERBE IM BASKETBALL EINE DENKSPORTAUFGABE IST

Im Fußball ist die Sache relativ einfach, doch wer sich die Mühe macht, die Geschichte der Europapokalwettbewerbe im Basketball zu ergründen, der wird auf eine Fülle von Wettbewerben mit einer verwirrenden Vielzahl von Bezeichnungen stoßen. Als eine öffentliche Dienstleistung sei deshalb an dieser Stelle der Versuch unternommen, dieses Gewirr aufzudröseln.

Fangen wir bei den Frauen an, denn da ist die Sache relativ einfach. 1959 wurde der Europapokal der Landesmeister eingeführt und seit 1992 heißt der Landesmeisterpokal EuroLeague. 1971 kam ein weiterer Wettbewerb dazu, der ursprünglich den Namen Europapokal der Pokalsieger trug und 1974 in Ronchetti-Pokal umbenannt wurde (zu Ehren von Liliana Ronchetti, einer an Krebs verstorbenen italienischen Nationalspielerin). Dieser zweitwichtigste Europapokal heißt seit 2002 EuroCup.

Geändert haben sich die Zulassungskriterien zu den beiden Wettbewerben. Wurden sie anfangs tatsächlich von Meistern und Pokalsiegern bestritten, so gehen die 20 Plätze in der EuroLeague heute an Vertreter aus den wichtigsten europäische Ligen, wobei die stärksten Länder bis zu drei Starter stellen können. Die Teilnahme am EuroCup steht weiteren Vertretern dieser Ligen und den Landesmeistern aus schwächeren Ligen offen. Der Deutsche Meister hat zur Zeit nur das Startrecht zum EuroCup, bleibt also in der EuroLeague außen vor.

So weit, so gut, Basketball ist ein einfacher Sport ...

Nun zu den Männern: Der Europapokal der Landesmeister wurde 1958 eingeführt, 1991 in Europameisterschaft der Vereine umbenannt und dann 1996 in Euroleague. Seit 1988 gibt es das

Final-Four-Turnier, die gemeinsame Austragung von Halbfinale und Finale an einem Ort. Ähnlich wie im Fußball mit der Champions League wurden mit der Zeit die Zulassungskriterien verändert, um mehrere Teams aus den besten nationalen Ligen den Start zu ermöglichen.

1966 kam mit dem Europapokal der Pokalsieger ein zweiter Wettbewerb dazu, der dann von 1991 bis 1996 einfach Europacup hieß, von 1996 bis 1998 Eurocup und von 1998 bis zu seiner Abschaffung nach der Saison 2001/02 Saporta Cup. 1971 führte die FIBA dann noch einen dritten Wettbewerb ein, den Korać-Cup (benannt nach dem 1969 bei einem Autounfall ums Leben gekommenen jugoslawischen Spieler Radivoj Korać). Erstaunlicherweise durfte dieser Pokal bis zu seiner Einstellung im Jahre 2002 seinen Namen behalten.

Nun wird es kompliziert. Bereits 1991 hatten die Profiligen Spaniens, Italiens und Frankreichs die Union des Ligues Européennes de Basketball (ULEB) gegründet, in gewisser Hinsicht eine Konkurrenzorganisation zur FIBA Europe, dem europäischen Ableger des Weltverbandes. Im Laufe der 1990er-Jahre traten weitere Ligen dieser Organisation bei, und bei den europäischen Spitzenvereinen wuchs der Unmut darüber, wie die FIBA die Euroleague organisierte und vermarktete.

2000 beschlossen die in der ULEB vereinten Ligen, einen eigenen europäischen Wettbewerb aus der Taufe zu heben, den sie Euroleague nannten. Die FIBA hatte in der solchen Verbänden gelegentlich eigenen überbordenden Weisheit schlicht vergessen, sich die Bezeichnung patentieren zu lassen, und stand dieser Usurpation einer eingeführten Produktbezeichnung machtlos gegenüber. Man wollte den Herausforderern allerdings nicht nachgeben und weiterhin einen eigenen Wettbewerb durchführen, der den Namen SuproLeague erhielt. So konkurrierten in der Saison 2000/01 die ULEB Euroleague und die FIBA SuproLeague miteinander und es wurden zwei europäische Champions der Vereinsmannschaften gekürt.

Allerdings hatten sich nur wenige Spitzenvereine für die Supro-League entschieden. Die FIBA hatte schlechte Karten und überließ ab 2001 der ULEB die Austragung des höchstrangigen europäischen Pokalwettbewerbs. Die Vergabe der Startplätze erfolgt nach komplizierten Kriterien. Eine Reihe von Spitzenklubs erhält Lizenzen, die die Teilnahme für mindestens drei Jahre garantieren, die restlichen Plätze werden über nachrangige Lizenzen und Wildcards verteilt. Mit einer solchen Wildcard rückte 2013/14 der FC Bayern München neben dem Deutschen Meister aus Bamberg in den Wettbewerb.

2002 kam es zu einer weiteren Umgestaltung. Saporta- und Korać-Cup wurden eingestellt und an ihre Stellte trat unter der Regie der ULEB ein neuer Wettbewerb namens ULEB Cup, seit 2008 Eurocup. Seither liegt bei der FIBA die Hoheit über die von Nationalmannschaften bestrittenen Turniere, während der ULEB die Organisation der beiden wichtigsten Klubwettbewerbe obliegt.

Ganz auf die Austragung von Vereinswettbewerben verzichten wollte die FIBA allerdings nicht. In der Saison 2002/03 wurde ein Europe Champions Cup ausgetragen und bot einen Unterbau zu den beiden ULEB-Wettbewerben.

2003 wurde das System erneut geändert. Es kam zur Einführung der FIBA Europe League; der Europe Champions Cup hieß nun nur Europe Cup und rückte an die vierte Stelle in der Hierarchie. 2005 wurden die Namen erneut geändert. Aus der Europe League wurde der EuroCup, aus dem Europe Cup die EuroCup Challenge.

2007 kam es zur Einstellung des Wettbewerbs, da die Teilnehmerzahl des ULEB Cups von 24 auf 54 erhöht wurde. 2008 einigten sich die beiden Verbände auf weitere Namensänderungen: Aus dem ULEB Cup wurde der Eurocup und der bisherige FIBA EuroCup erhielt den Namen EuroChallenge. Unerklärlicherweise wurden seither keine weiteren Änderungen vorgenommen; man fragt sich, wie die beiden Verbände eine solche Konstanz so lange aushalten können.

Alles klar? Basketball ist ein anspruchsvoller Sport, der höchste Konzentration verlangt …

**GRUND NR. 23**

## WEIL DIE RUHMESHALLE DES BASKETBALLS EINE REISE WERT IST

Die Idee, die glorreiche Vergangenheit eines Sports in einer Ruhmeshalle zu feiern, wurde 1939 mit der Eröffnung der Baseball Hall of Fame in einem kleinen Städtchen namens Cooperstown im Staate New York erstmals in die Tat umgesetzt. Die Basketball Hall of Fame wurde 1959 gegründet und eröffnete 1968 ihr erstes eigenes Gebäude in Springfield (Massachusetts). Und logischerweise ist sie nach James Naismith benannt, der das Spiel genau dort erfunden hat. Inzwischen ist die Hall of Fame zweimal in größere Gebäude umgezogen und das Museum hat sich zum beliebten Reiseziel für Basketballfreunde aus aller Welt entwickelt.

Ziel der Ruhmeshalle ist es, bedeutende Spieler und Mannschaften zu ehren, aber auch Coaches, Schiedsrichter und andere Persönlichkeiten, sogenannte Contributors, die sich, sei es als Funktionär, Teameigner, Journalist oder in anderer Weise, um das Spiel verdient gemacht haben, und das nicht nur in den USA, sondern weltweit. Die Auswahl erfolgt durch eine Reihe von Ausschüssen, die Jahr für Jahr potenzielle Kandidaten begutachten und Vorschläge machen.

Die endgültige Entscheidung trifft das sogenannte »Honors Committee«, in dem jeder Kandidat eine Dreiviertelmehrheit finden muss. Spieler können frühestens fünf Jahre nach dem Ende ihrer Karriere aufgenommen werden; Kandidaten aus anderen Bereichen, z. B. Coaches, können auch aufgenommen werden, wenn sie ihre Tätigkeit bereits 25 Jahre ausgeübt haben.

Bis einschließlich 2013 wurden 326 Einzelpersonen und neun Mannschaften in die Hall of Fame aufgenommen. Drei der Einzelpersonen (Lenny Wilkens, John Wooden und Bill Sharman) fanden sowohl als Spieler wie als Coach Aufnahme. Ansonsten gliedert sich das Feld in 158 Spieler, 89 Coaches, 62 Contributors und

14 Schiedsrichter. 2014 kommen vier Spieler, drei Coaches, zwei Contributors und eine Mannschaft hinzu.

Zu den Mitgliedern gehören neben den großen Stars der NBA auch eine Reihe von Spielern aus dem Rest der Welt, die bei internationalen Turnieren großen Ruhm ernteten, darunter Dino Meneghin (Italien), Dražen Petrović (Jugoslawien), Arvydas Sabonis (Lettland) und Oscar Schmidt (Brasilien). Insgesamt besteht hier allerdings sicherlich noch ein gewisser Nachholbedarf. Zu den internationalen Stars wird sich als erster Deutscher fünf Jahre nach dem Ende seiner Laufbahn auch Dirk Nowitzki gesellen, der dies aber natürlich seiner überragenden NBA-Karriere verdankt.

1985 fand mit Sonda Berenson, der »Mutter des Basketballs«, erstmals auch eine Frau Aufnahme in die Hall of Fame. Seither sind eine ganze Reihe weiterer Frauen, sowohl Spielerinnen wie Coaches, dazugekommen. Unabhängig von Springfield existiert seit 1999 in Knoxville (Tennessee) auch eine Women's Basketball Hall of Fame.

Sport, insbesondere Profisport, ist bekanntlich Tagesgeschäft, das nächste Spiel ist immer das schwerste, und niemand kann sich auf vergangenen Erfolgen ausruhen. Was aber nicht bedeutet, dass Sportarten nicht ihre Geschichte pflegen und die Erinnerung an die Heldinnen und Helden der Vergangenheit hochhalten sollten. Als Museum, Bibliothek und Forschungsstätte leistet die Hall of Fame in Springfield dazu einen nicht unerheblichen Beitrag.

**GRUND NR. 24**

## WEIL DIE SAN ANTONIO SPURS DAS TEAMS DES 21. JAHRHUNDERTS SIND

Die größte Touristenattraktion San Antonios ist das Alamo. Die ursprüngliche Missionsstation wurde später als Fort genutzt und im Jahre 1836 während des texanischen Unabhängigkeitskrieges von einer kleinen Schar texanischer Soldaten verteidigt. Die »Battle of the Alamo« ging an die weit überlegenen mexikanischen Truppen, sämtliche der Verteidiger mussten ihr Leben lassen. Doch der heroische Verteidigungskampf mobilisierte die Texaner und einige Wochen später wurden die Mexikaner in der entscheidenden Schlacht des Krieges besiegt. Texas schloss sich neun Jahre später den Vereinigten Staaten von Amerika an, rund um das alte Fort entstand die Stadt San Antonio. Die Verteidiger des Alamo werden bis heute als Helden verehrt, doch in Gestalt ihres Basketballteams hat die Stadt heute auch moderne Helden zu bieten, die in ihren Schlachten wesentlich erfolgreicher agieren.

Die Geschichte der Spurs beginnt in Dallas. Die Dallas Chaparrals gehörten 1967 zu den Gründungsmitgliedern der ABA. Sowohl sportlich wie wirtschaftlich blieb das Team erfolglos, weshalb es 1973 von einer Gruppe von Geschäftsleuten aus San Antonio übernommen und dorthin umgesiedelt wurde. Die neuen Eigentümer holten gleich in der ersten Saison nach dem Umzug mit dem »Iceman« George Gervin einen Superstar, und das Team wurde an seinem neuen Standort mit offenen Armen empfangen.

Solide sportliche Leistungen und bemerkenswerte Zuschauerzahlen sprachen für San Antonio, weshalb die Spurs 1976 zu jenen vier ABA-Klubs gehörten, die bei der Auflösung der Liga in die NBA übernommen wurden. Die Gervin-Ära währte bis 1985; in jener Zeit gewannen die Spurs wiederholt ihre Division und erreichten regelmäßig die Playoffs, schafften es jedoch nie bis in die Finalserie.

Es folgten vier düstere Jahre. Zwar zog man 1987 beim Draft mit dem talentierten Center David Robinson einen Spieler, der bessere Zeiten versprach, aber Robinson konnte erst 1989 zu den Spurs stoßen, da er sich bis zu diesem Zeitpunkt bei der US-Marine verpflichtet hatte. Die Saison 1988/89 bedeutete mit einer Bilanz von 21-61 einen Tiefpunkt in der Geschichte des Klubs.

Doch Robinson führte das Team in seiner Rookie-Saison zu einer Bilanz von 56-26, und seither sollten die Spurs mit einer Ausnahme nie mehr die Playoffs verpassen. 1994/95 gewann man sogar 62 Spiele und David Robinson wurde zum wertvollsten Spieler der Liga gewählt, doch im Finale der Western Conference scheiterte man am späteren Champion Houston Rockets.

Nur zwei Jahre später hatten sich die 62 Siege in ebenso viele Niederlagen verwandelt, nicht zuletzt, weil der »Admiral«, wie David Robinson genannt wurde, den größten Teil der Spielzeit verletzungsbedingt versäumt hatte. Doch dieses missratene Jahr sollte sich im doppelten Sinne als Glücksfall erweisen. Nicht nur hatte sich während der Saison General Manager Gregg Popovich auf die Trainerbank befördert und damit seine eigentliche Berufung erkannt, die schlechte Bilanz bescherte den Spurs zudem einen Draft Pick, der es ihnen erlaubte, einen jungen Mann namens Tim Duncan auszuwählen.

Mit Duncan erreichten die Spurs in der Saison 1997/98 einen ähnlichen Turnaround wie im ersten Jahr mit David Robinson. Die beiden Riesen ergänzten sich prächtig. In der durch die Aussperrung der Spieler auf 50 Spiele verkürzten Saison 1998/99 gewannen die Spurs 37 Spiele, marschierten unangefochten durch die Playoffs und erreichten erstmals in der Vereinsgeschichte die NBA-Finalserie. Dort konnten auch die New York Knicks keinen ernsthaften Widerstand leisten, und die Spurs holten in fünf Spielen ihren ersten Meistertitel.

Seit 1993 spielte das Team im Alamodome, der über 60.000 Zuschauern Platz bot und eigentlich mit dem Zweck errichtet worden war, ein Football-Team nach San Antonio zu locken. In der riesigen Arena stellten die Spurs eine Reihe von NBA-Zuschauerrekorden auf, während der Playoffs kamen teilweise bis zu 40.000 Fans. 2002 zogen die Spurs dennoch in eine neue, für Basketball besser geeignete Halle.

Die Saison 2002/03 war die letzte von David Robinson, zur Mannschaft gehörten mit dem Point Guard Tony Parker und dem argentinischen Shooting Guard Manu Ginóbili aber auch zwei Spieler, die die Zukunft des Klubs wesentlich mitgestalten sollten. Die »Twin Towers« Robinson und Duncan führten die Spurs erneut in die Finalserie, wo die Spurs sechs Spiele gegen die New Jersey Nets zu ihrem zweiten Titelgewinn benötigten.

Mit dem Abschied von David Robinson begann die Ära der »Big Three« – Duncan, Parker und Ginóbili –, die den Spurs nun den Platz unter den besten Teams der NBA sicherten. 2005 führten sie die Spurs zum dritten Mal in sieben Jahren ins Finale. Die ersten vier Spiele der Serie gegen die Detroit Pistons sahen deutliche Siege für die Heimmannschaft, bevor ein 96:95 nach Verlängerung im fünften Spiel in Detroit den Spurs den Weg zum Titel zu ebnen schien. Doch das erste der beiden abschließenden Spiele in eigener Halle ging verloren und so kamen die Spurs erst mit einem 81:74 im siebten Spiel zu ihrem dritten Titelgewinn. Die erhoffte Titelverteidigung scheiterte 2006 an den Dallas Mavericks, die im siebten Finalspiel der Western Conference in der Verlängerung die Oberhand behielten.

Schon 2007 aber folgte der vierte Titel. Größtes Hindernis auf dem Weg dorthin waren die Phoenix Suns in der zweiten Playoff-Runde. Im Finale gegen die Cleveland Cavaliers hingegen benötigten die Spurs nur vier Spiele. Mit der Titelverteidigung wurde es erneut nichts, der nächste Einzug ins Finale gelang erst 2013. Gegner waren die Miami Heat, die mit LeBron James, Dwyane Wade und Chris Bosh ihre eigenen »Big Three« ins Feld führen konnten. Die Spurs reisten mit einer 3-2-Führung zu den letzten beiden Spielen nach Miami. Der Titel schien gesichert, als man 28 Sekunden vor Schluss im sechsten Spiel mit fünf Punkten führte. Doch der scheinbar uneinholbare Vorsprung wurde verspielt und die Heat gewannen das Spiel in der Verlängerung, um sich dann im siebten Spiel den Titel zu holen. Erstmals hatten die Spurs also eine Finalserie verloren.

Die unglückliche Finalniederlage diente jedoch als Ansporn für die Saison 2013/14. Die Spurs beendeten die Spielzeit mit der besten

Bilanz aller Teams, sahen sich in den Playoffs jedoch sofort hartem Widerstand seitens der Dallas Mavericks mit Dirk Nowitzki ausgesetzt, die erst im siebten Spiel die Segel strichen. In den folgenden Runden gegen die Portland Trail Blazers und die Oklahoma Thunder taten sich die Spurs leichter und erzwangen so ein Rematch mit ihrem Bezwinger vom Vorjahr aus Miami. Erstmals wurde die Finalserie nicht mehr im 2-3-2-Modus ausgetragen. Das erste Spiel entwickelte sich zu einer Hitzeschlacht, als im AT&T Center von Antonio die Klimaanlage ausfiel, und sah die Spurs als Sieger. Spiel 2 ging knapp an die Heat, doch die beiden nächsten Partien in Miami brachten deutliche Siege für die Spurs, die damit die Chance hatten, im Spiel 5 in eigener Halle den Titel zu sichern. Eine Chance, die sie sich mit einem klaren 104:87 auch nicht entgehen ließen, der fünfte Titelgewinn in 16 Jahren.

Man darf die San Antonio Spurs mit Fug und Recht als Team des 21. Jahrhunderts bezeichnen. Was die Zahl der Meisterschaften betrifft, können die Los Angeles Lakers zwar mithalten, doch kein Klub hat sich so beständig unter den besten gehalten wie die Spurs. Das Team gilt mitunter als langweilig, wohl auch, weil seine Stars selten für Schlagzeilen sorgen. Doch kein Team hat das Konzept des Basketballs als Mannschaftssport in stärkerem Maße verinnerlicht, nicht zuletzt ein Verdienst von Gregg Popovich, der inzwischen zu den größten Coaches der NBA-Geschichte gezählt werden muss.

In einer Epoche, in der die NBA stark von den Egos ihrer Superstars dominiert wird, beweisen die Spurs, dass es auch anders geht. Die Ära der »Big Three« nähert sich langsam dem Ende, doch mit Kawhi Leonard wurde 2014 ein junger Spieler zum wertvollsten Spieler der Finalserie gewählt, der möglicherweise ausersehen ist, die großen Jahre der San Antonio Spurs fortzuführen.

## GRUND NR. 25

## WEIL IM BASKETBALL DIE SÜDKALIFORNISCHE SEENPLATTE ENTDECKT WURDE UND DIE HEILIGEN DER LETZTEN TAGE DEM JAZZ FRÖNEN

Betrachtet man die Abschlusstabelle der ersten Saison der Basketballbundesliga, so fällt auf, wie unscheinbar die Vereinsnamen sind. Meistens bestehen sie aus einer Abkürzung kombiniert mit einem Städtenamen, und das Kürzel bezeichnet die Art des Vereins.

Da finden wir MTV für Männerturnverein (Gießen und Wolfenbüttel), VfL für Verein für Leibesübungen (Osnabrück) oder auch einen Turnerbund (Oldenburger TB) und einen Turnverein (Heidelberger TV). Mitunter ergänzt die Jahreszahl der Vereinsgründung den Namen, so bei den beiden im Jahre 1860 aus der Taufe gehobenen Turn- und Sportvereinen aus München und Hagen. Zwei Namen, Bayern München und Schwaben Augsburg, verweisen auf die geografische Region, aus der die Vereine kommen; einmal, bei Grün-Weiß Frankfurt, tauchen die Vereinsfarben auf. Ein Übermaß an Fantasie kann man deutschen Vereinsgründern wirklich nicht vorwerfen.

Betrachtet man die Tabelle der Bundesligasaison 2013/14, so entsteht der Eindruck, heutzutage seien der Fantasie keine Grenzen mehr gesetzt. Was jedoch nicht wirklich ein Grund zur Freude ist, denn etwa zwei Drittel der Vereine führen einen Sponsor in ihrem Namen. Klar, eine Basketballmannschaft ist nicht mehr ganz billig, und die Vereine sind jung und brauchen das Geld. Aber entschuldigt das wirklich jene Monstrositäten, die den Fans da zugemutet werden? Zumal angesichts wechselnder Sponsoren nun auch noch durch häufige Namenswechsel jeder Sinn für historische Kontinuität verloren geht. Man muss das Geschehen schon sehr genau verfolgen, um zu wissen, ob die Brose Baskets etwas mit dem alten 1. FC Bamberg zu tun haben oder ob medi bayreuth (Kleinschreibung inbegriffen) ein Nachfolgeverein des Post-SV Bayreuth ist, der 1976 erstmals in der Bundesliga auftauchte. So wirken Vereine wie Bayern München oder Phoenix Hagen plötzlich allein durch ihre Namen wie Bastionen des Traditionsbewusstseins.

In Amerika schaut das etwas anders aus. Da verbinden sich im Vereinsnamen normalerweise die Stadt (oder gelegentlich der Bundesstaat), in der der Klub beheimatet ist, mit einem Spitznamen, und auch Schulen und Hochschulen führen für ihre Mannschaften einen solchen Spitznamen.

Manche dieser Namen erklären sich von selbst, andere wirken eher verwirrend. Los Angeles liegt bekanntlich am Pazifischen Ozean; dürfte man dann nicht eher einen Namen wie Los Angeles Oceans erwarten, anstelle von Lakers? Utah ist der Staat der sittenstrengen Mormonen; wie kommt das örtliche Basketballteam ausgerechnet an den Namen Jazz, mit dem man doch eher verrauchte Kaschemmen und sündige Tanzvergnügen assoziierte? Begeben wir uns auf einen Streifzug durch die amüsante Geschichte der NBA-Teamnamen.

Die Wiege der Liga stand in den großen Städten des Nordostens der USA, und eines der Teams, die von Anfang an dabei waren, sind die New York Knickerbockers, heute meist kurz Knicks genannt. Der Name geht auf eine 1809 von dem Schriftsteller Washington Irving unter dem Pseudonym Diedrich Knickerbocker veröffentlichte Satire mit dem Titel *A History of New York* zurück. Die darin beschriebenen Beinkleider der aus Holland eingewanderten ersten Siedler der Stadt wurden in der Folge als Knickerbocker bezeichnet und das Wort entwickelte sich bald zum Spitznamen für die Einwohner New Yorks. In den 1850ern gab sich auch einer der frühen Baseballklubs der Stadt diesen Namen. Diese Knickerbockers erlangten Berühmtheit, weil sie als Erste die Regeln des noch jungen Schlagballspiels kodifizierten.

Ebenfalls von Anfang an dabei die Boston Celtics und die Philadelphia Warriors. Nicht näher erklärt werden muss der Name der Krieger aus Philadelphia, die heute als Golden State Warriors in Oakland residieren. Bei den Celtics ist der Name ebenso wie die Vereinsfarbe Grün eine Reverenz an die große irischstämmige Bevölkerungsgruppe, die die Stadt geprägt hat. Nachdem die Warriors 1962 an die Westküste gezogen waren, wechselten die Syracuse Nationals ein Jahr später nach Philadelphia, wo sie den Namen 76ers annahmen, eine Verbeugung vor den Gründungsvätern der USA, die 1776 in dieser Stadt die Unabhängigkeitserklärung unterzeichnet und unter dem Läuten der Freiheitsglocke verkündet hatten.

Die Syracuse Nationals gehören zu einem Trio von Teams aus dem Norden des Staates New York, die Ende der 1940er aus der NBL zur NBA stießen. Doch während die Nationals nur einmal die Stadt und gleichzeitig den Namen wechselten, können die beiden anderen auf eine bewegtere Geschichte zurückblicken.

Die Rochester Royals zogen 1957 nach Cincinnati um und von dort 1972 nach Kansas City. Dorthin hätte der Name gut gepasst, war aber bereits 1969 vom Baseballteam der Kansas City Royals in Beschlag genommen worden, das sich dabei wohl von den Kansas City Monarchs hatte inspirieren lassen, einem in den 1930ern und 1940ern überaus erfolgreichen schwarzen Baseballklub.

So wurden aus den Basketball-Royals die Kansas City Kings und 1985, nach einem weiteren Umzug, die Sacramento Kings. In Buffalo wurde 1946 ein Team namens Bisons gegründet, das jedoch noch im gleichen Jahr nach Moline (Illinois) umsiedelte und den Namen Tri-Cities Blackhawks annahm. Beim Umzug nach Milwaukee wurde der Name 1951 auf Hawks verkürzt, und unter diesem Namen spielte das Team von 1955 bis 1968 in St. Louis und seitdem in Atlanta.

Mit den Bisons, die zu Falken mutierten, wären wir bei den Tiernamen, der populärsten Namensgattung überhaupt. 1966 expandierte die NBA und seitdem gibt es die Chicago Bulls. Der Name passt, denn Chicago ist berühmt für seine Schlachthöfe, in denen sich Brechts Heilige Johanna für die Arbeiter einsetzte. Obwohl die Basketballbullen natürlich kein Schlachtvieh sein wollen.

1968 kamen die Milwaukee Bucks dazu, 1988 die Charlotte Hornets, ein Jahr darauf die Minnesota Timberwolves und 1995 die Vancouver Grizzlies, die inzwischen unter gleichem Namen in Memphis spielen.

Mit den Hornets hat es eine besondere Bewandtnis, denn die Stadt Charlotte wehrte sich während des amerikanischen Unabhängigkeitskrieges besonders heftig gegen die britische Besatzung, weshalb sie von einem britischen Kommandanten als ein »veritables Hornissennest« apostrophiert wurde. Als das Team 2002 nach New Orleans umzog, behielt es den Namen zunächst bei, benannte sich aber 2012 in Pelicans um, nach dem offiziellen Vogel des Staates Louisiana. Mit der Saison 2014/15 kann der Name Hornets damit nach Charlotte zurückkehren und vom Nachfolgeteam der ursprünglichen Hornets benutzt werden, die sich bisher Bobcats nannten. Es bleibt also alles im Tierreich.

Dinosaurier waren auch Tiere, weshalb wir die Toronto Raptors nicht vergessen wollen, die wie die Grizzlies seit 1995 in der NBA spielen, einer Zeit also, da Kinder überhaupt nur Dinos im Sinn hatten.

Und letztlich können wir auch die seit 1980 in der NBA spielenden Dallas Mavericks in diese Kategorie einordnen. Ein Maverick ist im allgemeinen Sprachgebrauch ein Non-Konformist, ein Außenseiter, aber der Begriff bezeichnete ursprünglich Rinder, die kein Brandzeichen zur Kennzeichnung des Besitzers trugen. Bei der Namensgebung in Dallas spielte auch die Ende der 1950er überaus populäre Westernserie *Maverick* eine Rolle, zumal James Garner, der die Titelfigur verkörpert hatte, Anteile an diesem neuen Klub hielt.

Unter den 1976 von der NBA aus der konkurrierenden ABA übernommenen Teams befanden sich keine Tiere, dafür wiesen alle Namen einen regionalen Bezug auf. Die San Antonio Spurs hatten 1967 als Dallas Chaparrals begonnen, der seltene Fall eines Pflanzennamens. 1973 wurden daraus die San Antonio Spurs, was, wie es sich in Texas gehört, auf Cowboys und Pferde verweist und außerdem denselben alliterativen Charakter hat, den wir auch bei den Los Angeles Lakers finden. Die Denver Nuggets erinnern daran, dass der Goldrausch auch Colorado erfasste. Im Namen der Indiana Pacers steckt Geschwindigkeit, und das dürfen wir getrost als Hinweis auf die Indianapolis 500 deuten, eines der ältesten und berühmtesten Autorennen der Welt. Die heutigen Brooklyn Nets schließlich begannen in der ABA als New Jersey Americans, nannten sich ab 1968 New York Nets, ab 1977 New Jersey Nets und seit ihrem Umzug nach Brooklyn im Jahre 2012 eben Brooklyn Nets. Der Name weckt Anklänge an die Mets (Baseball) und die Jets (Football), zwei in New York beheimatete Profiteams aus anderen Sportarten, enthält aber natürlich auch ein Basketball-spezifisches Element.

Seit dem 1980 erfolgten Eintritt der Phoenix Suns in die NBA stehen auch Naturphänomene bei der Namensgebung Pate. In dieser Tradition folgten 1988 die Miami Heat und 2008 die Oklahoma City Thunder. Die Thunder waren vor ihrem Umzug die 1967 gegründeten Seattle SuperSonics, die ihren Namen der in der Region ansässigen Firma Boeing verdankten. Ähnlich war es bei den im gleichen Jahr gegründeten San Diego Rockets, denn in San Diego wurden tatsächlich Flugkörper und Geschosse produziert. Noch besser passte der Name, als das Team 1971 nach Houston weiterzog, wo bekanntlich die amerikanische Weltraumbehörde NASA zu Hause ist. Die Verbindung von Geschäftsinteressen und Vereinsnamen war schon bei Fort Wayne Pistons zu finden gewesen, die 1957 nach Detroit wechselten und angesichts der Bedeutung von Kolben für den Automotor ihren Namen ebenfalls nicht ändern mussten.

In San Diego residierten nach dem Abgang der Rockets ab 1978 die vormaligen Buffalo Braves, ein 1970 in die NBA aufgenommenes Team. Die Lage am Pazifik veranlasste sie, den Namen Clippers anzunehmen, das sind große Segelschiffe. Ein Name, der auch nach dem 1984 erfolgten Umzug nach Los Angeles nicht geändert werden musste, denn einen Hafen hat man dort natürlich auch.

Die wohl abenteuerlichste Namensgeschichte weisen die heutigen Washington Wizards auf. Sie begannen 1961 als Chicago Packers, auch dies ein Anklang an die Schlachthöfe, und änderten dies 1962 in Chicago Zephyrs. Zephyr bezeichnet nicht nur einen leichten Wind, sondern ist auch ein in den USA überaus gebräuchlicher Name für Fernzüge. 1963 zog das Team nach Baltimore um und nannte sich fortan Bullets. Zehn Jahre später ging es weiter nach Washington, wo man ein Jahr unter dem Namen Capital Bullets spielte und danach dann als Washington Bullets. Möglicherweise wurde der Name dann angesichts der hohen Kriminalitätsrate in der Hauptstadt als unpassend empfunden, zumindest erfolgte 1997 die Umbenennung in Washington Wizards. Zauberkräfte, die sportlichen Erfolg bescherten, wurden mit dem neuen Namen allem Anschein nach aber nicht freigesetzt.

Was aber hat es nun mit den Lakers und den Jazz auf sich? Die Lakers begannen 1947 in Minneapolis unter dem Namen Minnesota Lakers. Logisch, denn Minnesota ist der »Staat der 10.000 Seen«. So viele Seen gibt es in Kalifornien zwar nicht, dennoch behielt das Team den Namen auch nach dem Umzug dorthin im Jahre 1960 bei. Los Angeles Lakers, das rollt einfach gut von der Zunge. Die Jazz starteten 1974 als Expansion-Team in New Orleans, auch dies ein logischer Name, denn die Stadt an der Mississippimündung gilt gemeinhin als die »Wiege des Jazz«. Und obwohl er in Salt Lake City so gar nicht passen wollte, hielt das Team auch nach dem 1979 erfolgten Umzug nach Utah an dem Namen fest. Inzwischen ist man damit so glücklich, dass man ihn auch nicht abgeben wollte, als die inzwischen in New Orleans gelandeten Hornets ihn 2012 gerne wiedergehabt hätten. Ein Markenname kann ein teures Gut sein, und die Namen der berühmten NBA-Teams sind natürlich alles andere als Schall und Rauch.

**GRUND NR. 26**

## WEIL ALBATROSSE FLIEGEN KÖNNEN

Zunächst einmal sind Albatrosse natürlich eine Familie von Seevögeln mit einer gewaltigen Flügelspannweite. Doch das Wort weckt eine Fülle anderer Assoziationen: Seeleute, die Kap Hoorn umrundet haben, verdienen sich diesen Titel; es gibt einen Literaturpreis gleichen Namens; Golfspieler haben einen Albatros erzielt, wenn sie ein Loch mit drei Schlägen unter Par bewältigen; Musikfreunde mögen an den gleichnamigen Hit von Fleetwood Mac denken; und Sportfans erinnert der Name an den Schwimmer Michael Groß, den Jörg Wontorra bei den Olympischen Spielen 1984 in Los Angeles mit der Aufforderung »Flieg, Albatros, flieg« zur Goldmedaille treiben wollte.

Für Basketballfreunde aber sind die Albatrosse jener Verein aus Berlin, der seit den 1990ern an der Bundesligaspitze mitmischt. Bis dahin gehörte Berlin nicht unbedingt zu den Hochburgen des Spiels, das ebendort 1936 sein olympisches Debüt gegeben hatte. Sicher mit dem LSV Spandau kam der erste deutsche Meister aus der Hauptstadt, doch das war 1939, sozusagen im Pleistozän der deutschen Basketballgeschichte. Danach musste die Stadt bis 1997 auf den nächsten Titel warten. Mit dem TSC Spandau 1880 (1949), den Neuköllner Sportfreunden (1953) und dem VfL Lichtenrade (1969) gingen allerdings immerhin drei Meistertitel bei den Frauen nach Berlin. Im Osten der Stadt gewannen zudem in den 1950er-Jahren Mannschaften der Humboldt-Universität DDR-Meisterschaften bei Männern und Frauen; zwischen 1974 und 1990 holte die Betriebssportgemeinschaft der Akademie der Wissenschaften bei den Männern zwölf DDR-Titel, zehn davon in Serie von 1978 bis 1987.

In der Bundesliga war Berlin seit der Saison 1981/82 mit dem DTV Charlottenburg vertreten, der jedoch Ende der 1980er in finanzielle Schwierigkeiten geriet und in der Saison 1989/90 eine

Spielgemeinschaft mit der gerade gegründeten BG Charlottenburg einging. 1990 ging die Basketballabteilung des DTV in einem neuen Verein namens DBV Charlottenburg auf, während die BG die Bundesligalizenz übernahm. 1991 konnte mit dem Entsorgungs- und Recyclingunternehmen Alba ein potenter Hauptsponsor gewonnen werden. Der Verein trug fortan den Namen der Firma und der Albatros wurde ins Vereinswappen übernommen.

In dieser Konstellation etablierte sich Alba Berlin schon bald unter den Spitzenteams in Deutschland. Bereits 1990/91 hatte die BG Charlottenburg den dritten Platz in der Nordgruppe der vorübergehend geteilten Bundesliga erreicht und war dann sogar ins Playoff-Finale gegen den Serienmeister Bayer Leverkusen eingezogen, das nach einer 2-1-Führung noch in fünf Spielen verloren ging. Auch im Korać-Pokal gelang mit dem erstmaligen Erreichen des Achtelfinales durch eine deutsche Mannschaft ein Achtungserfolg.

In den folgenden Jahren ergänzte Alba die Mannschaft sowohl durch deutsche und internationale Stars (Uwe Blab, Stephan Baeck, Henrik Rödl, Hansi Gnad, Gunther Behnke, Emir Mutapčić, Mario Primorac, Teoman Alibegović, Saša Obradović) wie auch durch junge Berliner Talente, die größtenteils vom TuS Lichtenrade kamen (Teoman Öztürk, Sebastian Machowski, Ademola Okulaja, Jörg Lütcke). National reichte es bis 1996 nur zu drei weiteren Vizemeistertiteln, doch international gelang in der Saison 1994/95 mit dem Gewinn des Korać-Cups der große Coup. Eine Sensation, denn nie zuvor war eine deutsche Vereinsmannschaft auch nur in die Nähe eines Europapokalfinales gekommen. Damit hatte sich eine weitere Investition ausgezahlt: seit 1993 betreute Bundestrainer Svetislav Pešić, der gerade mit seinem Team den Europameistertitel geholt hatte, zusammen mit seinem Co-Trainer Burkhardt Prigge die Berliner.

Die Saison 1996/97 brachte dann einen erneuten Sprung nach vorn. Man zog aus der kleinen Charlottenburger Sömmeringhalle in die neu erbaute Max-Schmeling-Halle im Ortsteil Prenzlauer Berg, die nahezu 9.000 Zuschauern Platz bot. Der Amerikaner Wendell Alexis und die deutschen Nationalspieler Henning Harnisch, Sascha Hupmann und Stephen Arigbabu waren zur Mannschaft gestoßen, zu der nun auch die Youngster Marko Pešić und Mithat Demirel gehörten. In der neuen Europaliga erreichte man das Achtelfinale, wo man die Überlegenheit des FC Barcelona anerkennen musste, mit dem DBB-Pokal wurde der erste nationale Titel gewonnen, dem dann im Playoff-Finale gegen die Telekom Baskets Bonn auch noch der Meistertitel folgte.

In den folgenden Jahren waren die Albatrosse das Maß aller Dinge im deutschen Basketball. Bis 2003 hieß der Meister insgesamt sieben Mal in Folge Alba Berlin, drei weitere Male gelang nach 1997 auch das Double aus Meisterschaft und Pokal. 1998 gelang der Einzug ins Viertelfinale der Europaliga, in dem der AEK Athen die Endstation bedeutete.

Bis 2000 hieß der Meistertrainer Svetislav Pešić, danach übergab er das Amt an Emir Mutapčić. Zur Mannschaft stießen in jenen Jahren u. a. die Lichterfelder Eigengewächse Stefano Garris, Stipo Papic, Robert Maras und Tommy Thorwart, sowie die Nationalspieler Patrick Femerling und Sven Schultze. Zu den ausländischen Stars gehörten u. a. Geert Hammink, Vladimir Bogojevič, Dejan Koturović und Derrick Phelps. Mit dem Amerikaner Terry Dehere verpflichtete man 1999 kurzzeitig einen Spielmacher, der seit 1993 in der NBA gespielt hatte.

In der Saison 2003/04 ging die Erfolgsserie zu Ende und es reichte nur zum Playoff-Halbfinale. Es erfolgte ein radikaler Umbruch in der Mannschaft, und während der Saison 2004/05 übernahm Henrik Rödl, der zuvor elf Jahre als Spieler für Alba tätig gewesen war, das Traineramt von Emir Mutapčić. Aus den Meistermannschaften waren nur noch Jovo Stanojević und Stephen Arigbabu dabei. War man 2002 und 2003 in der Bundesliga zwar nur Fünfter und Zweiter geworden, um dann in den Playoffs den Meistertitel zu verteidigen, so beendete man von 2004 bis 2009 die Bundesliga zwar immer auf Platz 1, doch in den Playoffs kam meist das vorzeitige Ende.

Die Saison 2005/06 wurde überschattet von einem schweren Unfall, als Mannschaftskapitän Matej Mamić am 26. November 2005 nach einer Korbaktion eine Halswirbelverletzung erlitt und vorübergehend am ganzen Körper gelähmt war. Die Lähmungen gingen zwar im Laufe der Zeit zurück, doch Mamić musste seine Karriere beenden. Für Alba nahm die Saison aber mit einem erneuten Pokalsieg ein einigermaßen erfreuliches Ende.

Noch besser sollte es 2007/08 laufen, denn dem neuen Headcoach Luka Pavićević gelang es, die Mannschaft zum achten Meistertitel der Vereinsgeschichte zu führen. Wie in früheren Jahren kamen neben dem Trainer auch in dieser Saison einige der Stützen der Mannschaft vom Balkan, doch die Ausländer, die in diesen Jahren länger in Berlin verweilten und für Kontinuität sorgten, waren vor allem die Amerikaner Julius Jenkins und Immanuel McElroy.

Die Meisterschaft des Jahres 2008 ist bis heute die letzte geblieben, im Pokal kamen 2009, 2013 und 2014 jedoch noch drei weitere nationale Titel dazu. 2014 stand Alba erstmals wieder ganz kurz vor dem Gewinn der Meisterschaft, musste in der Finalserie aber letztlich den Münchner Bayern Tribut zollen. Auch in den europäischen Wettbewerben spielte Alba weiterhin Jahr für Jahr eine gute Rolle. 2010 gelang sogar der Einzug unter die Final Four des Eurocups. Das Finalturnier fand im spanischen Vitoria statt; nach einem Halbfinalsieg über Bizkaia Bilbao unterlagen die Albatrosse im Finale gegen Power Electronics Valencia.

Seit 2008 spielt Alba in der in Friedrichshain gelegenen O$_2$ World, die bei Basketballspielen 14.500 Zuschauern Platz bietet. Die neue Arena erregte zwar das Missfallen von Uli Hoeneß, doch die Berliner strömen seit ihrer Eröffnung in großer Zahl dorthin und machten Alba damit zum Zuschauerkrösus des europäischen Basketballs. Gute Voraussetzungen für eine weitere gedeihliche Zukunft.

Ein wichtiger Name ist bisher nicht gefallen: Marco Baldi führt seit 1990 als Manager die Geschicke des Vereins. In keiner deutschen Großstadt ist es bisher gelungen, Basketball in ähnlicher Weise zu etablieren, wie Alba dies in Berlin geschafft hat. Und Marco Baldi hat entscheidenden Anteil an dieser Erfolgsgeschichte.

**GRUND NR. 27**

## WEIL MARLIES ASKAMP IN DER WNBA FURORE MACHTE

Es lässt sich nicht leugnen: Frauen, die Basketball spielen, sind hierzulande nicht wirklich berühmt. Wenn aber eine deutsche Spielerin größere Aufmerksamkeit verdient hätte, dann war dies Marlies Askamp.

Die gebürtige Dorstenerin erlernte das Basketballspielen bei der BG Dorsten, deren Frauenmannschaft in den 1980ern in der 2. Frauenbundesliga Nord spielte. 1989 wechselte sie für vier Spielzeiten zum Bundesligisten MTV Wolfenbüttel und 1994 schloss sie sich dem Barmer TV 1846 Wuppertal an, mit dem sie in den folgenden Jahren sechs deutsche Meistertitel gewann und siebenmal den Pokal holte.

Auch international mischten die Wuppertalerinnen mit und erreichten zweimal das Finale der EuroLeague. Im Finale von 1996 stand Marlies Askamp 40 Minuten auf dem Feld und trug mit 17 Punkten und acht Rebounds zum Triumph über den Titelverteidiger SFT Como bei. Ein Jahr später konnte sie allerdings nicht verhindern, dass CJM Bourges ihrem Team das Nachsehen gab.

Natürlich war Marlies Askamp auch ein unverzichtbares Mitglied der Nationalmannschaft, mit der sie insgesamt 190 Länderspiele absolvierte und dabei 2.330 Punkte erzielte, was den beachtlichen Schnitt von 12,2 Punkten pro Spiel ergibt. Sie war bei vier großen

Turnieren dabei, der Weltmeisterschaft 1998 und den Europameisterschaften 1995, 1997 und 2005.

Ein Karrierehöhepunkt war sicherlich die EM im Juni 1997 in Ungarn, bei der sie zur besten Spielerin des Turniers gewählt wurde und das deutsche Team auf den dritten Platz führte, die beste von der Frauennationalmannschaft jemals erreichte internationale Platzierung.

Nur wenige Tage nach dem Ende der Europameisterschaft nahm in den USA die WNBA den Spielbetrieb auf, die von der NBA gesponserte Profiliga für Frauen. Marlies Askamp gehörte zu den auserwählten Spielerinnen, mit deren Unterstützung sich die neue Liga im Bewusstsein des amerikanischen Sportpublikums verankern wollte. Zu ihrem Team, den Phoenix Mercury, gehörte mit Michelle Timms auch eine Kollegin vom BTV Wuppertal. Der Klub beendete die erste Saison als Sieger der Western Conference, scheiterte aber im Halbfinale an den New York Liberty. 1998 schaffte man dann den Sprung in die Finalserie gegen die Houston Comets. Das erste Spiel ging an Phoenix, im zweiten Spiel stand es 66:66. Drei Sekunden vor Schluss versuchte Michelle Timms einen Dreier, der das Spiel und damit die Meisterschaft entschieden hätte. Doch die Australierin verfehlte knapp, Houston siegte in der Verlängerung und holte im dritten Spiel den Titel.

Von 2000 bis 2002 spielte Marlies Askamp dann für die Miami Sol, ein neu in die Liga gekommenes Team, das im ersten Jahr seiner Existenz noch zu schwach war, die Playoffs zu erreichen. Ein Jahr später war es so weit, doch man kam in der ersten Runde nicht an den New York Liberty vorbei. 2002 wurde die Deutsche kurz nach Saisonbeginn an die Los Angeles Sparks abgegeben, die die Western Conference auf Platz 1 beendeten und auf dem Weg ins Finale Seattle und Utah souverän mit 2:0-Siegen ausschalten. In der Finalserie ließen die Sparks auch den New York Liberty keine Chance; Marlies Askamp saß allerdings in beiden Endspielen nur auf der Bank. Diese Meisterschaft bedeutete nach insgesamt 182 Spielen Höhepunkt und Ende ihrer WNBA-Karriere.

In der Bundesliga spielte Marlies Askamp ab 2002 für den Aufsteiger NB Oberhausen, mit dem sie 2004/05 die Vizemeisterschaft errang. 2007 beendete sie ihre aktive Laufbahn, eine der größten Karrieren im deutschen Frauenbasketball überhaupt.

GRUND NR. 28

## WEIL IN CHICAGO DIE BULLEN LOS SIND

Sechs Meistertitel in einem Jahrzehnt: Für die Fußballer des FC Bayern mag das kein Problem sein, aber in der NBA haben das bisher nur die Boston Celtics geschafft – und die Chicago Bulls. Doch obwohl Chicago eine lange Basketballtradition aufweist – nicht zuletzt als Herkunftsort der Harlem Globetrotters –, brauchten die Bulls einige Zeit, um sich unter die Eliteteams der NBA vorzuarbeiten.

Zweimal hatte die NBA bereits vergeblich versucht, in der drittgrößten Stadt der USA Fuß zu fassen. Die Stags gehörten 1946 zu den Gründungsmitgliedern des NBA-Vorläufers BAA, erreichten 1947 das Finale und verschwanden 1950 von der Bildfläche. Die 1961 gegründeten Packers verließen die Stadt nach nur zwei Spielzeiten und leben heute als die Washington Wizards weiter. Diese Negativerfahrungen hielten den früheren Basketball-Profi Dick Klein nicht davon ab, 1966 einen neuen Versuch zu wagen. Die Bulls wurden der Western Division zugeteilt und erreichten gleich im ersten Jahr ihrer Existenz die Playoffs, bis heute der einzige Neuling, dem dies gelang. Keine so bemerkenswerte Leistung allerdings, wenn man bedenkt, dass die Liga damals aus zehn Teams bestand, von denen sich acht für die Playoffs qualifizierten.

Bis Mitte der 1980er waren die Bulls ein mittelmäßiger Klub, der es zwar gelegentlich in die Playoffs schaffte, dort aber keine Bäume ausriss. Große Stars spielten kaum für die Bulls, sieht man einmal von Artis Gilmore ab, einem der Superstars der ABA, den der Klub 1976 nach dem Ende dieser Liga verpflichten konnte. 1979 verlor man durch einen Münzwurf den ersten Pick beim NBA Draft, mit dem man Magic Johnson hätte auswählen können. Doch 1984 war das Glück aufseiten der Bulls. Man hatte den dritten Pick, und da Houston und Portland sich für die Center Hakeem Olajuwon und Sam Bowie entschieden, konnten die Bulls einen Shooting Guard namens Michael Jordan draften. Der Rest ist Geschichte.

Der junge Mann etablierte sich bald unter den Stars der Liga und für die Dauer seiner Karriere sollten die Bulls nie mehr die Playoffs verpassen. Doch auch mit Jordan dauerte es eine Weile, bis die Verantwortlichen des Klubs ein Team zusammenstellt hatten, das um die Meisterschaft mitspielen konnte. Scheiterte man zunächst zweimal an den Boston Celtics, so erwiesen sich von 1988 bis 1990 die Detroit Pistons als unüberwindliches Hindernis. 1987 waren die Forwards Scottie Pippen und Horace Grant zum Team gestoßen und 1988 holte man den Center Ben Cartwright von den New York Knicks. 1989 übernahm dann Phil Jackson das Amt des Headcoachs und 1991 gelang es endlich, die »Bad Boys« aus Detroit, mit denen sich eine heftige Rivalität entwickelt hatte, aus dem Weg zu räumen. Im Finale wurde dann mit einem 4-1 gegen die Los Angeles Lakers auch umgehend der erste NBA-Titel der Vereinsgeschichte eingefahren. Zwei weitere folgten sogleich mit Finalsiegen gegen die Portland Trail Blazers (1992) und die Phoenix Suns (1993). Die Bulls waren damit das erste Team seit den Celtics in den 1960ern, die den Titel dreimal hintereinander gewinnen konnten.

Dann kam der Schock des Rücktritts von Michael Jordan. Ohne den inzwischen als bester Spieler aller Zeiten anerkannten Superstar scheiterte man 1994 in der zweiten Runde der Playoffs an den New York Knicks. 1995 kehrte Jordan kurz vor dem Ende der regulären Saison zurück, doch diesmal erwiesen sich in der gleichen Runde die Orlando Magic als zu stark. 1996 jedoch spielten die Bulls eine historische Saison. Vom Kern des alten Meisterteams waren noch Jordan und Pippen dabei, den Rest der Starting Five bildeten der Guard Ron Harper, Center Luc Longley und Rebound-Spezialist und Bad Boy Dennis Rodman, der via San Antonio zu den Bulls gestoßen war. Auch auf der Bank warteten mit Steve Kerr und dem Kroaten Toni Kukoč erstklassige Kräfte auf ihren Einsatz. In dieser Besetzung gewannen die Bulls 72 ihrer 82 Spiele, bis heute Saisonrekord. In den Playoffs wurden Miami, New York und Orlando problemlos aus dem Weg geräumt; einzig in der Finalserie gegen die Seattle SuperSonics erwartete die Bulls härterer Widerstand, doch nach sechs Spielen stand der vierte Titelgewinn fest.

Das Bulls-Team der Saison 1995/96 gilt heute als eines der besten der NBA-Geschichte. Dem Titelgewinn folgten zwei weitere zum historischen zweiten »Three-Peat«. Beide Male waren die Utah Jazz der unterlegene Finalgegner.

Doch das Ende der großen Bulls-Dynastie zeichnete sich bereits während der Saison 1997/98 ab. Phil Jackson und General Manager Jerry Krause hatten sich überworfen. Scotty Pippen forderte einen besser dotierten Vertrag und Gerüchte über einen erneuten Rücktritt Michael Jordans machten die Runde. Tatsächlich wurde der Vertrag von Jackson nicht verlängert und Jordan nahm seinen Abschied. Krause entschloss sich zu einem kompletten Neuaufbau, im Zuge dessen auch Pippen, Rodman, Longley und Kerr gehen mussten. Mit der alten Herrlichkeit war es damit zunächst einmal vorbei, und obwohl man mit Elton Brand 1999 ein großes Talent draften konnte, kam der Neuaufbau nicht recht voran. Es dauerte bis zur Saison 2004/05, bis die Bulls erstmals wieder in die Playoffs einziehen konnten, und bis 2007, dass es gelang, wieder einmal zumindest die zweite Playoff-Runde zu erreichen. Im gleichen Jahr machte man beim Draft mit Joakim Noah, dem Sohn der französischen Tennislegende Yannick Noah, einen guten Griff.

Im Jahr darauf wurden die Playoffs verfehlt. Das brachte den Bulls einen Platz in der Draft Lottery, wo sie gegen jede statistische Wahrscheinlichkeit den ersten Pick und damit Zugriff auf ein Riesentalent namens Derrick Rose erhielten. Rose wurde in der Saison 2010/11 als jüngster Spieler aller Zeiten zum wertvollsten Spieler der Liga gewählt, und die Bulls erreichten das Finale der Eastern Conference, wo sie gegen die Miami Heat ausschieden.

Seither wurde Rose allerdings permanent von schweren Verletzungen heimgesucht, und die Hoffnungen, sich mit dem Duo Rose/Noah zu einem ernsthaften Titelaspiranten zu entwickeln, haben sich bisher nicht erfüllt.

**GRUND NR. 29**

## WEIL BASKETBALL DEN SPORTUNTERRICHT ERTRÄGLICH MACHTE

Der Verfasser dieser Zeilen ist zugegebenermaßen ein schon etwas älteres Semester, dessen Erinnerung an den Sportunterricht seiner Schuljahre sich nicht mit denen jüngerer Generationen decken muss. Heute mögen die 1960er als wilde Zeiten gelten, doch damals beherrschten immer noch Sportlehrer das Geschehen, die entweder bereits in der Wehrmacht gedient oder spätestens in der Bundeswehr Gefallen an Zucht und Ordnung gefunden hatten.

So begann denn auch die Sportstunde normalerweise mit dem Antreten in Reih und Glied und gefälligst nach Größe geordnet. Dieser gar nicht subtile Militarismus ging einher mit einer geradezu puritanisch anmutenden Einstellung, deren oberstes Gebot es zu sein schien, die Schüler im Sportunterricht auf keinen Fall etwas tun zu lassen, was ihnen Spaß bereiten könnte.

Im Sommer, draußen, da ging das ja gerade noch. Gelegentlich durften wir ins Schwimmbad, ansonsten war Leichtathletik angesagt. Laufen, Springen und Werfen sind schöne Bewegungsübungen, dennoch bot diese Form des Unterrichts den eher unsportlichen unter den Mitschülern ausreichend Gelegenheit, sich hinter dem Rücken anderer zu verstecken, herumzustehen und Bewegung weitgehend zu vermeiden.

Mitunter war Handball angesagt, ein eher hässliches Spiel; und ganz ganz selten, wenn der Sportlehrer milde gestimmt war, durften wir sogar Fußball spielen, dann bewegten sich sogar die Antisportler und Übergewichtigen ein wenig.

Die größere Zeit des Jahres fand der Sportunterricht aber in der Halle statt. Das bedeutete meist Geräteturnen, eine Disziplin, die der Autor gerne als nachgeordnete Form der Folter von der Menschenrechtskonvention der Vereinten Nationen geächtet sehen möchte. Oder Sitzfußball, Kommentar überflüssig, oder auch ein merkwürdiges, hockeyähnliches Spiel, bei dem es galt, mit Stöcken einen Stoffring über den Boden zu bewegen und zwischen den Beinen eines Bocks hindurchzuschießen, was dann einen Torerfolg bedeutete. Und weil ja bekanntlich gelobt sei, was hart macht, sah der Sportlehrer tatenlos und mit Genugtuung zu, wie manche die Stöcke dazu benutzten, missliebigen Mitschülern Knöchel oder Handgelenke zu malträtieren. Welch eine Pädagogik, die alles daransetzte, den Lernenden den Spaß am Unterrichtsgegenstand zu verleiden!

Aber wie im Sommer gab es auch im Winter eine Ausnahme, die dem Sportunterricht etwas von der üblichen Tristesse nahm und die Befürchtungen hinsichtlich der Qualen, denen wir diesmal ausgesetzt sein würden, in Freude umschlagen ließ. Dann nämlich, wenn wir allen sonstigen Gebräuchen zum Trotz tatsächlich einmal einfach Basketball spielen durften. Seltene Momente, für die der Verfasser James Naismith, dessen Name ihm damals noch kein Begriff war, bis heute überaus dankbar ist!

**GRUND NR. 30**

## WEIL DIRK NOWITZKI IN DEN FUSSSTAPFEN VON FRIDO FREY WANDELT

Wer Dirk Nowitzki ist, muss man den Lesern dieses Buches nicht erklären (wird aber an anderer Stelle dennoch getan). Wer aber, werden manche fragen, ist dieser Frido Frey?

Nun, er ist in der Tat ein Vorläufer Nowitzkis, denn er war der erste deutsche Spieler in der NBA. Das ist vielleicht nicht ganz exakt formuliert, denn möglicherweise besaß er bei seinem NBA-Debüt die amerikanische Staatsbürgerschaft. Auf jeden Fall aber war er der erste in Deutschland geborene NBA-Spieler.

Er kam am 26. Oktober 1921 zur Welt, wo in Deutschland, ist allerdings genauso unbekannt wie das Datum, zu dem er mit seinen Eltern das Heimatland verließ, um sich in New York niederzulassen. Es muss spätestens in den 1930er-Jahren gewesen sein, denn man weiß, dass er in New York, genauer in Brooklyn, die New Utrecht High School besuchte und dort auch Basketball spielte. Er galt als einer der besten Highschool-Spieler der Stadt. Nach der Schule besuchte er die Long Island University und spielte für deren Basketballteam ebenso wie für die Manhattan Beach Coast Guard.

1945 taucht er erstmals in den Annalen des amerikanischen Profibasketballs auf. Für die New York Gothams absolvierte er 30 Spiele in der American Basketball League, einer im Nordosten der USA situierten Profiliga. Die Gothams belegten den dritten Platz. In der nächsten Saison benannte sich das Team in Brooklyn Gothams um, gewann die Northern Division der Liga und scheiterte in der ersten Playoff-Runde. Frey hatte seine beste Saison und erzielte in 25 Spielen einen Schnitt von 11,3 Punkten pro Spiel. Im folgenden Jahr spielte er für die Paterson Crescents, mit denen er das Playoff-Finale erreichte, bevor er für eine weitere Saison zu den Gothams zurückkehrte. Insgesamt bestritt er in dieser Liga 124 Spiele und erzielte 853 Punkte, was einem Schnitt von 6,9 Punkten pro Spiel entspricht.

In der Saison 1946/47 spielte er außerdem mit den New York Knickerbockers die erste Spielzeit der neu gegründeten NBA, die damals noch unter dem Namen Basketball Association of America firmierte. Der 1,88 Meter große Frey spielte als Forward und kam in 25 Spielen auf 88 Punkte, 3,8 im Schnitt. Außerdem verzeichnete er 14 Assists, einen Schnitt von 0,6.

Die Gesamtpunktzahl gibt allerdings nicht die ganze Wahrheit preis, denn eine Quote von nur 28,9 Prozent aus dem Feld verrät nicht gerade große Treffsicherheit, ebenso wenig wie die Freiwurfquote von 57,1 Prozent. Freys Stärken dürften also in der Defensive gelegen haben, was wir nicht überprüfen können, denn Rebounds wurden damals noch nicht gezählt.

Mit dem dritten Platz in der Eastern Division der neuen Liga qualifizierten sich die Knicks für die Playoffs. In der ersten Runde, dem Viertelfinale, eliminierten sie die Cleveland Rebels, im Halbfinale bedeuteten die Philadelphia Warriors die Endstation. Frey war in allen fünf Playoff-Spielen der Knicks dabei, mit einer gegenüber der regulären Saison nochmals verringerten Trefferquote. Und damit war das Abenteuer NBA für ihn beendet.

Nach seiner Karriere arbeitete er als Manager eines Kaufhauses. Und vor seinem Tod am 16. Mai 2000 hatte der Pionier, sollte er sich sein Interesse am Basketball bewahrt haben, durchaus noch die Möglichkeit, sich am Spiel von Detlef Schrempf und Dirk Nowitzki, seinen deutschen Nachfolgern in der NBA, zu erfreuen.

4. KAPITEL
# REVERSE LAY-UPS

**GRUND NR. 31**

## WEIL IM BASKETBALL AUCH FRAUEN AN DIE PFEIFE DÜRFEN

Sind Frauen für die Aufgabe des Schiedsrichters schlechter geeignet als Männer? Natürlich nicht. Können Frauen auch Spiele von Männern pfeifen? Selbstverständlich. Warum lassen die Verbände in den meisten Sportarten dann dieses Potenzial ungenutzt?

Die Fußballschiedsrichterin Bibiana Steinhaus beispielsweise hat sich in der Hierarchie recht schnell emporgearbeitet und die Berechtigung zum Leiten von Spielen der 2. Liga erhalten. Doch obwohl sie einen guten Job macht, verweigert ihr der Deutsche Fußball-Bund nun seit Jahren den letzten Karriereschritt, den Aufstieg in die Bundesliga.

Diese Barriere zumindest hat frau im deutschen Basketball bereits durchbrochen. Die Pionierin, der dies gelang, war Silvia Otto. Sie spielte in den 1950ern, also vor Einführung der Bundesliga, für den ATV 1877 Düsseldorf und gewann mit ihrem Team insgesamt zehn westdeutsche Meisterschaften. Nach ihrer aktiven Zeit versuchte sie sich erfolgreich als Schiedsrichterin und durfte seit 1974 in den höchsten deutschen Spielklassen pfeifen, war also die erste Frau, die Spiele der Männerbundesliga leiten durfte. Sie tat dies, bis sie aus Altersgründen 1982 ausscheiden musste, und erfreute sich allseits großer Beliebtheit. Otto war nur 1,63 Meter groß, was ihrer Autorität aber offenbar keinen Abbruch tat. Nach dem Ende ihrer Schiedsrichterlaufbahn leitete sie noch längere Zeit die Frauenkommission des DBB.

In ihre Fußstapfen trat Petra Kremer. Noch unter ihrem Mädchennamen Petra Kehrenberg hatte sie eine imposante Spielerkarriere begonnen, in deren Verlauf sie mit dem Barmer TV 1846 zahlreiche Deutsche Meisterschaften und nicht zuletzt die FIBA EuroLeague gewann. Ihr Ehemann Stefan war Schiedsrichter und so erwarb sie nach dem Ende ihrer aktiven Laufbahn ebenfalls die Schiedsrichterlizenz. Ab 2003 wurde sie in der 1. Frauenbundesliga eingesetzt und bei den Männern in der 2. Bundesliga. Ab 2006 durfte sie dann, als zweite Frau überhaupt, auch bei den Männern in der obersten Liga pfeifen. Sie war auch auf internationaler Ebene tätig und leitete 2008 das All-Star Game der EuroLeague der Frauen.

Trotz dieser Vorbilder sind Frauen, die auf höchster Ebene bei Männerspielen eingesetzt werden, natürlich noch keineswegs der Normalfall. In der Saison 2013/14 gehörte Anne Panther zum Kreis der in der BBL eingesetzten Unparteiischen. Und der Deutsche Basketball-Bund listet im Mai 2014 auf seiner Website im DBB-Schiedsrichter-Kader neben 82 Männern auch acht Frauen. Viel zu wenig oder eine ermutigend hohe Zahl?

Ganz nach oben geschafft hat es auch eine Schiedsrichterin in der NBA. Violet Palmer war eine erfolgreiche College-Spielerin, bevor sie die Schiedsrichterlaufbahn einschlug. 1996 erhielt sie eine Einladung, beim NCAA-Tournament als Unparteiische aufzutreten, die jedoch aufgrund plötzlicher Bedenken, Männerspiele von einer Frau leiten zu lassen, zurückgezogen wurde. Die NBA kannte solche Zweifel nicht und gab ihr eine Chance.

Am 31. Oktober 1997 leitete sie ein Spiel zwischen den Vancouver Grizzlies und den Dallas Mavericks und seitdem sind Hunderte von NBA-Spielen dazugekommen. Am 25. April 2006 wurde sie ebenfalls als erste Frau mit der Leitung eines Playoff-Spiels betraut. Auch sie bleibt in gewisser Hinsicht eine Exotin, doch der Basketball hat vor allen anderen Mannschaftssportarten bewiesen, dass Frauen als Schiedsrichterinnen auf dieser Ebene keineswegs fehl am Platze sind!

**GRUND NR. 32**

# WEIL MAN NICHT JEDEN FREIWURF VERWANDELN MUSS, UM EIN SUPERSTAR ZU SEIN

Shaquille O'Neal ist 2,16 Meter groß, in seiner aktiven Zeit wurde sein Gewicht mit etwa 147 Kilo angegeben und seine Schuhgröße dürfte bei ungefähr 60 liegen. Gute körperliche Voraussetzungen, um als Center im harten Kampf unter dem Korb in der NBA zu bestehen. Doch dabei wird oft vergessen, welch ungeheures Bewegungstalent es verlangt, diese Körpermasse tatsächlich erfolgreich einzusetzen. Shaq hatte dieses Talent und wurde so zu einem der besten Spieler aller Zeiten auf seiner Position.

O'Neal wurde am 6. März 1972 in Newark (New Jersey) geboren. Seinen biologischen Vater lernte er nie kennen. Sein Stiefvater war Unteroffizier in der amerikanischen Armee, und so verbrachte er einige Jugendjahre in Deutschland, genauer in Wiesbaden, Wildflecken und Fulda. Shaq empfand diese Zeit als prägend, konnte sich auch in späteren Jahren noch darüber amüsieren, dass man in Deutschland Pommes mit Mayonnaise verzehrt, und nahm scherzhaft für sich in Anspruch, der beste deutsche Basketballspieler aller Zeiten zu sein, und nicht dieser Kerl aus Würzburg, der bei den Dallas Mavericks Furore machte.

1987 kehrte die Familie in die USA zurück und Shaq ging in San Antonio auf die Highschool, deren Team er zu großen Erfolgen führte. Nach dem Schulabschluss begann er ein Studium an der Louisiana State University und etablierte sich sofort als einer der besten College-Spieler des Landes. Nach drei Jahren meldete er sich vorzeitig für den NBA Draft an, erwarb aber später als Profi im Fernstudium noch den Bachelor-Grad.

Beim NBA Draft des Jahres 1992 wurde er mit dem ersten Pick von den Orlando Magic gezogen. Mit dieser Neuerwerbung verbesserte das Team in der Saison 1992/93 seine Vorjahresbilanz sofort um 20 Siege, was Shaq zugleich den »Rookie of the Year Award« einbrachte.

Nachdem er im Sommer 1994 mit dem US-Team den Weltmeistertitel gewonnen hatte, führte er sein Vereinsteam in der Saison 1994/95 erstmals ins NBA-Finale, das jedoch in vier Spielen gegen den Titelverteidiger, die Houston Rockets, verloren ging. Im folgenden Jahr demonstrierten Michael Jordan und die Chicago Bulls den Magic, dass die Zeit der Wachablösung keineswegs schon gekommen war. Als Entschädigung gab es zumindest den Gewinn einer olympischen Goldmedaille bei den Sommerspielen 1996 in Atlanta. Vier Jahre zuvor war ihm die Nominierung für das »Dream Team« versagt geblieben.

Im Sommer des gleichen Jahres wechselte Shaq zu den Los Angeles Lakers, die zuletzt magere Zeiten erlebt hatten und gleichzeitig einen vielversprechenden Rookie namens Kobe Bryant begrüßen konnten. Doch Erfolge stellten sich erst ein, als Phil Jackson 1999 das Amt des Headcoachs übernahm. In der Saison 1999/2000 holten die Lakers erstmals seit 1988 wieder die Meisterschaft. Shaq spielte seine vermutlich beste Saison, gewann zum zweiten Mal nach 1995 den Titel als bester Korbwerfer und wurde zum wertvollsten Spieler der regulären Saison, des All-Star Games und der Finalserie gewählt, ein überaus seltener Hattrick. Die Lakers errangen auch in den beiden folgenden Jahren den Meistertitel, doch das Verhältnis zwischen den beiden Stars O'Neal und Bryant erwies sich zunehmend als schwierig, und auch Verein und Spieler waren unzufrieden miteinander. Im Sommer 2004 erfüllten die Lakers O'Neals Wunsch nach einem Wechsel und gaben ihn im Tausch für drei Spieler und ein Draft Pick an die Miami Heat ab.

In Miami trug O'Neal in der Saison 2005/06 gemeinsam mit Jungstar Dwyane Wade zum ersten Meisterschaftsgewinn für der Heat bei, seinem insgesamt vierten. Nach einem völlig verunglückten Saisonstart 2007/08 schickte das Team den alternden Star im Februar 2008 zu den Phoenix Suns. Doch die Hoffnungen der Suns, mit dem Tandem Steve Nash/Shaquille O'Neal um den Titel mitspielen zu können, erfüllten sich nicht und so gaben sie den Center im Sommer 2009 an die Cleveland Cavaliers weiter. Dort sollte er LeBron James und den Cavaliers zum ersten Titelgewinn verhelfen, doch das Team scheiterte in den Playoffs 2009/10 an den Boston Celtics. Genau die gaben ihm noch einmal einen Vertrag, doch das Alter forderte seinen Tribut und O'Neal kam nur noch zu wenigen Einsätzen. Im Sommer 2011 beendete er seine illustre Karriere.

O'Neals Stärken lagen, wie sich für einen Center gehört, am Korb. Seine Wurfquote von 58,2 Prozent aus dem Feld gehört zu den besten aller Zeiten, und auch als Rebounder und Shotblocker erreichte er ausgezeichnete Werte. Weniger gut sah es bei Distanzwürfen aus, in seiner ganzen Karriere versuchte er nur 22 Dreipunktwürfe, von denen ein einziger das Ziel fand. Seine große Schwäche waren die Freiwürfe, hier liegt seine Quote bei bescheidenen 52,7 Prozent. Gegner versuchten, sich dies zunutze zu machen, indem sie ihn in entscheidenden Spielphasen häufig foulten und auf vergebene Freiwürfe hofften, eine Praxis, die unter dem Namen »Hack-a-Shaq« berühmt wurde. Was bleibt, ist jedoch eher die Erinnerung an »Shaq Attack«.

Bereits früh in seiner Karriere versuchte sich Shaq auch als Rapper. Insgesamt veröffentlichte er vier Alben, deren erstes, *Shaq Diesel* (1993), sich gut genug verkaufte, um ihm eine Platin-Schallplatte einzubringen. Außerdem wirkte er auch in einer Reihe von Filmen mit, die bei der Kritik jedoch wenig Begeisterung hervorriefen. Heute arbeitet er als Basketball-Experte fürs Fernsehen; seit September 2013 ist er auch Anteilseigner beim NBA-Team der Sacramento Kings, mit dem ihn in seinen Jahren bei den Lakers eine herzliche Rivalität verband. Langweilig dürfte es ihm also nicht werden.

**GRUND NR. 33**

# WEIL LARRY BIRD UND MAGIC JOHNSON DIE NBA RETTETEN

Anfang der 1980er Jahre ging es der NBA nicht gut. Zwar war es gelungen, der lästigen Konkurrenz der American Basketball Association durch die Fusion von 1976 Herr zu werden, doch die Zuschauerzahlen waren rückläufig und Sponsoren winkten nicht gerade mit Geldscheinen. Der geltende Fernsehvertrag brachte nur geringe Einnahmen und die Finalserie des Jahres 1980 wurde – heute unvorstellbar – zeitversetzt nach den Spätnachrichten übertragen. Sogar die Auflösung einzelner Klubs stand zur Debatte.

Begründen lassen sich diese Sachverhalte und das schlechte Image der Liga mit einer Reihe von Faktoren. Zum einen kursierten Gerüchte, denen zufolge die Liga ein ernsthaftes Drogenproblem habe, was ein Artikel in der *Los Angeles Times* vom August 1980 zu bestätigen schien, der behauptete, etwa 75 Prozent der Spieler seien Kokain-Konsumenten. Zum anderen flogen auf dem Spielfeld häufig die Fäuste, allein in der Saison 1977/78 wurden 41 körperliche Auseinandersetzungen gezählt, darunter eine größere Schlägerei zwischen den Los Angeles Lakers und den Houston Rockets, bei der der Lakers-Spieler Kermit Washington Houstons Rudy Tomjanovich mit einem Faustschlag so schwer im Gesicht verletzte, dass dieser seine Karriere vorzeitig beenden musste. Und schließlich wurde der Spielergewerkschaft vorgeworfen, mit angeblich exzessiven Forderungen der Liga und damit auch den Fans zu schaden.

Spieler schwarzer Hautfarbe waren inzwischen in der NBA gegenüber dem Anteil von Afroamerikanern an der Gesamtbevölkerung deutlich überrepräsentiert, und die genannten Probleme passten glänzend zu rassistischen Stereotypen, denen zufolge Schwarze zur Drogensucht neigen sowie gewalttätig und egoistisch sind. Die Liga schien »zu schwarz« für ein weißes Publikum geworden zu sein. Natürlich beschränkte sich Drogenkonsum keineswegs auf die schwarze Bevölkerung; die Scharmützel auf dem Parkett waren wohl vor allem in der damals üblichen stationären Spielweise begründet, bei der viele große und schwere Männer um die beste Position unter dem Korb kämpften; und die Spielergewerkschaft tat schließlich nur das, was eine Gewerkschaft eben tut, nämlich die Interessen ihrer Mitglieder zu vertreten. Der abwandernden Kundschaft rassistische Motive und das Denken in Stereotypen vorzuwerfen, ist aber auch nicht wirklich angebracht. Die Not war groß, doch die Rettung nahte.

1979 führte das Finale um die College-Meisterschaft die Teams der Michigan State University und der Indiana State University zusammen, normalerweise keine Universitäten, die sich in diesen Sphären bewegten. Ihren Erfolg verdankten sie zwei außergewöhnlichen Spielern namens Earvin »Magic« Johnson und Larry Bird.

Bird war zum College-Spieler des Jahres gewählt worden, doch im Endspiel dominierte Johnson. Michigan State siegte mit 75:64, eine Niederlage, die Bird, eigener Aussage zufolge, bis heute nicht verwunden hat. Basketball-Fans hatten dem Showdown entgegengefiebert, der dann eine bei einem Basketballspiel, die NBA eingeschlossen, nie zuvor erreichte Zuschauergemeinde vor den Bildschirmen vereinte.

Dieses Spiel markierte den Ausgangspunkt einer Rivalität, von der die NBA in den 1980ern in hohem Maße profitierte, weshalb es tatsächlich keineswegs übertrieben scheint, die beiden als Retter der Liga zu bezeichnen. Hilfreich war natürlich, dass die beiden bei ihrem Eintritt in die NBA bei den beiden traditionsreichsten Klubs der Liga landeten, den Boston Celtics und den Los Angeles Lakers, die seit den 1950ern im heftigen Wettstreit miteinander standen. Nun begann ein neues Kapitel in dieser Geschichte.

Die Celtics hatten die Saison 1978/79 mit der traurigen Bilanz von 29-53 beendet; mit Larry Bird wurden daraus 1979/80 ein stolzes 61-21. Magic Johnson führte die Lakers gemeinsam mit Kareem

Abdul-Jabbar erstmals seit 1973 ins Finale, wo sie die Philadelphia 76ers besiegten, die gerade die Celtics und Larry Bird ausgeschaltet hatten. Bis 1989 sollten nun immer zumindest einer der beiden im Finale stehen. 1984 kam es zum ersten direkten Aufeinandertreffen, die Celtics siegten mit 4-3. Ein Jahr später drehten die Lakers den Spieß um und gewannen mit 4-2, wie dann auch noch einmal im Jahre 1987.

Gut möglich, dass in der NBA in den 1980ern genauso viele Drogen konsumiert wurden wie im Jahrzehnt zuvor. Auch zu Handgreiflichkeiten kam es gelegentlich immer noch, schließlich übernahmen gegen Ende des Jahrzehnts die »Bad Boys« von den Detroit Pistons das Kommando. Doch solche Dinge standen nun nicht mehr im Zentrum der Aufmerksamkeit. Zuschauer wollten sich in immer größerer Zahl von Bird und Magic in den Hallen und auf dem Bildschirm unterhalten lassen, was zunehmend auch neue Sponsoren anlockte. Die NBA war »back in business«.

Natürlich war die Liga immer noch »schwarz«, man könnte sogar sagen, dass Guards wie Magic Johnson das Spiel offener und flüssiger – und damit »schwärzer« – gemacht hatten. Die Rivalität zwischen Celtics und Lakers wurde durchaus auch in diesen Kategorien wahrgenommen. Auf der einen Seite der weiße Larry Bird als Vertreter einer von Iren und Italienern geprägten Arbeiterstadt, die noch in den 1970ern von heftigen Rassenunruhen erschüttert worden war; auf der anderen Seite Magic Johnson als Repräsentant der weltoffenen Hauptstadt des Show Business.

Hinter dieser Betrachtungsweise verbirgt sich das Stereotyp vom weißen Spieler, der sich alles hart erarbeiten muss und dem nichts zufliegt, während der schwarze Spieler von seinem gottgegebenen Talent zehrt und sich ansonsten einen schönen Lenz machen kann. Tatsächlich hatten sich natürlich sowohl Bird wie Magic ihren Status mit großem Fleiß erarbeitet und ließen nie nach in den Bemühungen, ihr Spiel zu verbessern. Und auch als Spieler waren sie sich ähnlicher, als oft behauptet wird: Beide waren exzellente Passgeber, beide hatten immer das ganze Spielfeld im Blick und beide konnten in herausragender Weise das Spiel antizipieren. Der ohnehin recht schweigsame Bird verweigerte sich allen Versuchen, ihn als »große weiße Hoffnung« in einen Kreuzzug zu ziehen. Nach Aussagen schwarzer Mitspieler war ihm jede Form von Rassismus fremd. Im Marketing der NBA spielten die alten Stereotypen natürlich ohnehin keine Rolle. Man prunkte mit den athletischen Fähigkeiten und dem Charisma der großen Stars und bemühte sich, unabhängig von der Hautfarbe, sie als Vorbilder aufzubauen. Die Zeit für schwarze Superstars war ohnehin gekommen, wie Michael Jackson und Prince, die größten Popstars der 1980er, bewiesen.

Am Ende der Karriere hatten sowohl Johnson wie Bird mit gesundheitlichen Problemen zu kämpfen, die sie früher als nötig in den Ruhestand trieben. Bei Magic war es die Diagnose der HIV-Infektion, Larry kämpfte mit Rückenproblemen. Im »Dream Team« von 1992 durften sie erstmals in ihrer Karriere in einer Mannschaft spielen, denn bis dahin hatten sie ja sogar im All-Star Game auf verschiedenen Seiten gestanden. Zu jener Zeit hatte sich aus einer Begegnung beim Filmen eines gemeinsamen Werbespots bereits eine Freundschaft entwickelt. Larry Bird war einer der ersten, den Magic von seiner HIV-Diagnose informierte, und Magic hielt die Rede bei Larrys Aufnahme in die Hall of Fame. Die beiden kooperierten bei einem Buch über ihre Karrieren und 2012 wurden sie auf dem Broadway in einem Theaterstück mit dem Titel *Magic/Bird* gefeiert.

Basketball würde ohne die beiden immer noch gespielt, doch die NBA, wie wir sie heute kennen, hätte es ohne sie mit einiger Sicherheit nicht gegeben.

**GRUND NR. 34**

## WEIL DIE EUROLEAGUE
## DIE EUROPÄISCHE SPITZENKLASSE VEREINT

Dem interessierten Laien wird es nicht leicht gemacht, im Gewirr europäischer Vereinswettbewerbe den Überblick zu behalten – Aufklärung erfolgt an anderer Stelle in diesem Buch –, und der sportliche Wert der nachgeordneten Wettbewerbe mag mitunter angezweifelt werden. Außer Frage stehen jedoch Prestige und sportliches Niveau der wichtigsten Konkurrenz für europäische Basketballklubs, die früher Europapokal der Landesmeister hieß und heute unter dem Namen Euroleague läuft. Schließlich handelt es sich dabei um den bedeutendsten Titel, den ein Verein außerhalb der NBA gewinnen kann.

Bei unserem Streifzug durch die Geschichte dieses Wettbewerbs werden wir wieder dem Fluch des europäischen Basketballs begegnen: je nach aktuellem Sponsor wechselnden Vereinsnamen, die es erheblich erschweren, den Überblick zu behalten.

Der Europapokal der Landesmeister wurde 1958 aus der Taufe gehoben, zu einer Zeit, da der gleiche Wettbewerb selbst im Fußball vielerorts noch auf Skepsis stieß. Die ersten Jahre standen ganz im Zeichen von Vereinen aus Osteuropa, insbesondere der Sowjetunion. 1958 und 1959 besiegte ASK Riga im Endspiel Academic Sofia. 1960 und 1961 gab es sogar rein sowjetische Endspiele, in denen sich die Letten 1960 gegen Dinamo Tiflis durchsetzten, ein Jahr später jedoch gegen ZSKA Moskau den Titel abgeben mussten. Tiflis holte sich den Pokal 1962, mit Real Madrid erreichte erstmals ein Klub das Finale, der nicht aus dem Ostblock kam. Die Spanier scheiterten im folgenden Jahr an ZSKA, bevor sie 1964 erstmals als Sieger aus den Endspielen hervorgingen. Der russische Meister ZSKA hatte in jenem Jahr allerdings auf die Teilnahme verzichtet, da man in der Sowjetunion der Vorbereitung auf die Olympischen

Spiele von Tokio den Vorrang gab. 1965 jedoch konnte Real den Pokal auch gegen ZSKA verteidigen. ZSKA spielte auch in den folgenden Jahren noch eine gute Rolle, qualifizierte sich von 1969 bis 1973 viermal fürs Endspiel und siegte 1969 und 1971.

Insgesamt war es jedoch mit der Vorherrschaft der Ostblock-Vertreter vorbei. Dort wurde zwar weiterhin wohl der bessere Basketball gespielt, doch zumindest die reichen westeuropäischen Vereine hatten nun das Potenzial mitzuhalten. 1966 hieß der Sieger Simenthal Milan, dahinter verbirgt sich der italienische Rekordmeister Olimpia Mailand. Die Mailänder hatten einen interessanten Mann in ihren Reihen: Der Amerikaner Bill Bradley befand sich in erster Linie in Europa, um an der berühmten Universität von Oxford zu studieren, und dürfte während dieses Jahres beträchtliche Zeit als Frequent Flyer zwischen London, Mailand und anderen europäischen Städten verbrachtet haben. 1970 und 1973 gewann er mit den New York Knicks die NBA-Meisterschaft, später wurde er in den Senat der Vereinigten Staaten gewählt und bewarb sich, ohne Erfolg, um die Präsidentschaft. 1967, nun ohne den in seine Heimat zurückgekehrten Bradley, erreichte Mailand noch einmal das Finale, unterlag jedoch gegen Real Madrid, das den Titel 1968 verteidigte, im folgenden Jahr dann gegen ZSKA Moskau unterlag.

Die 1970er-Jahre waren die große Zeit von Pallacanestro Varese, das mit dem Center Dino Meneghin einen der besten Basketballer aller Zeiten in seinen Reihen hatte, der sicherlich auch in der NBA hätte spielen können. Die Italiener, die in jenen Jahren unter insgesamt drei Sponsorennamen firmierten, erreichten von 1970 bis 1979 ununterbrochen das Endspiel und gewannen es 1970, 1972, 1973, 1975 und 1976. Viermal hieß der Endspielgegner Real Madrid, 1974 und 1978 konnten die Spanier ihrer Trophäensammlung zwei weitere hinzufügen. Erstmals traten nun auch jugoslawische Vereine ins Blickfeld. Jugoplastika Split verlor 1972 das Finale gegen Varese, Bosna Sarajevo konnte die Italiener 1979 besiegen. Und mit Maccabi Tel Aviv holte sich 1977 ein Team den Titel, das auch in den folgenden Jahrzehnten immer wieder vorne dabei sein sollte.

In den 1980ern erreichten die Israelis insgesamt fünfmal das Finale, konnten sich jedoch nur 1981 gegen Bologna durchsetzen. Die große Zeit von Varese war vorbei, dennoch beherrschten auch weiterhin italienische Vereine den Wettbewerb. Pallacanestro Cantù, das zuvor bereits mehrfach den Europapokal der Pokalsieger und den Korać-Cup gewonnen hatte, holte sich den Landesmeisterpokal 1982 und 1983, Olimpia Mailand war 1983 der Verlierer, siegte aber 1987 und 1988, und ein weiterer italienischer Titelträger war Pallacanestro Virtus aus Rom. Bei seinem Sieg im Jahre 1984 hieß der Verein allerdings gerade Banco di Roma.

Real Madrid gewann das Finale 1980 und verlor es 1985, während 1984 mit dem FC Barcelona ein alter spanischer Rivale erstmals das Finale erreichte. Ähnlich wie im Fußball verließen die Katalanen bei ihren ersten Endspielteilnahmen allerdings regelmäßig als Verlierer das Feld. 1985 sah mit dem ersten Titelgewinn von Cibona Zagreb den Beginn einer Ära großer jugoslawischer Teams. Cibona wurde angeführt von Dražen Petrović und konnte den Titel 1986 gegen Zalgiris Kaunas verteidigen, seit Langem das erste Team aus der Sowjetunion im Finale. Von 1989 bis 1991 ging der Titel an Jugoplastika Split mit seinen Stars Dino Rađa, Toni Kukoč und Zoran Savić, das erste Team seit dem ASK Riga in den Anfangsjahren, das den Europapokal dreimal in Folge gewinnen konnte. Zweimal war der FC Barcelona der unglückliche Endspielgegner. 1992 hieß der Sieger Partizan Belgrad, dann mussten die jugoslawischen Vereine dem Auflösungsprozess des Landes Tribut zollen.

Bereits seit 1988 waren Halbfinale und Finale an einem Wochenende in einem Final-Four-Turnier ausgetragen worden; 1991 wurde der Name des Wettbewerbs European League geändert, 1996 dann schließlich in Euroleague.

1993 siegte mit CSP Limoges erstmals und überraschend eine französische Mannschaft, dann holte mit Joventut de Badalona ein weiteres Team seinen ersten Landesmeisterpokal. Die Spanier hatten allerdings bereits zwei Jahre zuvor erstmals im Endspiel gestanden. Auch 1995 ging der Titel an Spanien, mit Real Madrid allerdings an einen alten Bekannten. Finalgegner der beiden spanischen Vereine war jeweils Olympiakos Piräus gewesen, womit sich eine starke Phase griechischer Vereine ankündigte. 1996 siegte Panathinaikos Athen mit dem früheren NBA-Star Dominique Wilkins und 1997 war dann endlich Piräus an der Reihe. Endspielverlierer beide Male wieder der FC Barcelona. Die Athener siegten 2000 noch einmal, während Lokalrivale AEK 1998 gegen Kinder Bologna im Endspiel unterlag. 1999 holte Žalgiris Kaunas den Titel nach Litauen.

2000 kam dann die große Revolution im europäischen Basketball. Eine Gruppe von Spitzenvereinen gründete eine eigene Organisation, die künftig die Königsklasse verwalten sollte. Und da die FIBA sich den Begriff Euroleague nicht hatte schützen lassen, konnte der neue Wettbewerb sogar unter dem alten Namen weiterlaufen. Die FIBA wollte zunächst nicht klein beigeben und ließ die alte Euroleague in der Saison 2000/01 mit den treu gebliebenen Vereinen unter dem Namen SuproLeague weiterlaufen. Es siegte Maccabi Tel Aviv, während Kinder Bologna die neue Euroleague gewann. Letztlich war klar, dass ein Zustand mit zwei konkurrierenden Wettbewerben keinen Sinn ergab, und die FIBA gab nach. Ab 2001 spielen die besten europäischen Vereine wieder in der Euroleague, die nun von der ULEB, der Organisation der Vereine, ausgerichtet wird.

Griechische Vereine spielen auch nach der Revolution eine führende Rolle. Panathinaikos Athen holte sich insgesamt viermal den Titel (2002, 2007, 2009 und 2011); Olympiakos Piräus siegte 2012 und 2013. Mit Svetislav Pešić als Coach, der 1979 mit Sarajevo als Spieler gewonnen hatte, konnte sich der FC Barcelona 2003 endlich erstmals in die Siegerliste eintragen. 2010 kam ein zweiter Titel dazu, während sich der alte Rivale aus Madrid mit zwei Finalniederlagen in den Jahren 2013 und 2014 bescheiden musste.

Immer gut dabei in den letzten Jahren ist Maccabi Tel Aviv, das 2004, 2005 und 2014 feiern durfte und dreimal im Endspiel das schlechtere Ende für sich hatte. Mit ZSKA Moskau spielt auch wieder eine russische Mannschaft um höchste Ehren mit, die Moskauer gewannen 2006 und 2008 und unterlagen wie Maccabi dreimal im Finale.

Deutsche Vereine haben auf dieser Ebene bisher keine Rolle gespielt, doch Bayern München überraschte in der Saison 2013/14 mit einem Sieg gegen den späteren Finalisten Real Madrid. Man darf annehmen, dass die Münchner langfristig ihren Platz in der Reihe der illustren Namen sehen, die den Pokal schon einmal in die Höhe stemmen durften. Warten wir's ab ...

**GRUND NR. 35**

## WEIL OLYMPISCHES GOLD
## DER SCHÖNSTE SCHMUCK IST

Während im Volleyball, das seit 1964 zum Programm der Olympischen Spiele gehört, gleich bei der ersten Austragung Männer und Frauen antreten durften, wurde bei den Frauen erst 1976 erstmals ein Basketballturnier ausgetragen, obwohl das Spiel bei den Männern doch bereits seit 1936 dazugehörte.

Beim ersten Turnier in Montreal durften Teams aus sechs Ländern teilnehmen, die in einer Gruppe jeder gegen jeden spielten. Kanada als Gastgeber sowie die Sowjetunion, Japan und die Tschechoslowakei, die ersten drei der letzten Weltmeisterschaft, waren automatisch qualifiziert; dazu kamen die USA und Bulgarien als Sieger eines Qualifikationsturniers. Mit fünf Siegen holte sich die Sowjetunion souverän die Goldmedaille, Silber ging an die USA und Bronze nach Bulgarien. Das Spiel zwischen der UdSSR und den USA fand am vorletzten Spieltag statt und sah die Russinnen klar mit 112:77 im Vorteil. Die Amerikanerinnen waren mit einer Niederlage gegen Japan ins Turnier gestartet und sicherten sich den zweiten Platz gegenüber den am Ende punktgleichen Bulgarinnen durch den Sieg im direkten Vergleich. Die Sowjetunion gewann ihre Spiele so deutlich, dass in der Abschlusstabelle alle anderen Teams mit Ausnahme Japans ein negatives Korbverhältnis aufwiesen.

Die Spiele von Moskau 1980 wurden von den USA und einigen anderen Ländern, darunter Deutschland, boykottiert. Wieder nahmen sechs Länder teil. Diesmal trugen die beiden Ersten der Tabelle nach den Gruppenspielen ein Endspiel um die Goldmedaille aus, das von der Sowjetunion deutlich mit 104:73 gegen Bulgarien gewonnen wurde. Im Spiel um Bronze setzte sich Jugoslawien knapp gegen Ungarn durch.

Vier Jahre später, in Los Angeles, boykottierten dann die Sowjetunion und ihre Verbündeten. Der Modus blieb der gleiche. Die Gastgeberinnen dominierten so deutlich, dass diesmal alle anderen Teams ein Minuszeichen im Korbverhältnis verbuchen mussten. Im Endspiel behielten die USA mit 85:55 über Südkorea die Oberhand; im Spiel um Bronze hatte China erheblich mehr Mühe mit Kanada.

1988 in Seoul hatten die Boykott-Rituale ein Ende gefunden. Das Teilnehmerfeld wurde auf acht Teams aufgestockt, die nun in zwei Vierergruppen die Halbfinalisten ermittelten. In der Gruppe A begann Australien mit einem desaströsen 55:91 gegen Südkorea, besiegte dann aber Bulgarien und sicherte sich mit einem überraschenden 60:48 über die Sowjetunion den Gruppensieg. In der Gruppe B gewannen die USA alle drei Spiele und verwiesen Jugoslawien mit einem sicheren 101:74 auf den zweiten Platz. Damit kam es bereits im Halbfinale zum Duell der Supermächte, in dem sich die Amerikanerinnen mit 102:88 gegen ihre russischen Rivalinnen durchsetzten. Das zweite Halbfinale war eine spannende Angelegenheit und sah Jugoslawien als 57:56-Siegerinnen gegen Australien. Im Bronzeduell gegen die Sowjetunion hatten die Australierinnen dann keine Chance; im Endspiel verteidigten die USA mit einem 77:70 gegen Jugoslawien die Goldmedaille.

Als 1992 die Sommerspiele von Barcelona begannen, gab es die Sowjetunion nicht mehr. Russland und eine Reihe früherer Sowjetrepubliken traten unter dem Namen Gemeinschaft Unabhängiger Staaten (GUS) an. In den Gruppenspielen dominierten Kuba und die USA, dahinter belegten die GUS und China jeweils den zweiten Platz. Die Halbfinalspiele sahen dann jedoch überraschend die beiden Gruppenzweiten als Sieger. Im Endspiel besiegte die GUS China mit 76:66, den USA blieb nach einem Sieg über Kuba nur Bronze.

Ab 1996 in Atlanta bestand das Teilnehmerfeld aus zwölf Ländern, die auf zwei Sechsergruppen verteilt wurden, in denen sich jeweils die ersten vier für das Viertelfinale qualifizierten. Für Russland kam überraschend bereits im Viertelfinalspiel gegen Australien das Aus. Neben den Australierinnen erreichten die USA, Brasilien und die Ukraine das Halbfinale, in dem sich die beiden Gruppensieger USA und Brasilien durchsetzten. Das Endspiel war mit 111:87 eine klare Sache für die Amerikanerinnen, Bronze holte sich Australien. Auch 2000 in Sydney erreichten die beiden Gruppensieger das Finale; diesmal waren dies die USA und Gastgeber Australien. Das Finale ging mit 76:54 unangefochten an die USA; das kleine Finale um Bronze verlief ungleich spannender und sah Brasilien in der Verlängerung als Sieger über Südkorea.

Die beiden folgenden Spiele, Athen 2004 und Peking 2008, brachten eine identische Medaillenverteilung: Gold ging wie gewohnt an die USA, Silber wie schon 2000 an Australien, Bronze holte sich Russland. 2004 hatten die Amerikanerinnen im Halbfinale gegen Russland mehr Mühe als gewohnt, und auch das Endspiel brachte mit 74:63 ein knapperes Ergebnis als noch vor vier Jahren. Der vierte Halbfinalist war Brasilien. Im Endspiel von 2008 hatten die Amerikanerinnen hingegen mit Australien beim 92:65 wenig Mühe, wie auch schon zuvor im Halbfinale gegen Russland, das sich diesmal im Bronzespiel mit China auseinandersetzen musste.

Wie gewohnt fanden sich auch bei den Spielen von London im Jahre 2012 die USA, Australien und Russland im Halbfinale. Überraschend hingegen der vierte Halbfinalist: Mit Frankreich war erstmals ein Team aus Westeuropa so weit gekommen. Die Endspielgegner der letzten drei Turniere, USA und Australien, begegneten sich diesmal bereits im Halbfinale, das mit 86:73 für die USA endete. Im anderen Halbfinale setzte sich Frankreich deutlich mit 81:64 gegen Russland durch. Gegen die USA hatten die Französinnen im Endspiel aber nichts mehr zu bestellen und unterlagen klar mit 86:50. Australien sicherte sich Bronze.

Man sieht, das olympische Basketballturnier der Frauen ist normalerweise eine klare Sache für das Team aus den USA, das 1992 im Halbfinale beim 79:73 gegen die GUS seine letzte Niederlage erlitt. Die nächsten Ränge im Medaillenspiegel gehen an Russland und Australien. Insgesamt 31 Länder haben sich zumindest einmal für die Teilnahme qualifiziert; Deutschland gehört nicht zu diesem Kreis.

**GRUND NR. 36**

## WEIL DAS COLLEGE EINE SCHULE DES LEBENS IST

Basketball wurde am YMCA International Training College in Springfield (Massachusetts) erfunden, und es waren Colleges, die entscheidend zur Verbreitung des Spiels im ganzen Land beitrugen. Schulen und Hochschulen spielen im amerikanischen Sport überhaupt eine wesentlich größere Rolle als hierzulande, denn Sportvereine im europäischen Sinne, wo Jugendliche einen Sport erlernen und ausüben können, sind dort weitgehend unbekannt. Für viele Basketballspieler bedeutet das College dann auch oft sowohl Höhepunkt wie Ende der aktiven Laufbahn, denn wenn man den Sport nicht zum Beruf machen will oder das Talent dazu nicht reicht, dann bleibt nach dem Abschluss nur noch der Hobbysport in lokalen Amateurligen.

Sport trägt an den Colleges in starkem Maße zur Herausbildung eines Gemeinschaftsgefühls bei, denn für die Nichtaktiven gibt es ja die Möglichkeit, das eigene Team bei seinen Auftritten zu unterstützen. Die Loyalität mit der Alma Mater und deren Sportteams bleibt natürlich ein Leben lang erhalten und hält das Interesse am College-Sport wach. Dies gilt vor allem für Basketball und American Football, wo die College-Spiele bis heute mit ähnlicher Aufmerksamkeit verfolgt werden wie die Profiligen NBA und NFL. Baseball hingegen wurde bereits im 19. Jahrhundert professionell gespielt, weshalb die College-Variante nie die gleiche Aufmerksamkeit erregte wie im Basketball und Football, wo sich die Profiligen erst später etablierten.

Der College-Sport wird in den USA von einer Reihe von Verbänden organisiert, deren bei Weitem bedeutendster die National Collegiate Athletic Association (NCAA) ist. Die einzelnen Universitäten werden je nach Leistungsstärke in der betreffenden Sportart in drei Divisionen eingeteilt. In der Saison 2013/14 umfasste die Division I im Basketball 351 Hochschulen, von denen die Mehrzahl einer von insgesamt 32 Conferences angehören. Diese Conferences decken meist eine bestimmte Region ab und umfassen etwa zehn bis 14 Schulen. Am berühmtesten ist die Ivy League, der die Eliteuniversitäten des Nordostens wie Harvard, Yale und Columbia angehören, die sportlich aber selten zu den führenden gehören.

Während der von November bis März dauernden Saison absolvieren die Teams normalerweise etwa 30 Spiele, darunter ein Heim- und ein Auswärtsspiel gegen die anderen Teams ihrer Conference. Im März ermitteln dann die Conferences in Turnieren, deren Setzliste auf der Saisontabelle basiert, ihren Meister. Mit diesen Turnieren geht für die meisten Teams die Saison zu Ende; 68 von ihnen dürfen allerdings noch um die Meisterschaft der NCAA spielen – doch davon an anderer Stelle mehr.

College Basketball ist heute *big business*. Die meisten Conferences haben gut dotierte Fernsehverträge und die Colleges betreiben einen großen Aufwand, um mit ihren Teams Erfolg zu haben. Eine zentrale Rolle kommt dabei den Coaches zu, die, wenn die Ergebnisse stimmen, jahrzehntelang am selben College bleiben und für ihre Tätigkeit fürstlich entlohnt werden. Für die Spieler hingegen gilt ein strikter Amateurstatus. Sie erhalten ein Stipendium, dürfen aber darüber hinaus keinerlei Vergünstigungen annehmen oder auch einen Berater beschäftigen. Eine schwierige Situation vor allem für Spieler, die nicht aus begüterten Familien stammen und vielleicht auch nicht wirklich an der akademischen Ausbildung interessiert sind, die ihnen das College ja auch bietet. Sie werden wie Stars behandelt, ihre Leistungen verhelfen den Schulen zu erheblichen Einnahmen, doch sie selbst müssen mit einem besseren Taschengeld vorliebnehmen.

In dieser Grauzone kommt es immer wieder zu Regelverletzungen, wie z. B. Charles Barkley bestätigte, der nach dem Ende seiner NBA-Laufbahn zugab, sich in seiner College-Zeit, sozusagen im Vorgriff auf zukünftige Dienstleistungen, Geld von einem Agenten geliehen zu haben. Andererseits wird seitens der Colleges wohl auch immer mal wieder ein Auge zugedrückt, wenn Spieler die akademischen Voraussetzungen zum College-Besuch eigentlich nicht erfüllen oder ihr Studium nicht ernsthaft betreiben.

Lange Zeit spielten die Colleges eine zentrale Rolle bei der Ausbildung von späteren Profis. Voraussetzung für die Anmeldung zum NBA Draft, der alljährlichen Spielerziehung, war ein vierjähriges, abgeschlossenes Studium. Damit übernahm der College Basketball die Funktion des aus dem Baseball bekannten »Farmsystems«, in dem Spieler sich Stufe für Stufe in die Major Leagues hochdienen. So mussten aber auch Spieler im College verweilen, deren Talent sie bereits für die NBA qualifizierte und die an einem Studium nicht wirklich interessiert waren.

Die Konkurrenzliga der NBA, die ABA, sah die Dinge nicht so eng und begann, Spieler zu akzeptieren, die keinen College-Abschluss vorweisen konnten. Als einer dieser Spieler, Spencer Haywood, 1970 aus der ABA in die NBA wechseln wollte und ihm dies verweigert wurde, verwies er darauf, dass ihm damit das Recht genommen werde, zum Unterhalt seiner in armen Verhältnissen lebenden Familie beizutragen. Es kam zu einem Rechtsstreit, der bis zur höchsten Instanz, dem U.S. Supreme Court, ging, und in dessen Folge die NBA zumindest Spielern, die eine ökonomische Notlage geltend machen konnten, den vorzeitigen Zugang erlauben musste. Auch diese Einschränkung fiel dann im Jahre 1976 ganz. Bereits 1974 hatte mit Moses Malone ein Spieler einen Vertrag in der ABA erhalten, der überhaupt nicht aufs College gegangen war, und mit der Fusion der beiden Ligen 1977 wurde er auch der erste NBA-Spieler, auf den dies zutraf.

Der Wunsch, so früh wie möglich Profi zu werden, hängt natürlich auch mit dem gewaltigen Wachstum der Gehälter zusammen, die in der NBA zu verdienen sind. Heute ist es nicht unüblich, dass Spieler direkt von der Highschool in die NBA wechseln (Kobe Bryant, LeBron James und Kevin Garnett, um nur einige Beispiele zu nennen), inzwischen erschwert allerdings das vorgeschriebene Mindestalter von 19 zum Eintritt in die NBA diesen Schritt ein wenig. Doch zahlreiche Spieler verlassen das College vorzeitig, und nur die wenigsten der beim NBA Draft gezogenen jungen Männer können inzwischen noch auf eine vollständige College-Karriere zurückblicken. Der Popularität des College-Basketballs hat der vorzeitige Verlust der größten Stars erstaunlicherweise keinen Abbruch getan, wohl auch ein Beleg für das in den USA vorhandene gewaltige Potenzial an talentierten Basketballspielern.

Regeltechnisch ist das amerikanische College-Spiel in mancher Hinsicht näher am europäischen Basketball, also den Regeln des Weltverbandes FIBA, als an der NBA. Gespielt wird in zwei Hälften von je 20 Minuten, dementsprechend reichen bereits fünf Fouls zur Disqualifikation. Die Wurfuhr erlaubt im College 35 Sekunden für einen Angriff (bei den Frauen allerdings nur 30); die Dreipunktelinie ist in geringerer Distanz vom Korb gezogen als in der NBA.

Auch bei der Art der gestatteten Defensivsysteme gibt es Unterschiede. Aus dem College-Basketball stammt die Vorschrift, dass die Heimmannschaft helle Jerseys und Shorts zu tragen hat und die Auswärtsmannschaft dunkle, was in der NBA ähnlich gehandhabt wird, wo allerdings der Gastgeber die Wahl hat und theoretisch also auch in dunklem Gewand spielen könnte. Die NBA ist etwas liberaler in Hinsicht auf die verwendbaren Rückennummern; dort sind alle Nummern bis 99 erlaubt, einschließlich der Null und der Doppelnull, während im College die Zahlen 6, 7, 8 und 9 tabu sind, was den Schiedsrichtern das Anzeigen von Fouls unter Verwendung nur einer Hand erlaubt.

Qualitativ ist der in der NBA gespielte Basketball der College-Version sicherlich überlegen. Offenkundig reicht die Popularität dieses Sports in den USA aber problemlos dazu aus, gleich zwei Varianten des Spiels eine große Anhängerschaft zu sichern. In manchen Gegenden der USA wie z. B. North Carolina, Kentucky, Indiana oder Kansas kann man sogar davon ausgehen, dass College-Basketball eine größere Zahl von Anhängern hat als die NBA.

**GRUND NR. 37**

## WEIL OSKAR ROTH MEISTERTITEL SAMMELTE

Mitunter werden die 1970er im deutschen Basketball in Anlehnung an Norbert Thimm als die »Ära Thimm« bezeichnet. Als Protagonist für die 1960er bietet sich analog dazu Klaus Weinand an, und wenn wir nach einem Spieler suchen, der in ähnlicher Weise die 1950er-Jahre geprägt hat, so landen wir unweigerlich bei Oskar Roth.

Der 1933 geborene Oskar Roth war ein waschechter Heidelberger Jung. Er begann mit dem Basketballspielen beim Heidelberger TB, und obwohl ihm sein damaliger Trainer Anton Kartak bescheinigte, er werde das Spiel nie begreifen, trug er bald – vor allem mit exzellenter Verteidigungsarbeit – nicht unerheblich dazu bei, Heidelberg zur Hochburg des nach dem Krieg in Deutschland langsam Fuß fassenden Basketballs zu machen. Mit dem HTB gewann er von 1951 bis 1953 drei deutsche Meistertitel, dem beim USC Heidelberg zwischen 1957 und 1962 sechs weitere folgten, womit er bis heute Rekordmeister ist. Beim letzten dieser Titelgewinne amtierte er als Spielertrainer. Dies war keineswegs sein erster Erfolg als Trainer, denn bereits 1955 hatte er die Frauen des USC zur deutschen Vizemeisterschaft geführt und ein Jahr später mit der A-Jugend des USC den Meistertitel geholt.

Schon früh wurde er auch in die Nationalmannschaft berufen, für die er insgesamt 63 Länderspiele bestritt, damals Rekord. Er nahm an vier Europameisterschaften teil, eine Olympiateilnahme verhinderte 1960 nur die Niederlage in den Qualifikationsspielen gegen die DDR.

Doch nicht nur im Basketball tat sich der im Hauptberuf als Sportlehrer an einem Gymnasium arbeitende Roth hervor, sondern auch als Handballer. Seit 1959 spielte er für die TSG Leutershausen, mit der er 1965 die Endrunde zur Deutschen Meisterschaft erreichte und ein Jahr später im Endspiel gegen den VfL Gummersbach verlor. Gleichzeitig führte er als Trainer den TSV Birkenau zur Süddeutschen Meisterschaft im Feldhandball und in die neugegründete Hallenhandball-Bundesliga. Dem Handball verschrieben sich auch seine Söhne, die Zwillingsbrüder Michael und Ulrich, die in diesem Sport beide Deutsche Meister, Nationalspieler und olympische Silbermedaillengewinner wurden.

Wir sehen, wo immer Oskar Roth wirkte, ließ der Erfolg nicht lange auf sich warten. Nicht viele deutsche Basketballspieler können das von sich behaupten, und er war einer der ersten.

## GRUND NR. 38

# WEIL DEUTSCHLAND EINMAL
# BEINAHE WELTMEISTER GEWORDEN WÄRE

Die 13. Basketballweltmeisterschaften der Männer fanden 2002 in Indianapolis statt. Erst zum dritten Mal hatte sich die deutsche Nationalmannschaft für das Weltturnier qualifiziert und bei den bisherigen Teilnahmen, 1986 und 1990, war man über die Vorrunde bzw. den zwölften Platz nicht hinausgekommen. Doch diesmal sollte es anders kommen. Bundestrainer Henrik Dettmann hatte um NBA-Star Dirk Nowitzki ein starkes Team aufgebaut, das sich Hoffnungen machte, nicht nur die Zwischenrunde, sondern vielleicht auch das Viertelfinale zu erreichen.

Der erste Vorrundengegner hieß China, das mit dem 2,29-Meter-Riesen Yao Ming von den Houston Rockets antrat. Die deutsche Mannschaft erwischte einen exzellenten Start. Bereits nach drei Vierteln war das Spiel entschieden und am Ende hieß es 88:76. Als Nächstes ging es gegen das Gastgeberland. Einige der besten NBA-Spieler, wie z. B. Kobe Bryant oder Kevin Garnett, fehlten, doch dem erfahrenen Coach George Karl stand ein Team mit Stars wie Reggie Miller, Michael Finlay, Shawn Marrion, Paul Pierce und Jermaine O'Neal zur Verfügung, das im eigenen Land als klarer Favorit auf den Titel galt. Bei Halbzeit betrug der Rückstand des deutschen Teams nur einen Punkt, doch am Ende lagen die USA deutlich mit 104:87 vorn, was auch 34 Punkte von Dirk Nowitzki nicht verhindern konnten. Doch im letzten Spiel wartete Algerien; ein klares 102:70 sicherte den zweiten Platz in der Gruppe.

Erster Gegner in der Zwischenrunde war Neuseeland. Ademola Okulaja überzeugte mit 17 Punkten, neun Rebounds und sieben Assists, und nach einer knappen Halbzeitführung zog das deutsche Team im dritten Viertel uneinholbar davon. Der sichere 84:64-Sieg eröffnete beste Chancen auf den Einzug ins Viertelfinale. Im nächsten Spiel gegen Argentinien, das mit Manu Ginóbili ebenfalls einen Star aus der NBA in seinen Reihen hatte, gab es einen Rückschlag. Nach dem ersten Viertel lagen die Argentinier mit elf Punkten voran, ein Vorsprung, den sie nicht mehr aus der Hand gaben. Endstand 86:77 für die Südamerikaner. Im letzten Spiel dieser Runde überzeugte die deutsche Mannschaft mit einer konzentrierten Leistung gegen Russland. Mit dem Halbzeitstand von 58:36 war das Spiel mehr oder minder entschieden und die Dettmann-Schützlinge brachten den 103:85-Sieg in der zweiten Halbzeit problemlos nach Hause. Argentinien hatte unterdessen die USA überraschend mit 87:80 besiegt; hinter diesen beiden Mannschaften belegte Deutschland den dritten Gruppenplatz.

Im Viertelfinale wartete mit Spanien und seinem NBA-Star Pau Gasol ein Team, das zu den Turnierfavoriten gehörte und nur aufgrund einer überraschenden Niederlage gegen Puerto Rico die andere Zwischenrundengruppe nicht dominierte. Es entwickelte sich ein Spiel, in dem die Defensive vorherrschte. Zunächst lief es gut für die deutsche Mannschaft, die sich bis zur Halbzeit einen Neun-Punkte-Vorsprung erarbeitete. Im dritten Viertel aber konnte man den Korb nicht finden, gerade mal sechs Punkte kamen zusammen. Den Spaniern hingegen gelangen 21 und so gingen sie mit einer Führung ins entscheidende letzte Viertel. Dort kehrten sich die Verhältnisse um: Die Spanier erzielten bescheidene zehn Punkte, Deutschland hingegen 24, was einen Endstand von 70:62 und den Einzug ins Halbfinale bedeutete.

Dort ging es erneut gegen Argentinien, das nicht unerwartet Brasilien ausgeschaltet hatte. Wie das deutsche Spiel hatten auch die beiden anderen Viertelfinalbegegnungen mit Überraschungen geendet: Gastgeber USA war gegen Jugoslawien ausgeschieden und auch die Niederlage von Puerto Rico gegen Neuseeland hatte man nicht unbedingt erwartet. Das deutsche Team machte sich nun Hoffnungen auf das Finale, denn man war im ersten Aufeinandertreffen von den Argentiniern ja nicht direkt deklassiert worden.

Wieder lag man nach dem ersten Viertel zurück, doch bis zur Halbzeit war der Spieß umgedreht, und das deutsche Team führte mit 41:30. Entschieden wurde das Spiel erst in den letzten Minuten und am Ende lagen die Argentinier mit 86:80 vorne. Es war ihnen gelungen, Dirk Nowitzki abzuschirmen, der zwar 24 Punkte beisteuerte, allerdings bei einer Wurfquote von nur 30,8 Prozent. Im Spiel um den dritten Platz ließ die deutsche Mannschaft Neuseeland dann keine Chance und gewann mit 117:94. Mit einem Schnitt von 24 Punkten pro Spiel führte Dirk Nowitzki die Rangliste der Punktesammler an und wurde zum besten Spieler des Turniers gewählt.

Im Endspiel holte sich Jugoslawien in der Verlängerung den Titel. Vermutlich also wären Nowitzki & Co. gegen das Team vom Balkan nicht chancenlos gewesen. Dennoch natürlich eine überragende Turnierleistung der Mannschaft, was den größten internationalen Erfolg eines DBB-Teams bedeutete, denn der dritte WM-Platz ist keinesfalls geringer einzuschätzen als der Europatitel von 1993. Errungen wurde dieser Erfolg von Mithat Demirel, Ademola Okulaja, Jörg Lütcke, Marco Pešić, Pascal Roller, Henrik Rödl, Misan Nikagbatse, Stefano Garris, Stephen Arigbabu, Patrick Femerling, Dirk Nowitzki und Robert Maras.

**GRUND NR. 39**

## WEIL JASON COLLINS DER ERSTE OFFEN SCHWULE AKTIVE AMERIKANISCHE PROFISPORTLER IST

Jeder weiß, dass es schwule Sportler geben muss. Jeder kann sich zusammenreimen, warum die es nicht besonders verlockend finden, sich während ihrer aktiven Zeit zu outen. Doch die Zeit scheint reif, mit diesem Tabu zu brechen, auch wenn sich nicht nur hierzulande die Frage stellt, wie Öffentlichkeit und Vereine mit einem schwulen Profisportler, insbesondere in einem Mannschaftssport, umgehen werden.

Am 6. Mai 2013 erschien die amerikanische Zeitschrift *Sport Illustrated* mit einer Titelgeschichte, in der sich der NBA-Profi Jason Collins zu seinem Schwulsein bekannte. Collins war an der renommierten Stanford University aufs College gegangen und 2001 in die NBA gekommen. Mit den New Jersey Nets erreichte er zweimal die NBA-Finalserie; zuletzt hatte er für die Washington Wizards gespielt, doch sein Vertrag war ausgelaufen. Gut, er war 34 Jahre alt, hatte also nicht mehr allzu viel zu verlieren. Doch er erklärte eindeutig, auch in der kommenden Saison spielen zu wollen, und so stellte sich die spannende Frage, ob er nach diesem Coming-out tatsächlich einen neuen Vertrag erhalten würde. Obwohl Collins für sein Bekenntnis überwiegend positive Reaktionen erfahren hatte, war er immer noch vertragslos, als die Saison 2013/14 begann. Es schien sich also zu bestätigen, dass die Klubs das Risiko scheuten, einen schwulen Spieler zu verpflichten. Eine Abstrafung, oder erschien der »alte Mann« den Teams einfach nicht mehr gut genug, was ja immerhin auch möglich war?

Doch am 23. Februar 2014 nutzten die Nets, Collins' altes Team, das inzwischen von New Jersey nach Brooklyn umgesiedelt war, eine Möglichkeit der NBA-Regularien und gaben ihm einen Vertrag für zehn Tage. Noch am selben Abend spielte Collins in Los Angeles für die Nets gegen die Lakers und wurde damit zum ersten offen schwulen Spieler in einer der vier großen amerikanischen Profiligen (Baseball, Football, Basketball und Eishockey). Der Medienauftrieb war gewaltig, doch die Situation beruhigte sich auch bald wieder. Der Vertrag wurde noch einmal um zehn Tage verlängert und am 15. März verpflichteten die Nets Collins endgültig bis zum Saisonende. Es geht also, ohne dass der Himmel einstürzt, und eigentlich erscheint dies alles ganz selbstverständlich und zwangsläufig!

Die Hauptperson in dieser Geschichte ist ohne Zweifel Jason Collins, doch es waren die Nets, die ihn im Wissen um seine sexuelle Orientierung verpflichteten und damit einen Beitrag zu diesem gesellschaftlichen Durchbruch leisteten. Jackie Robinson, der 1947 die Rassenschranken im Baseball überwand und damit auch der amerikanischen Bürgerrechtsbewegung den Weg bereitete, wird bis heute als amerikanischer Held gewürdigt und verehrt. Solcher Ruhm dürfte Jason Collins nicht zuteil werden, doch sein Mut verdient alle Anerkennung und wird dauerhaft in Erinnerung bleiben.

### GRUND NR. 40

## WEIL ES DEN CLÁSICO AUCH IM BASKETBALL GIBT

Am 13. März 2014 empfing der FC Bayern München die Mannschaft von Real Madrid und beendete das Spiel als Sieger. Danach war in den Medien von einer großen Sensation die Rede. Wie das, möchte man fragen, hat's das nicht schon des Öfteren gegeben? Schon richtig, aber nicht im Basketball. Spanien ist eine der führenden europäischen Basketballnationen und seine Vereine machen seit Langem in internationalen Wettbewerben Furore, was man von deutschen Vereinen nur begrenzt behaupten kann, und schon gar nicht vom FC Bayern, der erst seit Kurzem in der deutschen Spitze mitmischt.

Und wenn man einmal bei Real Madrid ist, dann ist normalerweise der FC Barcelona nicht weit. Auch im Basketball sind die beiden die erfolgreichsten Klubs ihres Landes, ihre Begegnungen gehören alljährlich zu den Saisonhöhepunkten und firmieren – wie im Fußball – unter dem Begriff *El Clásico*. Real verzeichnet die umfangreichere Erfolgsbilanz, doch Barça war der Vorreiter, der seine Basketballabteilung bereits 1926 gründete, fünf Jahre vor dem Rivalen aus der Landeshauptstadt.

Bilder aus der Schatzkammer von Real Madrid wirken immer überaus imposant und die Basketballer haben eine gewaltige Zahl der dort zur Schau gestellten Trophäen beigetragen. Zu Buche stehen 31 spanische Meistertitel und 24 Pokalsiege, beides Rekord, außerdem acht Siege im Europapokal der Landesmeister, weitere vier im Europapokal der Pokalsieger, auch dies in beiden Fällen Rekord. Zwischen 1976 und 1981 gelang zudem viermal der Gewinn des Intercontinental Cups, der Weltmeisterschaft für Vereinsmannschaften.

Im 21. Jahrhundert sind die Erfolge etwas dünner gesät; der erste Erfolg in der 2000 begründeten ULEB Euroleague lässt noch auf sich warten, doch immerhin gelang 2007 der Gewinn des ULEB Cups. Als einer von nur drei Vereinen gehört Real zudem der spanischen Liga ununterbrochen seit ihrer Gründung an. Mit Fernando Martín brachte Real zudem den ersten spanischen Spieler hervor, der es in die NBA schaffte. Das große Idol des spanischen Basketballs in den 1980ern kehrte nach einer Saison bei den Portland Trail Blazers zu seinem Stammverein zurück und kam 1989 bei einem Verkehrsunfall ums Leben.

Der Rivale aus Katalonien kann auf 18 Meistertitel und 23 Pokalsiege verweisen, gewann zweimal den Europapokal der Pokalsieger und – dies sind die größten internationalen Erfolge – beendete zweimal die ULEB Euroleague als Sieger. Außerdem steht ein Gewinn des Intercontinental Cups zu Buche. Aus der Jugend des FC Barcelona ging Pau Gasol hervor, bis heute der erfolgreichste spanische NBA-Spieler, zweimaliger Champion mit den Los Angeles Lakers.

Zuletzt begegneten sich die beiden Rivalen auf internationaler Ebene 2014 im Halbfinale der Euroleague. Real siegte, verlor aber dann das Finale gegen Maccabi Tel Aviv. Man sieht, bis zu spanischen Verhältnissen ist es im deutschen Basketball noch ein weiter Weg.

5. KAPITEL

# FADEAWAY JUMPERS

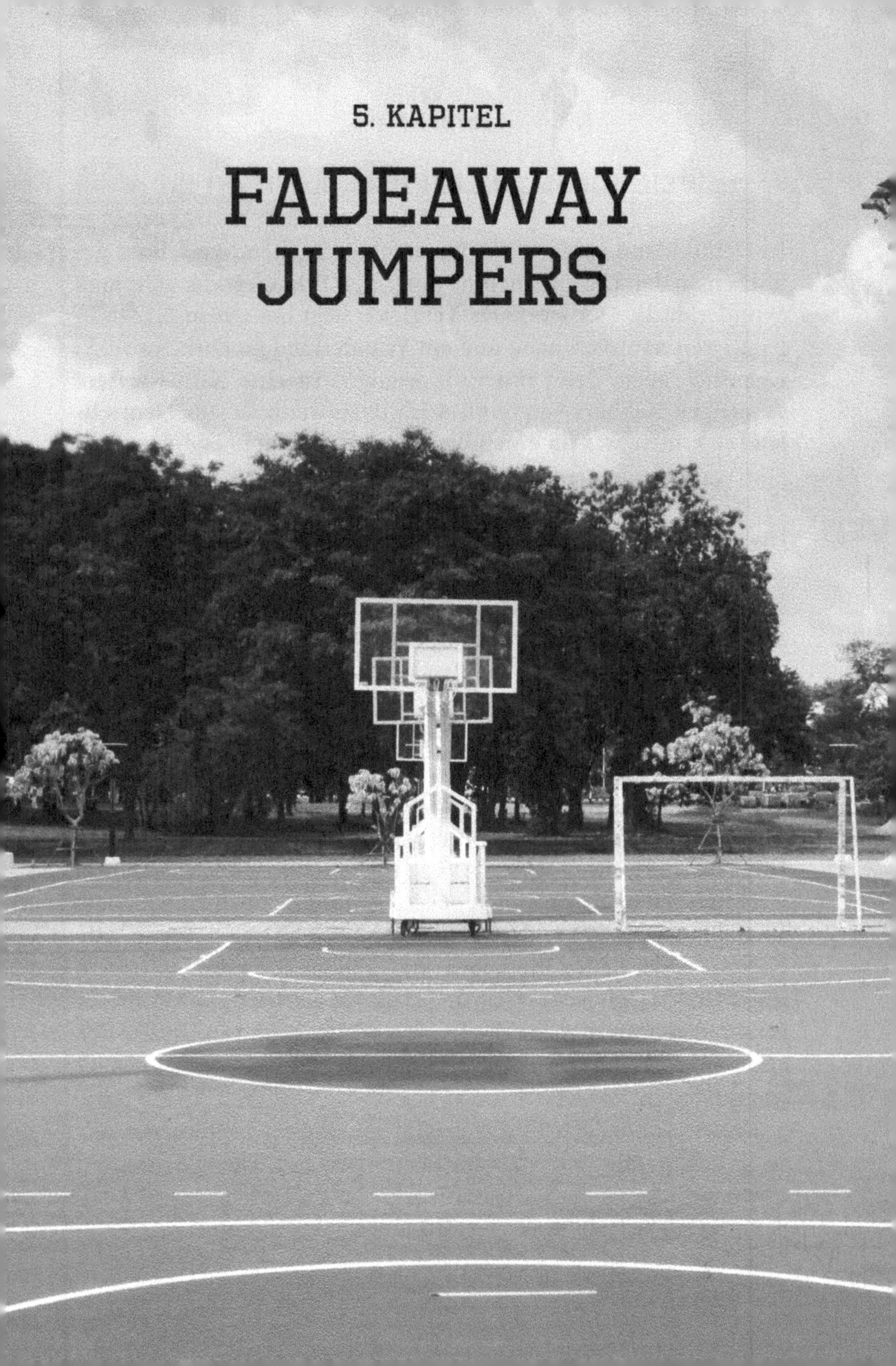

**GRUND NR. 41**

## WEIL DIRK NOWITZKI DIRK NOWITZKI IST

In Deutschland ist er von Spitznamen weitgehend verschont geblieben, in den USA nennen sie ihn u. a. »Dirkules« oder »German Wunderkind«. Der Herkules-Vergleich liegt bei einem 2,13-Meter-Riesen natürlich nahe und ein Wunderkind ist Dirk Nowitzki eigentlich auch, denn nur ganz wenigen ist eine NBA-Karriere derartigen Kalibers vergönnt, noch dazu wenn sie aus Deutschland stammen, was für einen Basketballer ja nicht unbedingt einen Startvorteil bedeutet.

Die Voraussetzungen waren allerdings nicht schlecht: der Vater ein exzellenter Handballspieler, die Mutter Nationalspielerin im Basketball. Und ziemlich groß war er in jungen Jahren auch schon. Zunächst versuchte er sich im Handball und im Tennis – Sportarten, in denen Körpergröße auch nicht von Nachteil ist –, bevor er dann doch beim Basketball landete.

Die Initialzündung zur großen Karriere war wohl die Entdeckung durch den Altinternationalen Holger Gschwindner, der das junge Talent durch intensives Individualtraining voranbrachte und nicht unerheblich zu seiner Persönlichkeitsbildung beitrug. Schon mit 16 debütierte er in der ersten Mannschaft des damaligen Zweitligisten DJK Würzburg, die er 1998 als 19-Jähriger in die Bundesliga führte.

Durch seine überragenden Leistungen war er auch NBA-Scouts aufgefallen und so meldete er sich zum NBA Draft 1998 an. Die Boston Celtics hätten ihn haben wollen, doch das größte Interesse zeigte Coach Don Nelson von den Dallas Mavericks. Die Mavericks verabredeten für den Tag des Draft einen Deal und so landete der an neunter Stellte von den Milwaukee Bucks gezogene Nowitzki wie geplant in Texas.

Dieser Weg in die NBA war absolut ungewöhnlich. Normalerweise besuchen junge europäische Talente, wie z. B. Detlef Schrempf, zunächst einmal in den USA das College, qualifizieren sich also in gleicher Weise wie junge Amerikaner. Oder sie entwickeln sich in Europa zu Stars und werden dann in schon etwas späteren Jahren von NBA-Teams verpflichtet. Ohne College-Besuch oder Erfahrung im europäischen Spitzenbasketball quasi direkt aus der Schule gezogen zu werden, das schaffte nur Dirk Nowitzki!

Der Start in der NBA verzögerte sich jedoch zunächst, da die Liga durch einen Arbeitskampf lahmgelegt war. So kehrte Nowitzki für die Dauer der Aussperrung noch einmal zu seinem Stammverein nach Würzburg zurück. Obwohl er nur etwa zwei Drittel der Saison zur Verfügung stand, reichte das, den Würzburgern den Klassenerhalt zu sichern und anschließend zum besten Spieler der Liga gewählt zu werden.

Sein NBA-Debüt gab er dann im Februar 1999 in einem Spiel gegen die Seattle SuperSonics mit Detlef Schrempf. Knapp ein Jahr später wurden die Mavericks an Mark Cuban verkauft, einen jener jungen Männer, die in den 1990ern mit den neuen Technologien des Internets zu großem Reichtum gelangt waren. Nun hatten die Mavericks einen Eigentümer, der bereit war, in das Team um das junge Talent aus Deutschland und den ebenso jungen kanadischen Spielmacher Steve Nash zu investieren, um es an die Spitze zu führen.

Nowitzkis erste NBA-Saison war keine rundum glückliche Erfahrung; wie sich zeigte, hatte er besonders in der Defensive noch viel zu lernen. Doch bereits in der zweiten Saison wurde es besser und auch die Mavericks machten Fortschritte. 2001 qualifizierten sie sich erstmals seit Langem wieder für die Playoffs und außer 2013 sollte dies fortan immer gelingen. Doch ein Team aufzubauen, das beständig die Playoffs erreicht, ist das eine; ganz an die Spitze zu kommen, stellt eine wesentlich schwierigere Aufgabe dar. 2006 war es endlich so weit und die Mavericks qualifizierten sich mit Nowitzki erstmals für die Finalserie. Dort gewannen sie die ersten beiden Spiele, verschenkten in der dritten Begegnung aber eine scheinbar sichere Führung. Ein Sieg in diesem Spiel hätte wohl die Vorentscheidung bedeutet, doch die Mavericks verloren nicht nur dieses Spiel, sondern auch die nächsten drei und damit die Serie.

In der Saison 2006/07 gelangen den Mavericks unter Nowitzkis Führung mehr Siege als allen anderen Teams und der Deutsche wurde damit als erster Europäer überhaupt mit der Auszeichnung als wertvollster Spieler der Liga belohnt. Genießen konnte er dies kaum, denn bereits in der ersten Playoff-Runde kam gegen die Golden State Warriors das Aus für die topgesetzten Mavericks, die damit den Ruf bestätigten, in den Playoffs hinter den Erwartungen zurückzubleiben.

Individuell bestach Nowitzki Saison für Saison mit herausragenden Leistungen, doch die Playoffs brachten auch in den folgenden Jahren neue Enttäuschungen. 2011 aber gelang der Durchbruch. In der Finalserie gegen die Miami Heat bot sich die Chance zur Revanche für 2006. Nowitzki ließ sich auch durch eine Fingerverletzung und eine zwischenzeitliche Grippeerkrankung nicht beirren. Wie es sich für einen Anführer gehört, punktete er vor allem im vierten Viertel zuverlässig und verhalf damit seinem Team zur Meisterschaft. Die anwesenden Medienvertreter wählten ihn zum wertvollsten Spieler der Finalserie. Die Krönung einer überragenden Karriere. Auch die deutschen Sportjournalisten erkannten, welche Leistungen Nowitzki da vollbracht hatte, und wählten ihn im gleichen Jahr als ersten Mannschaftssportler zum Sportler des Jahres.

Nowitzkis Idealposition ist die des Power Forwards. Aufgrund seiner Größe agiert er gelegentlich auch als Center. Seine Beweglichkeit sowie seine Fähigkeiten als Distanzschütze und Passgeber erlauben aber auch den Einsatz als Small Forward. Die Vielseitigkeit ist überhaupt sein großer Trumpf; seine Zahlen liegen in so gut wie allen wichtigen Kategorien zumindest über dem Durchschnitt. Bis zum Sommer 2014 hat er in der NBA 26.786 Punkte erzielt (ohne Playoffs) und nimmt damit in dieser Statistik den zehnten Rang ein. Sollten, wie derzeit geplant, noch drei Spielzeiten dazukommen, wenn möglich ohne Verletzungen, so ist der Sprung auf Rang 6, eventuell sogar Rang 5 dieser Rangliste durchaus möglich. Auch die Playoff-Zahlen bestätigen, dass er in dieser Saisonphase keineswegs hinter die Leistungen der regulären Saison zurückfiel, auch wenn gelegentlich der Eindruck entstand. Dirk Nowitzki ist ohne Zweifel der beste Nichtamerikaner, der jemals in der NBA gespielt hat.

In seinem Auftreten unterscheidet sich Nowitzki in vielerlei Hinsicht von manchen seiner NBA-Kollegen. Von durch eigenes Fehlverhalten verursachten Skandalen ist nichts bekannt. Die Werbeauftritte halten sich in Grenzen und seine Werbepartner sind dazu verpflichtet, sich über die Person Nowitzki hinaus im Basketball zu engagieren. Als Persönlichkeit ist er gewachsen – alles andere wäre auch schlimm –, doch nichts deutet darauf hin, dass er vergessen haben könnte, wo er herkommt. Im Kern scheint Nowitzki allem Ruhm zum Trotz immer noch der bescheidene und nette Kerl zu sein, als der er Würzburg verlassen hat. Als Detlef Schrempf seine Karriere beendete, stand sein Nachfolger schon bereit. Auf einen Spieler vom Format eines Dirk Nowitzki wird der deutsche Basketball aber vermutlich noch ein Weilchen warten müssen.

**GRUND NR. 42**

## WEIL ES IN MIAMI HEISS HERGEHT

Lange Zeit war Florida auf der NBA-Landkarte ein weißer Fleck. Von 1968 bis 1972 gab es die Miami Floridians in der ABA, doch die NBA begab sich erst 1988 mit der Ansiedlung eines Expansion Teams in diese Region. In einer öffentlichen Abstimmung entschieden sich die Fans für den Namen »Heat«, zur Debatte gestanden hatte auch »Miami Vice«, in Anlehnung an die zu jener Zeit überaus populäre Fernsehserie. *Vice* bedeutet Laster, und möglicherweise war die NBA froh, dass das Laster dann doch nicht Einzug in die

Liga hielt. Die ersten Jahre des neuen Teams waren wenig erfolgreich, immerhin erreichte man 1992 als erstes der vier in den Jahren 1988 und 1989 zur Liga gestoßenen Teams die Playoffs.

Die Wende kam im Sommer 1995 mit der Verpflichtung von Pat Riley als Headcoach und Team President. Riley, Coach der großen Lakers-Teams der 1980er und zuletzt auch bei den New York Knicks erfolgreich, galt als einer der renommiertesten Coaches in der NBA. Er hatte nun freie Hand bei der Umgestaltung des Teams und nutzte diese umgehend zur Verpflichtung des Centers Alonzo Mourning in einem Trade mit den Charlotte Hornets. Im Laufe der Saison 1995/96 holte er mit dem Point Guard Tim Hardaway einen weiteren großen Star nach Miami. Diese Veränderungen zahlten sich in der Saison 1996/97 aus, als die Heat erstmals ihre Division gewannen und in den Playoffs bis in die Conference Finals vorstießen. Dort erwiesen sich die Chicago Bulls mit Michael Jordan dann als zu große Hürde. Von 1998 bis 2000 gehörte Miami zu den besten Teams der Liga, scheiterte in den Playoffs jedoch zweimal in der ersten und einmal in der zweiten Runde an den tiefer gesetzten New York Knicks, jedes Mal in den Schlusssekunden des entscheidenden Spiels.

Die folgenden Jahre verlangten einen Neuaufbau, der 2003 mit der Auswahl des Guards Dwyane Wade beim NBA Draft den entscheidenden Anschub erhielt. Riley amtierte von nun an nicht mehr als Coach, sondern konzentrierte sich auf seine Aufgaben im Management. 2004 holte er in einem großen Trade Shaquille O'Neal von den Lakers zu den Heat. Ein Jahr später kehrte Alonzo Mourning nach Miami zurück und Riley verpflichtete mit Gary Peyton und Antoine Walker weitere erfahrene NBA-Cracks. Im Dezember 2005 wechselte Riley zurück auf die Trainerbank, und mit Playoff-Siegen über Chicago, New Jersey und die Detroit Pistons, gegen die man im Vorjahr noch in den Conference Finals verloren hatte, erreichte man erstmals die Finalserie. Gegner dort waren die Dallas Mavericks. Angeführt von einem überragenden Dwyane

Wade steckten die Heat Niederlagen in den beiden ersten Spielen weg, holten sich das scheinbar schon verlorene dritte Spiel und gewannen die Serie und damit den Titel in sechs Spielen.

Doch die Veteranen waren in die Jahre gekommen und Dwyane Wade hatte immer wieder mit Verletzungen zu kämpfen. 2008 verpassten die Heat sogar die Playoffs und Pat Riley beendete nun endgültig seine Karriere als Coach, blieb aber der wichtigste Mann im Management des Klubs. Mit einer Reihe von Maßnahmen schuf er die finanziellen Voraussetzungen, die es Miami im Sommer 2010 nicht nur erlaubten, den Vertrag mit Wade langfristig zu verlängern, sondern auch die Superstars LeBron James und Chris Bosh zu verpflichten, deren Verträge mit den Cleveland Cavaliers und den Toronto Raptors ausgelaufen waren. Mit einem Schlag waren die Heat zum großen Titelfavoriten für die nächsten Jahre mutiert. Bei der Vorstellung der Neuankömmlinge in Miami prophezeite LeBron James »nicht zwei, nicht drei, nicht vier, nicht fünf, nicht sechs, nicht sieben« Meistertitel, ein Auftritt, der im Rest des Landes nicht gut ankam; das neue Trio erschien als Ansammlung arroganter Söldner, obwohl zumindest Wade ja seine ganze Karriere in Miami verbracht hatte.

Der Start der neuen Supermacht verlief schleppend und so konnte Miami am Ende der regulären Saison nur die zweitbeste Bilanz im Osten aufweisen. In den Playoffs genügten dann jeweils fünf Spiele, um Philadelphia, Boston und Chicago auszuschalten. In einem Rematch des Finales von 2006 warteten erneut die Dallas Mavericks mit Dirk Nowitzki. Die Heat galten als klare Favoriten, doch vor allem LeBron James blieb weit hinter seinen Möglichkeiten zurück, und nach dem sechsten Spiel der Serie durften Nowitzki und seine Mavericks die Trophäe in Empfang nehmen.

In der Saison 2011/12 erwiesen sich die Boston Celtics als formidables Hindernis auf dem Weg zum erneuten Finaleinzug, doch den Heat gelang es im Finale der Eastern Conference, einen 2-3-Rückstand noch zu drehen. In der Finalserie verloren LeBron

& Co. das erste Spiel bei den Oklahoma City Thunder, gewannen dann aber die nächsten vier Spiele und sicherten dem Klub damit den zweiten Meistertitel.

In der folgenden Saison erschien das Team nahezu unaufhaltsam. Man erreichte die beste Saisonbilanz in der Geschichte des Klubs und blieb 27 Spiele lang ungeschlagen. Der dritte aufeinanderfolgende Finaleinzug war nur Formsache, auch wenn in den Conference Finals gegen die Indiana Pacers sieben Spiele benötigt wurden. In der Finalserie gingen die San Antonio Spurs mit 3-2 in Führung und sahen mit einem Fünf-Punkte-Vorsprung bei einer Restspielzeit von 28 Sekunden bereits wie der sichere Sieger aus. Doch die Heat retteten sich in die Verlängerung und konnten dort das Spiel gewinnen, das als eines der besten in der Geschichte der NBA-Finalspiele gilt. Auch das entscheidende siebte Spiel ging an Miami, die von LeBron James angekündigte Dynastie schien Gestalt anzunehmen.

2014 erreichte der Klub zum vierten Mal in Folge die Finalserie, was zuvor nur den Boston Celtics und den Los Angeles Lakers gelungen war. Doch der erhoffte »Three-Peat« blieb aus. Wie den Mavericks 2011 gelang es den Spurs, ihr zweites Finale mit den Heat siegreich zu beenden. Nur das zweite Spiel der Serie ging an Miami; in den anderen Spielen erwies sich San Antonio als deutlich überlegen. Im Spiel 1 machten die Heat ihrem Namen keine Ehre, als es ihnen nicht gelang, den durch einen Ausfall der Klimaanlage verursachten Temperaturen zu trotzen.

Nach der Rückkehr von LeBron James nach Cleveland im Sommer 2014 bleibt abzuwarten, ob die Heat die Spitzenposition der letzten Jahre werden halten können.

**GRUND NR. 43**

## WEIL DAS BASKETBALLTURNIER ZU DEN HÖHEPUNKTEN DER OLYMPISCHEN SPIELE GEHÖRT

Traditionell werden Leichtathletik und Schwimmen als Herzstück der Olympischen Sommerspiele betrachtet. Daneben sind es aber vor allem die Ballsportarten, die Aufsehen erregen und für Spannung sorgen. Und da das olympische Fußballturnier schon aufgrund geltender Teilnahmebeschränkungen von minderer Bedeutung ist, zieht normalerweise das Turnier im neben dem Fußball weltweit populärsten Ballspiel besondere Aufmerksamkeit auf sich, erst recht, seit auch die Profis aus der NBA zu den Spielen zugelassen sind.

Als Demonstrationssport war Basketball bereits 1904 bei den Olympischen Spielen in St. Louis dabei. Eine Reihe von amerikanischen Amateur-, College- und Highschool-Mannschaften trugen Turniere aus. Erstmals um Medaillen ging es jedoch erst 1936 in Berlin im ersten und einzigen Freiluft-Olympiaturnier der Geschichte. Wie nicht anders zu erwarten, gewann das Team aus dem Mutterland des Basketballs die Goldmedaille. Im Finale besiegten die USA Kanada, Bronze ging an Mexiko.

Bei den ersten Nachkriegsspielen 1948 in London meldeten insgesamt 23 Nationen, darunter Basketballexoten wie die Philippinen, der Irak, Iran und die Republik Irland. Die Teams ermittelten in vier Gruppen die Viertelfinalisten; von da an ging es im K.-o.-System weiter. Die USA hatten in der Vorrunde Mühe, gegen Argentinien mit 59:57 die Oberhand zu behalten, danach aber marschierten sie unangefochten ins Endspiel, in dem sie das Überraschungsteam aus Frankreich besiegten. Bronze holte sich Brasilien durch einen Sieg über Mexiko. Das USA-Team bestand überwiegend aus Spielern zweier Mannschaften, die als die besten Amateurmannschaften des Landes betrachtet wurden: die Kentucky Wildcats, als NCAA-

Champion bestes College-Team, und die Phillips 66ers, eine Betriebssportmannschaft, die die Meisterschaft der Amateur Athletic Union (AAU) gewonnen hatte. Aus diesem Team stammten auch die beiden Stars der Mannschaft, Gordon Carpenter und Bob Kurland, ein Center, der sich im College heiße Duelle mit dem späteren NBA-Star George Mikan geliefert hatte. Kurland soll vom Talent her Mikan in nichts nachgestanden haben; er verzichtete jedoch auf die große Profikarriere, die ihm sicherlich offen gestanden hätte. Kapitän der amerikanischen Mannschaften war Jesse »Cab« Renick, einer von nur drei Native Americans, die jemals eine olympische Goldmedaille gewannen. Mit Don Barksdale stand auch der erste afroamerikanische olympische Basketballspieler in diesem Team.

Auch an den Spielen von Helsinki 1952 wollten 23 Länder teilnehmen. Diesmal wurde ein Qualifikationsturnier angesetzt, um das Starterfeld auf 16 zu reduzieren. Bob Kurland führte bei seiner zweiten Olympiateilnahme das US-Team erneut ungeschlagen zur Goldmedaille. Endspielgegner war die Sowjetunion, die den USA in den Gruppenspielen bereits mit 86:58 unterlegen war. Im Finale versuchte man, wie in Zeiten ohne Shot Clock noch möglich, das Spiel zu verschleppen und unterlag in einem an Körben armen Spiel mit 36:25. Im Spiel um Bronze besiegte Uruguay den südamerikanischen Nachbarn Argentinien. 1956 wollten nur 15 Nationen im Basketball dabei sein. Sollte der Rest der Welt gehofft haben, etwas näher an die bisher unbesiegbaren Amerikaner gerückt zu sein, so sah er sich bitter enttäuscht. Das US-Team um den späteren NBA-Superstar Bill Russell gewann alle Spiele mit einem Vorsprung von mindestens 30 Punkten. Auch die Sowjetunion musste sich zweimal, in der zweiten Gruppenphase und im Endspiel, mit 85:55 bzw. 89:55 geschlagen geben. Uruguay wiederholte den Erfolg von 1952 und besiegte Frankreich im Spiel um den dritten Platz.

Das von den USA 1960 nach Rom entsandte Team gilt als die beste Amateurmannschaft aller Zeiten. Erstmals handelte es sich um eine Auswahl der besten College-Spieler des Landes. Nahezu alle der Nominierten machten später in der NBA Karriere, vier von ihnen – Oscar Robertson, Jerry West, Jerry Lucas und Walt Bellamy – wurden in die Hall of Fame gewählt. Das Team erzielte im Schnitt über 100 Punkte und hielt seine Gegner unter 60 Punkten. Einzig Brasilien konnte den Abstand auf weniger als 30 Punkte beschränken. Bei diesem Turnier wurden die Medaillengewinner nicht in Halbfinale und Finale ermittelt, sondern in einer Vierergruppe. Hinter den Amerikanern holten sich die Sowjetunion und Brasilien Silber und Bronze, Gastgeber Italien musste mit dem vierten Platz vorliebnehmen.

Das Turnier von Tokio 1964 sah die gleichen Medaillengewinner wie in Rom, mit Puerto Rico als unglücklichem Vierten. Das US-Team blieb erneut ungeschlagen, im Endspiel hieß es 73:59 gegen die Sowjetunion, der zum vierten Mal nur die Silbermedaille blieb. Noch immer war es Deutschland nicht gelungen, sich für ein olympisches Turnier zu qualifizieren, sieht man einmal von der Gastgeberrolle 1936 ab. Wie schon 1960 hatte sich die DDR in der innerdeutschen Ausscheidung gegen die BRD durchgesetzt, war dann aber im Qualifikationsturnier gescheitert. 1968 durften beide Teams in die Qualifikation, nach Mexiko schafften es beide nicht. Die Sowjetunion hielt die Zeit für gekommen, der US-Vorherrschaft ein Ende zu bereiten, scheiterte jedoch völlig überraschend im Halbfinale an Jugoslawien. Im Endspiel hatten die Jugoslawen gegen die erneut dominierenden USA nach guter erster Halbzeit nichts mehr zuzusetzen und unterlagen mit 65:50, während sich die Sowjetunion im Spiel um Bronze gegen Brasilien durchsetzen konnte.

Noch nie hatten die USA bis dahin ein olympisches Basketballspiel verloren und aus ihrer Sicht sollte sich daran auch 1972 in München nichts ändern. Es kam anders, allerdings unter äußerst kontroversen Umständen, die an anderer Stelle in diesem Buch beschrieben sind. Offiziell steht ein 51:50-Endspielsieg der Sowjetunion über die USA in den Geschichtsbüchern, eine Niederlage, die angesichts des überaus dubiosen Agierens des Schiedsgerichts von den USA bis heute nicht akzeptiert wird. In den Gruppenspielen hatte sich das US-Team in gewohnter Souveränität durchgesetzt und auch im Halbfinale mit Italien wenig Mühe gehabt. Die Sowjetunion tat sich im Halbfinale gegen Kuba schwer, erwies sich aber im Finale als ebenbürtig, egal wie man den Ausgang letztlich bewertet. Bronze ging an die Kubaner nach einem 66:65 über Italien. Als Gastgeber durfte diesmal auch das Team der Bundesrepublik Deutschland mitmischen, das mit drei Siegen aus sieben Spielen in seiner Vorrundengruppe Platz 6 belegte. In den Platzierungsspielen gab es gegen Australien und Spanien jeweils Niederlagen mit einem Punkt; so schlug im Endklassement Platz 12 zu Buche.

1976 in Montreal rückte das amerikanische Team die Dinge wieder zurecht. Zwar kam man beim 96:95 im Gruppenspiel gegen Puerto Rico gerade noch mit dem Schrecken davon, doch im Halbfinale beim 95:77 über Kanada und im Finale beim 95:74 über Jugoslawien zeigte man die gewohnte Dominanz. Zu einer Begegnung mit der Sowjetunion kam es nicht. Die hatte zwar ihre Vorrundengruppe gewonnen, war aber im Halbfinale an den Jugoslawen gescheitert und konnte dann gegen Kanada nur die Bronzemedaille retten.

Die Spiele von Moskau 1980 und Los Angeles 1984 standen im Zeichen des Boykotts der jeweiligen politischen Gegenseite. Nach Niederlagen gegen Jugoslawien und Italien erreichte die Sowjetunion im eigenen Land überraschend nicht das Finale. Im kleinen Finale sprang gegen Spanien wieder nur Bronze heraus. Jugoslawien hingegen verteidigte gegen Italien die vier Jahre zuvor errungene Goldmedaille. In Los Angeles brachten die USA ein starkes Team mit den späteren NBA-Größen Michael Jordan, Patrick Ewing und Chris Mullen an den Start, das dann auch ungestört seine Kreise zog. Im Endspiel hieß es 96:65 gegen Spanien. Die Spanier hatten zuvor im Halbfinale Jugoslawien mit seinem Superstar Dražen Petrović ausgeschaltet, das sich mit einem Sieg gegen Kanada Bronze holte. Die (west)deutsche Nationalmannschaft mit den künftigen

NBA-Spielern Uwe Blab und Detlef Schrempf war als Ersatz für die eigentlich qualifizierte Sowjetunion ins Feld gerutscht. Siege gegen Ägypten und Brasilien brachten den Einzug ins Viertelfinale, wo man sich bei der 78:67-Niederlage gegen die USA äußerst achtbar aus der Affäre zog. In den Platzierungsspielen unterlag man gegen Italien und Australien, aber auch der so erreichte achte Platz konnte als großer Erfolg gelten.

1988 waren endlich wieder alle wichtigen Basketballnationen am Start. Wie erwartet hießen die Medaillengewinner Sowjetunion, Jugoslawien und USA. Zur großen Enttäuschung der Amerikaner sprang allerdings nicht die erwartete Goldmedaille heraus, sondern nur Bronze. Im Halbfinale hatte die Sowjetunion mit ihrem im doppelten Sinne überragenden Center Arvydas Sabonis dem US-Team mit 82:76 die zweite Niederlage der olympischen Basketballgeschichte beigebracht – diesmal ganz ohne Kontroverse. Im anderen Halbfinale schaltete ein erneut von Dražen Petrović angeführtes starkes jugoslawisches Team Australien aus. Im Endspiel behielt die Sowjetunion mit 76:63 die Oberhand, während die USA gegen Australien wenigstens die Blamage vermieden, nicht einmal zu den Medaillengewinnern zu gehören.

Barcelona 1992 markierte in mehrfacher Hinsicht eine Zeitenwende. Die Sowjetunion und Jugoslawien gab es nicht mehr, sie wurden von ihren Nachfolgestaaten vertreten. Und erstmals durften Profis aus der NBA teilnehmen. Die USA machten sich dies zunutze und schickten eine Ansammlung von Superstars, die nicht nur Werbung für die Liga machen, sondern vor allem auch die Schmach von 1988 überwinden sollte. Wie dies gelang, ist ebenfalls an anderer Stelle beschrieben. Selbst Endspielgegner Kroatien konnte dem »Dream Team« keinen ernsthaften Widerstand leisten. Im Halbfinale hatten die Kroaten die GUS (Gemeinschaft Unabhängiger Staaten) ausgeschaltet. (Unter diesem Namen trat die in Auflösung befindliche Sowjetunion bei diesen Spielen an.) Dieses Team musste auf Superstars wie Arvydas Sabonis und Šarūnas

Marčiulionis verzichten, die nun für das gerade unabhängig gewordene Litauen antraten. Die neue Unabhängigkeit durften die Litauer dann mit einem Sieg im kleinen Finale ausgerechnet gegen den großen Bruder feiern. Erstmals hatte sich auch Deutschland aus eigener Kraft qualifiziert. Neben Detlef Schrempf und Uwe Blab trat eine Reihe von Spielern an, die 1993 die Europameisterschaft gewinnen sollten. Vorrundensiege gegen Angola (mit nur einem Punkt Vorsprung!) und den überraschend schwachen Gastgeber Spanien verhalfen zum Einzug unter die letzten acht, wo man mit 76:83 an der vormaligen Sowjetunion scheiterte. Nach einer deutlichen Schlappe gegen Australien sprang im Spiel um Platz 7 ein Sieg gegen Puerto Rico und damit der bisher größte olympische Erfolg der deutschen Basketballgeschichte heraus.

Im eigenen Land, 1996 in Atlanta, ließen sich die USA den Sieg natürlich ebenfalls nicht nehmen, auch wenn das Team diesmal nicht ganz so namhaft besetzt war wie 1992. Im Endspiel hieß es 95:69 gegen Jugoslawien, eigentlich das weitgehend auf Serbien reduzierte Rest-Jugoslawien. Litauen holte erneut Bronze, diesmal wurde Australien auf den vierten Platz verwiesen. Russland hatte sich ebenso wenig wie Deutschland qualifiziert. Wie sehr der Rest der Welt aber aufgeholt hatte, sollte sich 2000 bei den Spielen von Sydney zeigen. Ein keineswegs schlecht besetztes amerikanisches Team konnte zwar im Viertelfinale Russland einigermaßen souverän besiegen, hatte dann aber beim 85:83 gegen Litauen erhebliche Mühe und kam auch gegen den großen Außenseiter und Überraschungsfinalisten Frankreich nur zu einem 85:75-Erfolg. Bronze ging zum dritten Mal in Folge an Litauen, diesmal durch einen Sieg gegen Gastgeber Australien.

2004 in Athen gab es einen Sensationssieger. Die USA traten zwar mit Stars wie Tim Duncan, Allen Iverson, Dwyane Wade und LeBron James an, konnten ihrer Favoritenrolle aber in keiner Weise gerecht werden. Nach Vorrundenniederlagen gegen Litauen und Puerto Rico erreichte man nur als Gruppenvierter das Viertelfinale.

Gegen Spanien reichte es zwar noch zum Weiterkommen, doch im Halbfinale kam gegen Argentinien das Aus. Im anderen Halbfinale bezwang Italien die bis dahin souveränen Litauer und sorgte damit für ein Finale, das so wohl nur die wenigsten erwartet hatten. Die Argentinier um ihren Star Manu Ginóbili sicherten sich mit 84:69 die Goldmedaille. Im Spiel um Bronze rafften sich die US-Boys noch einmal auf und bezwangen Litauen mit 104:96.

Bei der Eröffnungsfeier der Spiele von Peking 2008 trugen insgesamt fünf Basketballspieler die Fahnen ihrer Länder: Yao Ming (China), Šarūnas Jasikevičius (Litauen), Andrei Kirilenko (Russland), Manu Ginóbili (Argentinien) und Dirk Nowitzki (Deutschland). Erstmals seit 1992 hatte sich also auch wieder ein deutsches Team qualifiziert. In der Vorrunde reichte es allerdings nur zu einem Sieg gegen Angola und so wurde das Viertelfinale verfehlt. Das US-Team um Kobe Bryant und LeBron James konnte sich im Halbfinale gegen Argentinien deutlich für die Schlappe von 2004 revanchieren und im Finale Spanien mit 118:107 das Nachsehen geben. Wie immer im Kampf um Platz 3 dabei war Litauen, das allerdings gegen Argentinien den Kürzeren zog.

Auch 2012 in London wurde die amerikanische Mannschaft von Kobe Bryant und LeBron James angeführt, gelegentlich tauchten sogar etwas alberne Vergleiche mit dem »Dream Team« von 1992 auf. An der amerikanischen Überlegenheit gab es allerdings keinen Zweifel. Als einziges Team überstand man die Gruppenphase ungeschlagen und deklassierte dabei sämtliche Gegner. So ging es weiter gegen Australien und Argentinien, einzig Finalgegner Spanien leistete ernsthafte Gegenwehr und unterlag nur mit 107:100. Erstmals gelangte auch Russland wieder in die Medaillenränge durch ein 81:77 gegen Argentinien im Spiel um Bronze.

Auch wenn der Sieger meist derselbe ist, so wird bei Olympischen Basketballturnieren spektakulärer Sport auf hohem Niveau geboten. Und solange alle Länder mit ihren NBA-Profis kommen, wird das auch so bleiben.

**GRUND NR. 44**

## WEIL JERRY WEST IM WESTEN SEIN GLÜCK FAND

Jerry West? Nie gehört, wird der geneigte Leser oder die geneigte Leserin vielleicht sagen. Aber vielleicht schon gesehen, denn Jerry West, das ist der Spieler, dessen Silhouette im Logo der NBA abgebildet ist, was ihm auch den Spitznamen »The Logo« eingetragen hat. Nicht deshalb aber soll Jerry West an dieser Stelle gewürdigt werden, sondern weil er eine bedeutende Rolle in der Geschichte der NBA gespielt hat, und das nicht nur als Spieler, sondern auch als Coach und Manager.

Der 1938 in Chelyan, einem Dorf in West Virginia, geborene West gehört zu jenen, denen die Basketballkarriere nicht in die Wiege gelegt schien. Viel zu schmächtig und scheu erschien er als Kind. Gardemaß sollte er nie erreichen, doch er beschäftigte sich so besessen mit dem Basketball, dass er Qualitäten entwickelte, die ihm dann doch einen Platz im Team seiner Highschool, East Bank, verschafften. In seinem letzten Jahr führte er die Schule zur ersten und einzigen Staatsmeisterschaft, weshalb sie seitdem am Jahrestag des Titelgewinns zu Ehren ihres besten Spielers ihren Namen in »West Bank High School« ändert.

Im College waren solche Namensänderungen überflüssig, denn Jerry West entschied sich für die West Virginia University. Auch dort brach er Rekorde in Serie und wurde mit Auszeichnungen aller Art überschüttet. Mit ihm erreichten die Mountaineers 1959 zum einzigen Mal in ihrer Geschichte das Finale des NCAA-Turniers, unterlagen dort allerdings knapp gegen die University of California. Jerry West wurde dennoch zum besten Spieler des Finalturniers gewählt. Ein Jahr später folgte die Berufung ins US-Olympiateam, das bei den Spielen in Rom 1960 die Goldmedaille errang.

Kurz vor ihrem Umzug nach Los Angeles zogen die Minneapolis Lakers Jerry West mit dem zweiten Pick des NBA Draft 1960. In der Hauptstadt des Showbusiness fühlte sich der Junge vom Land zunächst äußerst unwohl, seinen Leistungen tat dies jedoch keinen Abbruch. Neben dem etablierten Superstar Elgin Baylor gehörte der Spielmacher schon bald zu den wichtigsten Spielern des Teams, das bereits in seinem zweiten Profijahr 1962 das NBA-Finale erreichte, jedoch in einer überaus spannenden Serie gegen die Boston Celtics unterlag. Das gleiche Schicksal ereilte die Lakers dann jedoch auch in den Jahren 1963, 1965, 1966, 1968 und 1969.

An Jerry West lag es nicht, er wusste immer zu überzeugen und wurde 1969 als einziger Spieler der NBA-Geschichte als Mitglied des Verliererteams zum wertvollsten Spieler der Finalserie gewählt. Im Finale des folgenden Jahres warteten diesmal nicht die Celtics, sondern die New York Knicks, doch West hatte mit Verletzungen zu kämpfen und der Titeltraum blieb erneut unerfüllt. 1972 war es dann endlich so weit: Wieder waren die Knicks der Finalgegner, West war nicht in bester Form, doch die Lakers behielten die Oberhand, holten endlich den ersten Titel seiner langen Karriere und keinem gönnte man diesen Titel mehr. Es blieb sein einziger als Spieler, denn 1973 kehrten die Knicks den Spieß um und nach der folgenden Saison beendete Jerry West wegen eines Disputs um Vertragsinhalte seine Laufbahn.

Bereits zwei Jahre später kehrte er als Headcoach zurück zu den Lakers, die er in den nächsten drei Spielzeiten jeweils in die Playoffs und einmal bis ins Finale führte. Von 1979 bis 1982 arbeitete er als Scout für den Klub, dann übernahm er den Posten des General Managers. Diese Position hielt er bis 2000 inne und in jener Zeit gewannen die Lakers insgesamt vier NBA-Meisterschaften. Jerry West hatte das Fundament sowohl für die großen Laker-Teams der 1980er wie auch des frühen 21. Jahrhunderts gelegt. 2002 suchte er eine neue Herausforderung und wurde General Manager der Memphis Grizzlies. Mit bescheidenen Mitteln machte er aus einem

Team, das bisher in der Liga nur eine untergeordnete Rolle gespielt hatte, einen beständigen Playoff-Kandidaten.

In seiner aktiven Zeit wurde Jerry West insgesamt zwölf Mal ins All-Star-Team berufen. Sein Schnitt von 27,0 Punkten pro Spiel ist der viertbeste aller Zeiten. Er war ein Allrounder, der sowohl in der Offensive wie in der Defensive überzeugte und sich auf der Position des Point Guards wie der des Shooting Guards zu Hause fühlte.

Sein Punkteschnitt in den Playoffs liegt über dem der regulären Saison, seine Fähigkeit, im entscheidenden Moment zur Stelle zu sein, war legendär. Als Spieler war er einer der besten aller Zeiten; seine Erfolge und Fähigkeiten auf der Managementebene machen ihn zu einer der vielseitigsten und wichtigsten Persönlichkeiten der NBA-Geschichte. Nicht schlecht für ein introvertiertes Landei.

GRUND NR. 45

## WEIL WASSERBURG SPITZE IST

Wasserburg am Inn ist ein kleines Städtchen im oberbayerischen Landkreis Rosenheim, dessen mittelalterliche Altstadt nahezu ganz von einer Innschleife umschlossen wird. Der im Bereich des Sports größte Sohn der Stadt ist der Skispringer Sepp Bradl, der als erster Mensch die 100-Meter-Marke überwand und 1953 die erste Auflage der Vierschanzentournee gewann. Die Fußballer aus Wasserburg haben hingegen noch nicht zu Höhenflügen angesetzIUIT und spielen in der Saison 2013/14 in der Kreisklasse. Und doch hat sich der TSV 1880 Wasserburg inzwischen bundesweit einen Namen gemacht, denn sein Frauenbasketballteam ist im 21. Jahrhundert zweifellos das erfolgreichste des Landes.

Die Basketballabteilung des TSV Wasserburg wurde 1955 gegründet und bestach lange Zeit vor allem durch hervorragende Jugendarbeit. 1995 gelang den Frauen der Aufstieg in die 2. Bundesliga und 2001 ging es sogar hinauf in die 1. Liga. Trainer des Teams war Hans Brei, ein Basketballverrückter, der schon in jungen Jahren in der Jugendabteilung gecoacht hatte. Auch seiner Frau Gaby gebührte als Abteilungsleiterin ein bedeutender Anteil an diesem Aufschwung. Ein besonderer Coup gelang den beiden nach dem Erstligaaufstieg mit der Verpflichtung der Centerspielerin Wanda Guyton, die 1997 und 1998 mit den Houston Comets die Meisterschaft der amerikanischen Profiliga gewonnen hatte. Ein geplantes Engagement in Israel hatte sich zerschlagen und so landete die Amerikanerin aus Florida etwas überraschend in der beschaulichen Kleinstadt am Inn. Bereits 2003 führte sie das Team ins Finale um die Deutsche Meisterschaft, in dem der BC universa Marburg in fünf Spielen die Oberhand behielt. Mit Diana Pop stieß nun eine rumänische Nationalspielerin zum Team und vor allem ihre überragenden Leistungen in der Finalserie gegen die BG Dorsten sicherten dem TSV 1880 Wasserburg 2004 den ersten deutschen Meistertitel. Mit Anne Breitreiner gehörte auch ein junges Talent aus dem eigenen Nachwuchs zur Mannschaft, das sich in den folgenden Jahren zu einer der herausragenden deutschen Basketballspielerinnen entwickeln sollte.

Der ersten Meisterschaft folgten vier weitere; von 2005 bis 2007 kamen auch drei Pokalsiege dazu. Ganz klar, eine neue Dynastie war geboren. Doch zum Glück für die Liga erwuchsen diesmal Konkurrenten, die den Meisterinnen das Leben schwer machten. 2008 gewannen die TV 1872 Saarlouis Royals den Pokal, 2009 und 2010 holten sie sogar das Double. Doch Wasserburg konterte mit Meisterschaft und Pokalsieg im Jahre 2011. Die folgende Saison verlief ohne Titelgewinn und im Sommer 2012 gab Hans Brei nach langen Jahren den Posten des Trainers ab. Der neue Mann, Bastian Wernthaler, führte das Team 2013 zur siebten Meisterschaft und 2014 zum Double. Der TSV 1880 Wasserburg ist in der Frauenbundesliga immer noch das Team, das es zu schlagen gilt, wenn man Erfolg haben will.

Das Geheimnis der Wasserburger scheint darin zu liegen, Spitzenbasketball in familiärem Umfeld anzubieten. Dies schlägt sich in großer Kontinuität nieder. Gaby Breit leitet immer noch die Abteilung; Hans Brei steht dem Verein weiterhin in beratender Funktion zur Verfügung; Wanda Guyton fungiert inzwischen als Co-Trainerin und auch Anne Breitreiner ist nach Gastspielen in Spanien, Polen, Frankreich und Italien 2012 in die Heimat zurückgekehrt. Wirtschaftlich baut man auf einen Pool aus lokalen Sponsoren. So bleibt zu hoffen, dass dem Wasserburger Basketball das traurige Ende der einstmaligen Dynasten Agon Düsseldorf und Barmer TV erspart bleiben möge. Und vielleicht langt es in naher Zukunft ja auch einmal zu einem internationalen Erfolg.

### GRUND NR. 46

## WEIL DIE GIESSEN 46ERS
## DER LETZTE BUNDESLIGA-DINO WAREN

Der MTV 1846 Gießen gehört zu den ältesten deutschen Sportvereinen und in kaum einem Verein Deutschlands dürfte länger Basketball gespielt werden, denn die Gründung der Basketballabteilung erfolgte bereits 1937. Zwei Jahre später qualifizierten sich die Gießener Basketballer für die Endrunde um die erste Deutsche Meisterschaft. Auch nach dem Krieg war man schnell wieder da, gewann 1948 erstmals die Hessenmeisterschaft und schaffte 1950 die Qualifikation zur Oberliga Südwest. Mit dem ein Jahr später aus finanziellen Gründen erfolgten Rückzug aus dieser Liga begannen jedoch einige magere Jahre, die erst 1962 mit der Rückkehr in die Oberliga Südwest – und damit die Erstklassigkeit – ein Ende fanden. Schon ein Jahr später durften die Gießener wieder um die Deutsche Meisterschaft mitspielen und brachten dem späteren Meister Alemannia Aachen die einzige Saisonniederlage bei.

Die große Zeit des Heidelberger Basketballs war vorüber, auch wenn der USC immer noch eine formidable Rolle spielte, und nun kamen die besten Jahren des MTV Gießen. 1965 erreichte das Team um die Nationalspieler Klaus Jungnickel, Holger Gschwindner und Klaus Urmitzer erstmals das Finale und gewann durch einen in letzter Sekunde erzielten Korb von Ernie Butler gegen den VfL Osnabrück seinen ersten Meistertitel. Im folgenden Jahr blieb die Vizemeisterschaft nach einer Finalniederlage gegen den USC Heidelberg.

Natürlich war der MTV 1846 Gießen in der Saison 1966/67 auch in der neu gegründeten Bundesliga dabei. Mit knappem Vorsprung sicherte man sich den ersten Platz in der Gruppe Süd, schaltete im Halbfinale den SSV Hagen aus und holte in Mannheim im Endspiel, wieder gegen den VfL Osnabrück, einen zweiten Meistertitel an die Lahn. 1968 kam in einer weiteren Neuauflage dieses Finales – diesmal allerdings in Osnabrück – gleich auch noch der dritte Titel dazu. Die Endspielserie gegen die Niedersachsen fand im folgenden Jahr ihre Fortsetzung: In der Meisterschaft behielt der VfL in Gießen die Oberhand, doch im Pokal hielten sich die Gießener schadlos. Auch 1970 erreichte der MTV das Meisterschaftsfinale, das jedoch gegen den emporstrebenden TuS 04 Leverkusen verloren ging. Die A-Jugend sicherte sich jedoch im gleichen Jahr den fünften Meistertitel in Folge, Beleg für eine vorzügliche Nachwuchsarbeit, von der natürlich auch die Bundesligamannschaft profitierte.

Mit der Saison 1970/71 ging eine Reihe von Serien zu Ende. Coach László Lakfalvi, Holger Geschwindner und zwei weitere Spieler waren zum USC München gewechselt und erstmals seit Einführung der Bundesliga erreichte der MTV nicht den ersten Platz in der Südgruppe. Und auch das Meisterschaftsfinale fand erstmals seit 1964 ohne Beteiligung der Gießener statt, denen nur der dritte Platz blieb. Ein Jahr später war man zurück, fand aber in den nun in Hin- und Rückspiel ausgetragenen Finalspielen in TuS 04 Leverkusen erneut seinen Meister. Überaus dramatisch ging es 1973 zu. Der Endspielgegner hieß USC Heidelberg und am Ende des Hinspiels in

Gießen stand es 70:70. Auch das Rückspiel endete unentschieden und in der Verlängerung sicherten sich die Heidelberger mit 71:70 den Titel. Der MTV entschädigte sich im Endspiel gegen den MTV Wolfenbüttel mit dem zweiten Pokalsieg der Vereinsgeschichte.

Auch in der zweiten Hälfte der 1970er hielt man sich in der bundesdeutschen Spitze. 1975 war endlich der vierte Meistertitel fällig. Wieder war der alte Rivale aus Heidelberg der Gegner und die Gießener brachten einen 15-Punkte-Vorsprung aus dem Hinspiel im Rückspiel knapp über die Runden. 1978 folgte dann Titel Nummer fünf. In der inzwischen eingleisigen Bundesliga wurde der Meister ohne Playoffs ermittelt und am Ende der Saison führte der MTV Gießen die Tabelle vor dem USC Heidelberg und TuS 04 Leverkusen an. 1979 standen Vizemeisterschaft und Pokalsieg zu Buche, 1980 reichte es noch einmal zur Teilnahme am Pokalfinale, und damit waren die großen Jahre vorbei.

Von nun gab es immer wieder finanzielle Probleme, die dem Klub zu schaffen machten und sportliche Erfolge rar werden ließen. 1987 kam es immerhin zu einem kleinen Comeback. Mit jungen Spielern wie Michael Koch und Henning Harnisch wurde das Playoff-Halbfinale erreicht und mit dem Einzug ins Pokalfinale war man sogar ganz nah an einem Titel. Im Endspiel gab es gegen Bayer Leverkusen allerdings nichts zu erben. Von 1992 bis 1996 zog man fünfmal in Folge ins Viertelfinale ein, um dort mit gleicher Regelmäßigkeit auszuscheiden. Seit 1993 firmierte das Team unter dem Namen Flippers. 1997 und 1999 zeigten sich die Flippers als Pokalschreck, unterlagen aber jeweils im Finale gegen Alba Berlin. 2000 tauchte dann der Name des Hauptsponsors Avitos im Vereinsnamen auf, was Glück zu bringen schien, denn erstmals seit Langem zogen die Gießener wieder einmal ins Halbfinale ein. 2003 verlangte der Ausstieg des Sponsors eine weitere Namensänderung und seitdem heißt der Klub Gießen 46ers.

Seit Gründung der Bundesliga hatte das Team aus der Universitätsstadt an der Lahn dem Oberhaus ununterbrochen angehört.

Während der Saison 2003/04 meldete mit Brandt Hagen, dem Nachfolgeverein des SSV Hagen, der einzige Verein, dem dies ebenfalls gelungen war, Insolvenz an und musste die Bundesliga verlassen. Prompt landeten auch die 46ers auf einem Abstiegsplatz, durften aber den Platz des Mitteldeutschen BC einnehmen, der keine Lizenz erhielt. Es folgte nochmals ein kurzer Aufschwung, der das Team 2005 ins Playoff-Halbfinale führte. Dies sollte jedoch keine dauerhafte Wende zum Besseren bedeuten, fortan wandelte man immer wieder am Abgrund, in wirtschaftlicher wie in sportlicher Hinsicht. 2009 und 2012 konnte der Abstieg nur durch den Erhalt einer Wildcard vermieden werden. Doch ein Jahr später war es so weit: Die 46ers beendeten die Saison auf dem letzten Tabellenplatz und der Bundesliga-Dino musste erstmals in seiner Vereinsgeschichte das Basketball-Oberhaus verlassen und in der 2. Liga spielen.

47 Jahre Bundesliga sind eine lange Zeit, und so kann man sagen, dass Basketball, Gießen und Bundesliga irgendwie zusammengehören. Traditionalisten würden eine baldige Rückkehr sicher in jedem Fall begrüßen.

GRUND NR. 47

## WEIL FRANKEN EINE BASKETBALLHOCHBURG IST

Es gab mal eine Zeit, da teilten der 1. FC Nürnberg und die SpVgg Fürth Deutsche Meistertitel untereinander auf und galten als Säulen einer Fußballhochburg. In den letzten Jahrzehnten allerdings sind Meistertitel eher im Basketball nach Franken gegangen, und so kann man diesen schönen Landstrich mit Fug und Recht als Basketballhochburg bezeichnen. Auf dem grünen Rasen sind sich Nürnberger und Fürther auch heute noch spinnefeind. Und im Basketball schätzen die Fans aus Bamberg und Bayreuth den Verein aus der anderen Stadt nicht besonders; sie mögen mir verzeihen, dass sie an dieser Stelle dennoch einen gemeinsamen Auftritt haben.

Noch vor dem Beginn der Rivalität der beiden oberfränkischen Nachbarstädte debütierte ein Verein aus Unterfranken in der noch jungen Basketball-Bundesliga. Dies war die TG Würzburg, die 1968 den Aufstieg schaffte, die Liga aber nach nur einem Jahr bereits wieder verlassen musste. Auch die Frauen des Vereins spielten in jenen Jahren recht erfolgreich und gewannen fünfmal in Folge die süddeutsche Meisterschaft. Mit Helga Nowitzki (geb. Bredenbröcker) hatten die Würzburgerinnen auch eine deutsche Nationalspielerin in ihren Reihen – ein Name, den man sich merken sollte.

Mit dem Aufstieg des 1. FC Bamberg im Jahre 1970 erschien eine Stadt auf der Basketballlandkarte, die seither mit zwei kurzen Ausnahmen ununterbrochen in der obersten Liga vertreten ist. Bamberg beherbergte nach dem Krieg eine große amerikanische Garnison und außerdem eine Universität und erfüllte damit die beiden Grundvoraussetzungen, um in jenen Jahren zur Basketballhochburg aufzusteigen. Als Vater des Bamberger Basketballs gilt der Lehrer Bert Peßler, der viele seiner Schüler für den in Deutschland noch jungen Sport begeisterte, was den traditionsreichsten örtlichen Fußballklub 1955 veranlasste, eine Basketballabteilung zu gründen. 15 Jahre später war man erstklassig. Zur Zeit des Aufstiegs profitierte man von guten Beziehungen zur US Army: Star der Mannschaft war der Soldat Jim Wade – die erster Bamberger Basketball-Legende –, trainiert wurde das Team von einem Unteroffizier namens Robert Lewis, und die Spiele fanden in der John-F.-Kennedy-Halle auf dem Kasernengelände statt.

Es gelang dem 1. FC Bamberg schnell, sich in der Bundesliga zu etablieren. Als Bonus zum Klassenerhalt gelang im ersten Jahr, 1970/71, der Einzug ins Pokalhalbfinale und mit Gerhard Bauer stellte man den ersten Nationalspieler aus den eigenen Reihen. Die folgenden Jahre brachten regelmäßig die Qualifikation zur Endrunde, mit dem Halbfinalaus gegen den MTV 1846 Gießen 1972/73 als bestem Resultat. Dies berechtigte zur ersten Teilnahme am Korać-Pokal. Und mit Wolfgang Reichmann wurde ein weiteres Eigengewächs in die Nationalmannschaft berufen. 1975 zog man dann in eine neue städtische Dreifachturnhalle um, die später den Namen Graf-Stauffenberg-Halle erhielt.

1976 trat dann die Konkurrenz aus Bayreuth auf den Plan. Die Basketballmannschaft des Post-SV Bayreuth um die drei Brüder Georg, Hans und Thomas Kämpf hatte sich mit Trainer Peter Müller bis in die Regionalliga Süd emporgearbeitet und sich 1975 für die neu eingeführte 2. Bundesliga Süd qualifiziert. Deren erste Saison beendete man als Meister und Aufsteiger zur 1. Liga. In der ersten gemeinsamen Saison belegte der 1. FC Bamberg Platz 6 der Endrunde, während sich der Post-SV Bayreuth in der Abstiegsrunde den Klassenerhalt sichern konnte.

1977 stieg mit dem TuS 1863 Aschaffenburg-Damm ein weiterer fränkischer Verein in die Bundesliga auf, doch das Gastspiel der Unterfranken war bereits nach zwei Spielzeiten wieder beendet. Auch in Oberfranken kämpfte man in diesen Jahren beständig gegen den Abstieg, woran in Bamberg auch der jugoslawische Nationalspieler Ljubodrag Simonovic, der Jim Wade auf der Ausländerstelle abgelöst hatte, und Altmeister Holger Gschwindner nichts ändern konnten. 1978 und 1979 fanden sich die drei fränkischen Teams in den Qualifikationsrunden mit den besten Zweitligavertretern wieder. Während es 1978 noch für alle zum Klassenerhalt reichte, kam 1979 das Aus für die Bamberger und Aschaffenburger. Es hätte auch die Bayreuther treffen können, die sich jedoch im letzten Spiel gegen den 1. FC Bamberg durch einen Treffer in letzter Sekunde den Ligaverbleib sicherten, während die Domstädter in die 2. Liga mussten, trotz eines amerikanischen Neuzugangs namens Kennith Sweet, der bis 1992 bleiben und sich zu einer der Größen des Bamberger Basketballs entwickeln sollte.

Im gleichen Jahr trennten sich in Bayreuth die Basketballer vom Post-SV und traten fortan unter dem Namen USC Bayreuth an, ab

1983 dann als USC Olympia. Mit Richard »Buzz« Harnett hatten nun auch die Wagnerstädter einen Amerikaner in ihren Reihen, der Legendenstatus erreichen sollte. 1982 und 1983 erreichte man jeweils die Meisterschaftsendrunde und schloss beide Male mit dem fünften Platz ab. Damit war man 1982/83 auch erstmals im Korać-Pokal dabei. Mit jeweils einem Punkt Vorsprung in der Addition von Hin- und Rückspiel setzte man sich in den ersten Runden gegen Anderlecht Brüssel und Hapoel Tel Aviv durch und erreichte damit die Gruppenphase, in der man dann allerdings keinen Sieg mehr landen konnte. Sportlich dennoch ein Erfolg, der internationale Auftritt erwies sich aber als so kostenträchtig, dass der Verein 1984 mit einer geschwächten Mannschaft abstieg.

Inzwischen war aber der 1. FC Bamberg wieder da, der es in der 2. Liga zunächst in Gestalt der BG Bamberg sogar mit lokaler Konkurrenz zu tun bekommen hatte. Beim Wiederaufstieg 1982 profitierten die Bamberger von einem Punktabzug für den Konkurrenten aus Aschaffenburg. 1983 ging es noch einmal nach unten, im Jahr darauf gelang dann aber die endgültige Wiederkehr in die Erstklassigkeit. Im gleichen Jahr zog man außerdem ins Halbfinale des DBB-Pokals ein, wo man am ASC Göttingen scheiterte. Großen Anteil an der dauerhaften Etablierung der Bamberger im Oberhaus hatte der in Rosenheim aufgewachsene Aufbau- und Nationalspieler Armin Andres, der 1984 aus Hagen in seine Geburtsstadt wechselte. Als frisch gebackener Erstligist gelangen in der Saison 1984/85 die Endrundenqualifikation und der erneute Einzug ins Pokalhalbfinale. Endstation war wieder der ASC Göttingen.

In Bayreuth hatte sich unterdessen der USC nach dem Abstieg mit dem erfolgreichen Tischtennis-Bundesligisten der Stadt zusammengetan und firmierte fortan unter dem Namen BG Steiner-Optik Bayreuth (ab 1988 einfach Steiner Bayreuth). In der Saison 1984/85 gelang die sofortige Rückkehr in die Bundesliga und als Zweitligist qualifizierte man sich sogar für das Pokalfinale gegen den Bezwinger des 1. FC Bamberg, den ASC Göttingen. Das Endspiel in Osnabrück endete mit 85:72 für die Niedersachsen. Im Jahr darauf stand man erneut im Finale, verlor aber in Bamberg gegen Bayer Leverkusen mit 68:80. Mit dem neuen Sponsor lebte es sich leichter; ihm war es zu verdanken, dass es nach dem Abstieg gelungen war, den Amerikaner Calvin Oldham zu halten, der sich nun bald zu einem der Stars der Bundesliga entwickeln sollte.

In den folgenden Jahren etablierten die beiden Vereine Oberfranken endgültig als Basketballhochburg. Das Erreichen der Playoffs wurde zur Selbstverständlichkeit, mehrfach standen beide gemeinsam im Meisterschaftshalbfinale. 1985/86 kam es zum ersten Aufeinandertreffen: Im Viertelfinale setzte sich Bayreuth ganz knapp im entscheidenden dritten Spiel durch. In der nächsten Saison revanchierten sich die Bamberger, indem sie den zweifachen Finalisten Bayreuth in der ersten Pokalrunde eliminierten.

In Bayreuth strebte man nun mit aller Macht einen Titel an. Buzz Harnett war zurückgekehrt und vor der Saison 1987/88 wurde mit Les Habegger ein Coach mit NBA-Erfahrung verpflichtet, außerdem kam aus Gießen mit Michael Koch einer der talentiertesten deutschen Basketballer. In der Meisterschaft scheiterte man im Halbfinale an Saturn Köln, doch im Pokal gelang die Revanche gegen den gleichen Gegner. Nach einem 105:88 konnte man die Trophäe aus dem Finalort Ludwigsburg mit nach Hause nehmen. Und im Jahr darauf kam es noch besser: Der Pokalsieg wurde mit einem 89:67 gegen Bayer Leverkusen, das im Endspiel Heimvorteil hatte, wiederholt. In der Meisterschaft bereiteten der MTV Gießen und Saturn Köln keine Probleme, doch in der Finalserie gegen Leverkusen geriet man mit zwei Spielen in Rückstand. Am Ende musste das fünfte Spiel in Bayreuth die Entscheidung bringen und trotz eines zwischenzeitigen 13-Punkte-Rückstands hieß der Meister am Ende Steiner Bayreuth. Held der Saison und Publikumsliebling war der kleine Amerikaner Alvin »Bo« Dukes, ein trickreicher Ballverteiler und Scorer.

In Bamberg hatte unterdessen mit Terry Schofield ein renommierter Trainer sein Amt angetreten, der zuvor mit dem ASC Göttingen große Erfolge gefeiert hatte. Eine finanzielle Notlage des Gesamtvereins brachte auch die Basketballabteilung in eine prekäre Situation, die sich daraufhin verselbstständigte und ab Februar 1988 unter der Bezeichnung TTL Basketball Bamberg antrat. Doch sportlich ging es bergauf. 1990 und 1991 stießen mit Mike Jackel und Kai Nürnberger zwei spätere Europameister zum Team, und in den Jahren von 1990 bis 1992 kam das Meisterschaftsaus jeweils erst im Halbfinale. 1990 ging das erstmals in zwei Spielen ausgetragene Pokalfinale gegen Bayer Leverkusen verloren; 1992 schaltete man auf dem Weg ins Pokalfinale Steiner Bayreuth aus. Im ersten Finalspiel gab es bei der BG Stuttgart/Ludwigsburg eine knappe 72:69-Niederlage, Auch das Rückspiel war eine knappe Sache, doch am Ende stand mit einem 74:68 der erste Titelgewinn der Bamberger Basketballgeschichte fest. Eine Belohnung für die treuen Fans und nicht zuletzt Manager Hans Herbst, der von 1982 bis 1999 leitende Funktionen im Bamberger Basketball innehatte.

In Bayreuth hatte man unterdessen mit Problemen zu kämpfen. 1990 hatte es zwar noch einmal zum Finaleinzug gereicht, doch diesmal ging der Titel nach Leverkusen. Es folgte eine durchwachsene Saison im Zeichen eines personellen Umbruchs, an deren Ende aber immerhin das Halbfinale erreicht wurde, vor allem ein Verdienst von Kai Nürnberger, der dann allerdings nach Bamberg wechselte. Doch im folgenden Jahr, 1991/92, konnten ein deutlich »billigeres« Team und insgesamt fünf Trainer den Abstieg nicht verhindern. Der sollte allerdings Episode bleiben, da mit Derrick Taylor der Star des Teams gehalten werden konnte. Und wie im Aufstiegsjahr 1985 machte man als Zweitligist im Pokal Furore. Man durfte sogar das erstmals ausgetragene Final-Four-Turnier ausrichten, bei dem Erstligist Brandt Hagen allerdings allen Bayreuther Pokalträumen im Halbfinale ein Ende bereitete. Nach dem Wiederaufstieg reichte es noch dreimal zur Playoff-Qualifikation,

1996 kam unter Coach Calvin Oldham das Aus sogar erst im Halbfinale gegen Alba Berlin. Doch ab 1997 musste man beständig in die Abstiegsrunde und 1999 war der Abstieg nicht zu vermeiden. Da hieß der Klub bereits Baskets Bayreuth, denn die Gebrüder Steiner hatten 1997 ihre Unterstützung eingestellt.

Der TTL Bamberg stand hingegen 1993 vor seinem größten Triumph, scheiterte jedoch in der Finalserie um die Deutsche Meisterschaft in vier Spielen an Abonnementmeister Bayer Leverkusen. So nah sollte man dem Titel auf absehbare Zeit nicht mehr kommen, erreichte jedoch Jahr für Jahr zuverlässig die Playoffs. Ab 1995 hieß der Verein TTL uniVersa Bamberg. Von 1996 bis 1999 schafften die Bamberger eine bemerkenswerte Serie mit vier Halbfinalteilnahmen im DBB-Pokal, ohne auch nur einmal das Finale zu erreichen. Doch nach der Saison 1998/99 schienen im Bamberger Basketball die Lichter auszugehen. Der Verein stand vor dem Konkurs und die Rückgabe der Bundesliga-Lizenz war beschlossene Sache. Die Rettung brachte ein neuer Hauptsponsor, statt TTL stand nun TSK im Vereinsnamen und mit Wolfgang Heyder wurde ein Mann Geschäftsführer, der den Verein in den nächsten 15 Jahren in leitenden Positionen zu ungeahnten Erfolgen führen sollte.

Während Bayreuth also zunächst einmal von der Bildfläche verschwand und Bamberg ein ähnliches Schicksal nur knapp vermeiden konnte, erwachte der Basketball in Würzburg zu neuer Blüte. Bei der dortigen DJK spielte ein junges Talent namens Dirk Nowitzki, der den Klub 1998, rechtzeitig zu seinem 20. Geburtstag, in die Bundesliga führte. Sein Engagement in der NBA verzögerte sich durch den dort gerade herrschenden Arbeitskampf, und so kehrte Nowitzki noch einmal nach Würzburg zurück, um 16 (von 26) Bundesligaspielen zu bestreiten, bevor er endgültig ins Land der unbegrenzten Möglichkeiten entschwand. Nowitzki war jedoch nicht das einzige Talent der Würzburger, zur Aufstiegsmannschaft gehörten auch die späteren Nationalspieler Demond Greene und Robert Garrett. So konnten sich die Würzburger zunächst einmal auch ohne Nowitzki in der Liga etablieren und 2001 sogar in die Playoffs einziehen, wo dann gegen Gießen das frühe Aus kam. Ab 2003 hießen die inzwischen aus der DJK ausgegliederten Basketballer TSK Würzbug, in jenem Jahr war der Klassenerhalt nur einer Aufstockung der Liga zu verdanken. 2004 schied man im Pokal erst im Halbfinale aus, doch 2005 war der Abstieg dann unvermeidbar, gefolgt von der Insolvenz der Trägergesellschaft.

2003 erwies sich auch in Bamberg als kritisches Jahr, doch ein neuer Hauptsponsor rettete die Lizenz und der Klub hieß nun GHP Bamberg. Mit dem Einstieg eines weiteren neuen Sponsors wurden daraus die noch heute unter diesem Namen spielenden Brose Baskets. Bereits im Dezember 2001 hatte man Dirk Bauermann als Trainer verpflichtet, und der führte den Verein gleich 2002 erstmals nach einigen mageren Jahren wieder in die Playoffs. Von 2003 bis 2005 folgten dann drei Finalteilnahmen. Die beiden ersten endeten mit Niederlagen gegen Alba Berlin und – ganz knapp, nach 2:1-Führung – die Skyliners aus Frankfurt. Auch 2005 gab es fünf Spiele gegen die Skyliners, doch diesmal konnte am Ende ganz Bamberg jubeln und die erste Deutsche Meisterschaft feiern. In der folgenden Saison gelang zwar einerseits der für deutsche Vereine eher unübliche Einzug in die Gruppenphase der letzten Sechzehn in der Euroleague, doch nach den kraftraubenden internationalen Auftritten kam in der Meisterschaft das vorzeitige Aus im Halbfinale. Und die Finalniederlage gegen Alba Berlin im in heimischer Halle ausgetragenen Pokalturnier war natürlich auch kein Trost. Doch schon 2007 folgte die nächste Meisterschaft, diesmal in vier Spielen gegen die Artland Dragons aus Quakenbrück. 2008 hingegen brachte mit dem frühen Aus im Viertelfinale eine Enttäuschung; nach der Saison trat Chris Fleming, bisher beim Finalgegner von 2007 tätig, die Bauermann-Nachfolge an.

Der Einstand lief mit einem Halbfinalaus gegen Oldenburg nicht ganz nach Wunsch, dann aber folgte eine beeindruckende Titelserie. Von 2010 bis 2013 hieß der Deutsche Meister Brose Baskets, im neuen DBL-Pokal ging der Titel von 2010 bis 2012 nach Bamberg. Dabei war 2011 das erste Jahr, in dem man in der eingleisigen Bundesliga auch die reguläre Saison auf dem ersten Rang beenden konnte. Auf Spielerseite verbinden sich mit den sechs Meistertiteln jener Jahre Namen wie Steffen Hamann, Rick Stafford, Chris Ensminger, Casey Jacobson, Tibor Pleiß und Anton Gavel.

In Bayreuth hatte man sich nach dem Abstieg im Jahre 1999 gleich freiwillig in die drittklassige Regionalliga zurückgezogen und einen neuen Verein namens BBC Bayreuth gegründet, der einen finanziell soliden Neuanfang versuchen wollte. Mit der Bayreuther Basketballlegende Georg Kämpf als Coach gelang der sofortige Wiederaufstieg in die 2. Liga Süd, in der man sich gleich wieder oben etablieren konnte und schon 2001/02 die Vizemeisterschaft gewann. Auch in den nächsten Jahren hielt man sich meist in der oberen Tabellenhälfte und schaffte so auch die Qualifikation für die 2007 eingeführte 2. Bundesliga ProA. Und 2010 war es dann endlich so weit: Als souveräner Meister der ProA kehrte Bayreuth in die 1. Liga zurück. Und passend zur Stadt hieß der Trainer auch noch Andreas Wagner. Seither konnte die Klasse gehalten werden und mit Michael Koch ist inzwischen einer der Meister von 1989 in der Stadt am Grünen Hügel als Coach tätig.

Nur ein Jahr später war auch Würzburg wieder da, nachdem die Lizenz inzwischen auf einen neuen Verein übergegangen war. Der Hauptsponsor war allerdings der alte. Von 2011 bis 2014 hielten sich die s.Oliver Baskets in der 1. Liga; nach ihrem Abstieg wird die Basketballhochburg Franken dort vorerst wieder nur durch die oberfränkischen Klubs aus Bamberg und Bayreuth vertreten sein.

Zwischenzeitlich war sogar die fränkische Metropole Nürnberg mit einem Klub in der BBL vertreten: Für zwei Jahre, von 2005 bis 2007, gehörten die Mannschaft des DJK Falke Nürnberg unter dem Namen sellbytel Baskets der Eliteklasse an. Irgendwie scheint Mittelfranken aber doch ein besseres Pflaster für Fußballer zu sein ...

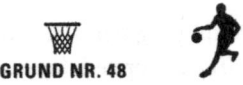

**GRUND NR. 48**

## WEIL LARRY BIRD EINE LEGENDE IST

Zu den Regionen der USA, in denen Basketball Religion ist, gehört der Bundesstaat Indiana. Kein Wunder also, dass einer der größten Spieler aller Zeiten aus Indiana stammt. Larry Birds Heimatstädtchen trägt den schönen Namen French Lick und hat nicht einmal 2.000 Einwohner. Die Herkunft aus ländlichen und armen Verhältnissen trug ihm den Spitznamen »The Hick from French Lick« ein, also der Hinterwäldler aus French Lick. Basketball bot die Möglichkeit, diesen Verhältnissen zu entkommen. 1974 erhielt er die Chance, für die Hoosiers der Indiana University zu spielen, eines der berühmtesten College-Teams des Landes. Doch der Übergang in die Universitätsstadt Bloomington machte ihm zu schaffen, weshalb er schon bald nach Hause zurückkehrte und sich dann an der Indiana State University einschrieb. Deren Basketballteam hatte bisher kaum von sich reden gemacht, doch mit Bird qualifizierte es sich erstmals für das NCAA-Turnier und erreichte 1979 sogar das Finale. Das Endspiel brachte die erste Begegnung mit dem Spieler, der zeit seiner Karriere sein größter Rivale sein sollte: Magic Johnson und das Team der Michigan State University besiegten Indiana State mit 75:64.

Zu diesem Zeitpunkt war Larry Bird bereits von den Boston Celtics gedraftet worden. Red Auerbach, der mit allen Wassern gewaschene General Manager der Celtics, hatte sich eine Lücke im Reglement zunutze gemacht und Bird zu dessen Überraschung bereits 1978, ein Jahr vor dem Ende seiner College-Zeit, gedraftet, obwohl klar war, dass Bird nicht sofort einen Vertrag unterzeichnen würde. Die Regel, die dies erlaubte, wurde umgehend geändert; heute können Spieler, die keine vier Jahre College aufweisen können, nur gedraftet werden, wenn sie sich explizit zum Draft angemeldet haben. Aber Larry Bird war es wert, ein Jahr auf ihn zu warten, und Bird hätte Schlimmeres passieren können, als bei einem der besten und traditionsreichsten Klubs der NBA zu landen. Gut waren die Celtics allerdings keineswegs, als der vielversprechende Forward endlich das grün-weiße Trikot überzog. Mit dem neuen Mann ging es jedoch sofort aufwärts: 1979/80 gewannen die Celtics 32 Spiele mehr als in der Vorsaison und scheiterten erst im Finale der Eastern Conference an den Philadelphia 76ers. Larry Bird wurde zum Rookie des Jahres gewählt, ein erster Sieg über Magic Johnson.

Die an anderer Stelle ausführlicher behandelte Rivalität zwischen Bird und Magic verschaffte der NBA einen gewaltigen Popularitätsschub; die Celtics und die Lakers trieben sich gegenseitig zu Höchstleistungen. Die Celtics gewannen drei Meisterschaften, Bird wurde dreimal hintereinander, von 1984 bis 1986, als wertvollster Spieler der Liga ausgezeichnet. Berufungen ins All-Star-Team waren eine Selbstverständlichkeit. Birds Spielweise wirkte mitunter langsam, weshalb seine Qualitäten gelegentlich unterschätzt wurden. Doch wie kein anderer Spieler konnte er Spielzüge antizipieren, was ihm sowohl in der Offensive als Passgeber wie auch in der Defensive zunutze kam. Geschwindigkeit ist nicht alles, wenn man im richtigen Moment am richtigen Ort ist. Bird war zudem ein ausgezeichneter Korbschütze. Zweimal qualifizierte er sich für den sogenannten 50-40-90-Klub, dem nur Spieler angehören, die während einer Saison die Wurfquote von 50 aus dem Feld, 40 Prozent von jenseits der Dreierlinie und 90 Prozent von der Freiwurflinie erreichen. Der einzige Spieler neben Bird, dem dies mehrfach gelang, ist Steve Nash, der vier Spielzeiten mit den entsprechenden Zahlen aufweist. Ansonsten gehören nur Mark Price, Reggie Miller, Dirk Nowitzki und Kevin Durant diesem exklusiven Klub an. Larry Bird bewies seine exzeptionelle Treffsicherheit auch mit drei Siegen im während des All-Star Weekends ausgetragenen Three-Point Shootout. Michael Jordan benannte Larry Bird als den Spieler, dem er – neben sich selbst natürlich – in einer entscheidenden Spielsituation als erstem den Ball anvertrauen würde. Die Momente, in denen Bird durch überraschende Aktionen Spiele entschied, sind Legion. Aus dem »Hick from French Lick« wurde schon bald »Larry Legend«.

Am Ende seiner Karriere hatte er zunehmend mit Verletzungen zu kämpfen, vor allem sein Rücken machte ihm zu schaffen. Sein letzter Auftritt kam mit dem »Dream Team« bei den Olympischen Spielen in Barcelona. Im August 1992 gab er dann seinen Rücktritt bekannt, der von den Tageszeitungen in Boston mit Sonderbeilagen gewürdigt wurde. In den nächsten fünf Jahren war er im Management der Celtics tätig; 1997 kehrte er in seinen Heimatstaat zurück und übernahm die Position des Headcoachs bei den Indiana Pacers. Schon in seinem ersten Jahr wurde er zum »Coach des Jahres« gewählt, nachdem die Pacers 1998 im Finale der Eastern Conference Michael Jordan und den Chicago Bulls beinahe ein Bein gestellt hätten. Zwei Jahre später erreichten die Pacers das NBA-Finale, wo sie den Lakers unterlagen. Bird machte seine Ankündigung wahr und gab das Coaching nach drei Jahren auf. Seither gehört er, mit gelegentlichen Unterbrechungen, zum Management der Pacers.

Larry Bird selbst vertrat die Meinung, es werde wieder einen Larry Bird geben, doch natürlich hatte sein alter Freund Magic Johnson recht, als er bei der Aufnahme Birds in die Hall of Fame verkündete, Larry Bird sei selbstverständlich einmalig. Die Legende lebt in jedem Fall fort, wie man schon daraus sehen kann, dass der Vogel im Twitter-Logo firmenintern den Namen Larry trägt.

**GRUND NR. 49**

## WEIL IM BASKETBALL
## AUCH VERLIERER PUNKTE ERHALTEN

Mannschaftssportarten werden in Ligen oder, bei Turnieren, in Gruppen ausgetragen. Die Rangfolge der Mannschaften wird in einer Tabelle dargestellt. Und deren Erstellung ist eine kinderleichte Übung. Möchte man meinen. Stimmt aber nicht, denn wie die Tabelle aussieht, hängt davon ab, wie die Punkte verteilt werden, und da gibt es zahlreiche Möglichkeiten, deren Sinnhaftigkeit sich nicht immer auf den ersten Blick erschließt.

Lange galt im Fußball und vielen anderen Sportarten: zwei Punkte für einen Sieg, einen für ein Unentschieden, keinen bei einer Niederlage. Das ergab eine wunderbar symmetrische Tabelle. Man konnte Minuspunkte anführen und daraus mühelos ersehen, welche Mannschaft mit Spielen im Rückstand war. Im Fußball beschloss der Weltverband jedoch in den 1990ern, für einen Sieg zukünftig drei Punkte zu vergeben, in der irrigen Annahme, damit den Offensivfußball zu fördern. Mit der Symmetrie der Tabelle war es fortan vorbei und mehr Tore fielen trotzdem nicht. Die meisten anderen Sportarten blieben bei der angestammten Regelung.

Einen Sonderfall bildet das Eishockey, wo es unterschiedliche Vorgehensweisen gibt, bedingt durch die Tatsache, dass Unentschieden zwar vorkommen können, solche Spiele dann aber in Verlängerung oder Penalty-Schießen dennoch einen Sieger finden. In der obersten deutschen Liga, der DEL, gibt es für einen Sieg drei Punkte, für einen Sieg in Verlängerung oder Penalty-Schießen zwei, für eine Niederlage in Verlängerung oder Penalty-Schießen einen und für eine Niederlage in der regulären Spielzeit keinen. In der nordamerikanischen NHL ist man mit den Punkten sparsamer, dort gibt es für einen Sieg immer zwei Punkte, für eine Niederlage in Verlängerung oder Shootout einen und für eine Niederlage in der regulären Spielzeit keinen.

In Sportarten, die kein Unentschieden kennen, ist das weniger kompliziert. Da reicht es einfach, Siege und Niederlagen zu zählen, und fertig ist die Tabelle (wobei wir den Sonderfall des Volleyballs, der Bonuspunkte für deutliche Siege vorsieht, mal außen vor lassen). So handhaben es die gewöhnlich pragmatischen Amerikaner in Basketball, Baseball und Football. Einziges Problem ist die Festlegung der Reihenfolge, wenn Mannschaften während der Saison eine unterschiedliche Zahl von Spielen absolviert haben.

In den USA setzt man dazu Siege und Niederlagen der einzelnen Teams in Bezug zueinander, um den jeweiligen Rückstand auf den Spitzenreiter zu bestimmen. Ganz einfach, wenn beide Mannschaften die gleiche Zahl von Spielen aufweisen: Ein Team hat acht Siege und vier Niederlagen, das andere sieben Siege und fünf Niederlagen. Ein Sieg mehr, eine Niederlage weniger, das erste Team ist um ein Spiel voraus. Bei einer ungleichen Zahl von Spielen geht die Rechnung so: Ein Team hat acht Siege und vier Niederlagen, ein weiteres sieben Siege und sechs Niederlagen. Differenz bei den Siegen ein Spiel, bei den Niederlagen zwei, ergibt einen Mittelwert von anderthalb, um so viele Spiele liegt das zweite Team zurück.

Etwas komplizierter wird es, weist ein Team sowohl bei Siegen wie bei Niederlagen eine größere Zahl auf: Team eins hat acht Siege und sechs Niederlagen, Team zwei sieben Siege und fünf Niederlagen. Das ergibt bei den Siegen eine Differenz von plus eins, bei den Niederlagen von minus eins, macht einen Durchschnitt von null, die Teams liegen gleichauf. Will man dennoch eine Reihenfolge ermitteln, so kann man durch Teilung der Siege durch die Niederlagen die sogenannte »Winning Percentage« ermitteln. In unserem Beispiel ergäbe das für das erste Team einen Wert von 1,33, für das zweite von 1,4. Das zweite Team ist in der Tat insoweit im Vorteil, als es mit Siegen in den nachzuholenden Spielen das erstgenannte überholen kann.

So macht es die NBA, und obwohl es sich kompliziert anhören mag, ist es eine einfache Sache, die jedem jugendlichen Sportfan bald in Fleisch und Blut übergeht. In Europa aber liebt man die Vergabe von Punkten. In der Basketballbundesliga folgte man dabei lange der damals im Fußball noch üblichen Zweipunkteregel, was insofern Sinn hatte, als die Einführung der Verlängerung bei unentschiedenem Spielausgang erst in den 1970ern erfolgte und man bis dahin den Unterschied zwischen Sieg und Unentschieden natürlich auch in die Tabelle einfließen lassen musste. Ohne Unentschieden leuchtet die Punktevergabe allerdings nicht mehr so recht ein.

Beim Weltverband FIBA hat man sich jedoch ein originelles System ausgedacht. Demnach gibt es für einen Sieg zwei Punkte, für eine Niederlage auch noch einen. Dabei kommt natürlich die gleiche Endtabelle heraus wie beim Zählen von Siegen und Niederlagen. Als das System 2009 auf Geheiß der FIBA auch in Deutschland übernommen wurde, zeigten sich bald seine Nachteile. Es verfälscht nämlich das Tabellenbild, sobald Mannschaften eine unterschiedliche Zahl von Spielen ausgetragen haben.

So ergab sich im Herbst 2009 die absurde Situation, dass die mit fünf Siegen in fünf Spielen optimal gestarteten Braunschweiger Phantoms in der Tabelle mit zehn Punkten gleichauf mit Ratiopharm Ulm auf den Plätzen 8 und 9 rangierten, obwohl die Ulmer sechs ihrer acht absolvierten Spiele verloren hatten, also sechs ihrer zehn Punkte Niederlagen verdankten. Nach alter Punktwertung hätten die Braunschweiger Platz 2 hinter den Artland Dragons belegt, die ebenfalls schon drei Spiele mehr auf dem Konto hatten; nach amerikanischer Betrachtungsweise hätten sie die Tabelle sogar angeführt.

Solche Verfälschungen der Tabelle waren nicht tragbar, zumal da an einem bestimmten Termin während der Saison der Tabellenstand die Teilnahmeberechtigung am DBB-Pokal determinierte. Einziger Vorteil der FIBA-Regel ist, dass bei einer am grünen Tisch verfügten Niederlage der eigentlich fällige Punkt strafhalber kassiert werden kann. Zudem werden Mannschaften möglicherweise davon abgeschreckt, auf die Austragung von Spielen zu verzichten und damit auch den Niederlagenpunkt abzugeben. Aber das dürfte vorwiegend im Jugendbereich und in unteren Ligen ein Problem sein. Mit der Saison 2011/12 kehrte man in Deutschland zur alten Zweipunkteregelung zurück. Für eine Niederlage am grünen Tisch wird nun zusätzlich ein Pluspunkt abgezogen.

Euroleague und Eurocup, die Wettbewerbe der ULEB, zählen nach amerikanischem Vorbild einfach Siege und Niederlage. In den Wettbewerben der FIBA aber gibt es weiterhin für eine Niederlage einen Punkt und für einen Sieg deren zwei. Auf die Abschlusstabelle hat das, wie gesagt, keinen Einfluss. Und so darf man es als eine charmante Marotte des Basketballs betrachten, dass dort in manchen Wettbewerben auch das bloße Antreten mit einem Punkt belohnt wird.

GRUND NR. 50

## WEIL SVETISLAV PEŠIĆ EIN GROSSER TRAINER IST

Sie sind selten, doch es gibt Trainer, denen man nachsagt, wo sie seien, sei auch der Erfolg. Unter den Trainern, die im europäischen und auch im deutschen Basketball eine wesentliche Rolle gespielt haben, trifft diese Aussage am ehesten auf Svetislav Pešić zu. In seiner Erfolgsbilanz finden sich Welt- und Europameistertitel, Europapokalsiege, acht nationale Meistertitel in drei verschiedenen Ländern und drei Pokalsiege.

Als Spieler war der 1949 im serbischen Novi Sad geborene Pešić für Partizan Belgrad und Bosna Sarajevo aktiv. Gegen Ende seiner Karriere gewann er mit den Bosniern 1978 das Double aus Meisterschaft und Pokal und 1979 den Europapokal der Landesmeister. Bosna Sarajevo war von 1982 bis 1987 auch Pešićs erste Station als

Trainer, dort holte er auch seine ersten Titel: 1983 die jugoslawische Meisterschaft, im Jahr darauf den Pokalsieg. Gleichzeitig wirkte er für den jugoslawischen Verband auch als Trainer von Jugendnationalmannschaften und gewann 1987 mit den U19-Junioren die Weltmeisterschaft. Die 1980er waren goldene Jahre des jugoslawischen Basketballs und Svetislav Pešić spielte dabei eine nicht unerhebliche Rolle.

Seine Erfolge blieben auch dem Deutschen Basketball-Bund nicht verborgen, der ihn 1987 als Bundestrainer verpflichtete. Die Qualifikation für die Europameisterschaften 1989 und 1991 sowie die Weltmeisterschaft 1990 wurde verpasst. Dann führte Pešić sein Team bei den Olympischen Spielen 1992 zu einem ausgezeichneten siebten Platz, und 1993 folgte bei den Europameisterschaften im eigenen Land der bisher einzige internationale Titelgewinn für die deutsche Basketballnationalmannschaft. Allein schon dieser Erfolg sichert Pešić eine herausragende Position in der deutschen Basketballgeschichte.

Nach den Europameisterschaften wechselte Pešić auf den Trainerposten beim aufstrebenden Alba Berlin. Bereits in seiner zweiten Saison in Berlin holten die Albatrosse den Korać-Cup, ein für einen deutschen Verein einmaliger Triumph. Von 1997 bis 2000 kamen vier deutsche Meistertitel und zwei Pokalsiege dazu. Dann kehrte er in seine Heimat zurück und übernahm die Nationalmannschaft der Bundesrepublik Jugoslawien (unter diesem Namen firmierten damals die Republiken Serbien und Montenegro). Der Erfolg blieb ihm treu: 2001 gewann sein Team die Europameisterschaft und im Jahr darauf folgte sogar der Weltmeistertitel durch einen Finalsieg gegen Argentinien.

Der einzige bedeutende Wettbewerb, der Pešić als Trainer in seiner Sammlung noch fehlte, war die Euroleague. Warum also nicht zum FC Barcelona wechseln und dort 2003 gleich das Triple aus Landesmeisterschaft, Pokal und Euroleague holen? Gesagt, getan, und im folgenden Jahr gleich noch eine Spanische Meisterschaft nachgeschoben. Nun wurden die Titel seltener. Mit dem spanischen Team von Akasvayu Girona gewann er 2007 den FIBA EuroCup; außerdem arbeitete er in Rom, Moskau, Belgrad und Valencia.

2012 holte der DBB Pešić als Bundestrainer zurück mit der Aufgabe, die Qualifikation zur Europameisterschaft 2013 zu sichern. Dies gelang, doch bei diesem Turnier saß Pešić nicht mehr auf der Trainerbank (sonst wäre vermutlich mehr als der erzielte 17. Platz erreicht worden). Im November 2012 hatte ihn der Ruf des FC Bayern München erreicht, dem zum Erreichen seiner hohen Ziele nur das Beste gut genug war. Zu niemandes Überraschung errangen die Münchner unter der Führung von Svetislav Pešić 2014 die Deutsche Meisterschaft.

Gibt es ein Geheimnis, das hinter dieser nahezu unglaublichen Erfolgsserie steht? Böse Zungen könnten behaupten, Pešić habe es in seiner Karriere stets mit erstklassig besetzten Teams zu tun gehabt. Dies erklärt aber keineswegs den deutschen EM-Titel von 1993 oder den Gewinn des Korać-Cups mit Alba Berlin. Oder den Meistertitel mit dem FC Bayern. Sicher, Sohn Marco stellte ihm als Manager der Münchner ein stark besetztes Team zur Verfügung. Doch die zahlreichen Neuzugänge vom Sommer 2013 zu einer funktionierenden Mannschaft zusammenzufügen, das bleibt dann wohl doch die Aufgabe des Trainers. Vermutlich ist das Erfolgsgeheimnis einfach eine Mischung aus exzellenten Fachkenntnissen, harter Arbeit und großem pädagogischen Talent.

Wir werden Svetislav Pešić im Blick behalten und vielleicht entdecken wir bei dieser Gelegenheit sogar einmal eine gegen seine Mannschaft gefällte Schiedsrichterentscheidung, die nicht sein Missfallen findet.

# 6. KAPITEL
# REBOUNDS

**GRUND NR. 51**

## WEIL DENNIS RODMAN
## MAL WAS MIT MADONNA HATTE

Als US-Präsident Richard Nixon 1972 einen Staatsbesuch in der Volksrepublik China absolvierte, die lange Jahre in außenpolitischer Isolation verbracht hatte, galt dies als ein welthistorisches Ereignis. Den Boden für Nixons Reise hatte die Tischtennisnationalmannschaft der USA bereitet, die ein Jahr zuvor einer Einladung in die Volksrepublik gefolgt war. Seither werden Bemühungen, sportliche Kontakte als Einstieg zur Etablierung politischer Kontakte zu benutzen, gerne mit dem Begriff »Ping-Pong-Diplomatie« belegt. Im Jahre 2013 machte analog dazu eine ganz eigene Art von Basketball-Diplomatie von sich reden, in deren Mittelpunkt der frühere NBA-Star Dennis Rodman stand.

Die NBA hat eine ganze Reihe schillernder Charaktere hervorgebracht und Dennis Rodman gehört in jeder Hinsicht zu den buntesten. Rodman wuchs in Dallas in äußerst schwierigen Verhältnissen auf und seine sportliche Karriere schien zu Ende, bevor sie überhaupt richtig in Gang gekommen war, als er aufgrund mangelnder Körpergröße im Basketballteam seiner Highschool nicht zum Zuge kam. Ein plötzlicher Wachstumsschub nach dem Schulabschluss veranlasste ihn jedoch, es noch einmal zu versuchen.

Auf dem College erwies er sich als eifriger Punktesammler und noch besserer Rebounder und erweckte das Interesse von NBA-Teams. Die Detroit Pistons verpflichteten ihn 1986 und so wurde Rodman einer der »Bad Boys«, die 1989 und 1990 den Meistertitel gewannen. Unter der Ägide von Chefcoach Chuck Daly entwickelte er sich zu einem der herausragenden Defensivspezialisten der Liga.

Doch die »Bad Boys« mussten dem Alter Tribut zollen und das Team fiel auseinander. Rodman wechselte zu den San Antonio Spurs, wurde dort jedoch nicht glücklich. Eigener Aussage zufolge hatte er beschlossen, den alten Dennis Rodman hinter sich zu lassen und seiner eigentlichen Persönlichkeit Ausdruck zu verleihen. Dies äußerte sich in einer Reihe extravaganter und in allen Farben schillernder Frisuren ebenso wie zahlreicher Tätowierungen. Heute fällt ein NBA-Spieler auf, wenn er keine Tätowierung hat; Mitte der 1990er war das noch anders. Die Spurs gaben ihn an die Chicago Bulls weiter, wo er sich besser ins Mannschaftsgefüge um Michael Jordan einpasste und einen Beitrag zu drei weiteren NBA-Championships leistete.

In jenen Jahren landete er mit seiner Autobiografie *As Bad As I Wanna Be* einen unerwarteten Bestseller. Zur Promotion des Buches posierte er in einem Brautkleid. In die Schlagzeilen brachte ihn auch eine etwa zweimonatige Affäre mit Madonna, die eine Vorliebe für exzentrische Sportler zu hegen scheint, und auch eine kurze Ehe mit der Schauspielerin Carmen Electra.

Von 1992 bis 1998 war Rodman jede Saison der beste Rebounder der NBA gewesen; viele halten ihn für den besten Rebounder aller Zeiten. Doch die Basketballkarriere neigte sich nun langsam dem Ende zu. Im Zuge eines Neuaufbaus verabschiedeten ihn die Bulls im Sommer 1998 und kurze Gastspiele bei den Los Angeles Lakers und den Dallas Mavericks blieben ohne Erfolg.

Rodman versuchte sich nun als Catcher und trat dabei unter anderem gegen den in diesem Fach berühmten Hulk Hogan in den Ring. Er spielte in einer Reihe von Filmen mit, u. a. an der Seite des Action-Helden Jean-Claude van Damme, und hatte kurzzeitig auch eine eigene TV Show. Mangelnde Vielseitigkeit kann man ihm wirklich nicht vorwerfen.

2011 wurde er in die Basketball Hall of Fame aufgenommen, gleichzeitig beschlossen die Detroit Pistons, seine Rückennummer 10 nicht mehr zu vergeben. 2013 tauchte er mit einer Reihe von amerikanischen Basketballspielern in Nordkorea auf und traf bei dieser Gelegenheit auch den Diktator Kim Jong-un, der sich anscheinend als Fan erwies. Rodman kehrte zu einem weiteren Besuch nach Nordkorea zurück, bezeichnete Kim als einen »Freund fürs Leben« und forderte Präsident Barack Obama dazu auf, in einen Dialog mit Nordkorea einzutreten. Ein erstaunliches Timing angesichts der Tatsache, dass Nordkorea im Laufe des Jahres 2013 mit einer Reihe von Drohgebärden und Handlungen eine internationale Krise heraufbeschworen und dabei sogar den traditionellen Verbündeten China gegen sich aufgebracht hatte.

Es sieht nicht so aus, als würde Dennis Rodman einstmals Ruhm als Auslöser einer erfolgreichen Basketball-Diplomatie ernten. Die Nordkorea-Geschichte dürfte aber auch kaum das letzte bemerkenswerte Kapitel in seinem bizarren Leben bleiben.

GRUND NR. 52

## WEIL DIE WELT MEISTER SUCHT

Zu einem ordentlichen Sport gehört natürlich eine Weltmeisterschaft. Im Basketball wird sie seit 1950 ausgetragen, bis auf wenige Ausnahmen im Vierjahresrhythmus zwischen den Olympischen Spielen. Und weil man in den USA zwar den Verlust der olympischen Goldmedaille als nationale Schande empfindet, es bei Weltmeisterschaften mitunter aber recht locker angehen lässt, bietet dieses Turnier auch anderen Ländern gute Chancen, zu Titelehren zu kommen.

Nachdem in Europa und Südamerika bereits seit den 1930ern kontinentale Meisterschaften ausgetragen wurden und das olympische Turnier von 1948 eine erstaunliche Zahl von Teilnehmern angelockt hatte, lag die Idee zur Einführung einer Weltmeisterschaft nahe. Das erste Turnier wurde an Argentinien vergeben, eines der Gründerländer des Dachverbandes FIBA. Die weite Anreise schreckte einige potenzielle Teilnehmer ab, so machten sich aus Europa nur die Mannschaften Frankreichs, Italiens und Jugoslawiens auf den Weg, und Asien war überhaupt nicht vertreten. Die USA schickten mit den Denver Chevrolets eine Betriebsmannschaft aus der Amateur Athletic Union (AAU). Gecoacht wurde das Team von dem Goldmedaillengewinner von 1948, George »Shorty« Carpenter, einer Legende des amerikanischen Amateurbasketballs.

Bei der Spielplangestaltung hatten die Veranstalter eine gute Nase: Das letzte Spiel der Sechsergruppe, in der der Weltmeister ermittelt wurde, führte die bis dahin ungeschlagenen Mannschaften aus Argentinien und den USA zusammen und erfüllte damit quasi die Funktion eines Endspiels. Die Gastgeber gewannen mit 64:50 und gingen als erster Weltmeister in die Geschichte des Basketballs ein. Den dritten Platz holte sich das Team aus Chile.

Am zweiten Weltturnier 1954 in Brasilien, genauer Rio de Janeiro, nahmen zwölf Nationen teil. Die USA schickten erneut eine Firmenmannschaft, die Peoria Caterpillars, die zuletzt dreimal die AAU-Meisterschaft gewonnen hatten. Dieses Team war allen anderen weit überlegen und holte unangefochten den Titel. Wieder ergab die Ansetzung der letzten Gruppenspiele ein de facto Endspiel zwischen den ungeschlagenen Gastgebern und den USA, in dem Brasilien mit 62:41 unterlag. Den dritten Platz sicherten sich die Philippinen, bis heute das beste Abschneiden eines Teams aus Asien bei Weltmeisterschaften.

Auch die dritte Weltmeisterschaft wurde nach Südamerika vergeben. Da die vorgesehenen Austragungsstätten in Chile nicht rechtzeitig fertig wurden, musste das Turnier in den Januar 1959 verschoben worden. Auch dann war die für die Spiele der Endrundengruppe gedachte Halle in Santiago noch nicht vollendet, sodass die entscheidenden Spiele unter freiem Himmel im Nationalstadion zur Austragung kamen. Mit der Sowjetunion und Bulgarien befanden sich unter den europäischen Vertretern erstmals zwei Länder aus dem Ostblock. Die USA wollten wegen der Verschiebung das Turnier zunächst boykottieren, schickten dann aber doch eine Mannschaft aus Angehörigen der Air Force. Am Ende entschieden politische Erwägungen das Turnier. Die Sowjetunion befand sich unangefochten auf dem Weg zum Weltmeistertitel, weigerte sich jedoch, im letzten Spiel gegen Formosa, das heutige Taiwan, anzutreten. Die sowjetische Mannschaft und Bulgarien, das Gleiches getan hatte, wurden auf die letzten Plätze der Endrundengruppe zurückgestuft. Damit ging der Titel an Brasilien, vor den USA und Gastgeber Chile, die alle von der Sowjetunion mehr oder minder deutlich geschlagen worden waren.

1963 sollte die Weltmeisterschaft auf den Philippinen stattfinden. Da das Land jedoch Mannschaften aus dem Ostblock die Einreise verweigerte, kam das Turnier zum zweiten Mal in Rio de Janeiro zur Austragung. Gastgeber Brasilien dominierte und holte sich ungeschlagen den Titel. Mit Jugoslawien und der Sowjetunion landeten erstmals zwei europäische Länder auf den Medaillenrängen. Die USA hatten ein aus Amateuren, College-Spielern und Armeeangehörigen zusammengesetztes Team nominiert, das jedoch nur Platz 4 erreichen konnte.

Auch die fünfte Weltmeisterschaft fand auf dem südamerikanischen Kontinent statt. 1967 war Uruguay an der Reihe. Langsam verschoben sich die Gewichte nach Europa. Weltmeister wurde erstmals die Sowjetunion, dahinter folgten punktgleich Jugoslawien, Brasilien und die USA. Das erneut bunt zusammengewürfelte US-Team hatte zwar in der Vorrunde Jugoslawien bezwungen und in der Hauptrunde das Prestigeduell gegen die Sowjetunion gewonnen, musste sich aber nach Hauptrunden-Niederlagen gegen Jugoslawien und Brasilien mit dem vierten Platz bescheiden.

Beginnend mit dem Turnier des Jahres 1970 platzierte die FIBA die WM wieder in den geraden Jahren zwischen den Olympischen Spielen. Mit Jugoslawien kam erstmals ein europäisches Land als Gastgeber zum Zuge. Die Medaillengewinner waren die gleichen wie 1963 und 1967, doch nach zwei zweiten Plätzen holte sich Jugoslawien diesmal den Titel und verwies Brasilien und die Sowjetunion auf die Plätze. Bereits 1974 kehrte das Turnier nach Amerika, genauer nach Puerto Rico, zurück. Die Sowjetunion, Jugoslawien und die USA beendeten die Finalgruppe punktgleich auf den ersten drei Plätzen; das Korbverhältnis musste über die Reihenfolge entscheiden und brachte der Sowjetunion den Titel, Jugoslawien den gewohnten zweiten Platz und den USA Rang 3, die, wie schon 1970, mit einer Auswahl von College-Spielern angetreten war.

1978 hatte das Regime auf den Philippinen seine Visapolitik überdacht und die Weltmeisterschaft konnte tatsächlich in Manila ausgetragen werden. Erstmals gab es ein richtiges Endspiel, das von den beiden Erstplatzierten der Finalgruppe bestritten wurde. Eine gute Neuerung, denn sowohl das Endspiel wie auch das Spiel um Platz 3 verliefen äußerst spannend. Weltmeister wurde Jugoslawien mit einem 82:81 nach Verlängerung gegen die Sowjetunion; den Reigen der traditionellen Medaillengewinner komplettierte Brasilien mit einem 86:85 gegen Italien. Da der Termin des Turniers mit dem Beginn der College-Saison kollidierte, hatten die USA ein Team aus Mitgliedern einer christlichen Sportorganisation ins Rennen geschickt, das im Kampf um die Medaillen jedoch keine Rolle spielen konnte.

Kolumbien war bisher nicht durch bemerkenswerte Leistungen im Basketball aufgefallen, wurde aber dennoch mit der Austragung der Weltmeisterschaft des Jahres 1982 betraut. Diesmal nahmen die USA das Turnier ernster und brachten eine durchaus respektable College-Auswahl an den Start. Nach einer Vorrundenniederlage gegen Spanien überstanden die Amerikaner die Hauptrunde ungeschlagen, mussten sich dann aber in einem dramatischen Endspiel der Sowjetunion mit 95:94 beugen. In einem ebenso dramatischen Spiel um den dritten Platz setzte sich Jugoslawien gegen Spanien durch.

Beim Turnier in Spanien 1986 wurde das Teilnehmerfeld auf 24 Nationen ausgeweitet, was auch der deutschen Nationalmannschaft erstmals die Qualifikation zum Weltturnier ermöglichte. In den Gruppenspielen hatte man es mit den USA, Italien, China,

Puerto Rico und der Elfenbeinküste zu tun. Siege gegen die Afrikaner und China hätten dem Team um Chris Welp, Hansi Gnad und Michael Koch beinahe zum Weiterkommen gereicht, doch das schlechtere Korbverhältnis im direkten Vergleich mit China und Puerto Rico bedeutete das Aus. Erstmals gab es nun auch ein richtiges Halbfinale, das von den alten Bekannten Sowjetunion, Jugoslawien, Brasilien und den USA erreicht wurde. Die Amerikaner wollten es diesmal wissen und hatten ein starkes College-Team mit einer Reihe zukünftiger NBA-Stars, darunter David Robinson, an den Start gebracht.

Im Halbfinale hatten sie mit Brasilien keine Probleme, während sich das sowjetische Team um Arvydas Sabonis erst in der Verlängerung gegen Jugoslawien durchsetzen konnte. Wie so oft brachte das Finale der beiden Weltmächte einen Thriller, in dem diesmal die USA mit 87:85 die Oberhand behielten und damit den ersten WM-Titel seit 1954 errangen. Rang 3 holte sich Jugoslawien, das seit 1963 – wie auch die Sowjetunion – immer auf den Medaillenrängen gelandet war.

Bei der Rückkehr des Turniers nach Argentinien im Jahre 1990 wurde das Teilnehmerfeld wieder auf 16 Mannschaften beschränkt. Zu einseitig waren 1986 viele der Vorrundenspiele gewesen. Die Medaillengewinner blieben die gleichen. Diesmal aber hatte Jugoslawien das bessere Ende für sich, das sowohl im Halbfinale gegen die USA wie auch im Endspiel gegen die Sowjetunion, die bereits ohne Spieler aus den baltischen Ländern antrat, sicher gewann. Das US-Team um Alonzo Mourning hatte hingegen Mühe, gegen Puerto Rico wenigstens den dritten Platz zu retten. Für die großartige jugoslawische Spielergeneration der 1980er-Jahre war dies der letzte gemeinsame Auftritt bei einer Weltmeisterschaft, passend deshalb dass das Team mit Dražen Petrović and Vlade Divac von einem Kroaten und einem Serben angeführt wurde.

1994 durften erstmals auch die NBA-Profis mittun. Das Turnier war eigentlich nach Belgrad vergeben worden, wurde aber wegen der politischen Situation in Serbien nach Kanada verschoben. Die USA erschienen mit dem »Dream Team II«. Von den Helden von 1992 war keiner dabei, doch auch das Team um Shaquille O'Neal, Joe Dumars, Reggie Miller und Dominique Wilkins war der Konkurrenz weit überlegen. 137:91 hieß es im Endspiel gegen Russland. Im Spiel um den dritten Platz siegte Kroatien gegen Griechenland; insofern waren doch wieder die traditionellen Medaillengewinner zum Zuge gekommen.

Auch die deutschen Europameister hatten sich für diese WM qualifiziert. In der Vorrunde waren Griechenland, Puerto Rico und Ägypten die Gegner. Die Afrikaner blieben sieglos; Deutschland unterlag gegen Griechenland und bezwang Puerto Rico, das wiederum gegen Griechenland gewann. Im direkten Vergleich mit den beiden anderen punktgleichen Teams wies Deutschland das schlechteste Korbverhältnis auf und verpasste deshalb den Einzug in die nächste Runde. In den Platzierungsspielen bezwang man zunächst Angola, Brasilien und Kuba, unterlag dann aber deutlich gegen Argentinien und Brasilien, was im Endklassement den zwölften Rang bedeutete.

Die Weltmeisterschaft von 1998 wurde in Athen ausgetragen; diesmal konnte sich das deutsche Team nicht qualifizieren. Auch die Amerikaner hatten Probleme, denn ein in der NBA herrschender Arbeitskampf verhinderte die Abstellung von Spielern aus der Liga. Die USA präsentierten stattdessen eine Mischung aus im Ausland oder dem NBA-Unterbau CBA tätigen Profis und College-Spielern; darunter mit Wendell Alexis von Alba Berlin auch ein Spieler aus der Bundesliga. Das Team hielt sich achtbar und scheiterte erst im Halbfinale knapp an Russland, holte dann aber gegen Griechenland den dritten Platz. Russland wiederum unterlag im Finale mit 64:62 gegen Jugoslawien, das nun nur noch die Republiken Serbien und Montenegro umfasste. Seit dem Turnier von 1963 waren damit alle Medaillen an die USA, Brasilien, Jugoslawien und die Sowjetunion oder an Nachfolgestaaten der beiden Letztgenannten gegangen.

Dies sollte sich 2002 in Indianapolis ändern, der ersten Austragung der Weltmeisterschaften im Mutterland des Basketballs. Das US-Team bestand zwar wieder aus NBA-Profis, doch die erste Garde fehlte. Andere Länder hingegen profitierten von der Präsenz ihrer eigenen NBA-Stars, nicht zuletzt Deutschland, das angeführt von Dirk Nowitzki einen sensationellen dritten Rang belegte (was an anderer Stelle ausführlicher beschrieben ist). Russland scheiterte bereits in der zweiten Gruppenphase und belegte letztendlich Platz 10; für die USA blieb nach dem Viertelfinalaus gegen Argentinien zum Schluss Platz 6. Der Titelträger immerhin war ein alter Bekannter, denn im Endspiel setzte sich Jugoslawien in der Verlängerung gegen Argentinien durch. Gegner der deutschen Mannschaft im Spiel um Platz 3 war Neuseeland, dessen Halbfinalqualifikation eine noch größere Überraschung bedeutete als die der Deutschen.

2006 in Japan wurde die Teilnehmerzahl wieder auf 24 erhöht, diesmal mit Erfolg, denn die afrikanischen und asiatischen Länder zeigten deutlich verbesserte Leistungen. Deutschland war es erstmals gelungen, sich für zwei aufeinanderfolgende Weltmeisterschaften zu qualifizieren. Dirk Nowitzki war auch diesmal dabei, neben ihm agierten u. a. Ademola Okulaja, Patrick Femerling, Robert Garrett, Steffen Hamann und Pascal Roller. Siege gegen Japan, Neuseeland, Panama und Angola (nach dreimaliger Verlängerung) brachten in der Vorrundengruppe Platz 2 hinter Spanien.

Im Unterschied zu früheren Turnieren begann nun sofort die K.-o.-Phase des Turniers. Mit einem hauchdünnen 78:77 gegen Nigeria erreichten Nowitzki & Co. die Runde der letzten acht. Dort hielt man gegen die USA lange gut mit, musste aber am Ende mit 85:65 die Segel streichen. Niederlagen gegen Frankreich und Litauen in den Platzierungsspielen bedeuteten am Ende Platz 8. Das Halbfinale erreichten mit Griechenland, Spanien, Argentinien und den USA genau jene Teams, die ihre Vorrundengruppen ungeschlagen angeführt hatten. Die USA hatten ein auf dem Papier sehr starkes Aufgebot nominiert. Neben LeBron James, Dwyane

Wade und Chris Bosh, die später gemeinsam bei den Miami Heat für Furore sorgen sollten, standen auch Superstars wie Carmelo Anthony, Dwight Howard und Chris Paul im Team. All diese Spieler konnten allerdings noch nicht auf riesige NBA-Erfahrung zurückblicken, und das erklärt vielleicht die doch etwas überraschende 101:95-Niederlage im Halbfinale gegen Griechenland. Im anderen Halbfinale setzte sich Spanien mit 75:74 denkbar knapp gegen Argentinien durch. Ein Endspiel mit zwei neuen Finalisten also, in dem die Spanier um Pau Gasol und Juan Carlos Navarro die im Halbfinale noch so offensivstarken Griechen auf unter 50 Punkten halten konnten und sich mit 70:47 überlegen den Titel holten. Im kleinen Finale blieb Argentinien gegen die USA chancenlos.

2010 in der Türkei konnte sich die deutsche Nationalmannschaft schon mal auf die Post-Nowitzki-Ära vorbereiten, denn der Würzburger verzichtete auf die Teilnahme. Man begann in der Vorrunde mit einer knappen Niederlage gegen Argentinien und einem überraschenden Sieg nach doppelter Verlängerung gegen Serbien. Dann allerdings folgte ein ziemlicher Einbruch gegen Australien und in der Verlängerung eine Niederlage gegen Angola. Der abschließende Sieg gegen Jordanien blieb bedeutungslos, denn bei Punktgleichheit mit den Afrikanern bedeutete der verlorene direkte Vergleich das frühe Ausscheiden. Auch diesmal erreichten die Gruppensieger der Vorrunde, darunter das den Deutschen unterlegene Serbien, das Halbfinale. Dort setzten sich die USA deutlich gegen Litauen und die Türkei knapp gegen Serbien durch. Doch auch das bekannt temperamentvolle türkische Publikum konnte im Finale das eigene Team nicht zum Sieg treiben. Das nominell schwächer als 2006 besetzte US-Team um die Jungstars Kevin Durant und Derrick Rose setzte sich mit 81:64 durch. Den dritten Platz holte sich Litauen.

Die Weltmeisterschaft 2014 wurde an Spanien vergeben und wird das letzte Turnier sein, das im gleichen Jahr wie die Fußballweltmeisterschaft stattfinden wird. Die nächste WM danach ist für

2019 angesetzt. Ob es eine gute Idee ist, in aufeinanderfolgenden Jahren Weltmeisterschaft und Olympische Spiele zu haben und danach dann drei Jahre kein Weltturnier, bleibt abzuwarten.

**GRUND NR. 53**

## WEIL KLAUS WEINAND ENDSPIELDAUERGAST WAR

Die 1970er-Jahre werden im deutschen Basketball mitunter als die Ära Thimm bezeichnet. Analog dazu müsste man dann wohl die 1960er als Ära Weinand bezeichnen, denn Klaus Weinand war zweifellos der erfolgreichste deutsche Basketballspieler dieses Jahrzehnts und wie Thimm spielte er auf der Position des Centers.

Er begann seine Karriere in seiner Geburtsstadt bei Rot-Weiß Koblenz. 1960 wechselte er zum USC Heidelberg, mit dem er 1961 seinen ersten Meistertitel errang und diesen Erfolg auch im folgenden Jahr wiederholen konnte. Im Sommer 1962 kehrte er für ein kurzes Gastspiel zu seinem Stammverein zurück – die Statuten erlaubten das damals offenbar – und sicherte Rot-Weiß Koblenz in einem Aufstiegsturnier die Qualifikation zur Oberliga Südwest, damals neben den anderen Oberligen die höchste deutsche Spielklasse. Die Saison 1962/63 verbrachte er in Berlin und führte die Neuköllner Sportfreunde ins Endspiel um die Deutsche Meisterschaft, das jedoch gegen Alemannia Aachen verloren ging. Nach dem Gastspiel in Berlin setzte er sein Studium in Köln fort und trug nun das Trikot des Endspielgegners von 1963. Mit Alemannia Aachen trat er im Europapokal der Landesmeister gegen Real Madrid an und war im Heimspiel mit 30 Punkten der erfolgreichste Werfer des Spiels. Mit einem Endspielsieg gegen den SSV Hagen sicherten sich die Alemannen und Weinand zudem den Meistertitel der Saison 1963/64.

Nun zog es Weinand nach Osnabrück, wo man beim VfL den Versuch unternahm, die Basketballer an die deutsche Spitze zu führen, was auch gelang. Bereits 1965 zog man ins Finale der deutschen Meisterschaft ein, das denkbar knapp gegen den MTV Gießen verloren ging; 1967 und 1968 folgten Finalniederlagen gegen denselben Gegner, ehe man 1969 endlich den Spieß umdrehen und der Nemesis von der Lahn das Nachsehen geben konnte. Klaus Weinand gehörte zu den Stützen dieser Mannschaften und blieb dem Verein auch in den Jahren des Niedergangs treu. 1972 reichte es noch einmal zum Einzug ins Halbfinale, doch beim VfL konzentrierte man sich nun auf die Förderung der Fußballer und mit dem Bundesligaabstieg 1975 war die große Ära des Osnabrücker Basketballs zu Ende. Zur Erfolgsbilanz jener Jahre gehören auch der DBB-Pokalsieg 1967 und das Erreichen des Pokalfinales in den Jahren 1969 und 1970, Letzteres die elfte und letzte Teilnahme Klaus Weinands an einem großen Finale. 1975 wechselte er mit einigen Mannschaftskameraden zu RUWA Essen, konnte in der Saison 1975/76 jedoch den Abstieg auch dieses Klubs nicht verhindern und beendete seine aktive Laufbahn.

Mit der deutschen Nationalmannschaft nahm Klaus Weinand an drei großen internationalen Turnieren teil, den Europameisterschaften 1961 und 1965 und vor allem den Olympischen Spielen 1972. Zu diesem besonderen Anlass war der frühere Kapitän des Nationalteams, der zwischen 1967 und 1971 aus beruflichen Gründen international kürzergetreten war, nochmals reaktiviert worden. In seiner Studentenzeit war Weinand auch mehrfach mit der deutschen Mannschaft bei der Universiade, den internationalen Studentenwettspielen, aufgetreten. Mit der Uni Köln gewann er zudem dreimal die deutsche Hochschulmeisterschaft.

Neben all diesen sportlichen Aktivitäten kam auch die Ausbildung nicht zu kurz und Klaus Weinand beendete sein Studium als Facharzt der Augenheilkunde. Eine rundum bemerkenswerte Karriere in einer Zeit, da sich Basketball hierzulande noch am Anfang des Weges zu umfassender Professionalisierung befand.

**GRUND NR. 54**

## WEIL TIM DUNCAN EIN VORBILD IST

Tim Duncan dürfte der einzige NBA-Spieler mit einer Schwester sein, die als Schwimmerin an den Olympischen Spielen teilnahm. Tricia Duncan trat 1988 als Rückenschwimmerin für die Amerikanischen Jungferninseln an. Auch Tim begann seine sportliche Laufbahn als Schwimmer und machte sich Hoffnungen auf eine Olympiateilnahme. 1989 jedoch zerstörte ein Hurrikan die einzige zum Training geeignete Schwimmanlage auf den Virgin Islands und der junge Tim widmete sich fortan vermehrt dem Basketball, eigentlich fast schon zu spät für eine Profikarriere. Doch er lernte schnell und seine Bemühungen brachten ihm ein Stipendium an der Wake Forest University in North Carolina ein, wo er sich bald zu einem der herausragenden College-Spieler entwickelte.

Trotz seiner überragenden Leistungen kam das Team im NCAA-Turnier nicht über die Runde der letzten 16 hinaus. Im Unterschied zur inzwischen bei prospektiven Basketballprofis üblichen Praxis verließ er das College nicht vorzeitig, sondern machte einen Abschluss in Psychologie. Damit erfüllte er ein Versprechen, das er seiner Mutter gegeben hatte, die am Tag vor seinem 14. Geburtstag an Krebs gestorben war.

1997 war es dann so weit und Tim Duncan wurde beim NBA Draft mit dem ersten Pick von den San Antonio Spurs gezogen. Ein Glücksfall für alle Seiten: Die Spurs erhielten einen vorzüglichen Spieler mit einem vorbildlichen Arbeitsethos; der bescheidene und ganz und gar unglamouröse Duncan benötigte die Bühne nicht, die ihm Metropolen wie Los Angeles, New York, Chicago oder Miami geboten hätten, und landete in einer Stadt, die seine Persönlichkeit zu würdigen wusste. Mit Gregg Popovich fand er einen ausgezeichneten Coach vor und mit David Robinson einen Mitspieler, der eine ähnliche Position spielte und ihn unter seine Fittiche nehmen konnte. Bereits in seinem Einstandsjahr etablierte er sich unter den besten Spielern der Liga und gewann einstimmig die Auszeichnung zum Rookie des Jahres.

Es sollte nicht die letzte Auszeichnung bleiben. Zweimal wurde Tim Duncan zum wertvollsten Spieler Liga gewählt, dreimal zum wertvollsten Spieler der Finalserie. Mit den Spurs gewann er fünfmal den NBA-Meistertitel, dazu kommt eine weitere Finalteilnahme. Jahr für Jahr wird er für das All-Star Game nominiert; mit gleicher Regelmäßigkeit erscheint sein Name alljährlich in den zum Saisonende bestimmten Auswahlteams der besten Spieler der Liga und der besten Defensivspieler. Immer gehört er zu den besten Reboundern und Shotblockern, viele halten ihn für den besten Defensivspieler der letzten Jahrzehnte. Doch auch in der Offensive macht er mit großer Konstanz seine Punkte und ist der Spieler, der in entscheidenden Situationen den Ball erhält. Doch all die individuellen Zahlen verblassen hinter der Tatsache, dass Tim Duncan der ultimative Teamplayer ist, der seine Mitspieler besser macht. Zusammen mit Coach Gregg Popovich personifiziert er die Erfolgsgeschichte der Spurs in den letzten 15 Jahren.

Basketballexperten wissen dies und dennoch erfährt die große Karriere des Tim Duncan nicht immer die angemessene Würdigung. Er mag einer der besten Spieler aller Zeiten sein, dennoch gilt er manchen immer noch als langweilig, als wäre spektakuläres Auftreten ein Maßstab für große sportliche Leistungen. Und was lässt sich gegen die Abwesenheit von Staralllüren und ein zurückhaltendes Auftreten einwenden? Junge Spieler, die ein Leitbild für vorbildlichen Umgang mit der Rolle des NBA-Stars suchen, täten gut daran, den Blick auf Tim Duncan zu richten. Und Eltern, die tatsächlich in Sportstars Rollenmodelle für ihre Kinder sehen, sollten dem Nachwuchs den Vorbildcharakter eines Tim Duncan nahebringen.

**GRUND NR. 55**

## WEIL MICHAEL JORDAN DIE SPORTMODE REVOLUTIONIERT HAT

Wir kennen es von der Betrachtung alter Fußballbilder: Für die Sporthosen der Weltmeister von 1954 wurde noch reichlich Stoff verwendet, doch mit den Jahren verringerte sich der Materialaufwand zusehends, bis in den 1980ern die Hosen so knapp saßen, dass man sie fast für unbequem halten konnte.

Ähnlich war es in anderen Sportarten, man betrachte z. B. Bilder von John McEnroe in Tenniskleidung oder auch von Uns Boris bei seinem ersten Wimbledonsieg im Jahre 1985. Und für den Basketball mögen Bilder von Larry Bird und Magic Johnson aus gleicher Zeit als Illustration dienen. Einzig der Boxsport verweigerte sich diesem Trend. Mit einer Ausnahme: Der auch sonst recht exzentrische René Weller stieg in überaus knappen Shorts in den Ring, aber der war eigentlich nur in Deutschland weltberühmt und insofern kein Trendsetter.

Die Umkehr dieser Entwicklung setzte in der zweiten Hälfte der 1980er ein und schuld daran war ganz allein Michael Jordan. Der unterschied sich von seinen Zeitgenossen nicht nur darin, dass er besser Basketball spielen konnte als alle anderen, sondern indem er längere und weiter geschnittene Shorts bevorzugte. Und weil nicht nur jugendliche Fans wie Mike sein wollten, sondern auch seine Mit- und Gegenspieler, blieb der Anstoß zur Veränderung der gängigen Sportmode nicht ohne Wirkung. Und auch in anderen Sportarten setzte sich die neue Kleiderordnung bald durch, Fußballerhosen reichten bald wieder bis zum Knie und in den Taschen von Tennisshorts ließen sich tatsächlich Bälle verstecken.

Jene Sportartikelfirma, die Michael Jordan mit fürstlichen Ausstatterverträgen honorierte, dürfte den neuen Trend mit Freude verfolgt haben, wenn die Idee nicht ohnehin von ihr kam. Auf jeden Fall traf sie den Zeitgeist, denn die in den USA in jenen Jahren dominante Hip-Hop-Kultur setzte ja ebenfalls eher auf weite und komfortable Kleidung, und Hip-Hop und Basketball waren und sind in den USA nah beieinander.

Sportler dürfen Michael Jordan dankbar sein, half er doch, eine modische Entwicklung zu überwinden, die der männlichen Anatomie nicht unbedingt angemessen war. Und selbst die Fußballerinnen dürften das ähnlich sehen, denn vor der von Michael Jordan initiierten modischen Revolution wäre es ihnen vermutlich schwerer gefallen, sich dem Ansinnen des alternden FIFA-Präsidenten Sepp Blatter zu widersetzen, der Fußballerinnen gerne in einer Ausrüstung auf dem Platz gesehen hätte, wie man sie sonst nur beim Beachvolleyball findet. Über Geschmack – und damit über Mode – lässt sich bekanntlich trefflich streiten, dennoch könnte es sein, dass Michael Jordan in seiner Rolle als Fashion-Ikone tatsächlich die Welt verbessert hat.

GRUND NR. 56

## WEIL AUCH IN DER DDR BASKETBALL GESPIELT WURDE

Wenn es hierzulande um Basketballgeschichte geht und von Meisterschaften und Nationalmannschaft gesprochen wird, dann ist nach stillschweigender Voraussetzung vom Basketball in der alten Bundesrepublik die Rede. Doch auch in der DDR wurde Basketball gespielt, und solange der Sport die entsprechende Förderung erfuhr, gewiss auch nicht schlechter als in der BRD.

Den Schritt auf die internationale Bühne tat die DDR im August 1952 mit dem Beitritt zur FIBA, dem internationalen Dachverband. Bei der Europameisterschaft 1953 in der UdSSR trat allerdings noch eine gesamtdeutsche Mannschaft an, mit geringem Erfolg. Danach folgten eigenständige Teilnahmen der DDR an den Europameisterschaften der Jahre 1959, 1961, 1963, 1965 und 1967. 1961 und 1965 war auch die BRD dabei und landete beide Male hinter der Mannschaft aus dem Osten, die 1963 mit einem sechsten Platz einen Achtungserfolg landete, ansonsten aber auch keine Spitzenplätze belegte. Für eine WM- oder Olympiaqualifikation reichte es ebenfalls nicht. DDR und BRD begegneten sich von 1960 bis 1968 in insgesamt fünf olympischen Qualifikationsspielen. Alle wurden von der DDR gewonnen und nur einmal war es knapp. 1973 trafen sich die Teams dann noch einmal in einem EM-Qualifikationsspiel in Wien; diesmal behielt die BRD mit 76:72 die Oberhand.

Anders sah es bei den Frauen aus. Hier belegte die DDR bei der Weltmeisterschaft 1967 in Prag einen beachtlichen vierten Platz, auch wenn bei diesem Turnier mit den USA mindestens eine Basketballgroßmacht fehlte. Bei Europameisterschaften waren die DDR-Frauen 1952, 1958, 1964, 1966, 1968 und 1972 dabei. Bei den drei Teilnahmen in den 1960er-Jahren landete das Team jeweils unter den ersten Sechs, 1966 auf Platz 3, 1968 auf dem vierten Rang und 1964 auf dem sechsten Platz. 1966 und 1968 mischte auch das bundesdeutsche Team mit, landete aber beide Male weit hinter den Sportkameradinnen aus der DDR. Einen bemerkenswerten Erfolg erzielte 1969 das Vereinsteam von Chemie Halle mit dem Erreichen des Finales im Europapokal der Landesmeister. Gegen den Seriensieger in diesem Wettbewerb, Daugava Riga, blieb man dann allerdings chancenlos.

1969 dann wurde Basketball von der Liste der Sportarten genommen, die vorrangig gefördert werden sollten, was zugleich, mit Ausnahme der Frauen-EM 1972 und dem oben erwähnten EM-Qualifikationsspiel der Männer, das Ende der Teilnahme an internationalen Wettbewerben bedeutete. Die Fördermittel wurden fortan auf Sportarten konzentriert, in denen man sich größere Medaillenchancen ausrechnete, wobei Individualsportarten insgesamt besser wegkamen als Mannschaftsspiele. Seltene Länderspiele wurden nur noch gegen »sozialistische Bruderländer« ausgetragen.

Trotz des eingeschränkten Länderspielverkehrs hatte natürlich auch die DDR ihren Rekordnationalspieler: Volkhard Uhlig aus Halle gilt als bester Basketballspieler der DDR, absolvierte insgesamt 168 Länderspiele und war vier Europameisterschaften dabei, darunter 1959 als jüngster Spieler des Turniers. 1989 war er als letzter Präsident des Deutschen Basketballverbandes (DBV) der DDR mit dessen Abwicklung befasst; im November 1990 rückte er ins Präsidium des DBB, zu dessen Ehrenmitglied er später ernannt wurde. Sein jüngerer Bruder Helmut setzte sich 1963 bei einem Gastspiel in Wien von seiner Mannschaft ab und kam in die Bundesrepublik, wo er 1969 mit dem VfL Osnabrück Deutscher Meister wurde und mit der Nationalmannschaft – wie zuvor schon für die DDR – an Europameisterschaften und 1972 auch an den Olympischen Spielen teilnahm.

Nach dem Ende der Spitzenförderung wurde in der DDR auf Vereinsebene dennoch weiterhin Basketball gespielt. Bereits seit 1953 (bei den Frauen 1954) waren Meister ermittelt worden, und dies blieb auch so bis zur sportlichen Wiedervereinigung im Jahre 1990. Die ersten neun Titel gingen alle an die HSG Wissenschaft Humboldt-Universität Berlin, danach siegten dreimal Mannschaften aus Halle, in den Jahren 1965 bis 1969 dominierte der ASK Vorwärts Leipzig. Von 1970 bis 1973 wechselten sich SG KPV 69 Halle und HSG K-M-U Leipzig ab, die Leipziger siegten auch von 1975 bis 1977. 1974 hatte sich die BSG AdW Berlin den ersten Meistertitel geholt, von 1978 bis 1987 folgten zehn weitere und auch der letzte Titel ging 1990 an die Berliner. Zuvor hatte sich 1988 und 1989 die HSG TU Magdeburg erstmals in die Meisterliste eingetragen.

Bei den Frauen ging die überwältigende Mehrheit der Titel nach Halle, 1960, 1961, 1964, 1968 und 1969 an den SC Chemie. Danach hieß der Verein SG KPV 69 und holte zwischen 1970 und 1989 sämtliche Meisterschaften, mit Ausnahme der des Jahres 1973, da siegte die BSG EBT Berlin. Letzter Meister war 1990 die HSG Humboldt-Universität Berlin, die sich bereits von 1956 bis 1959 in die Meisterliste eingetragen hatte. Erste Meisterinnen waren 1954 und 1955 die Frauen von der BSG Rotation Mitte Leipzig, 1965 und 1966 siegte der SC DHfK Leipzig, und die drei restlichen Titel gingen nach Berlin, 1962 an BC Rotation, 1963 und 1967 and den TSC.

Mit den westdeutschen Spitzenteams konnten diese Mannschaften allerdings nicht mehr mithalten, wie sich nach der Wende zeigte, als DDR-Meister HSG TU Magdeburg gegen den Bundesligavorletzten TV Langen antrat und so deutlich verlor, dass die Frage der Eingliederung von DDR-Teams in die Bundesliga als erledigt galt. Erst 1999 qualifizierte sich mit dem SSV Weißenfels ein Verein aus den neuen Bundesländern für die Bundesliga, in der er heute unter dem Namen Mitteldeutscher BC antritt. 2004 gewann der MBC mit einem 84:68-Finalsieg gegen JDA Dijon die FIBA EuroCup Challenge. Das ist zwar nur der vierte Wettbewerb in der Europapokalhierarchie, aber dennoch natürlich ein seltener Erfolg für einen deutschen Verein. Der MBC ging allerdings im gleichen Jahr in die Insolvenz und musste sich aus der Regionalliga wieder emporarbeiten, was auch gelang.

Ein weiterer Klub aus dem Osten, der den Weißenfelsern in der BBL Gesellschaft leisten könnte, hat sich bis heute nicht gefunden. Etwas besser sieht es bei den Frauen aus: In der DBBL setzt der SV Halle die große Basketballtradition der Stadt fort, die ChemCats aus Chemnitz mischen ebenfalls mit und auch der BBV Leipzig war bereits dabei. Trotzdem: Die großen weißen Flecken im östlichen Teil der Bundesligalandkarte dürfen gefüllt werden, schließlich war das Kurfürstentum Brandenburg mal berühmt für die langen Kerls.

**GRUND NR. 57**

# WEIL DIRK BAUERMANN EIN MEISTERTRAINER IST

Trainerpositionen werden in der Basketballbundesliga nicht gerade selten mit Ausländern besetzt, die meist aus dem Mutterland des Basketballs, den USA, kommen oder auch vom Balkan. Insofern überrascht es schon ein wenig, dass der Coach, der am häufigsten den deutschen Meistertitel erringen konnte, mit Dirk Bauermann ein Einheimischer ist.

Der 1957 in Oberhausen geborene Bauermann gehört zu jenen Trainern – und es sind oft ja nicht die schlechtesten –, die nicht auf eine große Spielerkarriere zurückblicken können. Bis 1981 spielte er für den BBC Krefeld in der Regionalliga. Dort begann er auch als Nachwuchstrainer, nachdem eine Verletzung seiner aktiven Zeit ein Ende gesetzt hatte. Von 1986 bis 1988 arbeitete er als Assistenztrainer an der Fresno State University, keine schlechte Vorbereitung auf kommende Zeiten, da auch in der deutschen Bundesliga aufgrund einer erhöhten Ausländerquote bald vornehmlich in Englisch gecoacht wurde.

Nach seiner Rückkehr aus den USA 1988 rückte er in den Trainerstab von Bayer Leverkusen und übernahm 1989 die Position des Cheftrainers. Der junge Mann, immer in Schwarz gekleidet, mit gegelter Frisur und vernehmlicher Stimme, wurde von gegnerischen Fans durchaus oft als Reizfigur empfunden. Doch seine fachlichen Qualitäten standen außer Zweifel und die Erfolge sprachen für ihn. Von 1990 bis 1996 gewann der TSV Bayer 04 Leverkusen sieben Mal hintereinander den deutschen Meistertitel, in den selben Zeitraum fallen außerdem vier Pokalsiege. 1994 übernahm er zudem interimsweise den Job des Bundestrainers und betreute die deutsche Nationalmannschaft bei der Weltmeisterschaft, wo sie den zwölften Platz belegte. 1997 und 1998 blieben nationale Titel aus; es reichte nur zum Einzug ins Halbfinale des Korać-Cups 1998.

Diesen Erfolg wiederholte Bauermann 1998/99 bei seinem ersten Auslandsengagement als Cheftrainer mit dem belgischen Klub Sunair Oostende. In der folgenden Saison ging er nach Griechenland zum Zweitligisten Apollon Patras, wurde dort aber nach nur sieben Monaten entlassen. Auch die Rückkehr nach Deutschland in der Saison 2000/01 zu Brandt Hagen war nur von kurzer Dauer, denn der Verein zog sich nach dem Rückzug des Hauptsponsors zum Saisonende aus der Bundesliga zurück. Ein weiteres Gastspiel in Griechenland beim Erstligisten Dafni Athen währte im Herbst 2001 nur vier Spiele; der Vereinspräsident war mit der Mannschaftsaufstellung nicht einverstanden und holte eine Pistole aus dem Schreibtisch, um dem Coach zu demonstrieren, wer das Sagen habe. Der Meistertrainer war offenkundig aus der Erfolgsspur geraten.

Frisch aus Griechenland zurückgekehrt übernahm Bauermann das Traineramt bei TSK Bamberg. 2003 und 2004 führte er sein neues Team ins Finale, im Jahr darauf folgte der Meistertitel. 2006 erreichte der Klub, inzwischen unter dem Namen GHP Bamberg, als erster deutscher Teilnehmer die letzten Sechzehn in der ULEB Euroleague. Und 2007 holte man, nun unter dem Namen Brose Baskets, einen weiteren Meistertitel. Für Bauermann war es der neunte, mehr kann kein Bundesligatrainer vorweisen.

Aus Leverkusener Zeiten hing ihm der Ruf nach, nur mit Stars arbeiten zu können; in Bamberg nun hatte er echte Aufbauarbeit geleistet. Parallel zu seiner Tätigkeit bei den Franken fungierte Bauermann von 2003 bis 2011 auch als Bundestrainer und verbuchte mit der Vizeeuropameisterschaft von 2005 einen großen internationalen Erfolg. Bei der Europameisterschaft 2007 kam ein fünfter Platz dazu. 2008 stieg er in Bamberg aus, um sich ganz auf die Nationalmannschaft zu konzentrieren.

2010 startete man in München das ambitionierte Projekt, den Zweitligisten FC Bayern in die deutsche Spitze zu führen. Dafür wollte man einen Coach mit großem Namen und holte folgerichtig Dirk Bauermann. Wie geplant gelang 2011 der Aufstieg in die Bundesliga und 2012 die erste Playoff-Teilnahme, doch völlig überraschend wurde Bauermann am 27. September 2012 unmittelbar vor Saisonbeginn von den Münchnern entlassen. Er hatte das Missfallen des Basketballexperten Ulrich Hoeneß erregt. Disziplinprobleme in der Mannschaft sollen bei dieser Entscheidung eine bedeutende Rolle gespielt haben. Im März 2013 übernahm er den Cheftrainer-Posten beim litauischen Spitzenklub Lietuvos Rytas. Nicht ohne Erfolg, doch ein nach Einschätzung der Vereinsoberen zu frühes Scheitern in der Euroleague führte bereits im Dezember des gleichen Jahres zu einer weiteren Entlassung.

Das Ende der bemerkenswerten Trainerkarriere von Dirk Bauermann dürfte damit allerdings noch keineswegs erreicht sein. Allen Erfolgen zum Trotz war er nicht immer unumstritten, doch eine größere Zahl von Trainern seines Formats würde dem deutschen Basketball zweifellos helfen.

**GRUND NR. 58**

## WEIL BILL RUSSELL DER HERR DER RINGE IST

In den USA ist es nicht unüblich, verdiente Meister des Sports in den Städten ihrer größten Erfolge mit einer Statue zu ehren. Meist werden diese vor den Stadien oder Sporthallen der Klubs errichtet, die von diesen Helden zu Meisterschaften geführt wurden. Am 1. November 2013 wurde in Boston die Statue eines Basketballspielers enthüllt, und sie steht nicht etwa vor der aktuellen Inkarnation des Boston Garden, der Heimstatt der Celtics, sondern auf der City Hall Plaza, also dem Platz vor dem Rathaus der Stadt. Zuteil wurde diese ganz spezielle Ehre Bill Russell, dem – Larry Bird zum Trotz – besten Celtic aller Zeiten, der damit endlich eine schon lange überfällige Würdigung erfuhr.

Bill Russell wurde 1934 in West Monroe (Louisiana) geboren, tief im amerikanischen Süden also, wo in jenen Jahren noch auf strikte Rassentrennung geachtet wurde. Um dem alltäglichen Rassismus zu entkommen und in der Hoffnung auf eine bessere wirtschaftliche Zukunft, reihte sich die Familie Russell, als Bill acht Jahre alt war, unter den zahlreichen Afroamerikanern ein, die ihr Glück an der Westküste suchten. Die Hoffnungen auf ein besseres Auskommen erfüllten sich auch im kalifornischen Oakland nicht so recht. Doch der junge Bill entwickelte sich an der Highschool zu einem ausgezeichneten Basketballspieler und gewann mit seinem Team zweimal die kalifornischen Schulmeisterschaften.

Seine Stärke lag in der Defensive, und weil bei Centern in jenen Jahren eher auf Offensivqualitäten geachtet wurde, standen die Colleges keineswegs Schlange, um ihm ein Stipendium anzubieten. Er kam bei der University of San Francisco unter, wo K.C. Jones – auch er später bei den Celtics – zu seinen Mannschaftskameraden gehörte. Das Team war das erste College Team, das mit drei Startern schwarzer Hautfarbe antrat, und besonders bei Auswärtsreisen hatten diese Spieler einiges an rassistischen Schmähungen zu erdulden. Sportlich allerdings lief alles bestens, denn zweimal, 1955 und 1956, gewann das Team die College-Meisterschaft. Und Bill Russell war dabei, das Defensivverhalten von Centerspielern zu revolutionieren. Beschränkte sich ein George Mikan noch weitgehend darauf, unmittelbar unter dem Korb zu verteidigen, so kombinierte Russell Größe und Sprungkraft eines Centers mit der Agilität eines Guards, und das erlaubte es ihm, auch entfernt vom Korb zu verteidigen und Rebounds einzusammeln. Ganz nebenbei tat er sich auf dem College auch noch als Leichtathlet hervor, der die 440 Yards unter 50 Sekunden laufen würde und von der Fachzeitschrift *Track & Field News* 1956 als siebtbester Hochspringer der Welt eingestuft wurde.

In der NBA hatte unterdessen Coach Red Auerbach in Boston ein Team von außergewöhnlicher Offensivkraft geformt. In Bill

Russell sah er den Spieler, der die Defensive des Teams auf das für Titelgewinne nötige Niveau heben sollte. Aufgrund ihres guten Abschneidens in der Saison 1955/56 durften die Celtics beim NBA Draft von 1956 erst zu einem Zeitpunkt ziehen, zu dem Auerbachs Wunschspieler mit Sicherheit bereits an ein anderes Team gegangen sein würde. Er inszenierte einen Spielertausch, in dem die St. Louis Hawks mit dem zweiten Pick Russell ziehen und diesen dann gegen zwei andere Spieler an die Celtics abgeben sollten. Es funktionierte wie geplant und beide Seiten profitierten: Die Hawks erreichten in den folgenden Jahren mehrfach das NBA-Finale und gewannen es 1958; die Celtics legten mit der Verpflichtung von Bill Russell den Grundstein für eine Dynastie, wie man sie im amerikanischen Profisport zuvor und nachher nie mehr gesehen hat.

Russells Einstand bei den Celtics verzögerte sich allerdings ein wenig, denn zunächst half er im November 1956 der amerikanischen Mannschaft, bei den Olympischen Spielen in Melbourne die obligatorische Goldmedaille zu gewinnen. Vermutlich hätte er auch Chancen gehabt, als Hochspringer an den Spielen teilzunehmen. Im Dezember absolvierte er dann endlich sein erstes Spiel als Profi und entwickelte sich bald zum Anker der Defensive der Celtics. Blocked Shots wurden damals statistisch noch nicht erfasst, bei den Rebounds sollte er in den folgenden Jahren immer zu den Besten gehören. In den offensiven Kategorien tat er sich weniger hervor, aber das war im Kontext der Celtics-Teams jener Jahre auch nicht erforderlich. Wichtiger als die persönlichen Zahlen war ohnehin, dass er sein Team besser machte und ihm damit zu zahlreichen Meistertiteln verhalf.

Genau das unterschied Russell von seinem großen Rivalen Wilt Chamberlain, der zwar mit vorzüglichen individuellen statistischen Werten glänzte, jedoch mit seinen Teams meist erfolglos blieb. Die Celtics hingegen gewannen gleich in Russells erstem Jahr ihren ersten Meistertitel und bis zu seinem Karriereende 1969 sollten zehn weitere folgen. Kein Sportler hat jemals eine größere Zahl jener Ringe gesammelt, die in den USA an die Mitglieder einer Meistermannschaft vergeben werden. Außerdem wurde er zwölfmal ins All-Star-Team berufen und fünfmal als wertvollster Spieler der Liga ausgezeichnet. In einem Spiel gegen die Syracuse Nationals im Jahre 1960 verbuchte er mit 51 die damalige Rekordzahl an Rebounds in einem Spiel.

Nachdem Red Auerbach 1966 das Coaching aufgegeben hatte, fungierte Russell von 1966 bis 1969 bei den Celtics als Spielertrainer. Er war damit der erste schwarze Headcoach nicht nur in der NBA, sondern im amerikanischen Profisport überhaupt. Im Baseball gelangte erst 1975 ein Afroamerikaner in die vergleichbare Position, mit Frank Robinson kurioserweise ein Mann, der in Oakland die gleiche Highschool wie Bill Russell besucht und mit ihm im Basketballteam der Schule gespielt hatte. Von 1973 bis 1977 betreute Russell die Seattle SuperSonics, die er erstmals in der Klubgeschichte in die Playoffs führte und damit vielleicht auch Grundlagen zum Titelgewinn von 1979 legte. Wenig Erfolg hatte er bei einem kurzen Gastspiel als Coach der Sacramento Kings in den 1980ern.

Während die Verbundenheit von Russell mit Red Auerbach und den Celtics außer Zweifel stand, galt sein Verhältnis zu der Stadt, in der er seine großen Erfolge feierte, durchaus als schwierig. Rassismus war dem weißen Boston nicht fremd, und Russell war zu stolz und zu engagiert, um über Kränkungen hinwegzusehen, weshalb er sich nach dem Ende seiner Laufbahn nur noch selten in der Stadt sehen ließ. In der NBA sind seine Verdienste unbestritten und seit 2009 trägt die Trophäe für den wertvollsten Spieler der NBA-Finalserie seinen Namen. Vor Michael Jordan galt er vielen als der beste NBA-Spieler aller Zeiten. Und inzwischen hat sich auch das Verhältnis zu Boston entspannt, sodass die Enthüllung der Statue auf dem Rathausplatz in Anwesenheit des Geehrten erfolgen konnte.

**GRUND NR. 59**

# WEIL HOLGER GSCHWINDNER DIRK NOWITZKI ENTDECKTE

Holger Gschwindner gehörte in den 1960ern und 1970ern zu den besten Basketballspielern Deutschlands. Von 1964 bis 1965 spielte er beim MTV 1846 Gießen, mit dem er dreimal die Deutsche Meisterschaft gewann. Es folgten acht Jahre beim USC München, je zwei weitere beim 1. FC Bamberg, SSC Göttingen und Saturn Köln und dann nochmals vier Jahre in Bamberg, bevor er seine Karriere im Alter von 47 Jahren in der Regionalliga beendete. Mit Göttingen und Köln errang er je noch einen Meistertitel. Insgesamt absolvierte er über 600 Bundesligaspiele, meist auf der Position des Point Guards, doch er war vielseitig einsetzbar. Für die deutsche Nationalmannschaft machte er bis 1975 über 150 Spiele. Höhepunkt seiner internationalen Karriere waren die Olympischen Spiele von 1972, bei denen er die deutsche Mannschaft als Kapitän anführte. Im Jahr zuvor hatte er bereits mit dem deutschen Team an der Europameisterschaft teilgenommen.

Könnte er nur auf diese zweifellos große Spielerkarriere verweisen, so wäre Gschwindner heute allenfalls noch einem kleinen Kreis von Basketballspezialisten und -historikern ein Begriff. Dass heute Publikationen wie DIE ZEIT und DER SPIEGEL über ihn schreiben oder Interviews mit ihm führen, verdankt sich der Tatsache, dass er im Sommer 1994 bei einem Spiel in Schweinfurt einen damals 16-jährigen jungen Basketballspieler aus Würzburg entdeckte und ihm seine Hilfe anbot. »Wenn Dirk der beste deutsche Basketballer werden soll, kann er einfach so weitermachen. Ihn wird niemand aufhalten können. Wenn er aber einer der weltbesten Spieler werden soll, müssen wir systematisch trainieren. Und zwar ab morgen.« (DIE ZEIT, 15.1.2004) Mit diesen Worten soll er die Eltern von Dirk Nowitzki überzeugt haben, ihn ihren Sohn trainieren zu lassen.

Gschwindner hat Mathematik und Physik studiert, nebenbei auch noch ein bisschen Philosophie, und betreibt eine Firma für Projektmanagement. Auf Visitenkarten, die auch ein Bild von Albert Einstein zieren, ist der Name der Firma mit »Institut für angewandten Unfug« angegeben. Dirk Nowitzki aber sollte Gschwindners größtes Projekt werden. Er entwickelte ein vielseitiges Übungsprogramm für das junge Talent, unter anderem stellte er dessen Wurftechnik völlig um. Und nebenbei kümmerte er sich auch noch um die Persönlichkeitsbildung seines Schützlings, indem er ihm Bücher zu lesen gab und ihm ein Saxofon schenkte. Der Rest ist Geschichte, denn wie wir alle wissen, wurde aus Dirk Nowitzki tatsächlich einer der weltbesten Basketballer.

Gschwindner hat sich in all den Jahren mit Dirk Nowitzki nicht nur Freunde gemacht. Manche halten ihn für ein Genie, andere für einen Spinner. Anfangs wurde vermutet, der »Guru« werde die Karriere Nowitzkis ruinieren, er ziehe eine Marionette heran. Aber, und dies ist entscheidend, Nowitzki sieht das anders und hält bis heute zu seinem Förderer. Der Erfolg gibt den beiden recht, so ganz falsch kann das Projekt also nicht gewesen sein. Vermutlich sollte man allen Sportarten einen Dickschädel und Querdenker vom Format eines Holger Gschwindner wünschen.

**GRUND NR. 60**

## WEIL IN LOS ANGELES IMMER SHOWTIME IST

Die Geschichte der Lakers nahm ihren Anfang, als 1947 die Detroit Gems, ein Team der National Basketball League, aufgelöst wurde. Geschäftsleute aus Minnesota erwarben den Klub, siedelten ihn in Minneapolis an und nannten ihn Lakers – Minnesota ist das »Land der tausend Seen«. Dann hatten sie auch noch das Glück, bei der Verteilung der Spieler eines ebenfalls aufgelösten NBL-Teams aus

Chicago mit George Mikan den eindeutig besten Spieler jener Jahre zugeteilt zu bekommen. Mit Mikan gewann der neue Klub in der Saison 1947/48 sofort die Meisterschaft der NBL, schloss sich dann aber der Basketball Association of America an, die sich ab 1949 dann National Basketball Association nannte. Auch in der neuen Liga beherrschten die Lakers und ihr Superstar das Geschehen. Mit Ausnahme von 1951 ging der Titel von 1949 bis 1954 immer nach Minnesota.

Mit dem Rücktritt von Mikan fand diese Erfolgsserie ihr Ende und das Team hatte zunehmend mit finanziellen Problemen zu kämpfen. 1958 landete man beim NBA Draft mit dem Forward Elgin Baylor einen künftigen Superstar, der das Team 1959 bis ins Finale führte, und 1960 kam mit Jerry West ein weiterer vielversprechender junger Mann dazu.

Im gleichen Jahr wurde der Klub – unter Beibehaltung des Namens – an einen ganz großen See transferiert, nämlich den Pazifischen Ozean. In Los Angeles wurden die Lakers mit den Leistungsträgern Baylor und West erneut zum Dauergast im NBA-Finale, doch bei sieben Finalteilnahmen zwischen 1962 und 1970 sprang kein einziger Titel heraus. Daran konnte auch Wilt Chamberlain zunächst nichts ändern, der 1968 an die Westküste gekommen war. Anfang der Saison 1971/72 beendete Elgin Baylor seine illustre Karriere, dennoch konnten West und Chamberlain die Lakers endlich zu einem Finalsieg gegen die New York Knicks und damit dem ersten Titelgewinn des Klubs in Los Angeles führen. Ein Jahr später behielten in der gleichen Paarung dann wieder die Knicks die Oberhand.

Die Nachfolge der großen Laker-Stars der 1960er trat 1975 Kareem Abdul-Jabbar an, der in einem Trade von den Milwaukee Bucks geholt wurde. 1979 hatten die Lakers das Glück, mit dem ersten Pick des Draft Earvin »Magic« Johnson verpflichten zu können. Damit war das Fundament für erfolgreiche Jahre gelegt.

Gleich in der ersten gemeinsamen Saison der beiden reichte es zum NBA-Titel, ein Erfolg, der zwei Jahre später, 1982, gegen den gleichen Gegner, die Philadelphia 76ers, wiederholt wurde. In dieser Saison übernahm mit Pat Riley ein Mann die Position des Headcoachs, der bereits als Spieler und als Fernsehkommentator für den Klub tätig gewesen war. Er formte das vielleicht spektakulärste Team der NBA-Geschichte, für dessen von verwirrenden Passkombinationen geprägtes Fast-Break-Spiel sich bald der Begriff »Showtime« einbürgerte.

Der dritte große Star der Mannschaft war der 1982 gedraftete Forward James Worthy, der sich bald den Beinamen »Big Game James« erwarb. Mit Ausnahme der Jahre 1981, 1986 und 1990 standen die Lakers zwischen 1979 und 1991 ständig im NBA-Finale; 1980, 1982, 1985, 1987 und 1988 holte das Team den Titel.

In den 1990ern war es mit der Show zunächst einmal vorbei. 1996 kamen mit Shaquille O'Neal und Kobe Bryant die beiden Spieler zu den Lakers, die die nächste große Ära des Klubs prägen sollten. Es sollte noch einige Jahre dauern, bis das Puzzle sich zusammenfügte, doch mit der Verpflichtung von Phil Jackson als Headcoach war es so weit: Nach elf Jahren Pause waren die Lakers 2000 erstmals wieder NBA-Champion, und in den beiden folgenden Jahren konnten sie den Titel verteidigen. In der Saison 2003/04 versuchten die Altstars Karl Malone und Gary Payton mit den Lakers den ersten Meistertitel ihrer Karriere zu holen. Daraus wurde nichts und nach der Finalniederlage trat Phil Jackson, frustriert von den ewigen Streitereien zwischen O'Neal und Bryant, zurück. Shaq wurde nach Miami getradet und überließ Kobe das Feld.

2004/05 verpassten die Lakers die Playoffs und holten Phil Jackson zurück, der sich irgendwie mit Kobe Bryant arrangierte, für den er nach seinem Rücktritt in einem Buch wenig freundliche Worte gefunden hatte. Nachdem man in einem merkwürdig einseitigen Trade den Spanier Pau Gasol von den Memphis Grizzlies losgeeist hatte, kehrte der Klub 2008 ins NBA-Finale zurück, unterlag dort aber den Boston Celtics. 2009 und 2010 folgten jedoch der 15. und 16. Titel mit Finalsiegen gegen Orlando und Boston. Phil Jackson blieb noch ein Jahr, trat aber nach einem frühen und deutlichen Playoff-Aus gegen Dirk Nowitzki und die Dallas Mavericks 2011 zurück. Kobe Bryant ist noch immer das Gesicht der Lakers, hat jedoch in höherem Alter häufiger mit Verletzungen zu kämpfen und muss auf neue Höhenflüge warten. Wie immer in früheren Jahren werden die Lakers sicherlich Mittel und Wege finden, um wieder um den Meistertitel mitspielen zu können und dem Image als Glamour-Klub der NBA auch in Zukunft gerecht zu werden.

7. KAPITEL

# PICK AND ROLL

**GRUND NR. 61**

## WEIL DER NBA DRAFT ALLJÄHRLICH FÜR AUFREGUNG SORGT

Es gehört zu den Besonderheiten des amerikanischen Profisports, dass neue Spieler, die in einer der großen Ligen spielen wollen, sich ihren Arbeitgeber nicht frei aussuchen dürfen, sondern nach einem festgelegten System auf die Vereine der Liga verteilt werden. Dieser Vorgang nennt sich »Draft«, also »Ziehung«. Dabei dürfen die Vereine, normalerweise in umgekehrter Reihenfolge zum sportlichen Abschneiden in der abgelaufenen Saison, unter den zur Verfügung stehenden Spielern auswählen, wobei sich dieser Vorgang mehrere Runden lang wiederholen kann.

Im Basketball kommt dem Draft aus mehreren Gründen eine besondere Bedeutung zu. Eine Basketballmannschaft ist im Vergleich zu den anderen in den USA populären Sportarten relativ klein, das heißt, ein sehr guter Spieler kann die Qualität eines Teams sofort nachhaltig verbessern. Zudem haben die meisten zur Auswahl stehenden Spieler bereits College-Erfahrung, was die Einschätzung ihrer Fähigkeiten und ihres Potenzials erleichtert.

Im Basketball ist die Chance relativ groß, dass ein früh gezogener Spieler in der folgenden Spielzeit bereits zum Kader seines Vereins gehören wird, während beispielsweise im Baseball die jungen Spieler sich erst in den sogenannten Minor Leagues in Farmteams emporarbeiten müssen, bevor sie die höchste Ebene erreichen. Weil der NBA Draft die Geschicke eines Teams unmittelbar beeinflussen kann, wird er von den Fans in den USA mit besonderer Aufmerksamkeit verfolgt und bildet alljährlich den Höhepunkt des Sommers zwischen den Spielzeiten.

Die Regeln, nach denen der Draft abläuft, haben sich im Lauf der Jahre immer wieder geändert. In den frühen Jahren der NBA wurde so lange gezogen, bis keine Spieler mehr zur Verfügung standen. Der längste Draft aller Zeiten umfasste 1960 21 Runden. Ein in dieser Länge eigentlich überflüssiger Vorgang, denn die allermeisten der so gezogenen Spieler erhielten natürlich keinen Vertrag. Ab 1974 wurde der Draft auf zehn Runden beschränkt, 1985 auf sieben und 1989 auf zwei. Nicht gedraftete Spieler können von allen Vereinen unter Vertrag genommen werden, was die Chance eröffnet, ein Schnäppchen zu machen, wenn man bei einem Spieler Qualitäten entdeckt zu haben glaubt, die anderen Klubs entgangen sind.

Bis 1965 gab es die Besonderheit des »Territorial Picks«, das heißt, Klubs konnten gleich zu Anfang des Draft einen Spieler auswählen, der in der Nähe des betreffenden Klubs aufs College gegangen war, also bereits eine gewisse lokale Berühmtheit erlangt hatte. Zu den bekanntesten Territorial Picks gehörte Tommy Heinsohn von den Boston Celtics. Die Philadelphia Warriors dehnten die Regel dann auch auf Spieler aus, die vor Ort zur Schule gegangen waren, als sie Wilt Chamberlain drafteten, der zwar im entfernten Kansas das College, jedoch in Philadelphia die Highschool besucht hatte. Nachdem sich die NBA etabliert hatte, hielt man diese Sonderregelung, die die örtliche Fanbasis stärken sollte, für überflüssig und schaffte sie ab.

Gedraftet werden durften in der NBA bis in die 1970er nur Spieler, die vier Jahre im College absolviert hatten. Vermutlich fand sich in jenen Jahren immer ein College, das bereit war, Basketballspieler aufgrund ihrer sportlichen Fähigkeiten aufzunehmen, auch wenn sie anderweitig nicht unbedingt zum Collegebesuch qualifiziert waren.

Die ABA, die in den 1960ern entstandene Konkurrenzliga der NBA, hatte weniger strenge Aufnahmekriterien, dort konnten auch Spieler, die nicht das College beendet hatten oder direkt aus der Schule kamen, einen Platz finden. In der Folge modifizierte die NBA ihre Regeln und erlaubte maximal fünf sogenannten »Hardship Picks« die Anmeldung zum Draft, das waren Spieler, denen aufgrund einer nachgewiesenen ökonomischen Notlage ihrer Familien der vorzeitige Beginn der Profikarriere erlaubt wurde.

Eines der berühmtesten dieser Picks war Magic Johnson im Jahre 1979. Heute stehen alle Spieler, die vier Jahre College hinter sich haben, automatisch zur Auswahl. Spieler, die das College vorzeitig verlassen, müssen sich zum Draft anmelden. Eine Anmeldung direkt aus der Highschool, wie noch bei LeBron James, ist nicht mehr möglich. Zwischen Highschool-Abschluss und Eintritt in den Draft muss ein Jahr liegen, zudem muss der betreffende Spieler spätestens am Ende des Jahres, in dem der Draft stattfindet, das 19. Lebensjahr vollendet haben. Ausländische Spieler können automatisch gezogen werden, wenn sie über 22 sind (einen solchen Spieler zu ziehen macht natürlich nur Sinn, wenn sich der betreffende Verein bei dem Spieler versichert hat, dass der auch bereit ist, in der NBA zu spielen). Ausländische Spieler, die noch keine 22 Jahre alt sind, müssen sich wie College-Abbrecher anmelden.

In den frühen Jahren bestimmte die Saisonbilanz die Reihenfolge, in der die Teams beim Draft an die Reihe kamen. Das Team mit der schlechtesten Bilanz erhielt den ersten Pick, das Team mit der besten den letzten in der jeweiligen Runde. Maßgebend war hier also die reguläre Saison, wenn also das Team mit der besten regulären Saisonbilanz und der in den Playoffs ermittelte Meister nicht identisch waren, so musste dennoch das beste Team der regulären Saison als letztes ziehen. Dies wird auch heute noch so gehandhabt.

Von 1966 bis 1984 wurde der erste Pick allerdings nicht nach Saisonbilanz, sondern durch einen Losentscheid zwischen den beiden Teams, die in den beiden Divisions den letzten Platz belegt hatten, vergeben. Davon profitierten 1979 die Los Angeles Lakers, die in einer Transaktion mit den letztplatzierten New Orleans Jazz deren ersten Pick erworben hatten, den Münzwurf gegen die Chicago Bulls gewannen und so Magic Johnson draften konnten.

Dieses System barg natürlich die Gefahr, dass Teams mit geringen Playoff-Aussichten im Laufe der Saison begannen, absichtlich zu verlieren, um ihre Position beim Draft zu verbessern. Um diese Situation zu entschärfen, wurde 1985 die sogenannte Draft Lottery eingeführt. An dieser Lotterie nehmen alle Teams teil, die nicht die Playoffs erreicht haben. Nach einem komplizierten System werden die in der Lostrommel befindlichen Ping-Pong-Bälle zahlenmäßig gewichtet, sodass schlechter platzierte Teams eine höhere Chance auf einen frühen Pick haben. Unter Umständen kann es aber auch dazu kommen, dass ein Team, das die Playoffs nur knapp verfehlt hat, den ersten Pick erhält.

Mit der Lotterie werden aber nur die ersten drei Picks verteilt, sobald diese feststehen, erfolgt der Rest der Ziehung entsprechend der Saisonbilanz, das heißt, ein Team kann mit Losglück zwar ganz an die Spitze des Draft gelangen, umgekehrt aber nur maximal drei Plätze abrutschen. Die Versuchung, die eigenen Chancen durch eine Niederlagenserie zu verbessern, ist damit keineswegs gebannt; ein Problem, das wohl jeder Form von Draft inhärent ist, in anderen Sportarten in den USA allerdings geringere Bedeutung hat. Im Basketball kann es einen riesigen Unterschied machen, ob ein Klub beim Draft auf Platz 2 oder 4 platziert ist, im Baseball oder American Football ist das nicht von Bedeutung.

Das in der NBA praktizierte Lotteriesystem verhindert aber zumindest, dass sich ein Team durch absichtliches Verlieren einen automatischen Zugriff auf den ersten Pick verschaffen kann. Draft Picks können auch in Trades erworben werden, das heißt, ein im Neuaufbau befindlicher Klub kann z. B. einen guten, meist älteren Spieler im Tausch für Draft Picks an einen Klub abgeben, dem dieser Spieler in der bevorstehenden Saison vielleicht mehr hilft.

Eine Garantie für sportlichen Erfolg sind hohe Draft Picks natürlich nicht, denn immer noch gilt es, die richtige Auswahl zu treffen. Die San Antonio Spurs landeten 1997 mit Tim Duncan einen Volltreffer, die Washington Wizards griffen 2002 mit Kwame Brown voll daneben, und die Portland Trail Blazers dürften es bis heute bereuen, dass sie sich für Sam Bowie entschieden, obwohl sie Michael Jordan hätten haben können. Die Orlando Magic gewannen die Lotterie zweimal hintereinander und sicherten sich Shaquille O'Neal und Chris Webber, den sie in einem Trade umgehend gegen Penny Hardaway eintauschten. Die Cleveland Cavaliers gewannen – aller statistischen Wahrscheinlichkeit zum Trotz – in den letzten vier Jahren dreimal die Lotterie. Ob sie aber tatsächlich die richtigen Spieler ausgewählt haben, wird weithin bezweifelt und muss die Zukunft zeigen. Genau diese Unwägbarkeiten sind es, die den NBA Draft so faszinierend machen.

**GRUND NR. 62**

## WEIL IM BASKETBALL DIE DINGE INS ROLLEN KOMMEN

Seit 1992 sind die Paralympics organisatorisch mit den jeweiligen Olympischen Spielen assoziiert und finden deshalb auch größere öffentliche Aufmerksamkeit. Doch die Weltspiele für Behinderte werden bereits seit 1960 im Vierjahresrhythmus ausgetragen und Rollstuhlbasketball war von Anfang an dabei. James Naismith konnte es 1891 noch nicht ahnen, doch seine Erfindung hat sich auch als überaus attraktive Sportart für zur Fortbewegung auf einen Rollstuhl angewiesene Menschen erwiesen. Entwickelt wurde der Rollstuhlbasketballs nach dem Zweiten Weltkrieg von Kriegsveteranen in den USA und parallel dazu in Großbritannien, wo man allerdings mehr den Aspekt der Therapie und weniger den sportlichen Wettstreit betonte.

Inzwischen besitzt der Sport jedoch weltweite Organisationsstrukturen und wird einheitlich nach Regeln gespielt, die denen des »Fußgängerbasketballs« recht ähnlich sind. Mitwirken dürfen Spielerinnen und Spieler, die eine dauerhafte Körperbehinderung in den unteren Gliedmaßen aufweisen. Je nach Grad ihrer Behinderung werden sie in einem von 1,0 bis 4,5 reichenden Punktesystem klassifiziert, wobei eine niedrige Punktzahl eine größere Behinderung anzeigt. In einem Spiel darf die Gesamtpunktzahl der sich gerade auf dem Feld befindenden fünf Spieler 14 Punkte nicht übersteigen. Damit soll die Ausgewogenheit im Ausmaß der Behinderungen zwischen den beteiligten Mannschaften garantiert werden.

Der bedeutendste internationale Wettbewerb sind die bereits erwähnten Paralympics. Hier haben sich die USA bei den Männern als führende Nation etabliert, die bei der Hälfte der bisher ausgetragenen 14 Turniere die Goldmedaille gewannen und sich insgesamt zwölfmal unter den Medaillengewinnern befanden. Je sieben Medaillen holten Israel und Großbritannien, dahinter folgen die Niederlande mit sechs Medaillen. Bei den Goldmedaillen rangiert allerdings Kanada mit deren dreien auf Platz 2 hinter den USA. Die deutschen Männer waren bei den meisten Turnieren dabei und gewannen 1992 in Barcelona die Silbermedaille. Erfolgreicher waren die Frauen, die dreimal (1980, 1984 und 2012) Gold und ebenso oft (1978, 1988 und 2008) Silber holten. Die USA kommen auf sieben Medaillen, darunter drei goldene. Mehrere Medaillen gingen auch an Kanada, Israel, Argentinien, Australien und die Niederlande, eine sogar an Jamaika.

Seit 1994 werden bei Männern und Frauen auch Weltmeisterschaften ausgetragen, ebenfalls alle vier Jahre. Auch hier tauchen die bekannten Namen in der Siegerliste auf: Bei den Männern gewannen die USA drei der bisherigen fünf Turniere, die beiden anderen gingen an Kanada und Australien. Deutschland war nur zweimal dabei und verzeichnet einen fünften Platz im Jahr 2002 als bestes Ergebnis. Bei den Frauen dominiert Kanada mit vier Titelgewinnen, der fünfte ging an die USA; diese beiden Länder teilen sich mit Deutschland und Australien sämtliche Medaillen, wobei die deutschen Frauen 2006 den dritten und vier Jahre später den zweiten Platz belegten.

Europameisterschaften werden bei den Männern seit 1970 und bei den Frauen seit 1987 regelmäßig ausgetragen. Hier haben sich die deutschen Frauen mit neun Titeln und fünf zweiten Plätzen eindeutig als führende Macht etabliert. Mithalten können da allein die Niederlande, die die restlichen fünf Wettbewerbe gewannen und insgesamt auf 13 Medaillen kommen. Bei den Männern dominieren Frankreich mit sieben Titeln sowie ebenso vielen weiteren Platzierungen in den Medaillenrängen und Großbritannien mit fünf Titeln und acht weiteren Medaillen. Stolze 14 Medaillen weisen auch die Niederlande auf, die allerdings nur einmal ganz oben auf dem Treppchen landeten. Den deutschen Männern war dies nie vergönnt, zweimal immerhin gewannen sie Silber und dreimal Bronze.

Deutsche Meisterschaften im Rollstuhlbasketball werden bei den Männern seit 1973 ausgetragen, ab der Saison 1990/91 in einer Bundesliga. Die Frauen ermitteln seit 1993 einen Meister, dies erfolgt bis heute in einem alljährlich im Sommer ausgetragenen Turnier. Organisiert werden Bundesliga und Meisterschaften vom Deutschen Rollstuhl-Sportverband (DRS).

Bei den Männern beherrschte zunächst der USC München die Szene, auf dessen Konto die ersten vier Titel gingen. Es folgte die große Zeit der BSG Duisburg, die bis 1986 insgesamt sieben Meisterschaften verbuchen konnte. Dann übernahmen wieder die Münchner das Kommando, deren letzter Meistertitel ins Jahr 1996 fällt. Insgesamt sind es 13, Rekord bis heute.

In diesem Zeitraum beherrschte der USC München auch den 1985 erstmals ausgetragenen Pokalwettbewerb, den er achtmal gewinnen konnte. 1997 ging das Double an den RSC Osnabrück, dann war der ASV Bonn kaum zu bezwingen und holte von 1998 bis 2001 drei Meistertitel und vier Pokalsiege. 1998 allerdings war der Meistertitel mit dem RSV Lahn-Dill an einen Verein gegangen, der dann ab 2004 das Maß aller Dinge werden und mit je einer Ausnahme in Meisterschaft und Pokal alle Titel abräumen sollte. Die

Ausnahme bildeten die RSC-Rollis aus Zwickau, die bereits 2002 zu einer Meisterschaft gekommen waren und 2009 in der Meisterschaft und 2008 im Pokal die Siegesserie der Übermannschaft aus Wetzlar unterbrachen.

Erster Frauenmeister war 1993 der TV Donrath, es folgte ein Titel für den USC München. Von 1995 bis 1997 gewann RTB UNI Bochum dreimal, weitere Titel für diesen Klub folgten 2004, 2005 und 2007. Dazwischen liegen ebenfalls sechs Meisterschaften für den RSC Hamburg, errungen von 1998 bis 2003. In den letzten Jahren stritten dann der hessische Landeskader und der Hamburger SV um den Titel, die Hessinnen siegten viermal (2008, 2009, 2011, 2012), die Hamburgerinnen zweimal (2010 und 2013).

Auch international konnten deutsche Vereine große Erfolge feiern. So gewann der RSV Lahn-Dill insgesamt fünfmal (2004–2006, 2010, 2012) den wichtigsten europäischen Vereinswettbewerb, den von der International Wheelchair Basketball Federation (IWBF) organisierten Champions Cup. Am 17. Oktober 2010 holten die Wetzlarer im japanischen Kitakyushu mit einem 63:54 gegen die Perth Wheelcats aus Australien auch den Weltpokal der Kontinentalmeister, nachdem man 2006 bereits einmal im Finale gescheitert war.

In Europa stehen den Vereinen mit dem André-Vergauwen-Cup und dem Willi-Brinkmann-Cup zwei weitere Wettbewerbe offen. Deutsche Sieger im Vergauwen-Cup waren zweimal die RSC-Rollis Zwickau (2004 und 2006) und je einmal BSG Duisburg (1991), UBC Münster (1992) und ASV Bonn (1999). Die Bonner gewannen 2009 auch den Brinkmann-Cup; zuvor war dies aus Deutschland 2001 bereits der SG Heidelberg-Kirchheim gelungen und im Jahr darauf dem RSV Lahn-Dill.

Eine wahrhaft stolze Bilanz in einer unverdientermaßen im verborgenen blühenden Sportart.

**GRUND NR. 63**

# WEIL DIE DEUTSCHEN FRAUEN EINMAL BEINAHE DIE EUROPAMEISTERSCHAFT GEWONNEN HÄTTEN

Die 1990er waren gute Jahre aus Sicht des deutschen Basketballs. Die Männer gewannen 1993 die Europameisterschaft, Alba Berlin 1995 den Korać-Pokal und der BTV Wuppertal 1996 die Euro-League der Frauen. Nur das Nationalteam der Frauen hinkte in der Erfolgsbilanz ein wenig hinterher. Immerhin war nach längerer Durststrecke 1995 erstmals wieder die Qualifikation zur Europameisterschaft gelungen, bei der dann allerdings das Ende schon in der Vorrunde kam. Im folgenden Jahr stand im spanischen Oviedo bereits das Qualifikationsturnier für die nächsten europäischen Titelkämpfe an. Gegen Kroatien und Gastgeber Spanien gab es deutliche Niederlagen, doch mit sicheren Siegen gegen Bulgarien, Israel und Moldawien wurde der zur Qualifikation nötige dritte Platz erreicht.

Beim Turnier in Ungarn 1997 wurden die deutschen Frauen der Gruppe A zugeteilt, die ihre Spiele in Zalaegerszeg austrug. Gleich im ersten Spiel wartete mit den aus der Qualifikation bekannten Spanierinnen ein scheinbar unüberwindlicher Gegner. Doch angeführt von Heike Roth, die 18 Punkte erzielte, wuchs das deutsche Team über sich hinaus und begann das Turnier mit einem 72:71-Sieg gegen die Europameisterinnen von 1993. Im nächsten Spiel überzeugte Marlies Askamp mit 33 Punkten bei einem 92:88 gegen die Ukraine. Gegen Litauen war Andrea Hohl mit 19 Punkten die beste Schützin, konnte aber eine 75:67-Niederlage nicht verhindern. Beim 85:65 gegen Tschechien war Marlies Askamp, die gegen Litauen nur acht Punkte beigesteuert hatte, wieder da und erzielte 34 Punkte. Damit war das Weiterkommen bereits vor dem letzten Vorrundenspieltag gesichert, der eine knappe 74:73-Niederlage gegen Jugoslawien brachte.

Im Viertelfinale wartete Russland, das einem groß aufspielenden deutschen Team nichts entgegenzusetzen hatte. Ein deutliches 74:57 bedeutete den Einzug ins Halbfinale. Dort ging es zum zweiten Mal im Verlauf des Turniers gegen Litauen.

Diesmal ging es noch enger zu als im Vorrundenspiel. Petra Kremer steuerte 18 Punkte bei, Marlies Askamp 16 und Heike Roth 14. Doch am Schluss fehlten zwei Punkte und das Endspiel wurde mit 78:77 nur äußerst knapp verfehlt. Dort hatten die Litauerinnen mit der Slowakei weniger Mühe, was vermuten lässt, dass das deutsche Team sich nach einem Halbfinalsieg wohl sogar den Titel hätte sichern können. Im kleinen Finale ließen die deutschen Frauen jedenfalls Ungarn beim 86:61 keine Chance und holten sich den dritten Platz. Und als i-Tüpfelchen gab es noch die Wahl von Marlies Askamp zur besten Spielerin des Turniers.

Der bisher größte internationale Erfolg für den deutschen Frauenbasketball, sieht man einmal vom dritten Platz ab, den das Team der DDR 1966 erreichte. Doch bei allem Respekt vor der Leistung der DDR-Frauen: Man darf davon ausgehen, dass die Konkurrenz 1997 wesentlich härter war als 30 Jahre zuvor. Betreut wurde das Erfolgsteam von Bernd Motte, die beteiligten Spielerinnen waren: Marlies Askamp, Heike Roth, Petra Kremer, Andrea Hohl, Andrea Harder, Sophie von Saldern, Martina Kehrenberg, Christine Ishaque, Birgit Egger, Stefanie Goettsche, Yvonne Weber und Stefanie Wegeler.

**GRUND NR. 64**

## WEIL »SIR CHARLES« DER »ROUND MOUND OF REBOUND« WAR

Charles Barkley gehört zu den Spielern, die eine exzeptionelle NBA-Karriere nicht mit einem Titelgewinn krönen konnten. Dafür kann er zwei olympische Goldmedaillen sein Eigen nennen, und sein Status als einer der Besten aller Zeiten steht ohnehin außer Frage.

Barkley stammt aus Alabama und ging dort auf die Highschool. Eine Laufbahn als Basketball-Profi schien ihm nicht in die Wiege gelegt; erst in seinem letzten Jahr schaffte er es nach einem Wachstumsschub in das Schulteam. Und selbst der Assistenztrainer, der ihn dann für das College-Team der Auburn University verpflichtete, sah in ihm einen fetten Kerl, der allerdings wie der Wind spielen könne. In Auburn entwickelte er sich bald zu einem der besten College-Spieler und besetzte trotz seiner vergleichsweise geringen Größe von 1,98 Meter die Position des Centers. Nach drei Jahren auf dem College entschloss er sich 1984 zum Übertritt in die NBA und die Philadelphia 76ers erwarben die Rechte an ihm.

Bei den Profis wechselte er auf die Position des Power Forwards und etablierte sich bald als einer der besten Rebounder der Liga. Doch die Stars der 76ers, Julius Erving, Moses Malone und Maurice Cheeks, die 1983 noch das NBA-Finale erreicht hatten, waren in die Jahre gekommen und das Team befand sich auf dem absteigenden Ast. Barkley erzielte zwar Jahr für Jahr bemerkenswerte Zahlen in den verschiedensten Kategorien, doch letztlich fehlte ihm die Unterstützung, um die Sixers in den Playoffs wirklich voranzubringen, sofern man sie denn überhaupt erreichte.

Als Magic Johnson seine HIV-Infektion offenlegte, zeigte sich, dass Barkley zu den Spielern gehörte, die über den Basketball hinaus denken konnten. Aus Solidarität mit Magic spielte er in der Saison 1991/92 vorübergehend mit dessen Nummer 32 anstatt seiner angestammten 34; die Frage, ob er fürchte, sich auf dem Basketballparkett im Kontakt mit Magic zu infizieren, beantwortete er mit den ebenso einfachen wie richtigen Sätzen: »Wir spielen doch nur Basketball. Es ist nicht so, als hätten wir ungeschützten Sex mit Magic.« Für viele in der damaligen Hysterie um den todbringenden Virus vermutlich eine Neuigkeit.

Im Sommer 1992 holte Barkley mit dem »Dream Team« Gold bei den Olympischen Spielen von Barcelona, und die 76ers entsprachen seinem Wunsch und gaben ihn im Tausch gegen drei Spieler an die Phoenix Suns ab. Seine erste Saison in Phoenix sollte die beste seiner Karriere werden. Er wurde zum Most Valuable Player der Liga gewählt und die Suns erreichten das NBA-Finale, das allerdings gegen die Chicago Bulls verloren ging. In den folgenden Jahren hatte er zunehmend mit Verletzungen zu kämpfen und die Suns kamen in den Playoffs nicht mehr so weit wie 1993. Im Sommer 1996 gewann er in Atlanta seine zweite Goldmedaille und wechselte erneut das Team. Diesmal war er vier Spieler wert, die von den Houston Rockets an die Suns abgegeben wurden. Die Rockets hatten 1994 und 1995 den Titel gewonnen, kamen jedoch auch mit Charles Barkley nicht mehr ins Finale, der nach vielen weiteren Verletzungsproblemen seine Karriere schließlich im Jahre 2000 beendete.

Barkleys Popularität schlug sich in einer Reihe von Spitznamen nieder, die bekanntesten sind »The Round Mound of Rebound« und »Sir Charles«. Während der erste seine Gestalt und seine herausragende Fähigkeit wunderbar unter einen Hut bringt, kommt der zweite doch überraschend, denn Barkleys Auftreten war nicht immer gentlemanlike, was zu einer Reihe von Kontroversen führte. Mehrere Male wurde er nach Auseinandersetzungen mit Gegenspielern gesperrt, und viel Kritik musste er einstecken, als er sich gegen den Anspruch verwahrte, Sportler hätten Leitbilder für die Jugend zu sein, eine Aufgabe, die er eher in der Verantwortung der Eltern sah. Eine durchaus legitime Meinungsäußerung, die eigentlich keiner Rechtfertigung bedurfte. Schwerer wog da ein anderer Vorfall, als er beim Versuch, einen Fan anzuspucken, der ihn rassistisch beleidigt hatte, ein junges Mädchen im Publikum traf. Doch Barkley erkannte, dass er hier Grenzen überschritten hatte, und entwickelte eine Freundschaft mit der Familie des Opfers.

Über all den Kontroversen sollte jedoch nicht vergessen werden, dass Charles Barkley ein intelligenter und artikulierter Mann ist. Mehrfach kokettierte er mit einer politischen Karriere und kündigte Bewerbungen um den Posten des Gouverneurs von Alabama an. Dazu ist es bisher nicht gekommen, und heute gibt Sir Charles den in seiner langen Karriere angehäuften Erfahrungsschatz als Fernsehexperte weiter. Der NBA würde ein Original seines Formats auch heute gut anstehen.

## GRUND NR. 65

### WEIL DIE CELTICS UND LAKERS SICH NICHT RIECHEN KÖNNEN

Von 1947 bis 2014 sind in der NBA 68 Meistertitel vergeben worden. 33 davon – also nahezu die Hälfte – gingen an die Boston Celtics oder die Los Angeles Lakers bzw. deren frühere Inkarnation in Minnesota, sieben weitere Male war zumindest einer der beiden Klubs als Verlierer im Finale präsent. In keiner anderen amerikanischen Profiliga sind sich zwei Teams so oft in der Finalserie begegnet wie diese beiden; insgesamt kam es zwölf Mal dazu. Kein Wunder also, dass die Rivalität zwischen Celtics und Lakers als die hitzigste in der NBA gilt und als eine der heftigsten im US-Profisport überhaupt.

Richtig los ging es mit der großen Rivalität allerdings erst, nachdem die Lakers aus Minneapolis nach Los Angeles gezogen waren. Während der großen Zeit der Minnesota Lakers mit George Mikan waren die Celtics noch zu unbedeutend, und als die Celtics sich Mitte der 1950er zu einem Championship-Team entwickelten, konnten die Lakers zunächst nicht mithalten. Zur ersten Finalbegegnung kam es 1959, eine einseitige Angelegenheit zugunsten der Celtics, die die Serie – wie von Celtics-Star Bob Cousy vorhergesagt – mit einem »Sweep«, also Siegen in den ersten vier Spielen, für sich entschieden. Für die Celtics war es der erste von acht Meistertiteln in Folge; die Lakers veränderten sich nach dieser Spielzeit an die Westküste.

Die 1960er waren das Jahrzehnt der Celtics, die mit Ausnahme des Jahres 1967 immer im Finale standen und sich auch jedes Mal den Titel holten. Was nicht heißt, dass die Lakers – normalerweise das beste Team im Westen – nicht alle Anstrengungen unternahmen, die Champions vom Thron zu stoßen. Sie erreichten nach ihrem Umzug erstmals 1962 das Finale und diesmal wurde es eine enge Angelegenheit. Man teilte sich die beiden ersten Spiele in Boston, dann gingen die Lakers sogar in Führung, doch die Celtics holten sich das vierte Spiel. Zurück in Boston landeten die Lakers einen 126:121-Sieg, der ihnen die Chance bot, die Serie in eigener Halle zu entscheiden. Doch die Celtics dominierten Spiel 6 und die Entscheidung musste in Boston fallen. Bei unentschiedenem Spielstand Sekunden vor Schluss hatte Frank Selvy die Chance, das siebte Spiel mit einem Wurf aus kurzer Distanz zugunsten der Lakers zu entscheiden, verfehlte jedoch das Ziel. Die Celtics gewannen in der Verlängerung.

1963 holten sich die Celtics die ersten beiden Spiele in Boston, die Lakers entschieden das dritte Spiel deutlich für sich. In den restlichen Spielen behielt die Auswärtsmannschaft die Oberhand, das heißt, die Celtics entschieden die Serie im sechsten Spiel in Los Angeles. 1965 mussten die Lakers auf den verletzten Elgin Baylor verzichten und abgesehen von einem deutlichen Sieg in Spiel 3 blieben sie chancenlos. 1966 war die letzte Saison von Red Auerbach als Headcoach und wie immer hatten die Celtics den Heimvorteil. Doch die Lakers überraschten im ersten Spiel im Boston Garden mit einem Sieg in der Verlängerung. Die nächsten drei Spiele gingen jedoch an die Celtics und alles schien wie gehabt. Doch im fünften Spiel konnten die Lakers noch einmal in Boston gewinnen und daheim erzwangen sie dann auch das entscheidende siebte Spiel. Dies schien eine klare Sache für die Celtics zu werden, die zu Beginn des vierten Viertels mit 16 Punkten vorn lagen, doch die Lakers kamen zurück, und am Ende konnten die Celtics froh sein, ein 95:93 ins Ziel gerettet zu haben.

1967 verfehlten die Celtics zum ersten Mal seit 1957 das Finale, aber auch die Lakers standen abseits, sie waren in der ersten Runde an den San Francisco Warriors gescheitert. Schon 1968 standen sich die alten Rivalen erneut gegenüber. Die ersten fünf Spiele sahen wechselnde Sieger, wobei die Celtics im fünften Spiel in eigener Halle eine Verlängerung benötigten. Das sechste Spiel in Los Angeles war jedoch eine klare Angelegenheit für das Team von der Ostküste um Spielertrainer Bill Russell. 1969 hatten die Celtics große Probleme in der regulären Saison; das Team schien zu alt, um noch einmal um den Titel mitzuspielen. Die Lakers andererseits hatten sich mit Wilt Chamberlain verstärkt, der bereits seit Jahren eine persönliche Rivalität mit Russell pflegte, was die Konkurrenz der beiden Teams nur weiter anheizen konnte.

Diesmal sah man also die Lakers im Vorteil. Mit einiger Mühe erreichten beide Teams das Finale, erstmals mit Heimvorteil für die Lakers. Siege in den ersten beiden Spielen schienen ihre Favoritenrolle zu bestätigen, doch zurück in Boston behielten die Celtics zweimal die Oberhand. In Spiel 4 bedurfte es dazu allerdings eines »Buzzer Beaters« von Sam Jones, der mit einem erfolgreichen Wurf in letzter Sekunde die Niederlage abwendete. Die nächsten beiden Spiele waren einseitige Angelegenheiten für die Heimmannschaften, doch das siebte Spiel in L. A. entwickelte sich zum Klassiker. Die Zuschauer fanden auf ihren Sitzen den Ablaufplan für die anschließende Siegesfeier; unter dem Hallendach waren Netze voller Luftballons verankert, die nach dem Spiel auf das siegreiche Lakers-Team herabregnen sollten. Als ob Bill Russell in seinem letzten NBA-Spiel noch eine zusätzliche Motivation benötigt hätte.

Die Celtics also waren wütend, während bei den Lakers Jerry West, bisher der beste Spieler der Serie, angeschlagen war. Es wurde ein enges Spiel, in dem Lakers-Coach Van Breda Kolff Wilt Chamberlain in den entscheidenden Minuten unerklärlicherweise auf der Bank ließ. Am Ende hieß es 108:106 für die Celtics. Die Luftballons blieben unter der Decke; Jerry West wurde als bis heute einziger Spieler einer Verlierermannschaft zum MVP der Finalserie gewählt, ein schwacher Trost angesichts des erneut entgangenen Titelgewinns.

1972 holten sich die Lakers endlich ihren ersten Titel seit dem Umzug nach Los Angeles, allerdings nicht gegen die Celtics, sondern gegen die New York Knicks. Auch die Celtics verbuchten ihre beiden Meistertitel der 1970er-Jahre gegen andere Teams als den Erzrivalen. Die Rivalität, die das vorherige Jahrzehnt beherrscht hatte, lag zunächst einmal auf Eis. Das änderte sich mit jenem Glücksfall für die NBA, der 1979 Magic Johnson zu den Lakers und Larry Bird zu den Celtics brachte, die bereits als College-Spieler miteinander wetteiferten und gerade ein dramatisches Finale um die NCAA-Meisterschaft gegeneinander bestritten hatten. Basketball ist von allen Mannschaftssportarten vielleicht am besten geeignet, auch individuelle Rivalitäten à la Russell gegen Chamberlain zur Austragung kommen zu lassen. Oder eben Magic gegen Bird. In den 1980ern gab es kein NBA-Finale, in dem nicht zumindest einer der beiden beteiligt war, und die Intensität ihres Wettstreits übertrug sich auch auf die Mannschaftskameraden.

Es sollte allerdings einige Jahre dauern, bis sich die beiden Jungstars erstmals in einem Finale trafen. Wer der eigentliche Gegner war, wusste das Publikum in Boston jedoch nur zu genau. 1982 standen die Lakers schon als Finalteilnehmer fest, als die Celtics im heimischen Garden zum siebten Spiel der Finalserie der Eastern Conference gegen die Philadelphia 76ers antraten. Bereits Minuten vor Schluss war klar, dass es für die Celtics nicht reichen würde. Die Bostoner Fans hakten die Serie ab und bedachten die Sixers mit Sprechchören, die eine eindeutige Aufforderung beinhalteten: »Beat L. A.«.

1984 konnten die Celtics die gestellte Aufgabe dann selbst übernehmen. Die Serie begann mit einem 115:109 der Lakers in Boston. In Spiel 2 retteten sich die Celtics mit einem Steal und anschließendem Korberfolg kurz vor Schluss in die Verlängerung, wo sie dann knapp die Oberhand behielten. Das dritte Spiel war eine klare Sache für die Lakers, deren 137:104-Sieg Larry Bird veranlasste, seine Mannschaftskollegen als *sissies* (Weicheier) zu bezeichnen.

Im vierten Spiel ging es dann anders zur Sache: Kevin McHale von den Celtics foulte Lakers-Forward Kurt Rambis bei einem Korbleger recht heftig und Cedric Maxwell brachte die Lakers gegen sich auf, als er nach zwei von James Worthy vergebenen Freiwürfen mit einer Geste andeutete, die Lakers seien dem Druck nicht gewachsen. Und tatsächlich verspielten die Lakers in der letzten Minute einen Fünf-Punkte-Vorsprung und verloren in der Verlängerung.

Im fünften Spiel hatten die Celtics weit weniger Mühe und kamen zu einem leichten Sieg. Als beim ersten Spiel des 2014er-Finales in San Antonio die Klimaanlage ausfiel und in der Halle Temperaturen von knapp über 30 Grad herrschten, wurde LeBron James von Krämpfen geschüttelt. Im alten Boston Garden gab es überhaupt keine Klimaanlage und bei jenem fünften Spiel – und nicht nur dann – erreichten die Temperaturen um die 37 Grad. Gut möglich, dass Larry Bird auch LeBron für ein Weichei hält.

Spiel 6 ging deutlich an die Lakers, wieder einmal musste das siebte Spiel in Boston die Entscheidung bringen. Diesmal war es nicht ganz so heiß; die Celtics blieben cool und holten sich mit 111:102 den Titel.

1985 brachte eine Änderung im Modus der Finalserie. Wurden bisher die Spiele 1, 2, 5 und 7 in der Halle des Teams mit der besseren Saisonbilanz ausgetragen, so ging man nun zu dem bis 2013 gebräuchlichen 2-3-2-Format über, um die Zahl der nötigen Reisen zu vermindern. Auch in dieser Saison lag der Heimvorteil bei den Celtics. Das erste Spiel ging als »Memorial Day Massacre«

in die Geschichte ein, als die Celtics die Lakers an diesem Feiertag mit 148:114 erniedrigten. Ein solcher Sieg zählt aber auch nicht mehr als einer mit einem Punkt Vorsprung. Die Lakers kamen auch prompt zurück und setzten mit einem Sieg im zweiten Spiel die Celtics unter Druck, nun in einem der drei Spiele in Los Angeles einen Auswärtssieg zu landen. Dass dritte Spiel verlief ähnlich einseitig wie das Massaker, sah aber die Lakers als 136:111-Sieger; in Spiel 4 aber sicherten sich die Celtics den nötigen Auswärtssieg mit dem entscheidenden Korb von Dennis Johnson in letzter Sekunde. Doch in den beiden folgenden Spielen hatten sie nichts mehr zuzusetzen und die Lakers holten sich mit zwei Siegen den Titel. Zum ersten Mal hatten sie die Celtics in einer Finalserie bezwungen; auch der auf dem Team lastende Fluch, entscheidende Spiele im Boston Garden immer zu verlieren, gehörte nun der Vergangenheit an.

Im folgenden Jahr spielten die Celtics eine nahezu perfekte Saison, die allenfalls dadurch getrübt wurde, dass sie im Finale mit den Houston Rockets vorliebnehmen mussten, anstatt sich für die Niederlage von 1985 revanchieren zu können. 1987 hatte das große Celtics-Team der 1980er seinen Zenit wohl bereits überschritten und zudem mit großen Verletzungsproblemen zu kämpfen. Die Lakers hatten nicht nur den Heimvorteil auf ihrer Seite, sondern waren auch relativ problemlos ins Finale gelangt, während die Celtics sieben anstrengende Spiele benötigt hatten, um die Detroit Pistons auszuschalten. Entsprechend leicht gewannen die Lakers die beiden ersten Spiele, bevor sich die Celtics in Boston das dritte Spiel holten. Spiel 4 sollte letztlich die Serie entscheiden und gilt bis heute als Klassiker.

Die Celtics führten lange, doch in der letzten Spielminute konnten die Lakers erstmals seit dem ersten Viertel wieder in Führung gehen. Larry Bird stellte mit einem Dreier zwölf Sekunden vor Schluss auf 106:104. Kareem Abdul-Jabbar verkürzte mit einem Freiwurf, verpasste aber den zweiten. Der Ball sprang ins Aus und wurde unter Bostoner Protesten den Lakers zugesprochen. Die Uhr zeigte eine Restspielzeit von sieben Sekunden und zwei Sekunden vor Schluss erzielte Magic mit einem unglaublichen Hakenwurf das 107:106. Bird gelang es in der verbleibenden Zeit, noch einen Wurf abzusetzen, der jedoch um Millimeter das Ziel verfehlte. Trotz dieser demoralisierenden Niederlage boten die Celtics im fünften Spiel eine starke Leistung und siegten mit 123:108. Im sechsten Spiel führten die Celtics bei Halbzeit, aber ein starker Lauf im dritten Viertel sicherte den Lakers den Titel. Erneut hatte die Finalserie gehalten, was man sich von ihr versprochen hatte, doch es sollte für lange Zeit der letzte Titelkampf der beiden Teams bleiben.

Die 1990er waren eine schlechte Zeit für beide Klubs; 1994 machten sie sogar Geschichte, als sie zum ersten Mal beide gleichzeitig die Playoffs verfehlten. 2008 war es dann endlich so weit und man begegnete sich zum ersten Mal seit Langem wieder in einem Finale. Die Celtics hatten den Heimvorteil und gewannen in Boston auch die ersten beiden Spiele. Im zweiten verspielten sie allerdings beinahe eine 24-Punkte-Führung und retteten sich nur mit Mühe ins Ziel. Im dritten Spiel hatten die Celtics 36 Punkten von Kobe Bryant nichts entgegenzusetzen, und auch Spiel 4 schien an die Lakers zu gehen, die nach dem ersten Viertel mit 35:14 führten und diesen Vorsprung im dritten Viertel auf bis zu 24 Punkte ausbauten. Es folgte ein völliger Zusammenbruch der Lakers und am Ende lagen die Celtics mit 87:81 vorn. Auch im fünften Spiel verspielten die Lakers mehrfach scheinbar sichere Vorsprünge, sicherten sich am Ende aber einen 103:98-Sieg. Die Entscheidung fiel im sechsten Spiel in Boston, als die Celtics-Defensive die Lakers überhaupt nicht zur Entfaltung kommen ließ, während die »Big Three« – Paul Pierce, Kevin Garnett und Ray Allen – wie auch Rajon Rondo nach Belieben punkteten. Endstand 131:92, Titel Nummer 17 für die Celtics.

2009 verpassten die Celtics das Finale, doch 2010 traf man sich erneut, unter umgekehrten Vorzeichen, denn diesmal genossen die Lakers den Heimvorteil. Spiel 1 entwickelte sich zu einer sicheren

Sache für die Lakers, doch im zweiten Spiel nutzten die Celtics 32 Punkte von Ray Allen, um den Spieß umzudrehen. Spiel 3 ging an die Lakers, doch die Celtics zeigten sich dem Druck gewachsen und gewannen die nächsten beiden Spiele trotz spektakulärer Auftritte von Kobe Bryant. Im sechsten Spiel zog sich Kendrick Perkins, der Center der Celtics, eine schwere Knieverletzung zu. Die Lakers erzwangen ein siebtes Spiel. Das mit großer Spannung erwartete Spiel erzielte die zweitbeste TV-Quote, die jemals ein NBA-Finalspiel erreicht hatte (den Rekord hält immer noch Spiel 6 der Finalserie von 1998 zwischen Chicago und Utah). Nach dem dritten Viertel lagen die Celtics noch in Führung, hatten aber mit Foulproblemen zu kämpfen. Zudem wurde Kendrick Perkins unter den Körben schmerzlich vermisst. Nach einem spannenden vierten Viertel sicherten sich die Lakers mit 83:79 den Titel.

Inzwischen befinden sich beide Klubs mal wieder in einer Phase des Neuaufbaus. Zum zweiten Mal nach 1994 verfehlten sie 2014 sogar einträchtig die Playoffs. Auch wenn sich die beiden Teams nicht mehr so regelmäßig im Finale begegnen wie früher, hat die Rivalität nichts von ihrem Reiz verloren, wie die Aufmerksamkeit zeigt, die auch die beiden Begegnungen in der regulären Saison erfahren. Die Liga sollte auf ein Wiedererstarken ihrer beiden Traditionsklubs hoffen, denn die Geschichte zeigt, dass es der NBA besonders gut geht, wenn Celtics und Lakers um den Titel mitmischen.

**GRUND NR. 66**

## WEIL DETLEF SCHREMPF SEINEN WEG MACHTE

Als sich 1980 ein 17-jähriger Basketballspieler aus Leverkusen in die USA aufmachte, konnte er noch nicht ahnen, dass er nicht nur ein Jahr als Austauschschüler die Highschool besuchen würde, sondern sich auf dem Weg befand, die Basketballwelt zu erobern. Die Reise ging nach Centralia, eine Kleinstadt im Staate Washington, wo der junge Mann nicht nur sein Englisch perfektionierte, sondern auch das örtliche Highschool-Team verstärkte. Doch aus der geplanten Rückkehr nach einem Jahr wurde nichts und so ging dem TuS 04 Leverkusen ein talentierter Basketballspieler auf Dauer verloren.

Detlef Schrempf gefiel es im schönen Nordwesten der USA so gut, dass er lieber ein Studium an der University of Washington aufnahm und seine Basketballausbildung im College-Team der Washington Huskies fortsetzte. Mit ihm qualifizierten sich die Huskies dreimal für das NCAA-Turnier und erreichten 1984 die Runde der letzten Sechzehn.

Manche Beobachter fühlten sich durch den jungen Deutschen sogar an Larry Bird erinnert. Kein Wunder, dass er beim NBA Draft 1985 nicht lange warten musste, sondern bereits mit dem achten Pick von den Dallas Mavericks ausgewählt wurde. Die erst 1980 in die NBA aufgenommenen Mavericks hatten sich bereits zu einem Playoff-Team entwickelt und Schrempf musste sich zunächst einmal mit Kurzeinsätzen begnügen. Als auch in seiner vierten Saison der große Durchbruch nicht bevorzustehen schien, tradeten ihn die Mavericks am 21. Februar 1989 zu den Indiana Pacers. Dort erhielt er längere Einsatzzeiten und seine statistischen Werte schnellten nach oben, darunter insbesondere die Dreierquote.

»Det the Threat«, wie er nun immer öfter genannt wurde, hatte hart an sich gearbeitet, und dies begann, sich auszuzahlen. Bei den Pacers übernahm er die Rolle des »sechsten Manns«, des Spielers, der als Erster von der Bank kommt und dem Spiel gegebenenfalls eine Wende geben soll. Diese Rolle wird in der NBA so hoch geschätzt, dass für den besten sechsten Mann der Saison sogar ein eigener Preis existiert. Sowohl 1991 wie auch 1992 ging diese Auszeichnung an Detlef Schrempf; fortan gehörte er dann aber bei den Pacers zur Starting Five. In der Saison 1992/93 wurden seine Leistungen erstmals auch mit der Nominierung zum All-Star Game gewürdigt. Anders als in den 1980ern schafften die Pacers mit Detlef

Schrempf regelmäßig die Playoff-Qualifikation; mit gleicher Regelmäßigkeit kam dann aber auch das Aus in der 1. Runde.

In der Saison 1993/94 wollte man bei den Pacers etwas anderes probieren und gab Schrempf Anfang November an die Seattle SuperSonics ab. Ein in zweifacher Hinsicht glücklicher Trade für den Deutschen, der damit erstmals einem wirklichen Titelanwärter angehörte und außerdem in die Stadt zurückkehren durfte, die ihm in den USA zur Heimat geworden war. Das Team um Coach George Karl, Gary Peyton und Shawn Kemp beherrschte in jenen Jahren die Pacific Division. Auch Detlef Schrempf hatte natürlich seinen Anteil daran und wurde 1995 und 1997 jeweils erneut ins All-Star-Team berufen. In den Playoffs kam das Aus jedoch meist vor der Zeit, nur 1996 erreichte man die NBA-Finals, unterlag jedoch den Chicago Bulls um Michael Jordan in sechs Spielen.

Schrempf spielte bis 1999 für die Sonics, danach gab er noch ein kurzes Gastspiel bei den Portland Trail Blazers. Am Ende seiner Karriere war er der erste Spieler aus Europa, der in der NBA mehr als 15.000 Punkte erzielt hatte, und in jedem Fall der beste Deutsche, vielleicht auch der beste Europäer, den die Liga bis dahin gesehen hatte.

Nicht unerwähnt soll vor diesem Hintergrund bleiben, dass Schrempf auch 71 Länderspiele für Deutschland absolviert hat. Während seiner College-Jahre war er bei den Europameisterschaften 1983 und 1985 dabei und trug nicht unerheblich zur Qualifikation für die Olympischen Spiele 1984 bei. In Los Angeles reichte es zu einem überaus achtbaren achten Rang, was vielleicht auch ein wenig mit dem Boykott der Ostblockländer zusammenhing. Als Profi war ihm dann bis 1992 die Teilnahme an internationalen Turnieren verwehrt. In diesem Jahr trat er bei Olympia in Barcelona nochmals mit der deutschen Nationalmannschaft an, u. a. gegen das »Dream Team«. Der dort erreichte siebte Platz ist noch höher einzuschätzen als das Abschneiden von 1984. Danach beendete Detlef Schrempf seine internationale Karriere.

Auch wenn ihm die Krönung durch einen Titelgewinn in der NBA versagt blieb: Hätte man dem jungen Mann diese Karriere vorhergesagt, als er 1983 seine Geburtsstadt verließ, er hätte sich vermutlich nicht beschwert.

GRUND NR. 67

## WEIL BASKETBALLSPIELE MITUNTER GANZ SCHÖN LANG DAUERN KÖNNEN

An anderer Stelle wird davon die Rede sein, dass es im Basketball kein Unentschieden gibt. Bis dann aber in der Verlängerung tatsächlich eine Entscheidung fällt, kann es mitunter recht lange dauern.

Das längste NBA-Spiel aller Zeiten fand bereits in den frühen Jahren der Liga statt, am 6. Januar 1951. Gegenüber standen sich die Indianapolis Olympians und die Rochester Royals, und sie benötigten insgesamt sechs Verlängerungen und damit eine Gesamtspielzeit von 78 Minuten, um endlich einen Sieger zu ermitteln. Das Spiel endete mit dem erstaunlich niedrigen Ergebnis von 75:73 für das Team aus Indianapolis.

Die geringe Punktzahl erklärt sich daraus, dass damals die für einen Angriff zur Verfügung stehende Zeit noch nicht begrenzt war, die Spieler also beliebig lange mit dem Korbwurf warten konnten. Die Saison 1950/51 war ohnehin eine Saison, in der nur wenig Körbe erzielt wurden. Um dem zu begegnen, führte die NBA 1955 die sogenannte Shot Clock ein, die die Zeit für einen Angriff auf 24 Sekunden beschränkte. Es sollte lange dauern, bis es zu einem neuen Marathon kam, doch am 9. November 1989 trafen sich die Minneapolis Bucks und die Seattle SuperSonics im längsten NBA-Spiel seit Einführung der Shot Clock. Am Ende der regulären Spielzeit stand es 103:103 und dann brauchte es fünf Verlängerungen, bis die Bucks als 155:154-Sieger feststanden.

Auch das längste NBA-Playoff-Spiel fällt in die Prä-Shot-Clock-Ära. Am 21. März 1953 benötigten die Boston Celtics vier Verlängerungen, um die Syracuse Nationals (die heutigen Philadelphia 76ers) mit 111:105 zu besiegen. Die Celtics waren auch an einem der legendärsten Playoff-Spiele aller Zeiten beteiligt, als sie am 4. Juni 1976 im fünften Spiel der Finalserie der Saison 1975/76 die Phönix Suns nach dreimaliger Verlängerung mit 128:126 besiegten, um sich dann im sechsten Spiel die Meisterschaft zu sichern. Drei Verlängerungen in den Playoffs hat es seitdem noch weitere fünf Male gegeben: 1993 ließen sich die Phönix Suns und Charles Barkley auch durch 44 Punkte von Michael Jordan nicht beeindrucken und besiegten die Chicago Bulls mit 129:121. 2004 unterlagen die Detroit Pistons den New Jersey Nets mit 127:120, gewannen die Serie aber dennoch und sicherten sich später den NBA-Titel. 2009 benötigten die Boston Celtics 51 Punkte von Ray Allen, um schließlich den Chicago Bulls mit 128:127 das Nachsehen zu geben. 2011 erwiesen sich die Memphis Grizzlies gegen die Oklahoma City Thunder lange als ebenbürtig, bevor sie sich in der dritten Verlängerung mit 133:123 doch noch deutlich geschlagen gaben. Deutlich wurde es am Ende dann auch 2013, als die Chicago Bulls gegen die Brooklyn Nets nach drei Verlängerungen letztendlich mit 142:134 die Oberhand behielten.

Im amerikanischen College-Basketball steht der Rekord bei sieben Verlängerungen, aufgestellt am 21. Dezember 1981 in einem Spiel, das die Bradley University als 75:73-Sieger über die University of Cincinnati sah. Auch hier verweist die geringe Gesamtpunktzahl darauf, dass es damals bei College-Spielen noch keine Wurfuhr gab. Das war anders, als sich die Teams der Syracuse University und der University of Connecticut am 12. März 2009 im Madison Square Garden von New York einen Klassiker lieferten, in dem nach sechs Verlängerungen die Mannschaft aus Syracuse mit 127:117 den Sieg davontrug.

All dies verblasst jedoch gegenüber einem Spiel vom 29. Februar 1964, als zwei Highschool-Mannschaften aus North Carolina, die

Teams der Angier und der Boone Trail High School 13 Verlängerungen benötigten, um einen Sieger zu ermitteln. Das Endergebnis lautete 54:52 für Boone Trail, auch dies ein Spiel ohne Wurfuhr, was wohl auch erklärt, dass in neun der 13 Verlängerungen keine der beiden Mannschaften einen Punkt erzielte. Bemerkenswerterweise bestritten die Starter beider Mannschaft das gesamte Spiel, keiner von ihnen erreichte also die Foulgrenze oder wurde ausgewechselt. Und wer daran zweifeln sollte, dass Frauen wahre Ausdauerwunder sind: 1969 sollen in Tennessee zwei Mädchenteams ein Spiel bestritten haben, welches über sage und schreibe 16 Verlängerungen ging.

Aus Europa sind Informationen über Spiele von vergleichbarer Dauer nur schwer zu finden, doch am 4. Dezember 2007 gewann Alba Berlin gegen Bosna Sarajevo ein Europacup-Spiel nach fünf Verlängerungen mit 141:127. Der Ausgleich in der regulären Spielzeit gelang 12,1 Sekunden vor Schuss; in der dritten Verlängerung benötigte Alba 1,2 Sekunden vor der Sirene einen Dreier von weit hinter der Linie, um die vierte Verlängerung zu erzwingen; zwei Freiwürfe brachten die fünfte Verlängerung. Schütze war in all diesen Fällen Spielmacher Bobby Brown. Doppelt erstaunlich, dass dann in der letzten Verlängerung gleich ein 14-Punkte-Vorsprung heraussprang, denn den Berlinern standen nur noch fünf Spieler zur Verfügung, alle anderen waren mit fünf Fouls ausgeschieden. Um Sir Alex Ferguson abzuwandeln: »Basketball, bloody hell!«

All die genannten Spiele fanden im Rahmen regulärer Wettbewerbe statt. Ganz andere Zeitspannen werden erreicht, wenn es darum geht, Rekorde aufzustellen. So wurde am 9. Dezember 2000 in der Nähe von München, beim TSV Ismaning, das mit 33 Stunden bis dahin längste Basketballspiel der Welt ausgetragen und mit einem Eintrag im Guinness-Buch der Rekorde gewürdigt. Inzwischen steht der Rekord bei 112 Stunden und 13 Sekunden, aufgestellt vom 21. bis 25. März 2012 im Missouri Athletic Club in St. Louis. Team Joplin besiegte Team St. Louis mit 11.806:11.620, Unentschieden und Verlängerung standen also nicht zur Debatte.

**GRUND NR. 68**

## WEIL DER BARMER TV DIE 1990ER BEHERRSCHTE

Als die Dynastie von Agon Düsseldorf in der Frauen-Bundesliga in den frühen 1990ern ihr Ende fand, standen die Nachfolgerinnen schon bereit. Das Team des Barmer TV 1846 hatte bereits 1989 überraschend mit dem Doppel aus Meisterschaft und Pokal die Titelserie der Düsseldorferinnen unterbrochen und übernahm 1993 endgültig die Rolle, die der Rekordmeister im Jahrzehnt zuvor im deutschen Frauen-Basketball gespielt hatte.

Der Aufstieg der Basketballerinnen aus Wuppertal ist untrennbar mit dem Namen Kehrenberg verbunden. Die Eltern Renate und Joachim Kehrenberg leiteten die Abteilung; ihre Töchter, die Zwillinge Martina und Petra, zeigten schon in der Jugend großes Talent, entwickelten sich zu Leistungsträgerinnen des Bundesligateams und wurden Nationalspielerinnen, im Falle von Martina sogar zur Rekordnationalspielerin. In Bernd Motte hatte der Verein einen ehrgeizigen Trainer, der sich mit der Düsseldorfer Dominanz nicht abfinden wollte.

Auf das Double des Jahres 1989 folgte nochmals eine Durststrecke, denn der nächste Titelgewinn gelang erst 1992 im Pokal. Doch dann gab es kein Halten mehr und von 1993 bis 2002 gehörten die beiden nationalen Titel durchgehend dem Barmer TV 1846, der ab der Saison 1993/94 unter dem Namen BTV 1846 Wuppertal firmierte und später auch den Hauptsponsor Gold-Zack in seinem Namen führte. Man verpflichtete mit Marlies Askamp die beste deutsche Spielerin, dazu kamen weitere Nationalspielerinnen wie Heike Roth, Sophie von Saldern und Andrea Harder; und natürlich auch ausländische Stars wie die Australierinnen Sandra Brondello und Michelle Timms.

Wie gelingt es einem Team, das auf nationaler Ebene so eindeutig dominiert, die Spannung hochzuhalten? Indem es sich internationale Ziele setzt. Bereits 1994 gelang der Einzug ins Final-Four-Turnier der EuroLeague, wo man jedoch im Halbfinale an PB Godella Valencia scheiterte und am Ende Platz 4 belegte.

Zwei Jahre später gelang jedoch der große Wurf. Mit zwei sicheren Siegen gegen den österreichischen Meister aus Wels erreichte man die Gruppenphase. Dort sah es zunächst gar nicht gut aus, denn einem Sieg gegen den israelischen Vertreter Elitzur Holon folgten drei Niederlagen, daheim gegen CJM Bourges und auswärts gegen Sporting Athen und SFT Como, das in den beiden letzten Jahren den Wettbewerb gewonnen hatte. Dann blieb man jedoch viermal in Folge siegreich, daheim gegen Croatia Zagreb und Athen, dazwischen auswärts in Holon und Bourges. Como konnte zwar auch in eigener Halle nicht bezwungen werden, doch ein in der Verlängerung errungener Sieg in Zagreb bedeutete den zweiten Gruppenplatz und damit den Einzug ins Viertelfinale. Zwei problemlose Siege gegen Dynamo Kiew sicherten dann die Reise nach Sofia zu den Final Four. Auch im Halbfinale hatte man beim 84:67 mit SCP Ružomberok aus der Slowakei wenig Mühe. Im Endspiel am 21. März 1996 wartete das aus den Gruppenspielen wohlbekannte Team aus Como. Nach ausgeglichener erster Halbzeit hatten die Titelverteidigerinnen dem von Bernd Motte glänzend eingestellten Team aus Wuppertal in der zweiten Hälfte nur noch wenig entgegenzusetzen, und am Ende stand ein überraschend deutliches 84:67 für den BTV. Folgende Spielerinnen waren an diesem Triumph beteiligt: Marlies Askamp, Sandra Brondello, Stefanie Egger, Andrea Harder, Martina Kehrenberg, Petra Kremer (das ist die inzwischen verheiratete Petra Kehrenberg), Heike Roth, Maren Schiller, Michelle Sheetz, Michelle Timms!

1997 qualifizierten sich die Wuppertalerinnen erneut für die Final Four. Wie im Vorjahr hieß der Gegner SCP Ružomberok und mit dem nahezu identischen Ergebnis von 87:66 gelang der zweite Finaleinzug, diesmal gegen CJM Bourges. Die Französinnen beendeten mit einem 71:52 im Finale dann alle Träume von einer erfolgreichen Titelverteidigung. 1999 reichte es dann noch einmal zur Qualifikation für das Final-Four-Turnier, wo man aber im Halbfinale an SFT Como scheiterte.

In der deutschen Öffentlichkeit blieben diese überragenden Erfolge nahezu unbeachtet und auch der Ligaalltag weckte nur wenig Interesse. Aufkommende Finanzprobleme und steuerliche Gründe führten zur Ausgliederung der Basketballabteilung aus dem Hauptverein, doch als die Firma Gold-Zack aufgrund eigener wirtschaftlicher Schwierigkeiten im Herbst 2002 ihre Zahlungen einstellte, bedeutete dies das Ende des Spitzenbasketballs in Wuppertal.

Für eine Liga ist die sportliche Dominanz eines Teams, wie vom Barmer TV ein Jahrzehnt lang demonstriert, sicherlich nicht gut. Doch man kann dem Verein keinen Vorwurf daraus machen, dass sich kein Konkurrent fand, der bereit war, ähnlich professionell zu arbeiten, um den Wuppertalerinnen Paroli zu bieten, was vermutlich der ganzen Bundesliga gutgetan hätte. Ein besseres Vereinsteam hat es im deutschen Frauenbasketball auf jeden Fall nie gegeben. Umso bedauerlicher, dass die Ära des Barmer TV – wie zuvor schon die von Agon Düsseldorf – mit der Auflösung des Teams endete.

**GRUND NR. 69**

## WEIL OSCAR ROBERTSON DER MEISTER DES TRIPLE-DOUBLES WAR

Wenn ein Spieler in einem Spiel in drei Kategorien – meist Punkte, Assists und Rebounds, mitunter auch Steals oder Blocks – eine zweistellige Zahl erreicht hat, dann spricht man von einem Triple-Double. Für manche Spieler ist das ein Karrierehöhepunkt; großen Stars gelingt das mehrmals in einer Spielzeit. Magic Johnson schaffte in seiner Karriere in der regulären Saison 138 Triple-Doubles, Michael Jordan kam auf vergleichsweise bescheidene 28. Weit in Führung mit 181 liegt in dieser Wertung jedoch Oscar Robertson. Noch beeindruckender ist aber seine Leistung aus der Saison 1961/62, als er im Schnitt 30,8 Punkte, 12,5 Rebounds und 11,4 Assists pro Spiel erzielte, also ein Triple-Double für die gesamte Saison. The Big O, so sein Spitzname, ist bis heute der einzige Spieler, dem dies gelungen ist.

Oscar Robertson kam in Tennessee in armen Verhältnissen zur Welt, und wie so viele schwarze NBA-Stars seiner Generation hatte er in seiner Jugend unter dem verbreiteten alltäglichen Rassismus zu leiden. Er besuchte in Indianapolis eine rein schwarze Highschool. Mit dem Basketballteam der Schule gewann er die Staatsmeisterschaften von Indiana, was zuvor noch nie einer schwarzen Highschool gelungen war. Ein Jahr später beendete das Team die Saison ungeschlagen und holte sich erneut den Titel. Die Stadtväter von Indianapolis waren davon jedoch keineswegs angetan und hielten die Schüler an, ihre Erfolge außerhalb der Stadtgrenzen zu feiern!

Nach dem Schulabschluss begann Robertson eine ebenso illustre College-Karriere an der University of Cincinnati. Dreimal beendete er die Saison mit dem landesweit höchsten Punkteschnitt und wurde zum College-Spieler des Jahres gewählt, eine Auszeichnung, die heute seinen Namen trägt. Zweimal erreichte sein Team die Final Four der NCAA-Meisterschaft, ohne jedoch den Titel zu gewinnen. Höhepunkt und Abschluss seiner College-Jahre bildete die Teilnahme an den Olympischen Spielen in Rom 1960, wo er mit einem ungewöhnlich stark besetzten US-Team – mit Robertson, Jerry West, Jerry Lucas und Walt Bellamy gehörten ihm vier zukünftige Mitglieder der Hall of Fame an – unangefochten die Goldmedaille gewann.

Das damals noch existierende Vorrecht für NBA-Klubs, örtliche College-Stars zu draften, sorgte dafür, dass Oscar Robertson bei den Cincinnati Royals landete. Gleich in seiner ersten Saison fehlten dem Point Guard nur wenige Assists, um im Saisonschnitt ein Triple-Double zu erreichen. Er wurde zum Rookie des Jahres gewählt, konnte sein Team aber noch nicht in die Playoffs führen. In seinem zweiten Jahr in der NBA, 1961/62, verzeichnete er die bereits erwähnte Rekordsaison; 1964 erhielt er die Auszeichnung als wertvollster Spieler der NBA, der einzige Spieler, dem diese Ehrung neben Bill Russell und Wilt Chamberlain in diesen Jahren zuteil wurde. Auch die Royals verbesserten sich nun ständig, scheiterten jedoch in den Playoffs regelmäßig an den unschlagbaren Boston Celtics.

In den folgenden Jahren hatte Cincinnati jedoch Probleme, überhaupt die Playoffs zu erreichen, obwohl Oscar Robertson weiterhin beeindruckende Leistungen zeigte. So mag es ihm wie eine Erlösung vorgekommen sein, als er vor der Saison 1970/71 an die Milwaukee Bucks abgegeben wurde. Damit stieß er zu einem konkurrenzfähigen Team um den jungen Center Lew Alcindor. Die Bucks spielten eine überragende Saison und holten sich den NBA-Titel, den einzigen in der Karriere des Big O. 1974 waren die Bucks ganz nah an einem zweiten Titel, verloren jedoch im Finale in sieben Spielen gegen die Celtics. Anschließend beendete Robertson seine Laufbahn.

In den letzten Jahren seiner Karriere agierte Robertson auch als Präsident der NBA-Spielergewerkschaft. Während seiner Amtszeit initiierte die Players Association 1970 eine Antitrust-Klage gegen die Liga, in deren Folge die Spieler die Freiheit erhielten, sich nach Vertragsablauf ihren Arbeitgeber selbst auszusuchen. Zuvor waren die Spieler durch eine Reihe von Vertragsklauseln von ihren Klubs in einer Art Leibeigenschaft gehalten worden; nun waren die Voraussetzungen für den rapiden Anstieg gegeben, den die Spielergehälter in den folgenden Jahren nehmen sollten.

Wenn Spieler also heute im Laufe ihrer Karriere Millionen verdienen können, so sollten sie dafür auch Oscar Robertson danken. Vor allem aber war er einer der vielseitigsten Spieler der NBA-Geschichte, einer der ersten »Big Guards«, der den Weg für Spieler wie

Magic Johnson bereitete, und der Erfinder des von Michael Jordan zur Vollendung geführten Fadeaway Jump Shots. Mit anderen Worten: einer der ganz Großen!

## GRUND NR. 70

### WEIL DIRK NOWITZKI MIT EINEM WERBESPOT EINEN SHITSTORM AUSGELÖST HAT

Wenn ein Sportler es zu einer gewissen Prominenz gebracht hat, so darf er damit rechnen, dass bald die eine oder andere Firma auf der Matte steht und mit einem Werbevertrag winkt. Von Dirk Nowitzki glauben Fachleute sogar, er könne zur Spitzengruppe der deutschen Werbeprominenz gehören, wenn er denn nur wolle. Doch der Mann findet anscheinend keinen großen Gefallen am Drehen von Werbespots und beschränkt sich, zumindest in Deutschland, seit 2003 auf einen einzigen Werbevertrag mit einer Direktbank. Das bringt ihm sicher trotzdem eine fürstliche Summe ein, doch zu haben war er nur, weil sich sein Werbepartner verpflichtete, gleichzeitig auch Projekte im Nachwuchsbereich zu fördern. Nix zu meckern also.

Mit drei Spots hat sich Nowitzki in der kollektiven Wahrnehmung etabliert. Im ersten entdeckt ein Junge ihn in einer Hotellobby und bittet um ein Autogramm. Dann wird er vorlaut und bemängelt die Handschrift des Basketballstars, der daraufhin seinen Namen auch noch in Druckbuchstaben auf das Bild setzt, dafür mit einem »So ist's fein« belohnt wird, bevor der Knirps mit einem knappen »Her damit!« seinen Stift zurückfordert und triumphierend abzieht.

Der zweite Spot führt Nowitzki, offenkundig auf Besuch in Würzburg, in eine Metzgerei. Staunende Blick der Kunden, dann kommt die Metzgersfrau auf die Idee, dem Heimkehrer eine Scheibe Wurst anzubieten, verbunden mit der Frage: »Was hamma früher immer g'sagt?« Worauf es natürlich nur eine Antwort gibt: »Damit du groß und stark wirst!«

Was der Auftritt eines weit gereisten Basketballspielers in einer Metzgerei seiner Heimatstadt mit einer Bank zu tun haben könnte, bleibt ein Geheimnis. Erhöhte Aufmerksamkeit wurde dem betreffenden Institut allerdings in der Tat zuteil, denn das kleine Filmchen löste bei Vegetariern und Veganern erstaunlicherweise einen Shitstorm aus, der sich wochenlang auf der Website der Bank austobte und natürlich auch die Fleischesser auf den Plan rief.

Vermeintlich harmloser sollte es dann im nächsten Spot zugehen. Nowitzki tummelt sich am Strand, es soll Mallorca sein, hat aber das Pech, beim Versuch, eine Frisbeescheibe zu fangen, in die von einem kleinen Mädchen errichtete Sandburg zu purzeln. Die Göre bekommt einen Schreikrampf, der den gesamten Strand von Nowitzkis abscheulicher Untat in Kenntnis setzt. Zur Wiedergutmachung gibt er den dezidierten Forderungen der jungen Dame nach und baut eine neue, viel prächtigere Burg, die fast seine Körpergröße erreicht. Auf Dank seitens der Bauherrin darf er allerdings nicht hoffen, denn diese zieht sich nach Vollendung des Bauwerks in andere Gefilde zurück.

Was lernen wir daraus: Dirk Nowitzki hat kein Problem damit, in Werbefilmen wie ein dummer August dazustehen. Und schlimm an diesen Spots ist nicht die verzehrte Wurst, sondern es sind die Kinder, die in ihnen auftreten.

# 8. KAPITEL
# ASSISTS

**GRUND NR. 71**

## WEIL JOHN STOCKTON DAFÜR SORGTE, DASS DER »MAILMAN« DIE POST BRINGEN KONNTE

Sie könnten kaum unterschiedlicher sein: der eine ein 2,06 Meter großer Afroamerikaner aus Louisiana im tiefen Süden der Vereinigten Staaten, der andere ein 1,85 Meter großer Nachkomme irischer Vorfahren aus Spokane in Washington, im Nordwesten der USA. Und doch bildeten Karl Malone und John Stockton gemeinsam das wohl dynamischste Duo, das man im Basketball je gesehen hat. Gemeinsam standen sie in 1.412 NBA-Spielen auf dem Feld, eine Zahl, die nur ganz wenige Spieler für sich allein erreichen. Zusammen mit Headcoach Jerry Sloan stehen ihre Namen für die besten Jahre der Utah Jazz.

Die Geschichte des Klubs begann 1974 in New Orleans, was auch den für Utah schwer nachvollziehbaren Namen erklärt. Erster Star des Teams war »Pistol« Pete Maravich, der in einem Trade von den Atlanta Hawks geholt wurde. Maravich hält bis heute den Karrierepunktrekord in der obersten Division des College-Basketballs, eine umso bemerkenswertere Leistung, als es damals noch keine Dreipunktelinie gab und Neulinge in ihrem ersten Jahr noch nicht in der ersten Mannschaft ihrer Universität spielen durften, er also nur auf drei aktive Jahre kommt. Seine Rekorde stellte er mit dem Team der Louisiana State University auf, insofern passte er also glänzend nach New Orleans zu den Jazz. Er kam auch in der NBA auf hervorragende Zahlen, hatte jedoch das Pech, nahezu ausschließlich für Teams zu spielen, die wenig konkurrenzfähig waren. In sechs Jahren bei den Jazz erreichte er nie die Playoffs.

Die fehlenden sportlichen Erfolge trugen sicherlich dazu bei, dass das Team mit finanziellen Problemen zu kämpfen hatte und 1979 nach Salt Lake City umgesiedelt wurde, wo von 1970 bis 1976 mit den Utah Stars ein populäres ABA-Team residiert hatte. Hätte man nicht in einer dubiosen Transaktion den ersten Pick beim 1979er NBA Draft verloren, so hätte man in Utah mit Magic Johnson neu beginnen können.

1982 gab man den gerade gedrafteten Dominique Wilkins an die Atlanta Hawks ab, wo er eine Karriere startete, die ihn bis in die Hall of Fame brachte. Die beiden Spieler, die die Jazz für ihn eintauschten, sind heute nur noch eingefleischten NBA-Nerds bekannt. Trotz solch desaströser Personalentscheidungen hatte das Team mit Adrian Dantley einen erstklassigen Spieler in seinen Reihen, der die Jazz 1983/84 erstmals in der Vereinsgeschichte in die Playoffs führte, wo man sogar die erste Runde überstand.

Und Hilfe war auf dem Weg. 1984 drafteten die Jazz den Point Guard John Stockton, der an der Gonzaga University in seiner Heimatstadt Spokane eine solide College-Karriere hingelegt hatte, ohne außerhalb des Nordwestens größeres Aufsehen zu erregen, obwohl er die Berufung in das US-Olympiateam 1984 nur knapp verfehlte. Bei den Fans der Jazz erregte seine Verpflichtung zunächst einmal Missmut.

Ebenfalls knapp an der Berufung ins Olympiateam gescheitert war ein Power Forward namens Karl Malone. Auch er hatte seine College-Jahre mit Louisiana Tech an einer im Basketball bisher kaum hervorgetretenen Universität verbracht, sein Team aber immerhin einmal unter die letzten Sechzehn des NCAA-Turniers geführt. 1985 wählten ihn die Jazz mit dem 13. Pick in der ersten Runde des NBA Draft. Dass er so spät beim Draft überhaupt noch zur Wahl stand, spricht entweder nicht für das Urteilsvermögen der NBA-Scouts, oder es belegt, wie schwer der Karriereweg von jungen Spielern einzuschätzen ist. Beim gleichen Draft wählten die Dallas Mavericks mit dem achten Pick einen jungen Deutschen namens Detlef Schrempf, von dem wir wissen, dass er auch eine mehr als respektable NBA-Karriere gemacht hat. An Karl Malone reicht er allerdings nicht ganz heran.

In ihrer ersten Saison mit John Stockton qualifizierten sich die Jazz erneut für die Playoffs, in denen sie sogar die Houston Rockets mit ihren Twin Towers Ralph Sampson und Hakeem Olajuwon ausschalten konnten. In den folgenden Jahren machte das Team weitere Fortschritte, und spätestens als es den Lakers 1988 in einer dramatischen Playoff-Serie nur knapp in sieben Spielen unterlag, war klar, dass Utah nun mit den besten Teams der Liga mithalten konnte. Kurz nach Beginn der Saison 1988/89 löste Jerry Sloan den bisherigen Headcoach Frank Layden ab, um diese Position bis 2011 nicht mehr abzugeben.

Jahr für Jahr bemühte man sich, das Team zu verstärken. Stockton und Malone hatten inzwischen Superstarstatus erreicht, wie ihre Berufung ins »Dream Team« für die Olympischen Spiele in Barcelona 1992 beweist. Malone wurde inzwischen »Mailman« genannt, weil man sich darauf verlassen konnte, dass er zuverlässig lieferte. Doch Jahr für Jahr gelang es nicht, hervorragende Saisonleistungen auch in den Playoffs abzurufen. Bis 1996 erreichte man zumindest dreimal das Finale der Western Conference, doch der Einzug ins NBA-Finale gelang erst 1997, als Stockton and Malone ihre besten Zeiten eigentlich schon hätten hinter sich haben sollen. Finalgegner waren die Chicago Bulls, die die Serie in sechs Spielen gewannen, von denen die beiden letzten allerdings erst in allerletzter Sekunde durch Heldentaten von Michael Jordan entschieden wurden. Ähnliches geschah im Jahr darauf: Die Jazz waren im sechsten Spiel drauf und dran, ein siebtes Spiel zu erzwingen, als Jordan Malone den Ball entwand und die entscheidenden Punkte für Chicago erzielte. Die Utah Jazz sind zweifellos das beste Team der 1990er, das in dieser Zeit keinen Titel gewann. John Stockton beendete seine Karriere 2003; zur gleichen Zeit verließ Karl Malone die Jazz, um seinen Traum vom Titel bei den Lakers zu erfüllen. Als dies nicht gelang, beendete er 2004 seine Karriere.

Kein Spieler hat in seiner Karriere mehr Assists erzielt als John Stockton, keiner konnte mehr Steals verbuchen. Kein Spieler absolvierte mehr Spiele für einen einzigen Verein, einzig Kareem Abdul-Jabbar und Robert Parish kommen in ihren Karrieren überhaupt auf eine größere Zahl von Spielen. Noch bemerkenswerter ist vielleicht folgende Statistik: Stockton verpasste in seiner gesamten Karriere nur 23 Spiele, davon 18 wegen einer Knieverletzung in einer einzigen Saison! Ein Arbeitstier, das sich in seinem bescheidenen Auftreten wohltuend vom in der NBA weit verbreiteten Imponiergehabe abhob.

Auch Karl Malone, der vielleicht beste Power Forward der NBA-Geschichte, kann beeindruckende Statistiken vorweisen. Nur Kareem Abdul-Jabbar hat mehr Karrierepunkte erzielt, und dieser zweite Platz scheint auf absehbare Zeit unangreifbar. Zweimal wurde er zum wertvollsten Spieler der Liga gewählt, zweimal gewann er olympisches Gold. Auch er beeindruckte zeit seiner Karriere durch ein vorbildliches Arbeitsethos.

Einwände gegen die Verwendung des Draft Picks von 1984 dürfte heute in Utah niemand erheben. Doch Spieler des Kalibers eines John Stockton und eines Karl Malone sind nur schwer zu ersetzen. Kein Wunder, dass es den Jazz bis heute nicht gelungen ist, an die Erfolge dieser Ära anzuknüpfen.

**GRUND NR. 72**

## WEIL DER DEUTSCHE BASKETBALL KOMPETENTE ENTWICKLUNGSHELFER HATTE

Die Männer, die das Basketballspiel in den 1930ern in Deutschland zu etablieren suchten, hatten die Inspiration dazu im Ausland erfahren. Hugo Murero, der erste Reichstrainer, war dem jungen Sport bei einem Aufenthalt in Italien begegnet und führte ihn dann an der Heeressportschule Wünsdorf ein. Hermann Niebuhr, der »Vater des deutschen Basketballs«, hatte das Spiel an einem amerikanischen

College in Istanbul kennengelernt, bevor er 1935 beim VfL Bad Kreuznach die erste Basketballabteilung in einem deutschen Sportverein gründete. Zudem sorgten ausländische Studenten dafür, dass auch an einigen deutschen Universitäten Basketball gespielt wurde.

Nach dem Krieg trug einerseits die amerikanische Besatzungsmacht erheblich dazu bei, dem Spiel in Deutschland zu größerer Popularität zu verhelfen. Aber auch Zuwanderer aus dem Osten, wie z. B. Anton Kartak und Theodor Schober in Heidelberg, leisteten fruchtbare Aufbauarbeit. Wie sehr man auf ausländische »Entwicklungshelfer« angewiesen war, zeigt allein schon die Liste der Bundestrainer, die bis 1980 neben Kartak und Schober so klingende Namen wie Theodor Vychodil, Branimir Volfer, Yakovos Bilek, Miloslav Kříž, Pascal Ezguilian und Raimondo Nonato De Azevedo aufwies. Völlig unvorstellbar, dass der Deutsche Fußball-Bund im gleichen Zeitraum eine ähnliche Weltoffenheit hätte zeigen können.

Spätestens mit den 1960er-Jahren gerieten auch zunehmend ausländische Spieler hierzulande in die Rolle von Entwicklungshelfern. Anfangs waren viele von ihnen in Deutschland stationierte amerikanische Soldaten, wie z. B. Jack Williams in Gießen oder Jim Wade in Bamberg. Dies barg allerdings die Gefahr, die Stütze der Mannschaft ziemlich unvermittelt zu verlieren; dann nämlich, wenn die Soldaten Kasernen und Sporthallen in Deutschland mit Militärbasen im fernen Vietnam vertauschen mussten. So willkommen diese Gastspieler auch waren, hatte man dennoch schon 1963 eine Regelung einführt, die im Laufe einer Saison nur den Einsatz von zwei Ausländern erlaubte, die allerdings nicht beide in einem Spiel auflaufen durften.

Bald kamen dann auch die ersten Amerikaner, die angesichts der beschränkten Zahl von Kaderplätzen in der NBA nach dem College ihr Glück in Europa suchten. Einer der bekanntesten war John Ecker, der 1971 den TuS 04 Leverkusen verstärkte. Sein Bekanntheitsgrad verdankt sich nicht nur seinen Leistungen als Basketballer, sondern auch der Eheschließung mit Heide Rosendahl, der Goldmedaillengewinnerin in der Leichtathletik bei den Olympischen Spiele von München.

Seither wissen wir, dass die Verbindung von Basketball und Fünfkampf exzellente Stabhochspringer hervorbringt. Ecker spielte bis 1983 für Leverkusen, wo er nach seiner Einbürgerung keine Ausländerstelle mehr besetzte. Er hatte im College unter Coach John Wooden für UCLA gespielt und empfahl dem SSC Göttingen seinen Mannschaftskameraden Terry Schofield. Der überzeugte nicht nur als Spieler, sondern führte die Göttinger dann auch als Trainer zu großen Erfolgen. Als Entwicklungshelfer im besten Sinne des Wortes arbeitete er ab 1980 zusätzlich auch noch als Bundestrainer. Sein Nachfolger auf dieser Stelle wurde dann mit Chris Lee ein weiterer Amerikaner, dessen Bruder Greg in der Bundesliga beim TuS 04 Leverkusen gespielt hatte. Der Trend zu amerikanischen Coaches hatte erst Ende der 1970er eingesetzt, dann wurden aber teilweise mehr als die Hälfte der Bundesligavereine von Amerikanern trainiert. Zuvor waren ausländische Bundesligatrainer eher aus Ostblockländern gekommen, so z. B. die Trainer der ersten Bundesligameister MTV 1846 Gießen – der Ungar László Lakfalvi – und VfL Osnabrück – der Tscheche Miloslav Kříž.

Ecker und Schofield gehören zu den Amerikanern, die lange oder für immer blieben und in ihren Vereinen eine prägende Rolle spielten. In diese Reihe gehören auch Wilbert Olinde, Star der Göttinger Meistermannschaften; Ken Sweet, 15 Jahre lang das Gesicht des 1. FC Bamberg; Buzz Harnett, der großen Anteil am Aufschwung des Bayreuther Basketballs hatte; Calvin Oldham, der zwölf Jahre in Bayreuth spielte und später auch als Trainer in Deutschland arbeitete. Bei den meisten Vereinen erinnern sich ältere Fans wohl bis heute an ausländische Spieler, denen man mit großem Vergnügen zugeschaut hat.

1988 wurde die Ausländerregelung geändert. Fortan durften in einem Bundesligaspiel zwei Ausländer eingesetzt werden, im Verlauf der Saison insgesamt drei. Ab 1996, nach dem Bosman-Urteil, galten Spieler aus EU-Ländern dann nicht mehr als Ausländer. Gegenwärtig sind in der Bundesliga insgesamt sechs Ausländer im Kader erlaubt.

Bereits in den frühen Jahren der Bundesliga hatten die Vereine nicht nur auf Amerikaner, sondern gelegentlich auch auf Spieler aus Südosteuropa, vorwiegend aus Jugoslawien und Rumänien, gesetzt. Dies wurde in den 1990ern zum Trend, die besten Beispiele sind die beiden Stars von Alba Berlin, Teoman Alibegović und Saša Obradović (und natürlich auch Trainer Svetislav Pešić). In Hagen spielten mit Rimas Kurtinaitis und Sergėjus Jovaiša auch zwei große Stars aus Litauen.

Doch inzwischen war der deutsche Basketball erwachsen geworden. Ausländische Spieler und Trainer helfen immer noch, Teams besser zu machen, doch als Entwicklungshelfer kann man sie heutzutage wohl nicht mehr einstufen. Dennoch machte man sich auch weiterhin Wissen und Erfahrung ausländischer Helfer zunutze. Unter den seit 1980 amtierenden Bundestrainern befinden sich die bereits erwähnten Terry Schofield und Chris Lee, in deren Nachfolge der Israeli Ralph Klein, dann die Jugoslawen Svetislav Pešić und Vladislav Lučić und schließlich der Finne Henrik Dettmann. Und im Jahre 2014 soll der Bosnier Emir Mutapčić die Qualifikation für die EM 2015 schaffen.

GRUND NR. 73

## WEIL (FAST) JEDER MAL
## EUROPAMEISTER WERDEN KANN

Die Europameisterschaft ist das aus europäischer Sicht älteste Basketballturnier für Nationalmannschaften. Sie kam erstmals 1935 zur Austragung, also ein Jahr vor dem Olympiadebüt des Basketballs und lange vor der ersten Weltmeisterschaft. Aus deutscher Sicht ist sie insofern das wichtigste Turnier, als im Unterschied zu Olympia und WM eine regelmäßige Qualifikation möglich erscheint.

Vor dem Ausbruch des Zweiten Weltkriegs fanden insgesamt drei Turniere statt, das erste 1935 in Genf, das zweite 1937 in Riga (Lettland) und das dritte 1939 in Kaunas (Litauen). Der erste Titel ging an Litauen, die beiden nächsten an Lettland. Die bedeutende Rolle, die baltische Spieler und Vereine später in der Sowjetunion spielen sollten, ist hier bereits vorgezeichnet. Eine deutsche Mannschaft war bei keinem dieser Turniere vertreten, und Deutschland war natürlich auch nicht dabei, als sich bereits 1946 immerhin zehn Länder zur vierten Europameisterschaft wieder in Genf versammelten. Diesmal ging der Titel an die Tschechoslowakei, auf den nächsten Plätzen folgten Italien und Ungarn.

Ab 1947 kam die Europameisterschaft beständig im Zweijahresrhythmus zur Austragung, ab 2017 ist geplant, das Turnier nur noch alle vier Jahre stattfinden zu lassen. Da es in Afrika noch keinen Kontinentalverband gab, war 1947 in Prag auch Ägypten unter den Teilnehmern und konnte sich hinter der Sowjetunion und dem Gastgeberland auch gleich den dritten Platz sichern. Zwei Jahre später amtierten die Ägypter sogar als Gastgeber und holten sich den Titel. Damals galt noch die Regel, wonach der Titelverteidiger das nächste Turnier auszurichten hatte. Die Sowjetunion hatte jedoch abgelehnt, die Tschechoslowakei hatte schon das Turnier von 1947 ausgerichtet und so landete die Aufgabe beim Drittplatzierten Ägypten. Neben den Gastgebern kamen mit Syrien und dem Libanon zwei weitere der sieben Teilnehmer nicht aus Europa; unter den teilnehmenden Europäern befand sich kein Land aus dem Ostblock.

Frankreich konnte sich beim Turnier in Ägypten den zweiten und bei den beiden folgenden jeweils den dritten Platz sichern, doch eigentlich begann mit dem Turnier von 1951 in Paris eine lang andauernde Dominanz der Ostblockländer (zu denen damals auch das eigentlich blockfreie Jugoslawien gezählt wurde). Von 1951 bis 1971 gingen zehn Titel an die Sowjetunion, unterbrochen nur vom Titelgewinn Ungarns 1955 im eigenen Land. Auch die restlichen Medaillen holten sich nahezu ausschließlich Teams von jenseits des Eisernen Vorhangs. In Paris war erstmals auch die bundesdeutsche Nationalmannschaft dabei und belegte den zwölften Platz. Auch bei den drei folgenden Turnieren blieb man mit den Plätzen 14, 17 und 13 im zweistelligen Bereich. Die DDR machte es bei ihrem ersten Auftreten 1959 mit Platz 14 auch nicht besser. 1961 waren zum ersten Mal beide deutsche Staaten gleichzeitig vertreten, ohne jedoch aufeinanderzutreffen. Die DDR musste sich mit Platz 12 begnügen, die BRD gar mit Rang 16. 1963 in Polen erreichte die DDR mit dem sechsten Platz ihr bestes Ergebnis, bei den beiden nächsten Turnieren, 1965 und 1967, reichte es nur noch zu den Plätzen 10 und 14. 1965 war auch die BRD dabei, blieb jedoch vier Plätze hinter der DDR zurück. 1971 wurde das Turnier erstmals in Deutschland – in Essen und Böblingen – ausgetragen. Die DDR hatte die Förderung des Basketballs bereits eingestellt, das BRD-Team erreichte im Vorfeld der Olympischen Spiele immerhin den neunten Rang.

1973 begann ein jugoslawischer Titel-Hattrick und mit Spanien und Italien schoben sich nun auch gelegentlich Teams aus dem (politischen) Westen in die Medaillenränge. Aus politischen Gründen stieß dann auch Israel zur europäischen Sektion der FIBA.

1979 unterlagen die Israelis im Endspiel der Sowjetunion, die sich auch 1981 und 1985 den Titel sichern konnte. 1983 in Frankreich entwickelte sich jedoch ein ganz schlechtes Turnier für die Ostblockländer. Im Endspiel besiegte Italien Spanien, die Niederlande landeten hinter der Sowjetunion sensationell auf Platz 4, und sogar die Bundesrepublik konnte sich auf Platz 8 schieben. Die 1980er waren überhaupt ein recht gutes Jahrzehnt für das (west)deutsche Team, denn von 1981 bis 1987 verzeichnete es mit den Plätzen 10, 8, 5 und 6 vier Top-Ten-Platzierungen. Mit den Austragungsorten Karlsruhe, Leverkusen und Stuttgart fand das Turnier 1985 zum zweiten Mal in Deutschland statt.

1987 holte sich Griechenland als Gastgeber in einem packenden Finale gegen die Sowjetunion den Titel, seither sollten die Hellenen eigentlich immer zu den Medaillenanwärtern gehören. 1989 und 1991 ging der Titel jeweils an Jugoslawien, der letzte gemeinsame Titel vor dem Zerfall des Landes. Schon 1993 kehrte das Turnier erneut nach Deutschland zurück. Diesmal wurde in Karlsruhe, Berlin und München gespielt und der sensationelle Sieg der von Svetislav Pešić betreuten deutschen Mannschaft ist an anderer Stelle beschrieben.

Die Namen der restlichen Medaillengewinner, Russland und Kroatien, stehen für die Veränderungen, die inzwischen auf dem europäischen Kontinent stattgefunden hatten. Kroatien holte auch 1995 Bronze, erfolgreicher blieb aber das Team aus Serbien und Montenegro, das bis 2003 noch unter dem Namen Jugoslawien antrat und 1995, 1997 und 2001 den Titel gewann. Mit Litauen tauchte 2003 ein alter Name wieder in der Liste der Titelträger auf. Die Unabhängigkeit der baltischen Staaten dürfte auch der Hauptgrund dafür sein, warum Russland die dominante Rolle der Sowjetunion nicht fortführen konnte. 2007 in Spanien konnten die Russen dann aber doch ihren ersten Titel unter dem neuen Namen gewinnen. Gastgeber Spanien holte Silber und ließ 2009 und 2011 zwei Titelgewinne folgen. Seit 1999 haben die Spanier mit einer Ausnahme bei allen Turnieren eine Medaille geholt.

Die deutsche Mannschaft verpasste seit 1993 keine Qualifikation mehr, was angesichts von inzwischen 24 Teilnehmerländern nicht ganz so bemerkenswert ist, wie es auf den ersten Blick scheinen könnte. Die besten Platzierungen waren ein zweiter Platz 2005 hinter Griechenland und der vierte Platz von 2001. Auch Rang 5 2007 und Rang 7 1999 lesen sich nicht so schlecht. Nicht ganz so beeindruckend der 17. Platz bei der letzten Austragung 2013. Ein bisschen mehr darf's schon sein, aber wenn Dirk Nowitzki nicht dabei ist, wird die Aufgabe sofort schwierig. Das Turnier von 2013 sah mit Frankreich einen ganz neuen Titelträger. Der Kreis der potenziellen Titelgewinner umfasst inzwischen eine ganze Reihe von Ländern und so soll es schließlich auch sein. Langeweile ist von einer Basketballeuropameisterschaft jedenfalls nicht zu erwarten.

## GRUND NR. 74

### WEIL BASKETBALLER »MÄCHTIGE HERRSCHER DES VOLKES« SIND

Dirk Nowitzki ist unumstritten der beste deutsche Basketballspieler aller Zeiten. Dirk Bauermann ist zweifellos der erfolgreichste deutsche Basketballtrainer. Was ist da los? In meinen Schulklassen gab es keinen einzigen Dirk; wenn ich's mir recht überlege, bin ich wohl überhaupt noch nie einem Dirk begegnet, der mir in Erinnerung geblieben wäre. Und ausgerechnet diesem unscheinbaren Namen scheint nun also eine Art Basketball-Magie innezuwohnen.

Wie so oft hilft auch in diesem Falle der Rückgriff auf die Wikipedia. Dort lernen wir, dass »Dirk« aus dem Althochdeutschen stammt, eine Kurzform von »Dietrich« ist, und »mächtiger Herrscher des Volkes« bedeutet. Na denn. Wie beruhigend aber, dass in Deutschland die mächtigen Herrscher des Volkes heutzutage Sportler und nicht mehr irgendwelche durchgeknallten »Führer« sind.

Größter Popularität erfreute sich der Vorname bemerkenswerterweise in den 1960ern, als das Volk sich eigentlich vom Glauben an mächtige Herrscher verabschiedete und endlich begann, Gefallen an der Idee zu finden, die Demokratie sei dem Führerprinzip vorzuziehen. In diesem Jahrzehnt landete »Dirk« mehrfach in den Top 10 der beliebtesten Vornamen. Doch spätestens seit den 1980er-Jahren ist der Name allerdings kaum noch gefragt und schafft es nicht einmal mehr, sich in den Top 100 der einschlägigen Hitparaden zu platzieren. Selbst Dirk Nowitzkis NBA-Titel scheint im Jahre 2011 keinen neuen Boom ausgelöst zu haben. Schlechte Aussichten also für den deutschen Basketball?

GRUND NR. 75

## WEIL DIE HOUSTON ROCKETS EINEN TRAUM HATTEN

In Texas ist bekanntlich alles eine Nummer größer. Was im Basketball ja nicht die schlechtesten Voraussetzungen sind. Und so ist Texas tatsächlich der einzige Bundesstaat mit drei NBA-Teams, die schon einmal den Titel gewonnen haben. (Okay, New York hat auch drei, aber da müssen wir schon die Rochester Royals und die Syracuse Nationals aus den frühen Jahren der Liga dazunehmen.) Dabei ist in Texas eigentlich American Football die Nummer eins und danach kommt lange nichts.

Die Houston Rockets sind das älteste texanische NBA-Team. Die Wurzeln des Klubs liegen allerdings in San Diego, wo er 1967 der NBA beitrat. Nach einem Besitzerwechsel erfolgte 1971 der Umzug nach Houston. Von dort aus steuerte die NASA 1969 die erste Mondlandung, dort gehört ein Team namens Rockets also auch hin. Zu den Stars der frühen Jahre gehörten Elvin Hayes, Calvin Murphy und Rudy Tomjanovich, der später als Coach für die größten Erfolge verantwortlich zeichnete. 1976 wechselte auch ABA-Star Moses Malone nach Houston. Es reichte zu gelegentlichen Playoff-Teilnahmen, doch dem Titel nah kam man erst 1981. Wonach es in der regulären Saison nicht ausgesehen hatte, denn man erreichte die Playoffs mit der Negativbilanz von 40-42. Doch in der ersten Runde wurden überraschend die Los Angeles Lakers ausgeschaltet, danach behielt man in einer als »Battle of Texas« apostrophierten hochdramatischen Serie mit 4-3 gegen die San Antonio Spurs die Oberhand. Die Kansas City Kings leisteten im Finale der Western

Conference weniger Widerstand, und so zogen die Rockets in ihr erstes NBA-Finale ein, das dann in sechs Spielen gegen die Boston Celtics verloren ging.

Nur zwei Jahre später wiesen die Rockets die schlechteste Bilanz aller NBA-Teams auf, womit ihnen der erste Pick beim NBA Draft zufiel. Man holte Ralph Sampson, einen 2,24 Meter großen Center. Im Jahr darauf durften die Rockets erneut als erster Klub zugreifen. Man hätte einen gewissen Michael Jordan haben können, entschied sich aber mit Hakeem Olajuwon für einen weiteren Center. Das Duo Sampson/Olajuwon erhielt schnell den Spitznamen »The Twin Towers« und brachte die Rockets umgehend wieder auf den rechten Weg. 1986 zog das junge Team in das Finale der Western Conference ein, galt jedoch gegen die Lakers als krasser Außenseiter. Doch nach einer Niederlage im ersten Spiel schockierten die »Twin Towers« und ihre Mitspieler die Basketballwelt mit vier Siegen in Folge gegen Magic Johnson, Kareem Abdul-Jabbar & Co. Im Finale warteten erneut die Boston Celtics, die sich mit 4-2 als überlegen erwiesen. Die Zukunft schien den Rockets zu gehören, doch es kam anders. Sampson hatte fortan mit großen Verletzungsproblemen zu kämpfen und wurde an die Golden State Warriors abgegeben, bei denen er seine Karriere bereits 1991 beendete.

Unbestrittener Anführer des Teams war nun Hakeem Olajuwon, der bald als einer der besten Spieler in der damals an Stars wahrhaft nicht armen NBA galt. Dabei hatte der gebürtige Nigerianer in seiner Heimat zunächst das Fußballtor gehütet und erst im Alter von 15 Jahren mit dem Basketball begonnen. Die University of Houston folgte einer Empfehlung und gab ihm 1980 eine Chance, ohne zu wissen, auf welch ein Juwel man da gestoßen war. Der anfangs noch spärlich eingesetzte Olajuwon verbesserte sein Spiel durch intensives Training in der Sommerpause mit Moses Malone, damals Center der Rockets. Zusammen mit Clyde Drexler, dem späteren Star der Portland Trail Blazers, bildete er ein dynamisches Duo, das die Houston Cougars 1983 bis ins NCAA-Finale führte. Auch

1984, nun ohne Drexler, schafften es die Cougars noch einmal ins Finale. Obwohl noch ein Jahr am College spielberechtigt, meldete sich Olajuwon im Sommer 1984 zum NBA Draft, wo seine Hoffnung, von den Rockets ausgewählt zu werden, in Erfüllung ging. In der NBA verschafften ihm seine exzellenten Leistungen bald den Spitznamen Hakeem »The Dream«.

Ohne Sampson erreichte man zwar einigermaßen regelmäßig die Playoffs, kam jedoch mit gleicher Regelmäßigkeit nicht über die erste Runde hinaus. Olajuwon kritisierte den Klub, der es versäumt habe, ihm starke Mitspieler zur Seite zu stellen. Dies änderte sich, als während der Saison 1991/92 Rudy Tomjanovich zum Headcoach bestellt wurde. 1993 erreichte man endlich wieder einmal die zweite Playoff-Runde und 1993/94 sollte die beste Saison in der Geschichte der Rockets und der Karriere Hakeem Olajuwons werden.

Es begann mit dem Startrekord von 15 Siegen in Folge, am Ende standen 58 gewonnene Spiele zu Buche. In der ersten Playoff-Runde waren die Golden State Warriors kein ernst zu nehmendes Hindernis, die nächste Serie wurde nach Niederlagen in den beiden Auftaktspielen noch mit 4-3 gegen die Phoenix Suns gewonnen. Gegen die Utah Jazz reichten fünf Spiele, um ins Finale gegen die New York Knicks einzuziehen. Die Knicks reisten mit einer 3-2-Führung nach Texas, doch die Rockets gewannen die beiden letzten Spiele und damit auch ihre erste NBA-Meisterschaft. Hakeem wurde zum wertvollsten Spieler der Saison und der Finalserie gewählt, außerdem zum besten Defensivspieler der Liga: ein ansonsten bisher unerreichtes Triple. Der Sieg gegen die Knicks mag für ihn auch deshalb eine Genugtuung gewesen sein, weil bei den New Yorkern sein alter Rivale Patrick Ewing auf der Centerposition spielte, der mit dem Team der Georgetown University 1984 das NCAA-Finale gegen Olajuwon und die University of Houston gewonnen hatte.

Während der folgenden Saison, die man etwas schwerfällig begonnen hatte, stieß Hakeems alter College-Kumpel Clyde Drexler nach einem Trade zur Mannschaft. Dennoch erreichte man die

Playoffs nur auf Platz 6 der Setzliste in der Western Conference. Inzwischen aber hatte sich das Team gefunden, wie die Utah Jazz in der ersten Runde erfahren mussten. Gegen die Phoenix Suns wurde diesmal ein 1-3-Rückstand noch umgedreht und dann die San Antonio Spurs in sechs Spielen bezwungen. Nach diesen Kämpfen war es ein leichtes, in der Finalserie die Orlando Magic mit ihrem jungen Center Shaquille O'Neal mit 4-0 nach Hause zu schicken und den Titel zu verteidigen.

Kritiker bemängeln mitunter, die Rockets hätten bei ihren beiden Meisterschaften vor allem von der Auszeit profitiert, die sich Michael Jordan in diesen beiden Jahren genommen hatte. Das mag eine Rolle gespielt haben, doch zunächst einmal hatten sich die Rockets in einer extrem starken Western Conference durchzusetzen, unabhängig davon, was bei den Chicago Bulls geschah. Natürlich können wir nicht wissen, ob die Rockets in Finalspielen gegen die Bulls besser abgeschnitten hätten als die anderen Gegner aus dem Westen, doch chancenlos wären sie sicher nicht gewesen. Nicht zuletzt wegen Hakeem Olajuwon, dem in jener Zeit eindeutig besten Center in einer Liga, die mit Patrick Ewing, David Robinson, Shaquille O'Neal und Dikembe Mutombo keinen Mangel an überragenden Centern aufwies. Keiner war vielseitiger als Hakeem, der nicht nur der All-Time-Leader in Blocks ist, sondern auch ein exzellenter Ballstehler war. Experten sind sich einig, dass seine Beinarbeit unter allen *big men* der Liga die beste war.

In den Jahren nach dem doppelten Titelgewinn erreichten die Rockets zunächst weiterhin regelmäßig die Playoffs, ohne jedoch noch einmal das Finale zu erreichen. Der inzwischen eingebürgerte Hakeem Olajuwon gewann 1996 in Atlanta mit dem US-Team die Goldmedaille. Im Zuge eines Neuaufbaus tradeten ihn die Rockets 2001 zu den Toronto Raptors, wo er 2003 seine Karriere beendete.

2002 hatten die Rockets wieder einmal den ersten Pick beim NBA Draft. Sie entschieden sich erneut für einen Center, den 2,29 Meter großen Chinesen Yao Ming. Mit ihm erreichten sie 2004 zum ersten Mal seit 1999 wieder die Playoffs. Nach der Saison holten sie in einem Trade mit Orlando Tracy McGrady dazu, womit die Voraussetzungen für einen neuen Aufschwung geschaffen schienen. Doch die beiden Stars hatten immer wieder mit Verletzungen zu kämpfen, und so dauerte es bis 2009, bis das Team wieder einmal die erste Runde der Playoffs überstehen konnte. Inzwischen ist auch die Ming/McGrady-Ära vorüber, doch die Fans warten weiter auf die Rückkehr zu alter Stärke.

## GRUND NR. 76

## WEIL BASTIAN SCHWEINSTEIGER BASKETBALLFAN IST

Jetzt wird's schwierig, denn es geht um den FC Bayern München, einen Verein, der bekanntlich in hohem Maße polarisiert. Nun sind die Bayern auch noch im Basketball Deutscher Meister, und viele mögen allein das als Grund empfinden, diese Sportart nicht zu lieben. Umso mehr, da gegen die Basketballer des Vereins ähnliche Vorwürfe erhoben werden wie gegen die Fußballer. Es handele sich bei den Bayern um protzige Neureiche, heißt es, denen jede Tradition fehle, und die ihre Machtstellung dazu nutzten, Meisterschaften zu erkaufen und dabei Konkurrenten zu schwächen. Schau' mer mal, was es damit auf sich hat, und ob es nicht dennoch Gründe geben könnte, das Engagement des FC Bayern gut für den Basketball zu finden.

Da ist zunächst einmal die Sache mit der Tradition. Die ist bei den Bayern im Basketball durchaus in reichem Maße vorhanden. Schon in den 1950ern gehörte der Verein zur deutschen Spitze, holte 1954 und 1955 sogar die Deutsche Meisterschaft. 1963 stand man noch einmal im Halbfinale und 1966 gehörte man zu den Gründungsmitgliedern der Bundesliga, der man bis 1974 und noch einmal von 1987 bis 1989 angehörte. Zur Titelsammlung gehört auch ein Pokalsieg aus dem Jahre 1968. Vermutlich hätten die Bayern schon in den letzten 25 Jahren eine größere Rolle im Basketball spielen können, wäre man bereit gewesen, neben den Fußballern eine zweite Profiabteilung im Verein zu tolerieren.

Dies änderte sich erst mit der Übernahme des Präsidentenamts von Uli Hoeneß im November 2009 nach seinem Rückzug aus dem Fußball-Management. Bereits im Sommer 2008 waren die Bayern-Basketballer durch Übernahme der Lizenz der Düsseldorf Magics direkt aus der Regionalliga in die ProA, also die zweithöchste Spielklasse, aufgerückt. Hoeneß, der sich schon seit Langem für Basketball begeisterte, führte nun einen Mitgliederentscheid herbei, der es dem Hauptverein erlauben sollte, die Basketballabteilung auf dem Weg zurück in die Erstklassigkeit entsprechend zu unterstützen. Über 75 Prozent der abstimmenden Mitglieder sprachen sich für dieses Engagement aus. Hoeneß legte in Interviews Wert auf die Feststellung, dass er sich erst als Funktionär des Gesamtvereins in dieser Sache engagieren konnte, da er jeden Eindruck vermeiden wollte, die Basketballer würden von den Profifußballern finanziert. Vermutlich sind tatsächlich keine Gelder in dieser Richtung geflossen, doch sicherlich profitierten die Basketballer in vielerlei Hinsicht, nicht zuletzt bei der Sponsorensuche, nicht unerheblich von der auf die Fußballer zurückgehenden Popularität des Vereins.

Wie auch immer, mit Beginn der Saison 2010/11 begann man zu klotzen. Mit Dirk Bauermann kam der renommierteste deutsche Trainer, der zuletzt in Bamberg große Erfolge gefeiert hatte, und mit Steffen Hamann und Demond Greene verstärkten zwei Nationalspieler das Zweitligateam, das denn auch ziemlich mühelos den Aufstieg in die BBL schaffte. Der Rest ist Geschichte, wie man so sagt: 2011/12 das Erreichen der Playoffs mit dem Ausscheiden in der ersten Runde; im folgenden Jahr Platz 4 und das Ausscheiden im Halbfinale; 2013/14 dann schließlich der erste Platz in der regulären Saison und schließlich der Meistertitel durch den Sieg in der Finalserie gegen Alba Berlin.

Der Weg dorthin stieß nicht überall auf einhellige Zustimmung. Dirk Bauermann musste im Herbst 2012 gehen und wurde nach einer gescheiterten Zwischenlösung mit Svetislav Pešić durch einen noch größeren Namen ersetzt. Das ging nicht auf Kosten anderer Vereine; dass aber vor der Saison 2013/14 gleich vier Spieler von der Spree an die Isar wechselten und mit John Bryant zudem noch der Bundesliga-MVP der beiden letzten Jahre aus Ulm geholt wurde, erschien vielen dann doch als zu viel. War dies nun der Versuch, durch Schwächung der Konkurrenz selber stark zu werden? Ganz von der Hand zu weisen ist dieser Eindruck nicht, aber erstens waren die Verträge all dieser Spieler ausgelaufen und zweitens wäre es doch wohl sinnvoller, sich beim Dauermeister Bamberg zu bedienen, hätte man den härtesten Gegner schwächen wollen. Die Bamberger blieben ungerupft und spielten dennoch eine schlechtere Saison, Alba hingegen spielte trotz des Aderlasses eine bessere Saison. Möglicherweise sind es eher die kleineren Vereine, die unter dem Auftauchen eines finanzkräftigen neuen Konkurrenten leiden, der die bisher gängigen Marktpreise nach oben treibt.

Wie dem auch sei: Den Spitzenklubs kann zusätzliche Konkurrenz nicht schaden, denn dies zwingt sie, selbst besser zu werden. Die BBL hat durch das Auftreten der Bayern so viel Aufsehen erfahren wie nie zuvor. Was hätte der Liga Besseres passieren können als die neu entstandene Rivalität zwischen den Bayern und Alba Berlin? Dazu kommt der internationale Aspekt: Mit ihrem dramatischen 85:83-Sieg in der Euroleague gegen Real Madrid betrieben die Bayern erstklassige Werbung für den Basketball, und zweifellos kann der deutsche Basketball Vereine gebrauchen, die auch international an der Spitze mitmischen.

Das Verhältnis mancher Vereine zu den Bayern ist nicht das beste, was auch damit zusammenhängen könnte, dass die Münchner in der abgelaufenen Saison allzu oft Benachteiligungen und Missgunst witterten. Doch grundsätzliche Kritik an dem neuen Konkurrenten ist kaum zu hören, vermutlich weil den meisten Managern klar ist, dass auch ihre Vereine vom Auftreten der Münchner profitieren. Und allen, die sich dennoch nicht mit dem FC Bayern als Basketballgroßmacht anfreunden können, sei gesagt, dass man zumindest im Augenblick noch die Bayern im Basketball häufiger verlieren sehen kann als zuletzt im Fußball. Mitunter darf man dann sogar Bastian Schweinsteiger auf der Tribüne leiden sehen.

**GRUND NR. 77**

## WEIL NORBERT THIMM DEN SPRUNG NACH SPANIEN WAGTE

So hart es klingt: Der bundesdeutsche Basketball war in den frühen 1970ern eher drittklassig. Die Qualifikation für internationale Wettbewerbe gelang keineswegs immer und größere Erfolge lagen erst recht außer Reichweite. Die Spieler waren Amateure, die sich vermutlich mit bescheidenen Aufwandsentschädigungen zufrieden geben mussten. Eine Ausnahme aber gab es und die war sogar dem SPIEGEL einen Artikel wert (40/1972, 25.9.1972): Norbert Thimm wechselte 1972 nach den Olympischen Spielen zu Real Madrid, und galt allgemein als der erste deutsche Spieler, dem ein solches Engagement bei einem Spitzenverein im Ausland zuteil wurde. Das stimmte zwar nicht ganz, denn Ende der 1960er hatte der Nationalspieler Klaus Schulz schon ein Gastspiel bei Estudiantes Madrid gegeben. Aber Estudiantes ist nicht Real und Schulz nicht Thimm, weshalb dieser Wechsel hierzulande wohl weitgehend unbeachtet blieb.

Das Talent von Norbert Thimm war dem damaligen Bundestrainer Yakovos Bilek bereits 1966 bei einer Schulmeisterschaft aufgefallen, doch Thimms Schulsportlehrer war skeptisch: »Aus dem

Thimm wird nichts mehr. Der raucht und trinkt.« Der Mann sollte sich irren, denn bereits als Schüler schaffte der gebürtige Dortmunder Thimm den Sprung ins Bundesligateam des SSV Hagen. Und bald danach debütierte er auch in der Nationalmannschaft, für die er insgesamt 150 Spiele absolvierte.

1969 wechselte der Center nach Leverkusen, wo man sich die Förderung des Spitzensports auf die Fahnen geschrieben hatte, und errang mit dem TuS 04 Leverkusen von 1970 bis 1972 drei deutsche Meisterschaften und zwei Pokalsiege. Bei den Olympischen Spielen in München war er mit 143 Punkten der fünftbeste Korbwerfer und wurde zum sechstbesten Spieler des Turniers gewählt.

Seine Leistungen hatten das Interesse von Real Madrid geweckt, dem damals besten Verein Europas, und Thimm nahm das Angebot zum Wechsel in die spanische Hauptstadt an. Ein Entschluss, der ihm nicht leichtgefallen sein dürfte. In besagtem SPIEGEL-Artikel wird der Wehrdienstverweigerer im Jargon der Zeit als »überzeugter Sozialist im Apo-Look« bezeichnet; als solcher dürfte ihn die in Spanien immer noch herrschende Franco-Diktatur mit Abscheu erfüllt haben. Doch die sportliche Herausforderung war zu verlockend und Thimm nahm sie an. Auch finanziell stellte er sich damit sicher besser als jeder Bundesligaspieler, doch das Angebot scheint weniger lukrativ gewesen zu sein, als man vermuten könnte. Der SPIEGEL erwähnt Experten, die von einem Monatsgehalt von 4.000 Mark sprachen, und spanische Quellen, bei denen gar von nur 2.500 Mark die Rede sei. »Er war überraschend billig«, soll es bei Real geheißen haben.

Bei Real gewann Thimm die spanische Meisterschaft und spielte im Europapokal, doch bereits nach einem Jahr kehrte er nach Leverkusen zurück, um sein Studium fortzusetzen und in den nächsten Jahren eine Reihe weiterer Titel zu gewinnen. Seine Nationalmannschaftskarriere beendete er, abgesehen von einem kurzen Comeback, bereits 1975, sechs Jahre später zog er sich dann auch aus dem Vereinsteam zurück.

Neben dem Basketball absolvierte er ein Studium zum Diplom-Psychologen. In dieser Funktion arbeitete er beim Förderer seines Vereins, den Bayerwerken, in der Personalabteilung. Dem Basketball blieb der beste deutsche Spieler der 1970er als Trainer und Funktionär verbunden, u. a. als Aufsichtsratsmitglied der Frauen-Bundesliga DBBL. Auch seine Kinder haben sich dem Basketball verschrieben, Tochter Birte brachte es sogar zur Nationalspielerin.

**GRUND NR. 78**

## WEIL PHIL JACKSON EIN »ZEN MASTER« IST

Red Auerbach mag die Liga in stärkerem Maße geprägt haben; Don Nelson hat mehr Spiele gewonnen. Doch auf insgesamt elf Titel und eine Siegquote von über 70 Prozent kommt nur Phil Jackson, weshalb es nicht wunder nimmt, dass er in Ranglisten der besten NBA-Coaches häufig die erste Position einnimmt.

Phil Jackson wuchs in einer tiefreligiösen Familie in Montana und North Dakota auf. Viele Vergnügungen, mit denen sich Jugendliche seines Alters die Zeit vertreiben, blieben ihm und seinen Geschwistern vorenthalten. Möglicherweise ein Grund, warum er sich mit großer Begeisterung in sportliche Aktivitäten stürzte und sich auf der Highschool sowohl im Basketball wie im Baseball hervortat. Im College spielte er Basketball für die University of North Dakota, dann, 1967, drafteten ihn die New York Knicks, die sich damals gerade anschickten, unter die besten NBA-Teams aufzurücken. Beim ersten Titelgewinn in der Saison 1969/70 konnte er wegen einer Rückenoperation nicht mitwirken, beim zweiten, drei Jahre später, war er als wichtigster Einwechselspieler dabei. Er blieb bis 1978 bei den Knicks und spielte danach noch zwei Jahre für die New Jersey Nets.

1987 kehrte Jackson als Assistant Coach bei den Chicago Bulls in die NBA zurück und wurde 1989 zum Headcoach befördert. Von 1991 bis 1993 und 1996 bis 1998 gewannen die Bulls insgesamt sechs NBA-Titel, und vielleicht wären es noch mehr geworden, hätte sich Michael Jordan in den dazwischenliegenden Jahren nicht eine Auszeit genommen. Aufgrund der überragenden Klasse von Jordan wurde der Anteil des Coaches an diesen Titelgewinnen gelegentlich gering geschätzt. Aber das wird der Rolle von Phil Jackson nicht gerecht. Zum einen hatten seine Vorgänger bereits vergeblich versucht, mit Michael Jordan die Meisterschaft zu holen, zum anderen tat er mehr, als nur die Stars bei Laune zu halten. Mit seinem Namen verbindet sich auch ein taktisches Konzept, die sogenannte Triangle Offense, die er zwar nicht erfunden, wohl aber in der NBA popularisiert hat.

Trotz aller Erfolge war das Verhältnis Jacksons zum Management der Bulls nicht das beste, und im Zuge eines nach der Saison 1997/98 anstehenden Umbruchs wurde auch Jackson verabschiedet. Nach einer Pause von einem Jahr übernahm er die Position des Headcoachs bei den Los Angeles Lakers. Auch hier zeigte sich seine Fähigkeit, die gewaltigen Egos von Superstars – in diesem Falle Shaquille O'Neal und Kobe Bryant – unter einen Hut zu bringen.

Mit Titelgewinnen in den Jahren 2000, 2001 und 2002 gelang ihm der dritte Dreierpack seiner Karriere, womit er den Titelrekord von Red Auerbach einstellte. Doch die folgende Saison verlief enttäuschend und nach der überraschenden Finalniederlage 2004 gegen die Detroit Pistons und einer Reihe von Konflikten mit Kobe Bryant verkündete Jackson seinen Abschied.

Ohne ihn lief es jedoch auch nicht besser und so holten ihn die Lakers nach nur einem Jahr zurück, nicht zuletzt, weil wohl auch Bryant eingesehen hatte, dass die Rolle des Coachs nicht zu unterschätzen ist und es kaum einen besseren als Jackson gab. 2008 waren die Lakers wieder so weit und erreichten das NBA-Finale, das allerdings gegen Boston verloren ging. Doch 2009 und 2010 folgten zwei weitere Titelgewinne. Die Saison 2010/11 brachte ein frühes Playoff-Aus gegen die Dallas Mavericks, und nach der Saison trat Jackson erneut zurück, diesmal scheinbar endgültig.

Doch ganz vom Basketball mochte er wohl nicht lassen. Im Frühjahr 2014 erinnerten sich die New York Knicks an ihren früheren Spieler und machten ihn zum Präsidenten des Klubs, eine hochrangige Position im Management. Jackson erhielt einen glänzend dotierten Fünfjahresvertrag und steht nun vor der nicht leichten Aufgabe, einen seit Jahren nach Erfolgen lechzenden Klub aus dem Mittelmaß zu führen. Und natürlich wird heftig darüber spekuliert, dass Jackson letztlich doch irgendwann die Position des Coachs übernehmen wird.

Phil Jackson ist eine außergewöhnliche Persönlichkeit. Sein Interesse an östlichen Philosophien floss auch in seine Motivationsstrategien als Coach ein, was ihm den etwas ironischen Spitznamen »Zen Master« eintrug. Und wie er in einem Buch namens *Sacred Hoops* enthüllte, ließ er auch spirituelle Praktiken der amerikanischen Ureinwohner in seine Tätigkeit einfließen. Coaching war für ihn immer mehr, als nur die richtige Taktik zu finden, und seine Erfolge sprechen für sich.

**GRUND NR. 79**

## WEIL GÖTTINGEN EINE BASKETBALLSTADT IST

Unter den gelernten Handballern, die dazu auserkoren wurden, das Gastgeberland Deutschland 1936 bei den Olympischen Spielen von Berlin in der im Lande noch weitgehend unbekannten Sportart Basketball zu vertreten, befand sich auch ein junger Mann aus Hannover namens Emil Göing, der nach dem Krieg nach Göttingen kam und sich dort intensiv um den Aufbau des Basketballs bemühte. Bereits vor dem Krieg hatte der Reichstrainer Hugo Murero in der Universitätsstadt an der Leine einige Lehrgänge zur Vermittlung der Grundlagen des neuen Spiels abgehalten, was 1938 die Gründung einer Basketballabteilung bei der Turnerschaft Göttingen zur Folge hatte. In den ersten Jahren nach dem Krieg legte eine Reihe von Vereinen sich schnell eine Basketballabteilung zu, und so gehörte Göttingen schon bald zu jenen Städten in Deutschland, in denen der Basketball einen besonderen Stellenwert genoss, was sich bis heute nicht geändert hat.

Bereits bei den ersten deutschen Nachkriegsmeisterschaften 1947 in Darmstadt war Göttingen mit einem Team vertreten, das den fünften Platz belegte. Im Jahr darauf fand das Meisterschaftsturnier in Göttingen statt und der TK 1846 Göttingen belegte Rang 3. Ähnlich wie in Heidelberg konkurrierten auch hier mehrere Vereine miteinander. Neben dem TK 1846, der bald wieder seinen ursprünglichen Namen Turngemeinde annahm, waren dies vor allem die Turn- und Sportvereinigung (TuSpo) von 1861 (1958 Vierter bei den Deutschen Meisterschaften) und der SSV Hellas (1957 Gründungsmitglied der Oberliga Nord und 1966 der Bundesliga). Mit Dieter Eggers brachte Hellas in den 1950ern auch den ersten Göttinger Nationalspieler hervor.

Das Bundesligagastspiel des SSV Hellas dauerte nur ein Jahr. In den 1960ern machten in Göttingen vor allem die Basketballerinnen Furore. Im Jahrzehnt zuvor hatte zunächst Hellas dominiert und mehrfach die niedersächsische Meisterschaft geholt. Die Abteilung wurde jedoch 1956 aufgelöst. Dafür gründete nun der 1. SC 05 Göttingen, bisher eher bekannt für seine Fußballmannschaft, 1957 eine Frauenbasketballabteilung. Und die überraschte 1960 mit dem Erreichen des Finales um die Deutsche Meisterschaft, auch wenn dieses gegen den Abonnementmeister Heidelberger TV verloren ging. Bis 1964 folgten weitere Endrundenteilnahmen, danach war zweimal das Team von TuSpo an der Reihe. 1967 waren die 05erinnen zurück und 1968 holten sie in Darmstadt mit einem 57:47-Finalsieg gegen den TV Groß-Gerau die erste Basketballmeisterschaft nach

Göttingen. Stars des Teams waren die jugoslawische Nationalspielerin Maria Diener (später Pieper) sowie Bärbel Metge und Heike Kruse.

Dies war der Auftakt einer glorreichen Serie. Zwar wurde 1969 das Finale knapp verfehlt und 1973 gab es einen Durchhänger, doch bis 1974 war der 1. SC Göttingen 05 das Team, das es zu schlagen galt, wenn man im deutschen Frauenbasketball etwas erreichen wollte. Von 1970 bis 1972 und noch einmal 1974 holten sie den Meistertitel; 1973 kam der Sieg im erstmals ausgetragenen Pokalwettbewerb hinzu. Zur Saison 1969/70 hatten die Niedersachsen mit der Verpflichtung von Maria Melicharova einen Coup gelandet, die Tschechin galt damals als eine der besten Spielerinnen der Welt. Nach nur einem Jahr wurde sie allerdings von ihrem Verband zurück in die Heimat geholt. Eine wichtige Rolle im Team spielte fortan die aus dem eigenen Nachwuchs dazugestoßene Katrin Haenselt.

Beim 1. SC 05 konzentrierte man sich trotz der großen Erfolge der Basketballerinnen zunehmend auf die Fußballer. Der Titel von 1974 war der letzte Höhepunkt, bis 1978 konnte zwar die Bundesligazugehörigkeit gesichert werden, dann wechselte die Abteilung geschlossen und unter Mitnahme der Bundesligalizenz zur BG 74 Göttingen. Vier Jahre später folgte der Abstieg und die großen Zeiten des Göttinger Frauenbasketballs waren endgültig vorbei.

Inzwischen standen die Frauen in Göttingen ohnehin im Schatten der Männer, die sich Anfang der 1980er anschickten, Großes zu erreichen. 1969 war aus einer Fusion des SSV Hellas mit einem weiteren Schwimmverein der SSC Göttingen entstanden, dessen Basketballteam gleich 1970 in die Bundesliga aufstieg, sich dann aber zunächst einmal als Fahrstuhlmannschaft versuchte. 1971 ging's runter, 1973 wieder hoch, 1975 wurde die Qualifikation zur eingleisigen Bundesliga verpasst, in der man sich nach dem Aufstieg 1976 dann endlich längerfristig etablieren konnte. Im Aufstiegsjahr erreichte man als Zweitligist erstmals das Halbfinale des DBB-Pokals.

1973 war mit Terry Schofield ein Spieler aus den USA zum SSC gekommen, der vor allem später als Coach die großen Jahre des Göttinger Basketballs prägen sollte. Bereits 1977 musste er seine aktive Laufbahn verletzungsbedingt beenden, übernahm das Traineramt und holte mit Wilbert Olinde seinen Nachfolger aus Kalifornien. Ein guter Griff, wie sich zeigen sollte, denn mit Olinde, dem aus Wolfenbüttel geholten Nationalspieler Erhard Apeltauer und Kräften aus dem eigenen Nachwuchs wie Armin Sowa und Dirk Weitemeyer schloss der SSC die Saison 1978/79 auf dem vierten Platz ab und verfehlte im Pokalfinale gegen den MTV 1846 Gießen nur knapp den ersten Titel.

1979/1980 verstärkte sich der SSC mit Altmeister Holger Gschwindner und beendete die reguläre Saison auf dem zweiten Platz. Nach Siegen in den ersten neun Spielen der Endrunde musste im letzten Saisonspiel gegen TuS 04 Leverkusen ein weiterer Sieg her, um die Meisterschaft zu sichern. Mit einem 68:63 nach dramatischem Kampf wurde das große Ziel erreicht! Nur wenige Tage später fusionierte der SSC Göttingen mit der Turngemeinde 1846 zum ASC Göttingen 1846. 1981 und 1982 wurde der Titel mit den Plätzen 3 und 2 jeweils verfehlt. In der nächsten Saison verstärkte mit Mike Jackel ein weiterer Neuzugang aus Wolfenbüttel das Team, das zum Abschluss der Endrunde wieder den zweiten Rang belegte. Doch den Leinestädtern kam eine Modusänderung zugute, denn erstmals seit Einführung der eingleisigen Bundesliga sollte der Meister wieder in einem Endspiel ermittelt werden, das die beiden Tabellenersten zusammenführte. Und tatsächlich konnte der ASC bei Saturn Köln mit 68:67 gewinnen, um dann in eigener Halle mit 64:60 den Titel zu sichern.

Hier hatte Fortuna zweifellos ein wenig ausgeholfen, denn die Kölner waren die ganze Saison hindurch das bessere Team gewesen. Doch in der Saison 1983/84 ließ der ASC Göttingen keinen Zweifel aufkommen und belegte in der regulären Saison Platz 1. Eine weitere Änderung des Modus machte es nun schwieriger, das

Finale zu erreichen. Doch der ASC qualifizierte sich in seiner Endrundengruppe souverän für das Playoff-Halbfinale und schaltete dort den DTV Charlottenburg aus. Der Endspielgegner hieß erneut Saturn Köln, zwei glatte Siege brachten die dritte Deutsche Meisterschaft. Damit komplettierte man auch das Double, denn bereits einen Monat zuvor hatte man in zwei Finalspielen gegen den gleichen Gegner erstmals auch den DBB-Pokal geholt. Wilbert Olinde mutierte zum König von Göttingen; er war inzwischen Deutscher geworden und wurde als erster Spieler schwarzer Hautfarbe auch in den Nationalmannschaftskader berufen. Und mit Ingo Mendel und Armin Sowa fuhren zwei Göttinger zu den Olympischen Spielen.

Der Pokalsieg konnte 1985 mit einem Endspielsieg über den USC Bayreuth wiederholt werden, doch in der Meisterschaft kam im Halbfinale gegen den TuS 04 Leverkusen das Aus. In den folgenden Jahren verließen die meisten der Leistungsträger den Verein. 1987/88 konnte der Klassenerhalt nur in der Abstiegsrunde gesichert werden und nach der Saison legte Terry Schofield das Traineramt nieder. Die Zusammenstellung einer neuen Mannschaft erwies sich als schwierig und so entschied man sich für einen Neuanfang in der Regionalliga. Doch mit Spitzenbasketball war es beim ASC 1846 damit vorbei.

Eine bedeutendere Rolle im Göttinger Basketball übernahm nun die BG 74 Göttingen. Bereits 1970 waren die Basketballabteilungen von TuSpo und Turngemeinde eine Spielgemeinschaft eingegangen, aus der nach der gescheiterten Fusion der beiden Vereine 1974 ein eigenständiger Basketballklub entstand, in dem Nachwuchsarbeit großgeschrieben wurde. 1978 klopfte allerdings auch die Männermannschaft ans Tor zur Bundesliga, während die BG im gleichen Jahr den durch den Rückzug des 1. SC 05 vakanten Platz in der Frauenbundesliga übernahm. Nach vier Jahren Erstklassigkeit erfolgte 1982 der freiwillige Rückzug; ein Vorgang, der sich 1988 nur ein Jahr nach der Rückkehr in die 1. Liga wiederholte. 1996 verzichtete der Verein aus finanziellen Gründen auf den sportlich erreichten Aufstieg, 2003 hingegen nahm man die Chance wahr. Es folgten sieben Spielzeiten, in den viermal die Playoffs erreicht wurden, doch 2009 erhielt man aufgrund einer schwierigen Finanzsituation keine Lizenz für die kommende Saison und musste das Oberhaus verlassen.

Das Männerteam der BG spielte seit den 1970ern nahezu ununterbrochen in der 2. Liga, vor allem in den 1990ern scheiterte es mehrfach nur knapp am Aufstieg in die Bundesliga. 2007 klappte es dann endlich und erstmals seit 1988 war Göttingen bei den Männern wieder erstklassig. Bereits zwei Jahre später beendete man die reguläre Saison als Tabellenzweiter, scheiterte jedoch in den Playoffs an den Brose Baskets aus Bamberg. Auch ein Jahr später konnte man die gute Ausgangsposition des dritten Platzes nicht nutzen und kam nicht über die erste Runde hinaus.

International gelang in der Saison 2009/10 jedoch ein sensationeller Erfolg. Das hervorragende Abschneiden der Vorsaison berechtigte zur Teilnahme an der FIBA EuroChallenge. Sowohl die erste wie die zweite Gruppenphase bewältigten die Göttinger als Gruppenerster. In der ersten Runde waren KK Budućnost Podgorica (Montenegro), BCM Gravelines (Frankreich) und Lokomotive Kuban Krasnodar (Russland) die Gegner gewesen, in der zweiten Krasnyje Krylja Samara (Russland), EiffelTowers Den Bosch (Holland), AEL Limassol (Zypern). Im Viertelfinale wurde FMP Železnik Belgrad knapp bezwungen. Das abschießende Final-Four-Tournier fand in Göttingen statt: Im Halbfinale gewann die BG mit 77:67 gegen den französischen Vertreter von Chorale Roanne Basket und im Endspiel musste Krasnye Krylja Samara mit 83:75 daran glauben. Damit war nun wirklich nicht zu rechnen gewesen.

Dieser Erfolg bedeutete zugleich auch die Qualifikation für den Eurocup der Saison 2010/11. Auch in diesem Wettbewerb beschloss man die Vorrundengruppe gegen KK Vršac (Serbien), Asvel Villeurbanne (Frankreich), Beşiktaş Istanbul (Türkei) als Sieger. In der Zwischenrunde langte Platz 2 hinter BK Budiwelnyk

Kiew (Ukraine) und vor Le Mans Sarthe Basket (Frankreich) und Aris Thessalonik (Griechenland) zum Weiterkommen. Im Viertelfinale gelang gegen den italienischen Vertreter Benetton Treviso im Hinspiel ein Unentschieden, doch im Rückspiel gab es eine klare Niederlage. Ein weiterer sehr respektabler internationaler Auftritt.

In der Bundesliga reichte es diesmal nur zu einem siebten Platz und dem inzwischen obligatorischen Aus im Viertelfinale. 2011/12 konnte eine stark veränderte Mannschaft den Abstieg aus der Bundesliga nicht verhindern, doch nur zwei Jahre später gelang die Rückkehr. Die Basketballstadt Göttingen ist also wieder dort, wo sie ihrer großen Tradition nach auch hingehört.

GRUND NR. 80

## WEIL BEIM TUS LICHTERFELDE IN DER NACHWUCHSARBEIT MASSSTÄBE GESETZT WURDEN

Die Frage, welche Schwerpunkte gesetzt werden, stellt sich in vielen Mannschaftssportarten: Will man in erster Linie eine starke Liga? Dann muss man der Nachwuchsarbeit keinen hohen Stellenwert zubilligen, denn gute Spieler lassen sich auch aus dem Ausland holen, wenn man es sich leisten kann. Oder will man eine Liga, in der auch einheimische Spieler mitmischen, und vielleicht als Zugpferd für die Sportart eine starke Nationalmannschaft? Dann sollte man sich auch bemühen, junge Spieler gezielt an die Spitze heranzuführen.

Ob mit der Nachwuchsarbeit im deutschen Basketball alles zum Besten steht, lassen wir einmal dahingestellt, auch wenn in den verschiedenen Nachwuchsbundesligen zweifellos eine Konzentration der Kräfte versucht wird. Leicht ist es für Talente jedenfalls nicht, sich einen Stammplatz in der Bundesliga zu sichern. Einen Verein allerdings gibt es, den man hierzulande nahezu synonym mit dem

Begriff Nachwuchsförderung nennen kann: den TuS Lichterfelde aus Berlin. Die gezielte Jugendarbeit, mit der der 1887 gegründete Verein sich in den letzten Jahrzehnten des vorigen Jahrhunderts hervortat, schlug sich bei Jungen und Mädchen in zahlreichen Meistertiteln nieder. Davon profitierte die eigene Männermannschaft, die sich 1995 und 2000 für die Bundesliga qualifizierte, beide Male jedoch auf die Wahrnehmung des Aufstiegsrechts verzichtete, aber auch Alba Berlin, mit dem die Lichterfelder in den 1990ern einen Kooperationsvertrag eingingen. Quasi als Farmteam versorgte man die Albatrosse mit talentierten Nachwuchskräften und hatte damit beträchtlichen Anteil an deren Aufstieg zum deutschen Spitzenteam. Viele dieser Spieler, darunter der Europameister von 1993, Teoman Öztürk, schafften dann auch den Sprung in die Nationalmannschaft. So kann die Weltmeisterschaft 2002, bei der das deutsche Team einen sensationellen dritten Platz belegte, auch als ein Höhepunkt in der Gesichte des TuS Lichterfelde gelten, denn sieben Spieler aus dieser Mannschaft hatten für Lichterfelde gespielt, bevor sie den Sprung in die Bundesliga schafften: Mithat Demirel, Misan Nikagbatse, Marko Pešić, Stefano Garris, Jörg Lütcke, Ademola Okulaja und Robert Maras.

Mit dem 2005 beschlossenen Aufbau einer eigenen Jugendabteilung bei Alba endete die so erfolgsträchtige langjährige Kooperation. Allzu viele Spieler hat Alba seitdem nicht aus dem eigenen Nachwuchs in die Bundesligamannschaft geführt; in Lichterfelde hingegen steht die Nachwuchsarbeit weiterhin im Mittelpunkt, auch wenn sich die Rahmenbedingungen verschlechtert haben.

2006/07 spielte man mit einer ausschließlich aus deutschen Nachwuchsspielern bestehenden Mannschaft in der 2. Bundesliga Gruppe Nord, danach noch ein Jahr in der 2. Bundesliga ProB, heute sind die Herren allerdings nur noch fünftklassig. 2009 organisierte sich die Basketballabteilung unter dem Namen TuS Lichterfelde Basketball e. V. als Zweigverein im alten TuS Lichterfelde, seit 2011 existiert dieser Verein völlig selbstständig.

An der Philosophie, auf den Nachwuchs zu setzen, hat sich nichts geändert, im Jugendbereich spielt man weiterhin auf höchster Ebene um Meistertitel. Es besteht also Hoffnung, dass aus diesem Verein auch wieder Spieler hervorgehen werden, die es auch bei den Großen in die Spitze schaffen.

9. KAPITEL
# ALLEY OOPS

## GRUND NR. 81

## WEIL DAS BASKETBALLTURNIER DER OLYMPISCHEN SPIELE VON MÜNCHEN DAS CHAOTISCHSTE FINALE ALLER ZEITEN HATTE

Als München 1966 vom Internationalen Olympischen Komitee den Zuschlag zur Ausrichtung der Olympischen Sommerspiele von 1972 erhielt, genoss die Stadt im westlichen Teil des geteilten Deutschlands den Ruf der »heimlichen Hauptstadt«. Aus bundesdeutscher Sicht sollten die Spiele keine drei Jahrzehnte nach dem Ende des Zweiten Weltkriegs das Bild eines friedlichen und demokratischen Deutschlands vermitteln; »heitere Spiele« sollten es werden. Als das olympische Feuer am 26. August 1972 entzündet wurde, regierte in Bonn seit knapp drei Jahren eine sozialliberale Regierung, deren Außenpolitik auf Entspannung der angespannten politischen Lage zwischen den die Welt beherrschenden Blöcken setzte.

Doch die Höhepunkte des Kalten Krieges, der Bau der Berliner Mauer im Jahre 1961 und die Kubakrise von 1962, die die Welt an den Rand eines nuklearen Kriegs geführt hatte, lagen gerade mal ein Jahrzehnt zurück, und Olympische Spiele waren auch in den 1970ern immer noch ein Wettstreit der Systeme. Die beiden Supermächte hatten in den Jahren zuvor ihren Ruf erheblich ramponiert, die Sowjetunion 1968 mit ihrem Einmarsch in der Tschechoslowakei, wo man Hoffnungen auf einen Sozialismus mit menschlichem Antlitz geweckt hatte, und die USA mit dem bereits viel zu lange währenden Krieg in Vietnam, der inzwischen auch auf dessen südostasiatische Nachbarn Laos und Kambodscha ausgedehnt worden war und auf beiden Seiten viel zu viele Opfer forderte.

Olympia stand jedoch nicht nur im Zeichen der Rivalität der beiden Supermächte, auch die Mannschaften der beiden deutschen Staaten gingen selbstredend als Repräsentanten ihrer Systeme an den Start. Wobei die DDR 1972 erstmals mit eigener Flagge und Hymne antreten durfte. 1956, 1960 und 1964 hatte es noch gesamtdeutsche Mannschaften gegeben, deren Teilnehmer in Ausscheidungskämpfen ermittelt worden waren; 1968 durfte die DDR als eigener Mannschaftsteil unter dem Namen Ostdeutschland antreten, allerdings mit gleicher Fahne und Hymne wie die westdeutsche Vertretung.

Das olympische Basketballturnier von München kam in der für die Spiele errichteten Basketballhalle an der Siegenburger Straße zur Austragung, die später in Rudi-Sedlmayer-Halle umbenannt wurde und heute unter dem Namen Audi Dome Heimstatt der Bundesligabasketballer des FC Bayern München ist. Zu einer innerdeutschen Auseinandersetzung kam es jedoch nicht, denn die DDR, deren Mannschaft zuvor bei einigen Europameisterschaften vor der Bundesrepublik gelandet war, hatte Basketball 1969 aus der Reihe der geförderten Sportarten verbannt und trat international fortan nicht mehr in Erscheinung.

Das bundesdeutsche Team hingegen war als Gastgeber automatisch für das Turnier qualifiziert, ebenso wie die ersten vier der Spiele von Mexiko 1968: die USA, Jugoslawien, die Sowjetunion und Brasilien. Insgesamt durften 16 Länder teilnehmen, die auf zwei Gruppen verteilt wurden, aus denen sich jeweils die beiden besten Teams für das Halbfinale qualifizierten.

Die deutsche Mannschaft wurde von Theodor Schober betreut, zu ihren bekanntesten Spielern gehörten Klaus Weinand (VfL Osnabrück), promovierter Facharzt und Star der 1960er-Jahre, Norbert Thimm (TuS 04 Leverkusen), bald danach Profi bei Real Madrid, und Holger Gschwindner (USC München), der spätere Entdecker von Dirk Nowitzki. In den Gruppenspielen kassierte das Team hohe Niederlagen gegen die UdSSR und Jugoslawien, zog sich gegen Puerto Rico und Italien achtbar aus der Affäre und siegte gegen Polen, die Philippinen und den Senegal. In den Platzierungsspielen verlor man unglücklich mit einem Punkt gegen Australien und dann in der Verlängerung mit gleichem Abstand gegen Spanien, was am Ende Rang 12 bedeutete.

Sowohl die USA wie auch die UdSSR gewannen in ihrer Gruppe alle sieben Spiele. Der zweite Platz in der Gruppe A ging an Kuba; in der Gruppe B landeten Italien, Jugoslawien und Puerto Rico gleichauf und Italien schaffte aufgrund des besten Korbverhältnisses im direkten Vergleich dieser drei Teams den Einzug ins Halbfinale. Die USA, die bis zu diesem Zeitpunkt alle bisher vergebenen Goldmedaillen gewonnen und noch nie ein olympisches Basketballspiel verloren hatten, setzten sich gegen die Italiener mit 68:38 deutlich durch. Die Sowjetunion tat sich beim 67:61 gegen Kuba erheblich schwerer, und die Kubaner sicherten sich dann auch gegen Italien die Bronzemedaille.

Profis waren 1972 bei Olympischen Spielen noch nicht zugelassen, weshalb die USA wie bei den Spielen zuvor ein Team aus den besten College-Spielern gebildet hatte, das als klarer Favorit in das Endspiel vom 9. September 1972 ging. Doch das Finale verlief weitaus spannender als erwartet und endete in einer der größten Kontroversen in der Geschichte der Olympischen Spiele.

Bei Halbzeit führten die Russen mit 26:21, kurz vor Schluss immer noch mit 49:48, als der amerikanische Aufbauspieler Doug Collins, der später in der NBA als Spieler und Coach Karriere machen sollte, einen gegnerischen Pass abfing und auf dem Weg zum Korb hart gefoult wurde. Collins verwandelte den ersten Freiwurf und brachte auch den zweiten ins Ziel, obwohl in den Wurf hinein die Sirene vom Anschreibetisch ertönt war. Der Freiwurf zählte, die USA führten 50:49, doch von nun an regierte das Chaos.

Die Uhr zeigte noch drei Sekunden, den damaligen Regeln entsprechend war der Ball im Spiel und Sergei Belov dribbelte ihn nach vorne. Als die Uhr noch eine Sekunde anzeigte, unterbrach der brasilianische Schiedsrichter Renato Righetto das Spiel, denn die russische Bank reklamierte, man habe vor den Freiwürfen eine Auszeit beantragt, die zwischen den beiden Würfen fällig gewesen wäre, von den Offiziellen am Anschreibetisch jedoch nicht gewährt worden sei (oder vielleicht doch, wenn auch zu spät, das würde die

Sirene während der Ausführung des zweiten Freiwurfs erklären). Dass der russische Coach tatsächlich eine Auszeit wollte, darf angenommen werden, doch ob der Fehler bei den Offiziellen lag, die die beantragte Auszeit nicht an die Schiedsrichter weitergaben, oder ob die Russen die Auszeit nicht korrekt angemeldet hatten, ist bis heute ungeklärt.

Offiziell wurde keine Auszeit registriert. Nun hätte ein technisches Foul gegen das russische Team wegen Verlassen der Coaching Zone durch den Assistenztrainer die Folge sein können. Doch nicht nur wurden kein technisches Foul und die entsprechenden Freiwürfe verhängt, sondern der gesamte Spielzug zurückgenommen und die Wiederaufnahme des Spiels mit russischem Einwurf und einer Restspielzeit von drei Sekunden angeordnet. Diese Maßnahme erfolgte auf Veranlassung von R. William Jones, dem Generalsekretär des internationalen Basketballverbandes FIBA, der von der Tribüne herabgestiegen war, um am Anschreibetisch seinen Einfluss als graue Eminenz des Amateurbasketballs geltend zu machen, was ihm den Statuten nach nicht zustand. Doch in der allgemeinen Verwirrung kam es noch zu einem weiteren Regelverstoß, denn die Russen nahmen einen Spielerwechsel vor, der ohne eine Auszeit in diesem Moment eigentlich nicht gestattet war.

Als die Schiedsrichter das Spiel nun erneut freigaben, war die Uhr noch nicht auf drei Sekunden zurückgesetzt worden. Den Russen gelang nur ein kurzer Einwurf, sofort ertönte die Sirene, die das Ende des Spiels anzuzeigen schien, und die amerikanischen Spieler fielen sich jubelnd in die Arme, im Glauben, das Spiel gewonnen zu haben. In diesem Moment war wohl den wenigsten in der Halle und an den Fernsehschirmen klar, dass die offizielle Spielzeit drei Sekunden hätte betragen sollen, die Sirene mithin zu früh zu hören gewesen war. Nochmals wurde der Spielzug kassiert und eine weitere Wiederholung verfügt; wieder war Jones wohl an der Entscheidung beteiligt.

Nachdem das Spielfeld geräumt worden war und die Uhr endlich die richtige Sekundenzahl anzeigte, kamen die Russen zum dritten Mal zum Einwurf. Der bulgarische Schiedsrichter Artenik Arabadjian übergab den Ball an Iwan Edeschko, der warf einen langen Pass unter den gegnerischen Korb, in der Sprache des American Football einen »Hail Mary Pass«. Sein Mitspieler Alexander Belov konnte den Ball fangen, während zwei amerikanische Spieler beim Abwehrversuch die Balance verloren, und mit einem Korbleger der russischen Mannschaft den 51:50-Sieg sichern.

Die USA legten umgehend Protest ein, der jedoch von einer fünfköpfigen Jury der FIBA abgewiesen wurde. Die Mitglieder der Jury kamen aus Ungarn, Polen, Italien, Puerto Rico und Kuba. Von den Mitgliedern aus Italien und Puerto Rico war später zu hören, sie hätten sich zugunsten des Protests ausgesprochen, was die Vermutung nahelegt, dass die Entscheidung mit drei zu zwei Stimmen entlang der vom Kalten Krieg gezogenen Grenzlinie gefällt wurde. Auch ein weiterer Protest der USA beim IOC blieb erfolglos, obwohl er die Unterstützung des Schiedsrichters Righetto hatte, der das Ergebnis für irregulär hielt.

Zur Siegerehrung war das amerikanische Team nicht erschienen; bis heute hat es sich geweigert, die Silbermedaillen entgegenzunehmen. Als nach den Winterspielen 2002 ruchbar wurde, dass bei einer Entscheidung im Eiskunstlauf unzulässiger Druck von Verbandsfunktionären auf die Preisrichter ausgeübt worden war, reagierte das IOC mit der nachträglichen Verleihung von Goldmedaillen an das benachteiligte Paar. Im Anschluss an diese Entscheidung versuchte ein Mitglied des US-Teams von 1972, Tom McMillen, der es inzwischen zum Kongressabgeordneten gebracht hatte, das IOC zu bewegen, sein Team in gleicher Weise zu ehren. Ohne Erfolg. In den USA hält man das Ganze bis heute für eine schreiende Ungerechtigkeit; in Russland erinnert man sich eher an den Triumph von München und weniger an die Kontroverse, die ihn begleitete. Man fühlte sich als legitimer Goldmedaillengewinner und hielt die amerikanische Ablehnung der Silbermedaillen für einen Ausdruck von Unsportlichkeit. So ist das, wenn Sport und Kalter Krieg aufeinandertreffen.

Die letzten Sekunden eines Basketballspiels können überaus dramatisch sein. Nie war dieser Satz richtiger als beim Endspiel des olympischen Basketballturniers von 1972!

**GRUND NR. 82**

## WEIL SICH BEIM BASKETBALL STARS UND STERNCHEN AM SPIELFELDRAND DRÄNGELN

Beim Basketball sitzen die Zuschauer nahe am Spielfeldrand und geraten so leicht ins Blickfeld der Fernsehkameras. Das ist natürlich verlockend für alle, denen solche Aufmerksamkeit als der Karriere dienlich erscheint. Und so lockt die NBA besonders in Los Angeles und New York zahlreiche A-, B- und C-Promis ans Spielfeld, von denen sich nicht alle tatsächlich für das Spiel interessieren dürften.

Doch selbstverständlich gibt es unter den Prominenten am Spielfeldrand auch viele, an deren Basketballbegeisterung nicht zu zweifeln ist. Zu den Ersten, die den Lakers nach ihrem Umzug nach Los Angeles regelmäßig ihre Aufwartung machten, gehört bemerkenswerterweise Doris Day, von der man das nicht unbedingt erwartet hätte. Heute zählen die Lakers Musiker wie Ice Cube und Schauspieler wie Denzel Washington zu ihren Fans. Bei einem weiteren Rapper, Jay-Z, ging die Begeisterung für die Nets so weit, dass er gleich das ganze Team kaufte und von New Jersey nach Brooklyn verfrachtete. Sein Kollege Eminem kommt aus Detroit und drückt logischerweise den Pistons die Daumen. Ähnlicher Lokalpatriotismus macht Matt Damon zum Celtics-Fan, der auch Flagge zeigt, wenn sein Team in L. A. antritt. Sein Schauspielerkollege Billy Crystal, gebürtiger New Yorker, hat sich als Anhänger der

Clippers zu erkennen gegeben, angeblich aus natürlicher Sympathie für den Underdog (wobei in Los Angeles im Moment gerade die Lakers der Underdog sind), was es völlig unverständlich erscheinen lässt, wie er dann auch Fan der New York Yankees sein kann, der Bayern des Baseballs. Will Smith unterstützt mit den Philadelphia 76ers den Verein seiner Heimatstadt und Eva Longoria fieberte mit den San Antonio Spurs, zumindest solange sie mit Tony Parker verheiratet war. Da sie aus Corpus Christi in Texas stammt, sind die Spurs aber ohnehin so etwas wie ihr *home team*.

Auch die drei bekanntesten NBA-Fans stammen aus der Filmbranche. Da ist zum einen Woody Allen, der schon seit Jahren mit den New York Knicks auf einen Titelgewinn wartet. Seine Prioritäten sind eindeutig: »Leute fragen mich, ob es wirklich wichtig ist, dass die Knicks die Celtics schlagen werden. Und ich denke mir, es ist genau so wichtig wie die menschliche Existenz.« (*Wall Street Journal*, 15.6.2012) Andererseits lässt er in seinem Film *Annie Hall* (*Der Stadtneurotiker*) eine Figur die Frage stellen: »Was ist so faszinierend daran, herumzusitzen und einer Gruppe Schleim absondernder Wesen dabei zuzusehen, wie sie einen Ball durch einen Ring stopfen?« Man darf sicher sein, Woody Allen wüsste die Faszination zu erklären.

Knicks-Fan wie Woody Allen ist auch dessen Regisseurskollege Spike Lee. Darin ist Lee ganz nah bei Mars Blackmon, einer von ihm selbst gespielten Figur aus seinem ersten Spielfilm *She's Gotta Have It*. Kultstatus erreichte Lee jedoch auch mit einer Serie höchst origineller Werbespots, in denen Mars Blackmon und Michael Jordan die jeweils neuesten Basketballschuhe von Air Jordan anpriesen. Und bald war Lee von der Seitenlinie im Madison Square Garden nicht mehr wegzudenken, wo er sich im *trash-talk* mit Stars wie Reggie Miller von den Indiana Pacers übte. Seine Verbundenheit mit dem Basketball zeigte er später auch mit dem Spielfilm *He Got Game* und dem Dokumentarfilm *Kobe Doin' Work*, der einen Tag im Leben von Kobe Bryant zeigt.

Und dann ist da noch Jack Nicholson, der ultimative Lakers-Fan. Nicholson hat sich diese Einschätzung verdient, denn er ist seit Jahrzehnten immer dabei, in guten wie in schlechten Zeiten. Wenn es ein Spielplan mit 41 Auswärtsspielen erlauben würde, dann wäre er vermutlich Allesfahrer. In Los Angeles geht das Gerücht, Drehpläne müssten seinetwegen an den Kalender der Lakers angepasst werden, und als er zu Dreharbeiten für Martin Scorseses Mafia-Epos *The Departed* (*Departed – Unter Feinden*) in Boston weilte, soll er sich ausgedungen haben, auf keinen Fall mit dem Logo der Celtics konfrontiert zu werden. Gut denkbar, dass ein Kabelträger im Celtics-T-Shirt zu größeren diplomatischen Verwicklungen hätte führen können.

Jack Nicholson mag der größte Basketballfan überhaupt sein, der mächtigste residiert jedoch in Washington im Weißen Haus. Doch seine politische Basis liegt in Illinois und so ist Barack Obama natürlich Fan der Chicago Bulls.

**GRUND NR. 83**

## WEIL AUCH GROSSE STÄDTE GROSSE MANNSCHAFTEN HABEN KÖNNEN

Obwohl Basketball heute auch in Deutschland ein Profisport ist, der von den Vereinen eine erhebliche Wirtschaftskraft verlangt, wenn sie an der Spitze mitmischen wollen, schaffen es doch immer wieder Vereine aus kleinen Städten in die Bundesliga. Bestes Beispiel der letzten Jahre sind die Artland Dragons, nennen könnte man aber auch den SC Rasta Vechta, den Mitteldeutschen BC aus Weißenfels oder die Union Baskets aus Schwelm. In früheren Jahren tauchen Namen wie Oberelchingen oder Langen auf. Ähnlich ist es bei den Frauen, wo die erfolgreichsten Teams der letzten Jahre aus Wasserburg und Saarlouis kommen. Zudem spielt in der Geschichte des deutschen Basketballs eine Reihe von mittelgroßen Universitätsstädten eine bedeutende Rolle, darunter Heidelberg, Gießen, Göttingen und Bamberg, aber auch Tübingen und Freiburg.

Fast könnte man also den Eindruck gewinnen, im Unterschied zu den USA sei Basketball kein Sport für die großen Metropolen. Fast alle der größten deutschen Städte waren im Basketball in der Tat zumindest zeitweise von der Bildfläche verschwunden. Hamburg, Köln und Stuttgart sind gegenwärtig nicht in BBL, ProA und ProB vertreten, andererseits führte das letzte Meisterschaftsfinale Mannschaften aus Berlin und München zusammen und auch Frankfurt mischt auf höchster Ebene mit.

Vielleicht ist es kein Zufall, dass das letzte Endspiel von Alba und dem FC Bayern bestritten wurde, denn Berlin und München weisen von den deutschen Metropolen in der Tat die größte Basketballtradition auf.

Berlin stellte 1939 mit der Luftwaffensportschule Spandau den ersten Deutschen Meister. Nach dem Krieg nahmen mit Berlin Eichkamp, dem Berliner SC und den Neuköllner Sportfreunden eine Reihe von Vereinen aus der Hauptstadt an der Meisterschaftsendrunde teil. Die Neuköllner holten sich bei den Frauen 1953 den Titel (was 1949 auch schon dem TSC Spandau gelungen war) und verfehlten ihn bei den Männern mehrfach nur knapp. Bei Gründung der Bundesliga war Berlin allerdings nicht vertreten; die Neuköllner Sportfreunde schafften 1967 den Aufstieg, hielten sich bis 1970 und kehrten für die Saison 1972/73 noch einmal zurück. Der Berliner SV 92 gehörte der Bundesliga von 1969 bis 1974 an. Danach war Berlin erst ab 1981 mit dem DTV Charlottenburg wieder im Oberhaus dabei; daraus entwickelte sich Alba Berlin und die Albatrosse sorgen seit den 1990er-Jahren dafür, dass man sich in der Hauptstadt für Basketball begeistert.

München stellte 1947 bei Männern (MTSV Schwabing) und Frauen (Jahn München) die ersten Nachkriegsmeister. Die Schwabinger wiederholten diesen Erfolg 1949, Jahn sicherte sich 1948,

1950 und 1951 drei weitere Titel. Bevor Heidelberg in den 1950ern das Kommando übernahm, war München zweifellos die führende deutsche Basketballstadt. Der FC Bayern holte 1954 und 1955 den Meistertitel und danach spielten sowohl Bayern als auch Jahn und Schwabing um die Meisterschaft mit.

Kein Zufall also, dass München bei Gründung der Bundesliga mit Schwabing, Bayern und dem TSV 1860 drei Vereine stellte. Zwar stiegen die Schwabinger umgehend ab, ihre Stelle wurde jedoch sofort vom USC München eingenommen. In den Anfangsjahren der Bundesliga war München also immer mit zumindest zwei Vereinen vertreten, die allerdings nicht in den Titelkampf eingreifen konnten. Die Bayern stiegen 1974 ab, die Basketballabteilung der Löwen fusionierte mit dem USC München zur SG München, die 1977 ebenfalls nach unten musste.

Erstklassigen Basketball zeigten nur noch die Frauen der SG, die sich in den 1980ern als härtester Konkurrent des Serienmeisters Agon Düsseldorf etablierten. Auch wenn die Bayern bei den Männern 1987 noch einmal für zwei Spielzeiten zurückkehrten, galt jedoch der Satz, dass München eine Fußballstadt sei, die Spitzensport in anderen Mannschaftssportarten nicht zulasse. Ein Zustand, der sich erst änderte, als die Bayern vor einigen Jahren beschlossen, ihre Basketballmannschaft wieder an die Spitze zu führen. Was dann ja auch gelang. Gut möglich, dass die Bundesliga in den nächsten Jahren von einer heftigen Rivalität der Millionenstädte Berlin und München dominiert wird.

Die dritte Millionenstadt, Hamburg, kann da nicht mithalten. Der TV Hamburg erreichte 1947 das Finale um die Meisterschaft, doch bei Gründung der Bundesliga blieb Hamburg – wie auch Berlin und Köln – außen vor. St. Georg rückte 1970 für ein Jahr in die oberste Klasse und wurde dort dann nach einem Jahr vom Hamburger TB abgelöst, der sich bis 1975 halten konnte und 1979 noch einmal für zwei Jahre zurückkam. Zwei Bundesligajahre schafften von 1999 bis 2001 auch die Hamburg Tigers. Und das war's dann erstaunlicherweise auch schon mit dem Spitzenbasketball in der Hansestadt.

Eine ähnlich unbedeutende Rolle spielt auch Stuttgart, das mit der BC Degerloch 1950 aber immerhin einmal den Deutschen Meister stellte. Der EK/SV Möhringen gehörte der Bundesliga in der Gründungssaison 1966/67 und dann noch einmal von 1971 bis 1973 an. Die BG Ludwigsburg firmierte von 1990 bis 1994 als BG Stuttgart/Ludwigsburg und erreichte in dieser Zeit zweimal das Halbfinale. Womit die besten Jahre des Stuttgarter Basketballs auch schon beschrieben wären. Die Flaggschiffe des schwäbischen Basketballs residieren in Ulm und Ludwigsburg, nicht in der Landeshauptstadt.

Auch Frankfurt erwies sich für den Sport mit dem großen Ball lange Zeit als schwieriges Pflaster. Der PSV Grün-Weiß spielte in den frühen Jahren der Bundesliga eine gute Rolle, zog sich aber 1971 aus der Liga zurück. Von 1967 bis 1969 stellte die Mainmetropole mit Grün-Weiß und der Eintracht sogar zwei Bundesligisten, doch wie später Grün-Weiß verzichtete auch die Eintracht 1969 aus finanziellen Gründen auf die Bundesliga. 1979 versuchte man es noch einmal, stieg jedoch umgehend wieder ab. 1999 ging die Bundesligalizenz des TV Rhöndorf auf eine Frankfurter Neugründung namens Skyliners über. Der neue Verein gewann gleich in seiner ersten Saison den DBB-Pokal und holte 2004, angeführt von Pascal Roller, auch den Meistertitel. Bundesligabasketball gehört seit der Jahrtausendwende also zum festen Bestandteil der Frankfurter Sportszene.

Köln, die inzwischen vierte deutsche Millionenstadt, erschien erst relativ spät auf der Basketballlandkarte, nämlich 1969 mit dem Aufstieg des ASV in die Bundesliga. Nach Abstiegen in den Jahren 1972 und 1974 kehrte der Klub jeweils umgehend in die oberste Liga zurück. 1977 wurde die Basketballabteilung ausgegliedert, der neue Verein BSC Saturn trug seit 1978 den Namen des Hauptsponsors.

Es folgten die größten Jahre des Kölner Basketballs. Mit Spielern wie Klaus Zander, Stephan Baeck, Hansi Gnad und Jürgen Pappert holten die Domstädter in den 1980ern vier deutsche Meisterschaften und drei Pokalsiege. Mit dem Rückzug des Sponsors geriet der Verein jedoch in finanzielle Schwierigkeiten, eine Kooperation mit Galatasaray Istanbul scheiterte. 1990 meldete der Klub Insolvenz an und zog sich aus der Bundesliga zurück. 2001 erhielt ein neuer Verein, der sich RheinEnergy Cologne nannte, eine Wildcard für die Bundesliga. Der Name durchlief in den folgenden Jahren einige Permutationen, sportlich gelang es jedoch durchaus an die Erfolge von Saturn anzuknüpfen. Dreimal (2004, 2005 und 2007) holte man den Pokal und 2006 auch die Deutsche Meisterschaft. 2007 zog sich der Namenssponsor zurück und der Klub nannte sich fortan Köln 99ers. Zwei Jahre später musste man Insolvenz anmelden und trat vom Spielbetrieb zurück.

Die wechselhaften Schicksale der Klubs aus den Metropolen zeigen, wie schwierig es ist, dort Profibasketball neben der Krake Fußball zu etablieren, die Aufmerksamkeit und Sponsorengelder an sich zieht. Eigentlich sollte es doch in Köln, Hamburg und auch Stuttgart genug Basketballfans geben, um ein Bundesligateam am Leben zu erhalten. Was, bei aller Sympathie für die Kleinen, die oft das Salz in der Suppe bilden, der Liga vermutlich nicht zum Schaden gereichen würde.

**GRUND NR. 84**

## WEIL DIE ABA DEN BASKETBALL AUFREGENDER MACHTE

Als die NBA in den 1940ern gegründet wurde, war sie nur eine unter mehreren Profiligen. Zwei Jahrzehnte später hatten alle rivalisierenden Ligen schon lange aufgegeben, doch die NBA war gerade mal in zehn Städten mit einem Team vertreten. Eine Gruppe von Geschäftsleuten glaubte, darin eine Marktlücke zu entdecken, und hob eine neue Liga aus der Taufe, die der NBA Konkurrenz machen sollte.

Zum Start umfasste die American Basketball Association (ABA) elf Teams: Die New Jersey Americans, die Pittsburgh Pipers, die Indiana Pacers, die Kentucky Colonels und die Minnesota Muskies spielten in der Eastern Division; die New Orleans Buccaneers, die Houston Mavericks, die Dallas Chaparrals, die Denver Rockets, die Anaheim Amigos und die Oakland Oaks bildeten die Western Division.

Die beiden letztgenannten Teams machten am 13. Oktober 1967 in Oakland den Auftakt, die Oaks gewannen mit 134:129. Erster Meister wurden die Pittsburgh Pipers, die in der Finalserie die New Orleans Buccaneers mit 4:3-Spielen besiegten. Die Leitung der Liga lag in den Händen von George Mikan, dem Superstar der frühen Jahre der NBA. Er sollte als Commissioner dem Unternehmen Prestige verleihen. Einen seiner ersten Auftritte in dieser Funktion hatte er im August 1967, als er den Ball vorstellte, mit dem in der ABA gespielt werden sollte. Dieser strahlte in den amerikanischen Landesfarben Rot, Weiß und Blau und sollte zum Markenzeichen der Liga werden. Mikan nannte ihn einen »patriotischen« Ball, der auch im Fernsehen besser zu verfolgen sein würde als das weltweit gebräuchliche orangene Spielgerät (als wäre das ein Problem des Basketballs; was sollen da die Eishockeyfans sagen?).

Auch in anderer Hinsicht unterschied sich die ABA von der NBA. Man führte die Dreipunktelinie ein, was ein verändertes Abwehrverhalten nach sich zog und in der Zone unter dem Korb Platz für spektakuläre Bewegungen zum Korb schaffte. Dementsprechend erfreute sich auch das Dunking in der neuen Liga großer Popularität. Das ganze Spiel war offener und fließender als in der NBA, wo sich die Aktionen weitgehend unter dem Korb abspielten. Entsprechend spektakulär auch das Auftreten: Manche trugen – dem Zeitgeist entsprechend – gewaltige Afros, viele hatten »coole« Spitznamen wie »Dr. J« (Julius Erving), »Ice Man« (George Gervin) und »Bad News« (Marvin Barnes). Die ABA war auch eine junge Liga, die im Gegensatz zur damaligen NBA Spieler aufnahm, die entweder das College abgebrochen hatten oder direkt von der Highschool zu den Profis wechseln wollten. Einfach gesagt, die ABA hatte ein Flair, das der NBA in jenen Jahren abging.

Doch von Anfang an zeigte sich, dass die ABA finanziell auf schwachen Füßen stand. Bereits nach der ersten Saison wechselten zwei Teams den Standort: Aus den Minnesota Muskies wurden die Miami Floridians, dafür zog Meister Pittsburgh in den Norden und trat fortan als Minnesota Pipers an. Außerdem wurden aus den Anaheim Amigos die Los Angeles Stars und aus den New Jersey Americans die New York Nets. Von den elf Teams, die beim Start dabei waren, blieben in den neun Jahren des Bestehens der Liga nur zwei am selben Ort, ohne den Namen zu wechseln, die Indiana Pacers und die Kentucky Colonels. Die Denver Rockets waren bereits vor dem ersten Spiel aus dem eigentlich vorgesehenen Heimatort Kansas City nach Colorado gewechselt, wo sie auch blieben, seit 1974 allerdings unter dem Namen Nuggets. Recht stabil auch die Nets, die ebenfalls bis zum Ende der Liga durchhielten und immer im Großraum New York spielten.

Alle neun Jahre dabei waren auch die Dallas Chapparals, seit 1973 aber in San Antonio unter dem Namen Spurs; die Houston Mavericks, die über Carolina in St. Louis landeten; die New Orleans Buccaneers, die es über Memphis nach Baltimore verschlug; und die Oakland Oaks, die an die Ostküste zogen und zuletzt unter dem Namen Virginia Squires antraten. Die Floridians gaben bereits 1972 auf, ebenso wie die Pipers, die nach nur einem Jahr in Minnesota nach Pittsburgh zurückgekehrt waren und zuletzt unter dem Namen Condors firmiert hatten. Bis 1975 hielten die Los Angeles Stars durch, die allerdings ab 1970 in Utah spielten. Die einzige Neugründung eines Teams erfolgte 1972: Die San Diego Conquistadors schafften drei Spielzeiten und zogen sich 1975 zurück.

Die ABA versuchte zwar, College-Stars wie Lew Alcindor (den späteren Kareem Abdul-Jabbar) für sich zu gewinnen, verzichtete aber eher darauf, etablierte NBA-Spieler mit großzügigen Angeboten zu locken. Mit Rick Barry von den San Francisco Warriors wechselte nur ein wirklicher NBA-Star in die neue Liga. Aufgrund einer Vertragsklausel musste er allerdings ein Jahr aussetzen, bevor er 1968/69 mit den Oakland Oaks den ABA-Titel gewinnen konnte.

Die ABA machte sich ihre Stars selbst. Die bedeutendsten unter ihnen waren Julius »Dr. J« Erving, der »Ice Man« George Gervin und Moses Malone, aber auch Spieler wie Artis Gilmore, Dan Issel, Maurice Lucas und Spencer Haywood drückten der Liga ihren Stempel auf und reüssierten später noch in der NBA.

Nach Einschätzung von Experten konnte die ABA sportlich in ihren letzten Jahren durchaus mit der NBA mithalten. Doch weder die sportliche Qualität noch der hohe Unterhaltungswert der Liga reichten aus, lukrative Fernsehverträge an Land zu ziehen und die finanzielle Notlage in den Griff zu bekommen. In dieser Situation suchte man den Anschluss an die NBA, die zwar auch schwere Zeiten durchmachte, als Geschäftsmodell aber wesentlich besser etabliert war. Nach der Saison 1975/76 war es so weit. Drei der verbliebenen sieben ABA-Klubs – die Kentucky Colonels, die noch 1975 die Finalserie geworden hatten, die Spirits of St. Louis und die Virginia Squires – wurden aufgelöst. Die Indiana Pacers, die Denver Nuggets, die San Antonio Spurs und die New York (künftig wieder New Jersey) Nets durften ab der Saison 1976/77 in der NBA mitmachen. Die Nets waren der amtierende Meister und hatten den Titel zuvor auch 1974 geholt. Den Pacers waren zwischen 1970 und 1973 sogar drei Titelgewinne gelungen.

Der Eigentümer der Kentucky Colonels wurde mit einem Betrag von drei Millionen Dollar abgefunden. Eine wahrhaft goldene Nase verdienten sich aber die Brüder Ozzie und Daniel Silna, Besitzer der Spirits of St. Louis. Sie ließen sich die Zustimmung zur Auflösung ihres Teams für 2,2 Mio. Dollar abkaufen. Außerdem rangen sie der

NBA und den Eigentümern der übernommenen Teams einen unfassbar lukrativen Vertrag ab: Für die Dauer der Existenz der NBA (!) müssen diese vier Klubs ein Siebtel der Gelder, die sie Jahr für Jahr aus dem landesweiten Fernsehvertrag der Liga erhalten, an die beiden Brüder abtreten! Bis heute soll so eine Summe von 300 Millionen Dollar zusammenkommen sein. Den Eigentümern der Nets, der Pacers, der Nuggets und der Spurs muss die Aussicht, nun endlich in die NBA aufgenommen zu werden, völlig die Sinne vernebelt haben. Wie anders wäre die Zustimmung zu einem unbefristeten Vertrag dieser Art sonst zu erklären? (Auch wenn man 1976 natürlich noch keine Vorstellung davon hatte, welche Summen einmal für Übertragungsrechte fließen würden.) Kein Wunder, dass sich die NBA in letzter Zeit verstärkt darum bemüht, durch Zahlung einer einmaligen Abschlagssumme aus diesem Vertrag herauszukommen.

Dennoch zählte die NBA zu den Gewinnern der Fusion, die einen lästigen Konkurrenten beseitigte und ihr eine dringend benötigte Blutauffrischung verschaffte. Die ABA darf für sich in Anspruch nehmen, mit dem von ihr propagierten spektakulären Basketball den Boden für den Aufschwung der NBA in den 1980ern bereitet zu haben. Der farbige Ball gehört der Vergangenheit an, die Dreipunktelinie wurde hingegen 1979 auch in der NBA eingeführt. Und der Slam Dunk Contest, den die ABA 1976 bei ihrem All-Star Game erstmals vorstellte, bildet bis heute eine der Attraktionen des All-Star Weekends der NBA.

**GRUND NR. 85**

## WEIL ES NICHT NUR DIRK NOWITZKI UND DETLEF SCHREMPF IN DIE NBA GESCHAFFT HABEN

Von Frido Frey, dem ersten Deutschen in der NBA, haben wir bereits berichtet. Und die großen Stars Dirk Nowitzki und Detlef Schrempf erfahren an anderer Stelle die gebührende Würdigung. Doch diese drei sind keineswegs die drei einzigen deutschen Basketballspieler, die mit der NBA in Berührung gekommen sind.

Frey war als Einwanderer in die USA gekommen und hatte dort das Basketballspiel entdeckt. Deutsche Gesichter in der NBA gab es nach ihm erst wieder in den 1980ern, und diese Spieler suchten den Weg über das College, wenn sie nicht schon eine amerikanische Highschool besucht hatten. So auch Detlef Schrempf, der nach seiner Zeit an der University of Washington 1985 von den Dallas Mavericks mit dem achten Pick des NBA Draft gezogen wurde. Er ist damit bis heute der an höchster Stelle ausgewählte Deutsche.

Bei dem gleichen Draft zogen die Mavericks an 17. Stelle mit dem Center Uwe Blab einen weiteren Deutschen. Wie Schrempf war der gebürtige Münchner bereits als Schüler in die USA gegangen und hatte anschließend seinen Weg auf dem College fortgesetzt, in diesem Falle auf der Indiana University. Mit den Hoosiers erreichte er die Runde der letzten acht im NCAA-Turnier. Bei den Mavericks schaffte er nie den ganz großen Durchbruch, blieb aber bis 1989 im Kader, bevor er zu den Golden State Warriors getradet wurde. Nach insgesamt 235 Spielen (mehr haben nur Schrempf und Nowitzki) ging seine NBA-Karriere 1990 bei den San Antonio Spurs zu Ende. Blab spielte dann noch in Europa für Neapel und Alba Berlin.

1987 fanden wieder zwei deutsche Basketballer beim NBA Draft einen Verein. Den aus Delmenhorst stammenden Christian Welp hatte es, wie Detlef Schrempf, nach Washington verschlagen, wo er nach der Highschool für die University of Washington Huskies spielte. Die Philadelphia 76ers drafteten ihn mit dem 16. Pick und in der Saison 1988/89 kam er in insgesamt 72 Saison- und drei Playoff-Spielen zum Einsatz. Dann tradeten ihn die Sixers nach San Antonio und die Spurs später im Austausch mit Uwe Blab zu den Warriors. Nach der Saison 1989/90 und insgesamt 109 Spielen war seine Zeit in der NBA abgelaufen und er setzte seine Laufbahn in Europa fort, vorwiegend bei Bayer Leverkusen. Beim gleichen Draft wie Welp wurde auch Hansi Gnad von den Sixers gezogen. Als letzter Spieler vor Saisonbeginn wurde er aus dem Kader gestrichen und ein Jahr später erlitt er bei den Miami Heat das gleiche Schicksal. Zweimal die Saisonvorbereitung mitgemacht, zweimal knapp am Saisonkader vorbei: Pech.

Danach ließ das Interesse der NBA an deutschen Spielern zunächst einmal nach. Auch ein Henrik Rödl, der erfolgreich am College spielte, wurde nicht gedraftet. Der Nächste war Dirk Nowitzki, der nicht den Weg über ein US-College genommen hatte, sondern sich als deutscher Zweitligaspieler zum 1998er-Draft anmeldete. Haben wollten ihn die Dallas Mavericks, gezogen wurde er aber von den Milwaukee Bucks an neunter Stelle, die ihn dann allerdings in einem vorher vereinbarten Deal sofort an die Mavericks weiterreichten.

Nowitzki war natürlich ein Ausnahmetalent und so setzte trotz seiner herausragenden Leistungen kein Run auf deutsche Spieler ein. Doch in den letzten Jahren sind noch drei deutsche Spieler in der NBA zum Einsatz gekommen, und zumindest einer von ihnen könnte am Beginn einer größeren Karriere stehen.

Einen unkonventionellen Weg beschritt Tim Ohlbrecht, der bereits auf einige Jahre in der BBL zurückblicken konnte. Im Winter 2012/13 wechselte er zu den Rio Grande Valley Vipers in der NBA Development League, einer der NBA nachgeordneten Liga, in der junge Talente Spielpraxis sammeln sollen. Im Februar 2013 erhielt er einen Vertrag bei den Houston Rockets, für die er zwei Spiele absolvierte und dabei drei Punkte erzielte. Danach wurde der Center wieder zu den Valley Vipers zurückgeschickt, mit denen er die Meisterschaft der D-League gewann. Im Juli 2013 nahmen ihn die Philadelphia 76ers unter Vertrag, für die er jedoch nicht zu einem Einsatz kam. Nach Auflösung des Vertrags im Oktober 2013 spielte der Center erneut in der D-League, diesmal bei den Fort Wayne Mad Ants, mit denen er im Frühjahr 2014 seine zweite Meisterschaft in dieser Liga gewann. Vielleicht wird's ja doch noch etwas mit dem Traum von der NBA.

Den konventionellen Weg über das College versuchte Elias Harris. Das College seiner Wahl war Gonzaga im Staate Washington, wo auch NBA-Superstar John Stockton gespielt hatte. Beim NBA Draft 2013 blieb er unberücksichtigt – der Draft besteht heutzutage nur noch aus zwei Runden –, dennoch erhielt er im Juli 2013 einen Vertrag bei den Los Angeles Lakers. Nach zwei Kurzeinsätzen wurde er noch im Herbst 2013 ins Farmteam der Lakers in der D-League versetzt. Im Dezember wechselte er dann zu den Brose Baskets nach Bamberg in die BBL.

Der junge Point Guard Dennis Schröder, Sohn einer Mutter aus Gambia und eines deutschen Vaters, hatte bei den Phantoms Braunschweig bereits Bundesligaerfahrung gesammelt, als er sich 2013 zum NBA Draft anmeldete. Die Atlanta Hawks zogen ihn mit dem 17. Pick. In der Saison 2013/14 kam er in insgesamt 49 Spielen zum Einsatz, außerdem zweimal in den Playoffs. Wenn er so weitermacht, sollte einer längeren NBA-Karriere nichts im Wege stehen. Schließlich sollte der deutsche Basketball auch nach dem irgendwann unvermeidlichen Abschied von Dirk Nowitzki in der NBA vertreten sein.

**GRUND NR. 86**

## WEIL DER BASKETBALL KEIN UNENTSCHIEDEN KENNT

Natürlich kann man einen sportlichen Wettstreit verfolgen, um sich an der Schönheit einzelner Bewegungsabläufe und Aktionen zu erfreuen und um sich von der gezeigten Athletik beeindrucken zu lassen. Ohne solche Elemente wäre Sport wohl nur mäßig interessant, wobei Schönheit bekanntlich im Auge des Betrachters liegt. Aber machen wir uns nichts vor, natürlich begeistern sich Menschen für Sport, weil es dort spannend zugeht, weil sie wissen wollen, wie es ausgeht und wer am Ende der Sieger ist.

Wenn es aber um Sieg und Niederlage geht und wir Sieger feiern wollen, wie halten wir es dann mit dem Unentschieden? Viele Sportarten machen es uns diesbezüglich einfach, da gibt es das nämlich überhaupt nicht. Wenn zwei Weitspringer die gleiche Weite erzielt haben, entscheidet eben der bessere zweite Versuch. Ein Tennisspiel ist erst dann beendet, wenn ein Spieler den entscheidenden Satz gewonnen hat. Und dass Skiläufer oder Leichtathleten ein Rennen tatsächlich mit auf die Hundertstelsekunde gleicher Zeit beenden, kommt so selten vor, dass man leichten Herzens zwei Sieger küren kann.

Anders sieht es in Mannschaftssportarten aus. Gut, Volleyball ist wie Tennis, hier muss eine Mannschaft den entscheidenden Satz gewinnen und es kann kein Unentschieden geben. In Fußball wie Handball, Basketball wie Eishockey, Baseball oder American Football ist dies anders, da kommt es schon mal vor, dass bei Ende der regulären Spielzeit beide Teams die gleiche Anzahl von Toren oder Punkten erzielt haben. Es gibt unterschiedliche Methoden, damit umzugehen.

Fußball unterscheidet sich von diesen Spielen durch die geringe Zahl der erzielten Tore, was sowohl die Wahrscheinlichkeit eines Unentschiedens erhöht, als auch Außenseitern größere Chancen bietet, auch mal einem scheinbar übermächtigen Gegner einen Punkt abzuknöpfen. Und wenn es dem Außenseiter gelungen ist, am Ende der 90 Minuten nicht als Verlierer dazustehen, dann soll er dafür eben auch belohnt werden, weshalb das Unentschieden fester Bestandteil des normalen Spielbetriebs ist. Verlängert wird nur in Pokalwettbewerben und den K.-o.-Runden von Turnieren, in denen es ums Weiterkommen oder Ausscheiden geht. Und die Verlängerung garantiert angesichts der Seltenheit von Toren auch keine Entscheidung, weshalb man als letztes Mittel das Elfmeterschießen eingeführt hat. Von manchen für eine Lotterie gehalten, aber immer noch eine sportlichere Lösung als der in vergangenen Zeiten übliche Münzwurf.

Im Handball ist es ähnlich wie im Fußball, das heißt, im regulären Spielbetrieb wird das Unentschieden akzeptiert, und sonst muss man angesichts der Häufigkeit von Toren nur solange verlängern, bis ein Sieger feststeht. Im Eishockey hingegen gilt die Regel, dass jedes Spiel einen Sieger finden muss, notfalls im Penalty-Schießen, wobei das Unentschieden in der Tabelle immerhin auch mit einem Punktgewinn belohnt wird.

Diese unterschiedlichen Vorgehensweisen deuten auf gewisse Mentalitätsunterschiede im Umgang mit dem Unentschieden hin. Die Praxis in den europäischen Sportarten Fußball und Handball zeigt an, dass man auf dem alten Kontinent durchaus damit leben kann, wenn ein Spiel keinen Sieger findet. In Japan, so heißt es, werde das Unentschieden schon deswegen nicht als unbefriedigend empfunden, weil es beiden Seiten erlaubt, das Gesicht zu wahren. Ganz anders in Nordamerika, wo mit aller Macht nach einem Sieger verlangt wird und das Unentschieden deshalb einen überaus schlechten Ruf genießt. Kein Wunder also, dass die nordamerikanische Eishockeyliga, die NHL, selbst in den 80 Spielen der regulären Saison kein Unentschieden erlaubt, sondern jedes einzelne Spiel einen Sieger finden muss. Genauso selbstverständlich, dass auch im Basketball, egal auf welcher Ebene, bis zur Entscheidung verlängert wird.

Basketball ist dabei völlig gnadenlos, denn im Unterschied zum Eishockey wird hier der Verlierer eines verlängerten Spiels nicht für das in der regulären Spielzeit erreichte Unentschieden belohnt. Natürlich bedeutet das auch, dass ein tapfer kämpfender Außenseiter, der kurz vor einer Überraschung stand, am Ende mit leeren Händen dasteht. Aber das ist ja bei einer knappen Niederlage in der regulären Spielzeit auch nicht anders, und dies kommt häufiger vor als ein Unentschieden.

Basketball unterscheidet sich vom Fußball auch dadurch, dass mit wesentlich größerer Sicherheit die am betreffenden Tag bessere Mannschaft gewinnt. Im Fußball kann ein Team in allen möglichen statistischen Kategorien führen – mehr Ballbesitz gehabt haben, mehr gelaufen sein, mehr Zweikämpfe gewonnen und öfter aufs Tor geschossen haben – und am Ende dennoch als Verlierer vom Platz gehen. Da schafft ein Unentschieden vielleicht sogar eine gewisse Gerechtigkeit. Im Basketball mag das siegreiche Team eine schlechtere Trefferquote aufweisen, aber dann hat es vermutlich mehr Rebounds geholt und sich damit mehr Würfe erarbeitet, oder es hat den Ball weniger oft an den Gegner verloren. Am Ende gilt der einfache Satz: mehr erzielte Punkte = bessere Mannschaft. Und wenn es nur ein paar zusätzlicher Minuten bedarf, um diese Mannschaft zu ermitteln, warum sollte man es dann bei einem Unentschieden belassen?

P.S.: So ganz stimmt der Satz, dass es im Basketball kein Unentschieden gäbe, übrigens doch nicht. Zumindest in europäischen Wettbewerben, wo die Addition von Hin- und Rückspielergebnissen das Weiterkommen regelt, sind Unentschieden erlaubt.

**GRUND NR. 87**

## WEIL BASKETBALLER IN NIEDERSACHSEN »STURMFEST UND ERDVERWACHSEN« SIND

Kann es sein, dass bestimmte Regionen für bestimmte Sportarten prädestiniert sind und für andere nicht? Schleswig-Holstein ist z.B. das einzige unter den alten Bundesländern, das noch keinen Fußball-Bundesligisten hervorgebracht hat. Auch in die Basketball-Bundesliga hat es noch keine Stadt von dort geschafft. Dafür stellt das Land mit dem THW Kiel die seit Jahren dominierende Handballmannschaft und war auch mit anderen Vereinen prominent in der Bundesliga dieser Sportart vertreten. Das zugegebenermaßen etwas größere Nachbarland Niedersachsen stellte hingegen zuletzt nicht nur drei Vereine in der Fußball-Bundesliga, sondern spielt seit Jahrzehnten mit zahlreichen Klubs im Basketball eine überproportional bedeutsame Rolle. Dies verlangt nach einer näheren Betrachtung.

Könnte es daran liegen, dass die Wurzeln des deutschen Basketballs in Niedersachsen, genauer in Braunschweig, liegen? Dort ließ schon 1896 ein Turninspektor namens August Hermann das neue amerikanische Spiel praktizieren, von dem ihm sein in die USA ausgewanderter Sohn berichtet hatte. Das Spiel lief unter dem Namen Korbball und Hermann veröffentlichte sogar ein Regelheft. Dies blieb jedoch Episode, dauerhaft Fuß fasste das Spiel zunächst weder in Niedersachsen noch im Rest Deutschlands.

Nach dem Zweiten Weltkrieg jedoch entwickelte sich die niedersächsische Universitätsstadt Göttingen bald zu einer Hochburg des jungen Sports, eine Geschichte, die an anderer Stelle in diesem Buch beschrieben ist. Bei Gründung der Bundesliga war Niedersachsen dann aber nicht nur mit Hellas Göttingen, sondern auch noch mit dem VfL Osnabrück, dem MTV Wolfenbüttel, dem Oldenburger TB und dem Post-SV Hannover vertreten und stellte damit die Hälfte aller Mannschaften in der Nordgruppe. In den meisten dieser Vereine wurde seit der ersten Hälfte der 1950er Basketball gespielt.

Für die ersten niedersächsischen Titel sorgte der VfL Osnabrück, der 1967 den erstmals ausgetragenen DBB-Pokal gewann und 1969 den Deutschen Meistertitel folgen ließ. Diese Erfolgsperiode ging 1975 mit dem Bundesligaabstieg zu Ende. Die Nachfolge des VfL, der sich verstärkt auf den Fußball konzentrierte, trat der BC Giants Osnabrück an, der von 1983 bis 1987 der Bundesliga angehörte und vor dem Aufstieg Chris Welp in seinen Reihen hatte. 1990 stieg mit dem TuS Bramsche ein Verein aus dem Landkreis Osnabrück in die Bundesliga auf und erreichte gleich in seiner ersten Saison die Playoffs. Ab 1992 bildeten die Bramscher mit dem Osnabrücker Verein

AHC Juventus Nahne eine Spielgemeinschaft unter dem Namen BG Bramsche/Osnabrück und erreichten noch zweimal die Playoffs. 1994/95 firmierte das Team unter dem Namen SG Bramsche/Osnabrück, eine Spielgemeinschaft aus dem TuS Bramsche und einer Neugründung namens Bramscher Basketball Club. Aufgrund wirtschaftlicher Probleme wurde die Lizenz nach der Saison nach Braunschweig veräußert, bis auf Weiteres das Ende des Erstligabasketballs in Osnabrück.

Der Männerturnverein aus der Kreisstadt Wolfenbüttel hatte bereits vor Einführung der Bundesliga mehrfach das Halbfinale um die Deutsche Meisterschaft erreicht und gehörte bis in die 1980er zum festen Bestand der Bundesliga. Tragende Säule der Mannschaft war der vielfache Nationalspieler und Olympiateilnehmer von 1972 Jürgen Wohlers. 1975 scheitern die Wolfenbütteler nur äußerst knapp am Einzug in das Meisterschaftsfinale, näher kamen sie trotz alljährlich respektabler Platzierungen dem Meistertitel nicht. Dafür hielt man sich mit Pokalsiegen in den Jahren 1972 und 1982 schadlos, dazu kommen noch drei Finalteilnahmen. Nach dem Abstieg aus der Bundesliga 1984 folgte nur ein kurzes Comeback in der Saison 1989/90, seither konnten die Wolfenbütteler aller Tradition zum Trotz mit finanzkräftigeren Konkurrenten nicht mehr mithalten. Zu den Pokalsiegern von 1982 gehörte mit Mike Jackel einer der Europameister von 1993, für den die Lessingstadt erste Anlaufstelle in Deutschland war. Beim MTV Wolfenbüttel erlernte mit Kai Nürnberger ein weiterer der Helden von 1993 das Basketballspielen. Fortgesetzt wurde die große Basketballtradition Wolfenbüttels in der Frauenbundesliga von den Wolfenbüttel Wildcats, die 2012 die Deutsche Meisterschaft gewinnen konnten.

Der Oldenburger Turnerbund gewann 1964 die Meisterschaft in der Oberliga Nord, der damals höchsten deutschen Spielklasse, und gehörte folgerichtig auch zu den Gründungsmitgliedern der Bundesliga, wo der Verein bis zum Abstieg in der Saison 1970/71 jedoch keine größere Rolle spielte. 1985 und 1987 gelang für jeweils eine Saison die Rückkehr ins Oberhaus. Mit dem dritten Wiederaufstieg in der Saison 1999/2000 konnte man sich endlich wieder fest auf höchster Ebene etablieren. 2001 erfolgte die Umbenennung in EWE Baskets Oldenburg. Mit zwei Ausnahmen erreichte der Verein seit 2003 regelmäßig die Playoffs. Meist kam das Aus im Viertelfinale, doch 2009 erreichte man nach dem dritten Platz in der regulären Saison durch Siege gegen Frankfurt und Bamberg erstmals das Meisterschaftsfinale, wo man in einer spannenden Serie mit 3-2 gegen die Telekom Baskets aus Bonn die Oberhand behielt. 2013 gelang der erneute Finaleinzug, in drei Spielen gegen die Bamberger Brose Baskets gab es jedoch nichts zu holen. 2014 verpasste man in der Halbfinalserie gegen den späteren Meister Bayern München nur knapp eine große Sensation. Dass die EWE Baskets zu den deutschen Spitzenmannschaften gehören, zeigte sich auch auf internationaler Ebene, besonders 2013 mit dem Erreichen des Final-Four-Turniers der EuroChallenge.

Der Bundesligaauftritt des Gründungsmitglieds Post-SV Hannover währte nur zwei Jahre. In der niedersächsischen Landeshauptstadt spielt Basketball eine nachgeordnete Rolle, 1968/69 und 1974/75 wurde sie im Oberhaus durch eine Spielgemeinschaft aus TS Großburgwedel und Hannover 96 vertreten und 1993/94 gab der TK Hannover ein einjähriges Gastspiel.

In Braunschweig schlossen sich 1978 die Basketballabteilungen der FT und des MTV Braunschweig zu einer Spielgemeinschaft zusammen, die zehn Jahre später den Aufstieg in die Bundesliga schaffte, jedoch sofort wieder abstieg. 1991 kehrte man zurück und zog zugleich ins Pokalfinale gegen Bayer Leverkusen ein, bis heute der größte Erfolg der Vereinsgeschichte. 1993 gelang erstmals der Einzug in die Playoffs, 1994 ging es noch einmal nach unten, doch seit der sofortigen Rückkehr im Jahre 1995 gehören die Braunschweiger ununterbrochen der Bundesliga an. 2000 wurde die Lizenz an eine Gesellschaft namens Metabox weitergegeben, bis 2006 firmierte das Team unter vier verschiedenen Namen, seit

2006 heißt es New Yorker Phantoms Braunschweig, nachdem nur eine Aufstockung der Liga den Abstieg verhindert hatte. Größter Erfolg seit der Etablierung in der 1. Liga bleibt das Erreichen des Halbfinales in der Saison 2002/03, das erst im fünften Spiel gegen Alba Berlin verloren ging.

Neben den Teams aus Oldenburg und Braunschweig hat sich mit den Artland Dragons im letzten Jahrzehnt noch eine weitere Mannschaft aus Niedersachsen fest in der Bundesliga etabliert. Artland ist der Name einer zwischen Osnabrück und Cloppenburg gelegenen Region mit dem Zentrum Quakenbrück. Auch der TSV Quakenbrück gründete in den 1950ern eine Basketballabteilung, die es in den 1970ern sogar bis in die 2. Liga schaffte. 1996 erfolgte die Rückkehr in diese Liga und nach einer ungeschlagenen Saison gelang 2003 der Aufstieg in die Bundesliga. Seither nennen sich die Basketballer aus Quakenbrück Artland Dragons. Größter Erfolg in der nun schon über zehn Jahre währenden Bundesligageschichte der Dragons waren die Vizemeisterschaft im Jahre 2007 und der Pokalsieg im folgenden Jahr. Der Aufschwung des Quakenbrücker Basketballs verdankt sich der Förderung durch den Textilunternehmer Günther Kollmann, einem früheren Bundesligaspieler.

Quakenbrück ist jedoch mitnichten die einzige niedersächsische Kleinstadt, die im Basketball Erfolge feiern kann. In der Saison 2013/14 galt es, den SC Rasta Vechta in der Bundesliga zu begrüßen. Der Verein wurde 1979 gegründet und schaffte exakt 30 Jahre später den Aufstieg in die ProB; 2012 ging es hinauf in die ProA und schon ein Jahr später in die 1. Liga, die man allerdings nach nur einem Jahr wieder verlassen musste. Was den Verein besonders sympathisch macht, ist die Tatsache, dass sich hinter dem ungewöhnlichen Namen »Rasta« keineswegs, wie man vermuten könnte, ein Sponsor verbirgt, sondern dass es sich dabei tatsächlich um eine Hommage an den Reggae-Superstar Bob Marley handelt. Konsequenterweise heißt das Maskottchen des Vereins Bob, man spielt im Rasta-Dome und die Cheerleaders nennen sich Die Marleys.

Einzig die Vereinsfarben Orange und Weiß wollen nicht so recht zu diesem Gesamtkunstwerk passen. Hoffen wir dennoch, dass das Bundesligajahr des Vereins nicht nur Episode bleibt.

Ein erstaunliches Panorama von Vereinen, die dieses Bundesland hervorgebracht hat. »Sturmfest und erdverwachsen« nennen sich die Niedersachsen in ihrer Hymne, dem *Niedersachsenlied*. Offenbar keine schlechten Eigenschaften, um erfolgreich Basketball zu spielen.

**GRUND NR. 88**

## WEIL »DR. J« DER KÖNIG DES DUNKS WAR

Superstars hat die NBA in großer Zahl hervorgebracht, doch nur von wenigen lässt sich sagen, dass sie das Spiel verändert haben. Einer von ihnen war Julius »Dr. J« Erving, der wohl beste Basketballspieler der 1970er. Viele der Elemente des heutigen Basketballs gehen auf seine spektakuläre und elegante Spielweise zurück, mit der er zum Aushängeschild zunächst der American Basketball Association und später der NBA wurde.

In seiner Jugend durchlief Julius Erving die harte Schule der Basketball-Plätze von Harlem. Von einem Schulkameraden, den er mit »Professor« anredete, erhielt er den Spitznamen »Doctor«, aus dem dann später durch die Einbeziehung seines Vornamens »Dr. J« wurde.

Seine Highschool-Karriere verlief unspektakulär, doch an der University of Massachusetts machte er durch hervorragende Zahlen auf sich aufmerksam. Bereits vor dem Ende seiner College-Zeit (seinen Abschluss holte er erst 1986 nach dem Ende seiner Profikarriere nach) unterschrieb er 1971 einen Vertrag bei den Virginia Squires, die in der ABA spielten. Ein Jahr später zogen ihn die Milwaukee Bucks im NBA Draft, bei denen er mit Oscar Robertson und Kareem Abdul-Jabbar in einem Team hätte spielen können, welch eine Vorstellung. Erving aber zog es zu den Atlanta Hawks, doch eine richterliche Anordnung zwang ihn zur Rückkehr zu den Squires. Die aber verkauften ihn 1973 in einer finanziellen Notlage an die New Jersey Nets und dort entwickelte er sich endgültig zum herausragenden Spieler der ABA.

In seinen drei Jahren bei den Nets wurde er jedes Mal zum wertvollsten Spieler gewählt und gewann zweimal die Meisterschaft. Beinahe in jedem Spiel schien er neue Wege zu finden, um zum Korb zu gelangen, und er tat dies mit einer Eleganz, wie man sie noch nicht gesehen hatte. Seine Spezialität war der Dunk, allerdings nicht aus einer Position am Korb heraus, wie bisher von Centern praktiziert, wenn sie den Ball durch den Ring stopften, sondern aus einer weitab vom Korb entfernt angesetzten Bewegung heraus.

Gespräche über einen Zusammenschluss von NBA und ABA hatte es bereits seit einiger Zeit gegeben. 1976 schließlich löste sich die ABA auf und ihre vier ökonomisch stabilsten Teams wurden in die NBA übernommen, darunter auch die Nets. Die NBA forcierte diese Übernahme nicht zuletzt deshalb, weil sie den spektakulärsten Spieler jener Jahre endlich in ihren Reihen haben wollte. Mit Dr. J hätten die Nets vermutlich auch einen guten Einstieg in der neuen Umgebung gehabt, Doch die New York Knicks verlangten für ihre Zustimmung zur Fusion der Ligen von den Nets eine Zahlung in Höhe von 4,8 Millionen Dollar als Ausgleich für das »Eindringen« in ihr Territorium. In dieser Situation sahen sich die Nets außerstande, Erving eine bereits zugesagte Gehaltserhöhung tatsächlich zu zahlen, woraufhin der Spieler sich weigerte, ins Trainingslager einzurücken. Nun boten die Nets den Knicks an, anstelle der Abstandszahlung den Vertrag des Spielers zu übernehmen. Die Knicks lehnten ab – eine nicht nachvollziehbare Entscheidung, die mit jahrelangem sportlichen Misserfolg bestraft wurde.

Nun kamen die Philadelphia 76ers ins Spiel, die sich bereit erklärten, Erving zu verpflichten und den Nets eine Ablösesumme von drei Millionen Dollar zu zahlen. Die Nets stimmten zu, womit die Aufnahme in die NBA gesichert war, allerdings um den Preis des Verlusts des besten Spielers.

Bei den Sixers schloss Dr. J nahtlos an seine ABA-Leistungen an, und das Team erreichte gleich in seiner ersten Saison das NBA-Finale, das allerdings gegen die Portland Trail Blazers verloren ging. Jahr für Jahr wurde Erving ins All-Star-Team gewählt, und wenn in jenen Jahren ein Spieler die Massen in die Hallen und vor die Bildschirme lockte, dann war er es. Anfang der 1980er waren die Sixers erneut bereit, um den Titel mitzuspielen. 1980 und 1982 zogen sie ins Finale ein, scheiterten aber jeweils an den Los Angeles Lakers. 1982/83 stieß mit Moses Malone der lang vermisste Center zum Team und die Sixers und Dr. J sicherten sich gegen die Lakers ihren ersten und einzigen NBA-Titel.

Vor der Saison 1986/87 kündigte Julius Erving sein Karriereende an. Seine letzte Spielzeit wurde zu einer Abschiedstournee, wie sie noch nie einem NBA-Spieler zuteil geworden war, mit einer Fülle von Ehrungen in allen Städten. Experten halten ihn für den besten Dunker aller Zeiten, doch vor allem hatte sein Auftreten auf dem und außerhalb des Spielfelds Stil und Klasse. Weshalb er als einer der besten Botschafter gilt, die das Spiel je hatte.

**GRUND NR. 89**

## WEIL GANZ AMERIKA IM MÄRZ VERRÜCKT SPIELT

Sportfreunde orientieren sich in ihrem Jahresablauf normalerweise nicht am regulären Kalenderjahr, sondern an den Saisondaten ihrer Lieblingssportarten und den jährlich wiederkehrenden Höhepunkten des Sportkalenders. Eine besondere Rolle in der sportinteressierten amerikanischen Öffentlichkeit nimmt dabei das Basketball-Meisterschaftsturnier der National Collegiate Athletics

Association (NCAA) ein. Das Turnier beginnt alljährlich Mitte März und erstreckt sich über drei Wochenenden mit den Finalspielen, den sogenannten Final Four, am ersten Wochenende im April. Obwohl gleichzeitig Entscheidungen über die Playoff-Teilnahme im Basketball (NBA) und Eishockey (NHL) fallen und sich der Beginn der Baseball-Saison nähert, schlägt das NCAA-Turnier die Fans solcherart in ihren Bann, dass sich dafür der Begriff »March Madness« eingebürgert hat.

Das erste NCAA-Turnier fand 1939 statt. Anfangs konkurrierte der Wettbewerb noch mit dem National Invitation Tournament (NIT), das 1938 begründet wurde und mit zunächst sechs Mannschaften alljährlich im New Yorker Madison Square Garden zur Austragung kam. Damals war es nicht unüblich, dass Teams an beiden Turnieren teilnahmen, eine Praxis, die die NCAA ab 1950 untersagte. Das NIT existiert zwar auch heute noch, allerdings eher als eine Art Trostpreis für Teams, die sich nicht für das NCAA-Turnier qualifizieren konnten.

Von 1939 bis 1950 durften jeweils acht ausgewählte Colleges am NCAA-Turnier teilnehmen; seitdem wurde die Zahl der Teilnehmer beständig erweitert. Heute sind es 68 Teams, von denen etwa die Hälfte aufgrund des Abschneidens in der regulären Saison als automatisch qualifiziert gilt, während der Rest von einem Komitee der NCAA ausgewählt wird. Acht Mannschaften müssen ein zusätzliches Qualifikationsspiel absolvieren, um das Teilnehmerfeld auf 64 zu bringen. Nun wird ein Tableau erstellt, in dem die 64 Teams auf vier Regionen verteilt werden. Innerhalb jeder Region gilt eine Setzliste von 1 bis 16 und die Teams spielen dann entsprechend der Setzliste gegeneinander, also 1 gegen 16, 2 gegen 15 usw. Außerdem wird festgelegt, welche der vier regionalen Sieger im Halbfinale gegeneinander spielen werden, und damit steht das Raster für das gesamte Turnier fest. Sobald die Setzliste feststeht, die sogenannten »Brackets«, beginnt der Wahnsinn und die Basketballfans im ganzen Land machen sich daran, das Tableau entsprechend ihrer

Vorhersagen über den Turnierverlauf auszufüllen und vielleicht auch entsprechende Wetteinsätze zu tätigen. Selbstverständlich ist auch der Präsident verpflichtet, seine »Brackets« der Öffentlichkeit zur Kenntnis zu geben.

Die beiden Auftaktrunden des Turniers finden am ersten Wochenende statt und reduzieren das Teilnehmerfeld auf 16 Teams, die sogenannten »Sweet Sixteen«. Am folgenden Wochenende stehen zwei weitere Runden an, die regionalen Finalspiele, in denen zunächst die »Elite Eight« und dann die »Final Four« ermittelt werden. Und am ersten Aprilwochenende folgt dann das Endturnier mit Halbfinale und Finale, an dessen Ende die Siegermannschaft altem Brauch folgend die Korbnetze abschneidet und als Trophäe mit nach Hause nimmt. Selbstverständlich ist das gesamte Turnier den Fernsehanstalten Millionen wert und die Einschaltquoten sind gewaltig. Seit einiger Zeit wird auch das Turnier selbst nicht mehr in regulären Sporthallen ausgetragen, die vielleicht 20.000 Zuschauern Platz bieten, sondern in großen überdachten Football-Arenen, die ein wesentlich größeres Fassungsvermögen aufweisen. So fand das Final-Four-Turnier von 2014 im AT&T Stadium in Arlington, Texas, statt und das Finale wurde von 79.238 Zuschauern gesehen.

Stars des Turniers sind natürlich die Spieler, von denen die besten auf lukrative Verträge in der NBA hoffen dürfen. Doch das NCAA-Turnier ist gewissermaßen auch die Champions League der berühmtesten College-Coaches, die oft jahrzehntelang am selben College bleiben und damit quasi selbst zu Institutionen werden.

Der berühmteste von allen ist John Wooden, der von 1948 bis 1975 als Headcoach an der University of California Los Angeles (UCLA) tätig war und zwischen 1964 und 1975 zehn NCAA-Titel gewann. Ein elfter Titel für UCLA kam 1995 dazu und damit ist diese Universität auch Rekordmeister. Mit insgesamt acht Titeln folgt die University of Kentucky; die Hälfte dieser Titel geht auf das Konto des legendären Coaches Adolph Rupp, der die Wildcats, so der Spitzname des Teams, von 1930 bis 1972 betreute. Mit jeweils fünf Titeln folgen die Indiana University und die University of North Carolina. Indiana wurde von 1971 bis 2000 von Bobby Knight betreut, in dessen Amtszeit drei der fünf Titel der Hoosiers fallen. Knight hatte zuvor sechs Jahre lang das Basketballteam der Army gecoacht und die dort möglicherweise üblichen Umgangsformen beibehalten, was ihm 2000 zum Verhängnis wurde, als Videos auftauchten, die körperliche und verbale Attacken gegen Spieler dokumentierten.

Insgesamt 36 Jahre, von 1961 bis 1997, regierte Dean Smith bei den North Carolina Tar Heels. In diese Zeit fallen zwei Titelgewinne, wobei Smith 1982 auf einen gewissen Michael Jordan bauen durfte. Je vier Turniersiege gelangen der Duke University und der University of Connecticut. Bei den Duke Blue Devils fallen sämtliche dieser Erfolge in die seit 1980 andauernde Amtsperiode von Headcoach Mike Krzyzewski, der Einfachheit halber meist »Coach K« genannt; in Connecticut lag das Basketball-Programm von 1986 bis 2012 in den Händen von Jim Calhoun, der bei dreien der vier Endspielsiege der Huskies auf der Bank saß.

Andere legendäre College-Coaches sind – ohne Anspruch auf Vollständigkeit – Henry Iba (Oklahoma A&M), Phog Allen (University of Kansas), John Thompson (Georgetown University), Rick Pitino (Kentucky und Louisville) sowie Jim Boeheim (Syracuse University).

Bei den Frauen wird das NCAA-Turnier seit 1982 ausgetragen und gleicht im Format dem Turnier der Männer. Rekordhalter sind hier die University of Connecticut mit neun und die University of Tennessee mit acht Titelgewinnen. Coach der Huskies war bei allen Siegen Geno Auriemma, Coach der Tennessee Lady Volunteers alle achtmal Pat Summitt. Es folgen Louisiana Tech mit sechs, sowie Stanford und Notre Dame mit je vier Finalerfolgen. Auch die Spiele der Frauen finden große Aufmerksamkeit bei den Fernsehanstalten; die Hallen, in denen die Siegerinnen die Netze erbeuten dürfen, sind allerdings nicht ganz so groß wie die, in denen die Männer die Finalspiele absolvieren.

Insgesamt fünf deutsche Spieler konnten bisher bei einem NCAA-Turnier als Sieger das Parkett verlassen: Magnus Pelkowski (1987 mit Indiana), Christian Ast (1991 und 1992 mit Duke), Henrik Rödl (1993 mit North Carolina), Enosch Wolf (2011 mit Connecticut) und Niels Giffey (2011 und 2014 mit Connecticut). Größere Einsatzzeiten durften dabei allerdings nur Rödl und Giffey verbuchen. Rödl stand 1993 beim Sieg der Tar Heels gegen Michigan elf Minuten auf dem Feld und erzielte zwei Punkte; Giffey gehörte 2014 zur Starting Five der Huskies und steuerte zehn Punkte und fünf Rebounds zum 60:54-Sieg über Kentucky bei.

Connecticut gewann 2014 nicht nur bei den Männern, sondern auch bei den Frauen, und wiederholte damit das historische Double aus dem Jahre 2004. Keiner anderen Universität ist dieser doppelte Titelgewinn bisher gelungen. Doch alle Spieler und Spielerinnen dürfen maximal vier Jahre für ihr College antreten. Der beständige Wechsel garantiert Spannung und so wird der Wahnsinn März für März seine Fortsetzung finden.

**GRUND NR. 90**

## WEIL AGON DÜSSELDORF DIE 1980ER BEHERRSCHTE

»Agon« ist ein griechisches Wort, das »Kampf« oder »Wettstreit« bedeutet. In den 1980ern war der Wettstreit im (bundes)deutschen Frauenbasketball ein recht einseitiger, denn mit der DJK Agon 08 Düsseldorf beherrschte ein Verein ganz allein das Geschehen. Das Fundament zu dieser Erfolgsgeschichte wurde mit hervorragender Nachwuchsarbeit unter der Regie der Sportlehrerin Mathilde Breuer gelegt. Ein erstes Bundesligagastspiel in den frühen 1970ern blieb erfolglos, doch gleich in der ersten Saison nach dem zweiten Bundesligaaufstieg im Jahre 1974 holte man unter Trainer Klaus Greulich überraschend die Deutsche Meisterschaft. Dabei war man eigentlich gar nicht die Nummer eins im Düsseldorfer Basketball. Diese Ehre gebührte dem ATV 1877, der 1956 bei den Männern und 1965 und 1967 bei den Frauen den Meistertitel errungen hatte. Der ATV fusionierte 1973 mit dem Rather TV 1890 zum ART 77/90 Düsseldorf, der im Basketball umgehend eine Spielgemeinschaft mit dem ebenfalls traditionsreichen TV Grafenberg 1888 einging. Diese Düsseldorfer BG ART/TVG blieb dann 1976 und 1977 in zwei rein Düsseldorfer Endspielen gegen das Team von Agon 08 siegreich.

1977 stieg der Architekt Josef Franzen als Mäzen bei Agon ein; 1978 stieß die vielfache rumänische Nationalspielerin Anna Aszalos zum Kader, und 1979 übernahm der Amerikaner Tony DiLeo die Trainingsleitung. Der führte das Team gleich in seiner ersten Saison zum Meistertitel. Diesem Titel von 1980 folgten ohne Unterbrechung acht weitere. In der gleichen Zeit (1980–1988) holten die Düsseldorferinnen außerdem siebenmal den DBB-Pokal.

Auf nationaler Ebene war Agon praktisch unschlagbar, was sich einmal in einer Serie von 136 aufeinanderfolgenden Siegen in Meisterschaft und Pokal niederschlug. Einziger ernst zu nehmender Gegner war anfangs der TuS 04 Leverkusen, und dann vor allem die SG München, die den Düsseldorferinnen 1982 und 1987 immerhin den Pokalsieg abluchsen konnte.

Ziel von Josef Franzen war es jedoch von Anfang an gewesen, ein Team aufzubauen, das auch international mitmischen konnte, was zuvor im Europapokal noch keinem deutschen Verein gelungen war. So gesehen war bereits der Vorstoß ins Viertelfinale im Jahre 1981 ein Erfolg. 1982 führte der Weg sogar bis ins Halbfinale und im gleichen Jahr stießen die beiden Amerikanerinnen Denise Curry und Heide Wayment sowie Nationalspielerin Anke Schröder zum Team. In der Saison 1982/83 wurde erneut das Halbfinale erreicht, wo mit dem Abonnementsieger des Wettbewerbs, Daugava Riga, eine unüberwindliche Hürde zu warten schien. Doch das Hinspiel in Riga ging nur knapp mit 75:73 verloren; im Rückspiel konnten die Düsseldorferinnen tatsächlich mit 52:49 die Oberhand behalten und den haushohen Favoriten aus dem Wettbewerb werfen. AS Vicenza verhinderte dann mit einem 76:67 im Finale in Venedig den ultimativen Agon-Triumph. Ähnlich lief es im Jahre 1986: Diesmal fand das Endspiel in Mailand statt und Vicenza siegte mit 71:57. Doch mit diesen beiden Finalteilnahmen hatte Agon Düsseldorf den deutschen Frauen-Basketball ins europäische Blickfeld gerückt wie kein deutscher Verein zuvor.

Auch in den besten Jahren spielte Agon in einer Düsseldorfer Schulturnhalle, die kaum 1.000 Personen Platz bot. Aus Zuschauereinnahmen war die Mannschaft also nicht zu finanzieren. Ende der 1980er-Jahre war den ewigen Meisterinnen mit dem Barmer TV ein neuer nationaler Konkurrent erwachsen, der 1989 die Serie von Meistertiteln durchbrach. In den beiden folgenden Jahren konnte sich Agon nochmals durchsetzen; die insgesamt errungenen zwölf Meisterschaften sind bis heute Rekord (es sei denn, man bezieht die 25 DDR-Meisterschaften von Chemie und KPV 69 Halle in die Rechnung mit ein). Doch als sich mit Josef Franken der große Macher zurückzog und keine Mäzene und Sponsoren an seine Stelle traten, war das Ende nicht fern. Agon verschwand aus der Bundesliga, und Basketball wird im Verein heute nicht mehr gespielt. Dennoch – wie man in Amerika sagt: *It was fun while it lasted.*

10. KAPITEL

# BLOCKS

**GRUND NR. 91**

## WEIL DETROIT DIE »BAD BOYS« HATTE

Detroit ist die Hauptstadt der amerikanischen Automobilindustrie. Passend also, dass das örtliche NBA-Team den Namen Pistons trägt, denn Kolben, so die deutsche Übersetzung des Namens, sind bekanntlich Bestandteile von Automotoren.

Die Wurzeln des Klubs liegen allerdings etwa 240 Kilometer südwestlich von Detroit, in Fort Wayne, Indiana. Dort gründete der Fabrikant Fred Zollner 1941 ein Basketballteam und gab ihm den Namen jenes Maschinenteils, von dessen Produktion seine Firma hauptsächlich lebte. Die Fort Wayne Pistons spielten in einer Liga namens National Basketball League, aus der in der zweiten Hälfte der 1940er-Jahre die NBA hervorging. Schon bald erwies sich, dass Fort Wayne ein zu kleiner Standort war, um ein Profiteam in einer aufstrebenden Liga zu erhalten und mit Städten wie New York oder Boston zu konkurrieren. 1957 zog das Team deshalb ins nahe gelegene Detroit um. In Fort Wayne hatte man zweimal die NBA-Finalserie erreicht, doch in Detroit stellten sich keine weiteren Erfolge ein. Von 1957 bis 1983 gelang es dem Team nur dreimal, mehr Siege als Niederlagen einzufahren.

1981 wählten die Pistons beim NBA Draft einen talentierten Aufbauspieler namens Isaiah Thomas und von nun an sollte es aufwärtsgehen. 1982 kamen der Center Bill Laimbeer und der Guard Vinnie Johnson dazu. 1983 verpflichtete man mit Chuck Daly einen neuen Coach, der in den 1970er-Jahren große Erfolge mit dem Team der University of Pennsylvania gefeiert hatte. Schritt für Schritt gingen das Management und Daly nun daran, das Team der Pistons zu verstärken. 1985 kamen Joe Dumars und Rick Mahorn dazu, 1986 John Salley, Dennis Rodman und Adrian Dantley. Positive Bilanzen und Playoff-Teilnahmen waren nun an der Tagesordnung.

1987 stand man im Finale der Eastern Conference kurz davor, Titelverteidiger Boston Celtics auszuschalten, doch am Ende stand eine unglückliche Niederlage im siebten Spiel. In der Saison 1987/88 stieß noch James Edwards zum Team, und diesmal gelang es den Pistons, gegen die Celtics den Spieß umzudrehen und erstmals seit dem Umzug nach Detroit ins NBA-Finale einzuziehen. Das Team pflegte eine überaus aggressive und körperbetonte, auf Verteidigung ausgerichtete und mitunter als unfair empfundene Spielweise, die ihm den Spitznamen »Bad Boys« eintrug. In der Finalserie gegen die Los Angeles Lakers gingen die Pistons mit einem 3:2-Vorsprung in das sechste Spiel in L. A. und am Ende der Begegnung schien sie ihr schlechter Ruf einzuholen. Die Lakers gewannen mit 104:103 dank zweier später Freiwürfe. Eine Aktion von Bill Laimbeer gegen Karim Abdul-Jabbar war von den Schiedsrichtern als Foul gewertet worden; Laimbeer sprach von einem »Phantom-Foul«. Auch das siebte Spiel ging dann ganz knapp an die Lakers.

Vor der Saison 1988/89 schickten die Pistons Adrian Dantley im Tausch für Mark Aguirre nach Houston und damit war das Puzzle komplett. Scheinbar mühelos erreichte man erneut das Finale, in dem wiederum die Lakers der Gegner waren. Diesmal ließen die »Bad Boys« keine Zweifel aufkommen und gewannen die Serie in vier Spielen. Größtes Hindernis auf dem Weg zur erfolgreichen Titelverteidigung waren ein Jahr später Michael Jordan und die Chicago Bulls, mit denen die Pistons im Finale der Eastern Conference erhebliche Mühe hatten. In der Finalserie leisteten die Portland Trail Blazer weniger Widerstand und mussten nach fünf Spielen die Überlegenheit der Pistons anerkennen. 1991 verwehrten die Bulls, deren große Zeit nun endgültig begann, den Pistons dann allerdings mühelos den Einzug in ein weiteres Finale.

Nur wenigen Klubs gelingt es in der NBA, eine Meistermannschaft ohne größeren Niveauverlust zu verjüngen, und die Pistons bildeten hier keine Ausnahme. Bereits 1993/94 war ein Tiefpunkt erreicht, als das Team gerade mal 20 von 82 Partien gewinnen konnte. Kaum einer der »Bad Boys« spielte noch in Detroit, doch der Neuaufbau brauchte Zeit. Die schlechte Bilanz verschaffte den Pistons zwar eine Draft-Position, die es ihnen erlaubten, mit Grant Hill einen Spieler zu ziehen, von dem man sich einen ähnlichen Schub erhoffte wie damals bei Isaiah Thomas. Doch es gelang nicht, ihm eine ähnlich talentierte Garde von Mitspielern zur Seite zu stellen, und so wechselte Grant 2000 nach Orlando.

In den folgenden Jahren aber gelang es Joe Dumars, der inzwischen eine führende Position im Management übernommen hatte, ein Team ohne Superstars zusammenzustellen, dessen Stärken, ähnlich wie bei den »Bad Boys«, mannschaftliche Geschlossenheit, Verteidigung und Rebounding waren. Obwohl es unter Headcoach Rick Carlisle aufwärts gegangen war, verpflichtete Dumars vor der Saison 2003/04 mit Larry Brown einen erfahrenen Coach.

Während der Saison wurde das Team mit Rasheed Wallace noch um einen wichtigen Baustein ergänzt. Dennoch kam es überraschend, dass sich die Pistons in den Playoffs mit Siegen über die New Jersey Nets und die Indiana Pacers erstmals seit 1990 wieder für ein NBA-Finale qualifizieren konnten. Gegen die Los Angeles Lakers galt das Team aus Detroit allerdings als krasser Außenseiter.

Die Starter der Pistons waren Ben Wallace, Rasheed Wallace, Tayshaun Prince, Richard Hamilton und Chauncey Billups, nicht gerade die *posterboys* der NBA. Auf der anderen Seite hingegen warteten Superstars wie Shaquille O'Neal, Kobe Bryant, Karl Malone und Gary Payton. Die Teams teilten sich die ersten beiden Spiele in Los Angeles. Danach gewannen die Pistons dreimal überlegen in ihrer eigenen Halle und sicherten sich damit ihren dritten Meistertitel. Ein Verdienst der Pistons-Defensive, die die Stars der Lakers nicht zur Entfaltung kommen ließ und sie im dritten Spiel der Finalserie, dem ersten in Detroit, sogar auf die in der NBA eher seltene Punktzahl von 68 beschränkte.

2005 führte der Weg erneut bis ins Finale, in einer engen Serie behielten dann die San Antonio Spurs im siebten Spiel die Oberhand. Bis 2008 gehörten die Pistons noch zu den besten Teams der NBA, mussten jedoch jeweils im Finale der Eastern Conference die Segel streichen. Seither wartet man wieder einmal auf bessere Zeiten.

In den großen Jahren der »Bad Boys« befand sich die Automobilindustrie, und mit ihr die Stadt Detroit, bereits seit einiger Zeit im Niedergang. Inzwischen ist die Lage noch schlimmer geworden, was dazu führte, dass die Stadt im Jahre 2013 Konkurs anmelden musste. Seit ihrem Umzug in den Palace, eine neue Halle im Vorort Auburn Hills, spielen die Pistons im strikten Sinne nicht mehr in Detroit. Zu den Aushängeschildern der gebeutelten Stadt gehören sie jedoch weiterhin und neue Erfolge könnten der gebeutelten Metropole neues Selbstbewusstsein verschaffen.

### GRUND NR. 92

## WEIL DAUGAVA RIGA EINE BEMERKENSWERTE SIEGESSERIE STARTETE UND WEIL SIE VORBEI IST

Die olympische Bewegung war etwas langsam und gestattete den Frauen erst lange nach den Männern die Teilnahme an den Sommerspielen. Führte hingegen die FIBA einen Wettbewerb ein, so dauerte es jeweils nur wenige Jahre, bis auch die Frauen denselben austragen durften. Keine Überraschung also, dass die Frauen bereits ein Jahr nach der Einführung des Europapokals der Landesmeister bei den Männern auch ihrerseits das beste europäische Vereinsteam ermitteln durften.

In den ersten beiden Jahrzehnten des Wettbewerbs hätte man sich das beinahe sparen können, denn der Sieger schien bereits vorher festzustehen. Bei der ersten Austragung behielt Slavia Sofia über Dynamo Moskau die Oberhand, doch danach hieß der Sieger von 1960 bis 1975 mit einer Ausnahme immer Daugava Riga.

Die Ausnahme bildete das Jahr 1963, als Slavia Sofia die Lettinnen im Halbfinale bezwingen konnte und sich dann auch im Endspiel gegen Slovian Orbis Prag durchsetzen konnte. Wie die Europameisterschaft war auch der Europapokal eindeutig eine Domäne der Ostblockländer.

Bis 1970 kamen die Endspielgegnerinnen von Daugava Riga meist aus der Tschechoslowakei oder Bulgarien, einmal auch aus dem eigenen Land, einmal aus Polen und einmal aus der DDR. Das war 1969, als Chemie Halle sich bis ins Finale vorarbeiten konnte. Stärkstes westeuropäisches Team jener Jahre war der Clermont UC aus Frankreich, der zwischen 1971 und 1977 fünfmal im Finale unterlag. Die Siegesserie der Rigaerinnen ging 1976 zu Ende, weil die Sowjetunion in diesem Jahr auf die Teilnahme verzichtete, vermutlich wegen der Vorbereitung auf das 1976 erstmals ausgetragene olympische Frauenturnier. Im Endspiel zweier Teams, die jeweils bereits fünfmal im Finale unterlegen waren, setzte sich Sparta Prag gegen Clermont durch. 1977 war Riga wieder da und auch 1981 und 1982 holten sich die Lettinnen nochmals den Pokal.

Das überragende Team der 1980er-Jahre war jedoch AS Vicenza, das zwischen 1983 und 1989 immer im Endspiel stand und den Titel 1983 und von 1985 bis 1988 gewinnen konnte, darunter zweimal gegen Agon Düsseldorf. Bereits 1978 hatte Sesto San Giovanni mit einem Finalsieg gegen Sparta Prag die Dominanz der Vereine aus dem Ostblock durchbrochen; 1980 hatte Fiat Turin den Titel zum zweiten Mal nach Italien geholt. Auch nach dem Ende der Dynastie des AS Vicenza ging der Titel noch viermal in dieses Land: 1990 an GS Libertas Trogylos, 1991 an Unicar Cesena, sowie 1994 und 1995 an SFT Como. Zweimal kam der Titelträger in diesen Jahren italienischer Dominanz aus Jugoslawien, 1979 siegte Roter Stern Belgrad, zehn Jahre später Jedinstvo Tuzla. Dazwischen liegt 1984 ein Sieg von Levski-Spartak Sofia aus Bulgarien. 1992 gewann mit PB Godella Valencia erstmals ein Team aus Spanien; 1993 verteidigten die Spanierinnen den Titel gegen

Como, bevor sie in den beiden nächsten Endspielen jeweils gegen die Italienerinnen unterlagen. Como war auch der Endspielgegner, als 1996 mit dem BTV Wuppertal zum ersten und einzigen Mal ein deutscher Verein die EuroLeague gewinnen konnte, wie der Wettbewerb seit 1991 hieß.

Die Wuppertalerinnen erreichten auch 1997 das Endspiel, unterlagen aber gegen CJM Bourges aus Frankreich. Bourges konnte diesen Erfolg 1998 und 2001 wiederholen, auch 2002 und 2004 kam das Siegerteam mit US Valenciennes aus Frankreich. Mit dem Doppelsieg von SCP Ružomberok aus der Slowakei in den Jahren 1999 und 2000 hatte sich jedoch bereits angedeutet, dass in Zukunft wieder mit den Vereinen aus Osteuropa zu rechnen sein würde.

Mit UGMK Jekaterinburg (2003 und 2013), VBM-SGAU Samara (2005) und Spartak Moskau (2007 bis 2010) dominierten in der Folge Teams aus Russland. Und mit Gambrinus Brünn siegte 2006 auch erstmals seit Längerem wieder ein Team aus Tschechien. 2011 und 2012 kamen dann mit Halcón Avenida Salamanca und Ros Casares Valencia zwei spanische Klubs zum Zuge, und 2014 begegneten sich mit Galatasaray und Fenerbahçe Istanbul gleich zwei türkische Vereine im Finale, in dem Galatasaray den Sieg davontrug. Es gibt also Wachablösungen, doch die bemerkenswerten Erfolge des BTV Wuppertal liegen inzwischen auch schon einige Jahre zurück, und deutsche Vereine zählten in den letzten Jahren nicht zu den Teilnehmern an der EuroLeague der Frauen.

**GRUND NR. 93**

## WEIL IN DER NBA EIN LEGENDÄRER ZAUBER IN DER LUFT LIEGT

Das »Dream Team«, das die Vereinigten Staaten 1992 bei den Olympischen Spielen repräsentierte, war schon ein lustiger Haufen. Der

Überflieger »Air« Jordan hatte die Unterstützung eines »Admirals«, da tummelten sich »Magic« Johnson und »Larry Legend«, das »Beast of the East« und der »Round Mound of Rebound«, der »Mailman« und »Clyde the Glide«. Einer nicht von einem Spitznamen gekrönten Karriere scheint etwas zu fehlen, und so hat Paul Pierce durchaus recht, wenn er in Spitznamen das ultimative Zeichen für Respekt sieht.

Pierce ist auch als »The Truth« bekannt. Warum? Weil er früh in seiner Karriere in einem Spiel der Celtics bei den Lakers 42 Punkte erzielte und Shaquille O'Neal daraufhin den Satz sagte: »Paul Pierce is the motherfuckin' truth.« Das blieb haften, zumal die Würdigung von einem Mann kam, der Spitznamen geradezu anzog oder auch selbst erfand. Da gibt es nicht nur »Shaq«, die Kurzform seines Vornames, sondern auch »Diesel«, gelegentlich sogar »The Big Diesel« oder »The Big Aristotle«. In der Wüste von Phoenix war er »The Big Shaqtus«, in Boston »The Big Shamrock«, und es gäbe noch zahlreiche weitere Beispiele.

Betracht man die Spitznamen näher, so lassen sich gewisse Klassifizierungen vornehmen. Es gibt Abkürzungen des Vornamens wie »Zo« für Alonzo Mourning und Wortspiele mit dem Nachnamen wie Stephon »Starbury« Marbury oder Kurt »Rambo« Rambis. Oft wird mit den Initialen gespielt wie bei »A Train« Artis Gilmore oder »T-Mac« Tracy McGrady.

Das Wort »big« taucht häufig in Kombinationen auf, so bei »Big O« Oscar Robertson, »Big Baby« Glenn Davis, »Big Ticket« Kevin Garnett oder »Big Game James« Worthy. Wilt Chamberlain wurde »The Big Dipper« genannt, weil er aufgrund seiner Größe vor jeder Tür den Kopf senken (*to dip*) musste. Manche Spitznamen verleihen einen Titel wie »King James« LeBron James oder »Sir Charles« Barkley. Gelegentlich ersetzt der Spitzname den Vornamen, wie z. B. bei Anthony »Spud« Webb, Anthony »Penny« Hardaway oder Tyrone »Muggsy« Bogues. Und manche sind einfach nur ein Wort, dessen Verbindung zum damit Benannten schwer nachvollziehbar ist. Oder weiß jemand, warum Joe Bryant, der Vater von Kobe »Black Mamba« Bryant, »Jellybean« genannt wird?

Obwohl es sich dabei eigentlich nicht um Spitznamen handelt, sei hier noch eine andere Kategorie der Namensänderung erwähnt: Kareem Abdul-Jabbar trug eigentlich den klingenden Namen Lew Alcindor; sein neuer Name hat natürlich mit seiner Religion zu tun. Lloyd Bernard Free änderte seine Vornamen in »World«, woraus die Aufforderung World B. Free entstand – warum nicht? Manch eine Namensänderung soll wohl auch einen grundsätzlichen Persönlichkeitswandel suggerieren. Ron Artest besaß schon einen Ruf als Raubein, als er am 19. November 2004 im Mittelpunkt einer der größten Schlägereien in der NBA-Geschichte zwischen Spielern seines Vereins, den Indiana Pacers, den gastgebenden Detroit Pistons sowie einigen Zuschauern stand, was ihm eine Sperre für den Rest der Saison und die Playoffs einbrachte. Im September 2011 änderte er seinen Namen in Metta World Peace. »Metta« ist ein buddhistisches Wort, das Freundlichkeit und Liebe assoziiert. Dennoch wurde der Weltfriede im April 2012 nach einem Ellenbogenschlag gegen einen Gegenspieler für sieben Spiele gesperrt.

Genug der Namensspiele. Machen wir zum Abschluss – ohne Anspruch auf Vollständigkeit – einfach eine Top-Ten-Liste der schönsten Spitznamen, die uns zugleich erlaubt, an einige Spieler zu erinnern, die in diesem Buch an anderer Stelle keine Erwähnung finden:

10. »The Round Mound of Rebound« (»der runde Rebound-Hügel«), mit richtigem Namen Charley Barkley, sonst oft auch einfach »Chuck« oder »The Leaning Tower of Pizza« (»der schiefe Turm von Pizza«) genannt.

9. Dominique Wilkins erhielt aufgrund seiner spektakulären Spielweise den Beinamen »The Human Highlight Reel«, also »die Filmrolle, die nur Höhepunkte enthält«.

8. Larry Johnson besaß die Souveränität, in einem Werbespot seine eigene Großmutter zu spielen, was ihm den Spitznamen »Grandmama« einbrachte.

7. »Pistol« Pete Maravich. Kein wirklich pazifistischer Spitzname. Maravich erhielt ihn bereits in Schulzeiten, da seine Wurfbewegung an einen Westernhelden erinnerte. Er war ein brillanter Schütze mit dem Basketball, der keinen Wurf ausließ. Ewig schade, dass er seine Fähigkeiten nie in einem wirklich guten NBA-Team unter Beweis stellen durfte.

6. »The Reignman« (»der Herrscher«), das ist Shawn Kemp. Den Spitznamen brachten ihm seine körperliche Präsenz und sein dominantes Auftreten ein. Gleichzeitig ist darin eine Anspielung auf den Filmtitel *Rain Man* enthalten, nicht ganz unpassend, spielte Kemp doch den größeren Teil seiner Karriere bei die SuperSonics in Seattle, wo Regentage nichts Ungewöhnliches sind.

5. John »Hondo« Havlicek. Noch ein Western-Anklang. *Hondo* war ein Film mit John Wayne in der Hauptrolle und dem Star der Boston Celtics wurde eine gewisse Ähnlichkeit mit dem Filmstar nachgesagt.

4. »The Iceman«: George Gervin von den San Antonio Spurs blieb auch in schwierigen Situation auf dem Basketballfeld immer cool.

3. Vinnie »Microwave« Johnson von den Detroit Pistons hingegen brauchte als Einwechselspieler keine Anlaufzeit, um heiß zu laufen.

2. »The Truth« (»die Wahrheit«): Paul Pierce. Den Hintergrund dieses Spitznamens haben wir oben bereits näher erläutert; er steht schon allein deshalb so weit oben in der Liste, weil wir uns nicht trauen, Shaquille O'Neal zu widersprechen.

1. Earvin »Magic« Johnson: Ein klassischer Fall, in dem der Spitzname den Vornamen ersetzt, denn die Frage nach Magics richtigen Vornamen dürfte bei vielen Basketballfans wohl zumindest ein kurzes Nachdenken erforderlich machen. Weitere Erklärungen überflüssig.

Natürlich hätten wir diese Top Ten auch komplett mit den Spielern des »Dream Teams« bestreiten können. Für alle Nachgeborenen hier noch die Erläuterung der bisher unerklärt gebliebenen Spitznamen aus dem einleitenden Absatz: »Air« Jordan heißt mit richtigem Vornamen natürlich Michael, später wurde aus dem Spitznamen das ehrerbietigere »His Airness«. Der »Admiral« ist David Robinson, »Larry Legend« natürlich Larry Bird. Das »Beast of the East« meint Patrick Ewing, der »Mailman« ist Karl Malone und »Clyde the Glide« heißt mit Nachnamen Drexler.

**GRUND NR. 94**

## WEIL DEUTSCHLAND EINMAL EINE GOLDENE (BASKETBALL-)GENERATION HATTE

Als Goldene Generation bezeichnet man gewöhnlich eine Ansammlung von Spielern einer Mannschaftssportart, die vom Alter her relativ nah beieinanderliegen und als außergewöhnlich talentiert gelten. Die spanische Fußballnationalmannschaft, die ab 2008 von Titel zu Titel eilte, kann zweifellos als eine solche gelten; oft aber lösen die von einer solchen Generation geprägten Teams die Hoffnungen nicht ganz ein und bleiben ohne Titel, wie England und Portugal um die Jahrtausendwende im Fußball erfahren mussten.

Wenn der deutsche Basketball jemals so etwas wie eine Goldene Generation hatte, dann waren es jene Kinder der 1960er-Jahre, die den Kern der Europameister-Mannschaft von 1963 bildeten. Kinder der 1960er-Jahre trifft es präzise, denn elf der Spieler aus dem Zwölferkader wurden in jenem Jahrzehnt geboren. Die Ausnahme bildet Bundesligarekordkorbjäger Mike Jackel; der Deutsch-Kanadier ist Jahrgang 1959 und repräsentiert eher eine Generation, der auch der gleichaltrige Armin Andres angehörte, der immerhin noch 1992 bei den Olympischen Spielen dabei war.

Allein sieben Spieler des Aufgebots wurden in den Jahren von 1963 bis 1966 geboren, da kann man wirklich von einer Generation sprechen. Und der beste Spieler dieser Generation, Detlef Schrempf (Jahrgang 1963), war bei diesem Turnier gar nicht dabei, wie auch sein früherer NBA-Kollege Uwe Blab (Jahrgang 1962). Mit Chris Welp hatte trotzdem einer der Europameister NBA-Erfahrung und Hansi Gnad war nur ganz knapp an einem Engagement in der NBA vorbeigeschrammt.

Ihre internationale Feuertaufe erlebte diese Generation bereits in den 1980ern, als sich die damalige Bundesrepublik Deutschland zwischen 1983 und 1987 jedes Jahr für ein internationales Turnier qualifizierte, was nur von 2005 bis 2011 nochmals gelang, bei allerdings deutlich ausgeweiteten Teilnehmerfeldern. Bei diesen fünf Turnieren kamen neben Schrempf und Blab bereits acht der künftigen Europameister zum Einsatz (natürlich nicht alle in allen): Behnke, Welp, Jackel, Baeck, Koch, Gnad, Harnisch und Kujawa.

Dann folgte allerdings eine fünfjährige Turnierpause und bei den Olympischen Spielen 1992 waren wieder acht der Europameister dabei; wären Koch und Welp fit gewesen, hätten es sogar zehn sein können. Dafür gaben Nürnberger und Rödl ihr Turnierdebüt. All dies verdeutlicht, dass 1993 eine kontinuierlich entwickelte Mannschaft am Start war, die über Jahre bewiesen hatte, dass sie auf internationalem Niveau mithalten konnte. Deshalb hatte Bundestrainer Svetislav Pešić auch völlig recht, als er sich weigerte, den Titelgewinn von 1993 dem Zufall zuzuschreiben.

1993 war also der Kulminationspunkt einer großen Mannschaft. Mit Blick auf die Zukunft hatte sie vielleicht einen, allerdings wohl unvermeidlichen, Konstruktionsfehler: Der jüngste Spieler war bereits 24 Jahre alt; es war kein einziger in den 1970ern geborener Spieler dabei. Bei den nächsten Turnieren traten nur noch maximal sechs Europameister an, und so fiel es den Youngstern Harnisch und Rödl sowie den Debütanten von 1993, Kleine-Brockhoff und Öztürk, schwer, die Fackel weiterzutragen. Es dauerte bis ins nächste Jahrtausend, bis wieder eine deutsche Nationalmannschaft zu größeren Erfolgen kam. Doch jenes Team, das 2001 EM-Vierter und 2002 WM-Dritter wurde, war natürlich von der überragenden Persönlichkeit Dirk Nowitzkis geprägt.

Manche der Europameister von 1993 haben sich völlig vom Basketball zurückgezogen, manche leben inzwischen in den USA (oder wie Jackel in ihrer kanadischen Heimat). Andere pflegen weiterhin enge Beziehungen zum Basketball und manche haben ihre große Erfahrung ganz unmittelbar eingebracht, teils als Trainer (Koch, Rödl, Gnad), teils im Management (Harnisch, Baeck).

20 Jahre nach dem Triumph versammelten sich die Helden von damals – die Münchner *Abendzeitung* erhöhte sie sogar versehentlich zu Weltmeistern – wieder in München, ließen sich feiern und absolvierten im Audi Dome, der neuen Heimat der Basketballer des FC Bayern, eine Partie gegen eine Seniorenauswahl. Bei allem Respekt vor den Nationalmannschaften der Nullerjahre, zu der bedeutende Spieler wie Patrick Femerling, Ademola Okulaja, Pascal Roller und Marko Pešić gehörten: Es bleibt ein interessantes Gedankenspiel, was wohl ein Team mit Dirk Nowitzki und den besten der Goldenen Generation bei internationalen Turnieren hätte erreichen können.

GRUND NR. 95

## WEIL GEORGE MIKAN DEN BASKETBALL REVOLUTIONIERTE

George Mikans Spitzname war »Mr. Basketball« und das allein verdeutlicht eigentlich schon die bedeutende Rolle, die er in der Geschichte des Sports spielt. Er gilt als der beste Spieler der ersten Hälfte des 20. Jahrhunderts und Pionier auf der Center-Position, er war der erste große Star der NBA und der Basketball verdankt ihm eine Reihe von Regeländerungen und Neuerungen.

Dabei schien eine Karriere als Sportler dem jungen Mann, der 1924 in Joliet (Illinois) das Licht der Welt erblickte, nicht in die

Wiege gelegt worden zu sein. Eine Knieverletzung hatte ihn in seiner Jugend anderthalb Jahre ans Bett gefesselt, seine Kurzsichtigkeit verurteilte ihn zum Tragen dicker Brillengläser und aufgrund seiner Körpergröße – er sollte schließlich 2,08 Meter erreichen – galt er für Basketball als eher ungeeignet. Ja, richtig, es gab einmal eine Zeit, da man die vermeintliche Unbeweglichkeit solcher Giganten für einen Nachteil hielt und den Vorteil klar aufseiten kleinerer, beweglicherer Akteure sah.

Doch Mikan wollte Basketball spielen, und als er 1942 an der DePaul University in Chicago sein College-Studium aufnahm, begann er mit dem jungen Coach Ray Meyer ein Trainingsprogramm, das ihn bald zu einem der dominantesten College-Spieler aller Zeiten machte. Und als er seine Profikarriere 1956 beendete, gehörte die Vorstellung, große Spieler seien für Basketball ungeeignet, schon seit einigen Jahren der Vergangenheit an.

Mikan kontrollierte das Spiel in beide Richtungen. Aufgrund seiner Größe konnte er leicht über seine meist wesentlich kleineren Gegenspieler hinwegwerfen, zudem entwickelte er als Erster den kaum zu verteidigenden Hakenwurf, den er mit rechts wie links beherrschte. Auf der anderen Seite blockierte er Würfe nahezu nach Belieben und war auch ein ausgezeichneter Rebounder. Bis dahin galt es als ausgeschlossen, dass ein Spieler einen Ball auch über dem Korb abwehren könne, weshalb es noch keine Regel gab, die dem Verteidiger diesbezüglich Einschränkungen auferlegte. Die einschlägigen Regeln zum Goaltending wurden erst als Reaktion auf Mikans Dominanz entwickelt.

1944 und 1945 wurde Mikan zum College-Spieler des Jahres gewählt und mit seinem Team gewann er 1945 das damals prestigeträchtige National Invitation Tournament. 1946 unterschrieb er einen Vertrag bei den Chicago American Gears, mit denen er in seiner ersten Saison als Profi den Meistertitel in der National Basketball League gewann. Doch das Team wurde 1947 aufgelöst und seine Spieler auf die anderen Teams der NBL verteilt.

Mikan landete bei den Minneapolis Lakers, mit denen er ebenfalls sofort den Titel holte. Vor der Saison 1948/49 schlossen sich die Lakers der American Basketball Association an, die sich 1949 in National Basketball Association umbenannte. Sowohl 1949 als auch 1950 ging der Titel an George Mikan und die Lakers. 1951 brach er sich vor der Finalserie der Western Conference das Bein und die Lakers schieden tatsächlich gegen die Rochester Royals aus. Von 1952 bis 1954 waren sie aber wieder an der Reihe, und dann beendete Mikan, obwohl erst 30, seine Karriere, da er immer wieder mit Verletzungen zu kämpfen hatte, kehrte allerdings in der zweiten Hälfte der Saison 1955/56 noch einmal kurz zurück.

Wie sehr George Mikan in seinen besten Jahren die Liga beherrschte, zeigen nicht nur die zahlreichen Meistertitel, sondern auch die Ankündigung eines Spiels im Madison Square Garden am 13. Dezember 1949. »Geo. Mikan vs. Knicks« war auf den Plakaten zu lesen, weshalb seine Mitspieler von den Lakers spaßeshalber ankündigten, in Straßenkleidung in der Kabine auf ihn warten zu wollen, bis er das Spiel zu Ende gebracht habe.

Seinetwegen wurde nicht nur das Goaltending untersagt, die Liga verbreitete die Zone unter dem Korb von sechs auf zwölf Fuß (3,65 Meter), um ihm das Verteidigen des Korbs zu erschweren, und auch die Einführung der Shot Clock war nicht zuletzt eine Reaktion auf die Versuche gegnerischer Mannschaften, Spiele gegen die Lakers zu verlangsamen, um Mikan nicht an den Ball kommen zu lassen. Trotz all dieser »Gegenmaßnahmen« wusste die Liga natürlich, was sie an Mikan hatte: Er war der berühmteste Spieler; um ihn zu sehen, strömten die Fans in die Hallen, und damit trug er nicht unerheblich dazu bei, die NBA im Bewusstsein der sportinteressierten amerikanischen Öffentlichkeit zu etablieren.

Nach dem Ende seiner Karriere arbeitete Mikan als Rechtsanwalt. Von 1967 bis 1969 fungierte er als erster Commissioner der ABA, später war er wesentlich daran beteiligt, mit den Minnesota Timberwolves wieder ein Team in das schon lange von den Lakers verlassene Minneapolis zu holen. Bis zu seinem Tode im Jahre 2005 führte er auch eine Auseinandersetzung mit der NBA in dem Bemühen, Spielern höhere Pensionszahlungen zu sichern, die in Zeiten in der Liga gespielt hatten, als es noch nicht das große Geld zu verdienen gab.

Er trug die Nummer 99 – auch dies eine Besonderheit – und ohne George Mikan wäre der Basketball nicht das, was er heute ist. In vielerlei Hinsicht war er eine Nummer 1!

GRUND NR. 96

## WEIL IM BASKETBALL AUCH KLEINE LEUTE GANZ GROSS RAUSKOMMEN KÖNNEN

Dem Vernehmen nach war James Naismith 1,78 Meter groß. Kein Riese sicherlich, zu seiner Zeit aber vielleicht auch nicht von auffällig kleiner Statur. Dennoch: Wie kommt so einer dazu, ein Spiel zu erfinden, das ganz offenkundig Größenvorteile honoriert?

Eine Antwort könnte sein, dass Naismith Größe nicht für bedeutsam hielt. Bis Spieler wie George Mikan und Bob Kurland Fachleute und Sportfreunde eines Besseren belehrte, ging man schließlich davon aus, Basketball sei gar kein Spiel für unbewegliche lange Lulatsche. Andererseits muss schon ein gewisses Bewusstsein für die Vorteile zusätzlicher Zentimeter bestanden haben. Wie anders wäre sonst der Vorstoß einiger Teilnehmerländer im Vorfeld des olympischen Basketballturniers von Berlin zu erklären, nur Spieler von einer Größe bis zu 1,88 Meter zuzulassen? Dieser Antrag richtete sich gegen die USA, die denn auch umgehend für seine Ablehnung sorgten. Die Amerikaner mögen das größte Team ins Feld geführt haben, aber selbst sie hatten nur vier Spieler dabei, die das vorgeschlagene Limit übertrafen. Für heutige Verhältnisse also ein unglaublich kleines Team.

Die Zeiten haben sich geändert, und auch wenn man in anderen Lebensbereichen zunehmend von dem Grundsatz »The bigger the better« abzukommen scheint, herrschen an seiner Berechtigung für den Basketball kaum Zweifel. Schließlich musste selbst ein Michael Jordan auf einen Wachstumsschub warten, bis sein Highschool-Coach ihm einen Platz in der Mannschaft zugestand. Ganz allein steht der Basketball mit dieser Privilegierung von Körpergröße freilich auch nicht da; möglicherweise könnte es sogar schwieriger sein, kleine Volleyball- oder Handballspieler ausfindig zu machen. Im Basketball aber gibt es sie, die Kleinen, die in der Lage sind, den Großen etwas vorzumachen. Hier ein paar Beispiele:

Der kleinste Spieler, der jemals in der NBA zum Einsatz kam, ist Tyrone »Muggsy« Bogues. Schon sein Spitzname hat etwas mit seiner Körpergröße zu tun. Wie alle kleinen Spieler brillierte er in der Defensive und entwickelte beachtliche Fähigkeiten beim Stehlen des Balles. »To mug somebody« heißt im Englischen jemanden überfallen, und so wurde aus dem kleinen Ballräuber schon auf den Spielfeldern seiner Jugendjahre »Muggsy«. Bogues war 1,60 Meter groß und brachte es mit beeindruckender Energie von 1987 bis 2011 auf beachtliche 14 Spielzeiten in der NBA. Besonders lustig war es in der Saison 1987/88, als er bei den Washington Bullets mit dem 2,31 Meter großen Manute Bol in einer Mannschaft spielte, einem der größten NBA-Spieler aller Zeiten.

Fast so lange wie Bogues fand auch Earl Boykins in der NBA Beschäftigung. Mit Unterbrechung durch einen einjährigen Abstecher nach Italien war er von 1999 bis 2012 dabei. Boykins maß im Vergleich zu Bogues stolze 1,65 Meter. Das Dribbeln soll er schon in ganz jungen Jahren gelernt haben, allerdings nicht mit einem Basketball, sondern mit einem Tennisball. Später wusste er auch den Ball im Korb unterzubringen: In einem NBA-Spiel erzielte er einmal 32 Punkte.

Mit 1,70 Metern noch mal fünf Zentimeter größter als Boykins war Spud Webb, der von 1985 bis 1998 hauptsächlich für die Atlanta

Hawks und die Sacramento Kings spielte. 1986 gewann er den beim alljährlichen All-Star Weekend ausgetragenen Slam Dunk Contest. Er ist der kleinste Spieler, dem dies gelungen ist. Davon hat sich möglicherweise Nate Robinson inspirieren lassen, der es dann sogar dreimal schaffte. Er allerdings kommt bereits auf stolze 1,75 Meter.

Und noch eine kurze Liste einiger weiterer kleiner Spieler, die Besonderes vollbrachten: Red Klotz, in der Saison 1947/48 bei den Baltimore Bullets (1,70), ist der kleinste Spieler, der jemals den Meistertitel gewann. Monte Towe (ebenfalls 1,70) spielte 1976/77 für die Denver Nuggets, nachdem er 1974 mit der North Carolina State University den NCAA-Titel gewonnen hatte. Don Martin (1,73) von den Providence Steamrollers ist der kleinste Spieler, der nicht auf der Point Guard Position eingesetzt wurde. Und Calvin Murphy (1,75), von 1970 bis 1983 bei den Houston Rockets, ist der kleinste Spieler, der in die Hall of Fame gewählt wurde.

Red Klotz gelangte später zu Ruhm als Besitzer der Washington Generals, jenes Teams, dessen Existenzberechtigung darin liegt, sich den ewig siegreichen Harlem Globetrotters als Gegner zur Verfügung zu stellen. Noch in gesetztem Alter mischte er auch als Spieler bei den Generals mit. In ganz frühen Jahren soll auch Abe Saperstein, der Besitzer der Globetrotters, mit seinem Team gespielt haben. Seine Größe: 1,65 Meter.

Auch in der Bundesliga hat der eine oder andere Spieler den Beweis erbracht, das fehlende Zentimeter kein Hindernis sein müssen, um als Basketballer Großtaten zu vollbringen. Der bekannteste unter ihnen ist wohl Alvin »Bo« Dukes (1,68), der absoluter Publikumsliebling in Bayreuth war und die Oberfranken 1989 zu Meisterschaft und Pokalsieg führte.

Offizielle 1,70 Meter misst David Holston, der bei den Artland Dragons in hervorragender Manier die Bälle verteilt. Gemunkelt wird allerdings immer mal wieder, dass es tatsächlich noch drei Zentimeter weniger seien. Eine Liste der kleinsten deutschen Bundesligaspieler war leider nicht aufzutreiben. Als Erster fällt einem da Kai Nürnberger ein, aber der ist mit seinen 1,84 ja fast schon ein Riese und vor allem deutlich größer als James Naismith.

Man sieht, dem »Bigger is better« lässt sich auch im Basketball durchaus ein »Small is beautiful« entgegenhalten. Und Basketballspieler sind schließlich auch jene Millionen, die das Spiel auf der ganzen Welt aus purem Spaß an der Freud' betreiben und sich nicht durch ein paar fehlende Zentimeter davon abhalten lassen. Wer dennoch immer noch glaubt, dieser Sport diskriminiere kleine Leute, der möge halt hingehen und einen Sport erfinden, bei dem man vielleicht einen Ball in ein Loch im Boden stopfen muss. In diesem Sport würde ein Dirk Nowitzki dann allerdings in der Tat keine Meisterleistungen erbringen können.

**GRUND NR. 97**

## WEIL ALBA BERLIN DEN KORAĆ-POKAL GEWANN

Wie im Fußball der UEFA-Cup, war im Basketball der Korać-Pokal der kleinere Bruder des Europapokals der Landesmeister, genoss aber dennoch hohes Prestige, solange noch nicht alle Spitzenteams in der Euroleague starten durften, der Champions League des Basketballs. Für deutsche Klubs war in diesen Wettbewerben gelegentlich ein achtbares Ergebnis abgefallen, zu größeren Erfolgen hatte es bis in die 1990er-Jahre jedoch nicht gelangt. Dies änderte sich mit dem Korać-Pokal-Auftritt von Alba Berlin in der Saison 1994/95.

Die Teilnahmeberechtigung an diesem Wettbewerb hatten die Albatrosse als Bundesligahalbfinalist der Vorsaison erworben. Nun galt es zwei K.-o.-Runden zu überstehen, um die Gruppenspiele der letzten 16 zu erreichen. Weder Zalaegerszegi TE KK aus Ungarn noch der französische Vertreter DA Dijon leisteten größeren Widerstand und Alba konnte in beiden Runden Hin- und Rückspiel sicher gewinnen. In der Gruppenphase warteten mit EB Pau-

Orthez, Estudiantes Madrid und Scaligera Verona nun aber andere Kaliber, wie sich gleich im ersten Spiel zeigte, das den Berlinern eine 101:82-Heimniederlage gegen Pau-Orthez bescherte. Im nächsten Spiel, ebenfalls in Berlin, lief es mit einem 76:66 gegen Verona besser, doch in Madrid folgte eine unglückliche 65:63-Niederlage. Aber die Berliner hatten gelernt, dass sie mithalten konnten, und zeigten dies mit einem 80:78-Erfolg bei Pau-Orthez. Das Gastspiel in Verona hingegen ging mit 87:74 deutlich verloren. Nach fünf Spielen stand das Weiterkommen von Pau-Orthez bereits fest, während Alba am letzten Spieltag die Schützenhilfe der Franzosen gegen Verona und einen eigenen Sieg gegen Estudiantes benötigte. Diese Aufgabe wurde mit einem 107:80 in der Charlottenburger Sömmeringhalle sicher gelöst, doch in Pau wurde noch gespielt und kurz vor Schluss lag Verona in Führung. Mannschaft und Publikum warteten in Berlin gebannt auf die telefonische Nachricht mit dem Endergebnis. Und tatsächlich: Verona hatte den Vorsprung nicht halten können und noch mit 62:56 verloren, was Alba den zweiten Gruppenplatz und damit den Einzug ins Viertelfinale sicherte.

Dort wartete mit Fortitudo Bologna erneut ein Vertreter aus der starken italienischen Liga. Der knappe 77:73-Hinspielsieg ließ wenig Hoffnung für das Rückspiel, doch die Mannschaft brachte aus Bologna ein 80:80-Unentschieden mit nach Hause und durfte sich im Halbfinale mit CB Caceres aus Spanien messen. Erneut fand das erste Spiel in Berlin statt, und mit einem 93:70 ließ Alba wenig Zweifel daran, wer ins Finale einziehen würde. Das Team hatte sich seit den Gruppenspielen enorm gesteigert und nun gelang sogar auch im Rückspiel bei den Spaniern ein 74:72-Sieg. Ein deutsches Vereinsteam im Finale eines Europapokalwettbewerbs: damals eine der größten Sensationen des europäischen Basketballs.

Endspielgegner war mit Stefanel Mailand wie schon in den Runden zuvor ein scheinbar übermächtiger Gegner. Diesmal fand das Hinspiel in der Stadt des Gegners statt. Spielmacher Saša Obradović wuchs über sich hinaus und steuerte 34 Punkte zu einem 87:87 bei.

Damit war der Boden für ein echtes Endspiel in Berlin bereitet. Die Charlottenburger Sporthalle mit ihren 3.000 Zuschauerplätzen bot dafür kaum den angemessenen Rahmen. Es blieb also nur der Umzug in die mehr als dreimal so große Deutschlandhalle, die allerdings bei der Europameisterschaft vor zwei Jahren nicht einmal bei Spielen der deutschen Mannschaft ausverkauft gewesen war.

Alle Sorgen, man müsse vielleicht in einer halb vollen Halle antreten, erwiesen sich als unbegründet. Binnen weniger Stunden waren die 10.000 Tickets vergriffen, und in der randvollen Deutschlandhalle kam es am 15. März 1995 zu einer magischen Basketballnacht, die dem deutschen Vereinsbasketball einen gewaltigen Schub verleihen sollte. Bei Halbzeit führten die Italiener mit 48:47, doch in der zweiten Halbzeit wuchs das Team von Svetislav Pešić über sich hinaus, angetrieben von Teoman Alibegović, für den am Ende 34 Punkte zu Buche standen. Mit einem Korbleger stellte er den Endstand von 85:79 für Alba her und sorgte für ekstatische Feierszenen.

Alba hatte sich in die Herzen des Berliner Publikums gespielt. Nach dieser Nacht erschien der Umzug in die zwei Jahre später eröffnete Max-Schmeling-Halle kein Wagnis mehr zu sein, und damit wurde die Grundlage für die Erfolge der nächsten Jahre gelegt, in denen Alba zum führenden Verein Deutschlands aufstieg. Und auch dem deutschen Basketball verschaffte dieser zweite große internationale Erfolg nach dem EM-Titel von 1993 weiteren Respekt. Großen Anteil daran hatte natürlich Trainer Svetislav Pešić, der auf folgende zwölf Helden bauen konnte: Saša Obradović, Teoman Alibegović, Henrik Rödl, Stephan Baeck, Gunther Behnke, Ingo Freyer, Sebastian Machowski, Ademola Okulaja, Teoman Öztürk, Oliver Braun und Patrick Falk.

**GRUND NR. 98**

## WEIL ES AUCH BEIM BASKETBALL WAS ZU MECKERN GIBT

Ist Basketball der perfekte Sport? Schon möglich, aber letztlich liegt die Entscheidung darüber im Auge des Betrachters. Es soll ja auch Leute geben, die Radball oder Curling für nahezu perfekt halten. Fragen wir also anders: Gibt es am Basketball irgendetwas auszusetzen? Beim Regelwerk eher nicht. Ganz im Gegensatz zum Fußball, wo eine ganze Reihe von korrekturbedürftigen Merkwürdigkeiten zu finden ist, scheint das beim Basketball ziemlich im Lot zu sein. Mit einer Ausnahme, auf die wir am Ende dieses Kapitels eingehen werden. Meckern wir also erst mal über zwei Begleiterscheinungen des Spiels.

Da ist zunächst einmal die Tatsache, dass die Ausrichter von Basketballspielen heutzutage nicht mehr bereit sind, dem Zuschauer auch nur einen ruhigen Moment zu gestatten. Sobald die Uhr steht, dröhnen die Lautsprecher, und wer ein paar Worte mit seiner Sitznachbarin wechseln möchte oder vielleicht auch nur einen kurzen Moment der Besinnung sucht, der wird die dazu nötige Ruhe nicht finden. Klar, ohne Musik können die Cheerleaders nicht tanzen (und die gehören nun schon so lange dazu, dass wir ihre Existenzberechtigung nicht weiter anzweifeln wollen), aber sie stehen ja nicht pausenlos auf dem Parkett und so bliebe also durchaus Zeit für den einen oder anderen ruhigen Moment. Offenbar gehen die Veranstalter aber davon aus, ein solcher Moment der Stille würde den Besucher restlos überfordern und ratlos zurücklassen. Lärmentzug als unkalkulierbares Risiko. Und ja, ich weiß, auch in anderen Sportarten geht der Trend in diese Richtung, Eishockey und Basketball unterscheiden sich diesbezüglich nur in Nuancen. Aber man muss ja nicht jeden Mist mitmachen, der anderswo gang und gäbe ist.

Meckergrund Nr. 2 betrifft hauptsächlich den europäischen Basketball. In den USA spielen die Miami Heat und die San Antonio Spurs gegeneinander, oder im College die Connecticut Huskies und die Kentucky Wildcats. In Europa hingegen bestehen Vereinsnamen größtenteils aus Sponsorenbezeichnungen, die mitunter nicht einmal erkennen lassen, wo der betreffende Verein eigentlich beheimatet ist. Das ist hässlich und erschwert die Identifikation, zumal die Sponsoren bei manchen Klubs ja durchaus häufig wechseln. Klar, der Unterhalt eines Basketballteams kostet Geld und die Einbeziehung des Sponsorennamens in den Vereinsnamen garantiert den Geldgebern regelmäßige Erwähnungen in den Medien. Hässlich bleibt es trotzdem und eine Rückkehr zu richtigen Vereinsnamen wäre ein wunderbarer Schritt zurück in die Zukunft. Und noch etwas: In der NBA ist die Spielerbekleidung frei von Werbung. Aber von so etwas mag man hierzulande ja gar nicht mehr träumen.

Beim dritten Meckergrund geht es dann doch um das Spiel und seine Regularien und hier hat die NBA eine unrühmliche Vorreiterrolle gespielt. Wir meinen die enorme Zahl von Auszeiten, die die letzte Minute eines auf der Kippe stehenden Spiels mitunter in eine gefühlte Ewigkeit ausdehnen. Nach jedem Spielzug wird eine Auszeit genommen, sodass aus 90 Sekunden reiner Spielzeit leicht eine ganze Viertelstunde werden kann. Für die Fernsehsender natürlich ideal, denn der Zuschauer will ja wissen, wie das Spiel ausgeht, und lässt die Werbespots, mit denen die Unterbrechungen gefüllt werden, über sich ergehen. Aber es nervt. Die Coaches können in diesen Momenten natürlich demonstrieren, wie wichtig sie sind, während die Spieler wie kleine, dumme Jungs aussehen, denen anscheinend nicht zuzutrauen ist, in entscheidenden Situationen aus eigenem Antrieb das Richtige zu tun. Dabei wäre dem Übel ganz leicht abzuhelfen, indem man jedem Coach in der letzten Spielminute nur eine Auszeit gestattet. Mit einer solchen Maßnahme wäre Basketball dann vielleicht tatsächlich der perfekte Sport.

**GRUND NR. 99**

## WEIL DER POKAL SEINE EIGENEN GESETZE HAT

Im englischen Fußball wird der FA Cup seit 1871 ausgetragen und gehört damit zu den ältesten Sportwettbewerben der Welt. Die Meisterschaft der Football League kam erst 1892 dazu. In den meisten Mannschaftssportarten ist die Reihenfolge eher umgekehrt. Erst beginnt man eine Meisterschaft auszutragen und irgendwann kommt dann auch noch ein Pokalwettbewerb dazu. In der Meisterschaft, die meist in Form einer Liga ausgetragen wird, muss es gerecht zugehen, das heißt, alle Mannschaften sollen das gleiche Programm absolvieren, weshalb die Tabelle am Ende der Saison dann bekanntlich auch nicht lügt. Im Pokal nimmt man hingegen den Zufall in Form der Auslosung in Kauf, und da es meist kein Hin- und Rückspiel gibt, spielt auch der Heimvorteil eine Rolle. Kein Wunder, dass man Pokalwettbewerben nachsagt, sie hätten ihre eigenen Gesetze.

Der Pokal des Deutschen Basketball-Bundes wurde in der Saison 1966/67 eingeführt, also dem Gründungsjahr der Bundesliga. Im Basketball ist die Wahrscheinlichkeit geringer als im Fußball, dass mal ein Drittligist einen Erstligisten aus dem Rennen wirft, aber die Siegerliste enthält durchaus den einen oder anderen Verein, der in der Meisterschaft nicht unbedingt die erste Geige spielte. Insofern kann man auch dem DBB-Pokal eigene Gesetze zubilligen.

Erster Sieger im Jahre 1967 war der VfL Osnabrück, der sich damals auf dem Weg zur deutschen Spitzenmannschaft befand. 1968 war der FC Bayern München an der Reihe, für den dies im Basketball bis heute der einzige Pokalsieg blieb. Und im Jahr darauf fügte der MTV 1846 Gießen seinen drei Meisterschaften aus den 1960er-Jahren den ersten Pokalsieg hinzu, dem 1973 und 1979 noch zwei weitere folgen sollten. 1970 holte der TuS 04 Leverkusen als erster Verein das Double aus Meisterschaft und Pokal, ein Kunststück, das die Riesen vom Rhein im folgenden Jahr wiederholten. Mit insgesamt zehn Titeln bis 1995 sind die Leverkusener auch heute noch deutscher Rekordpokalsieger. 1972 trug sich mit dem MTV Wolfenbüttel erstmals ein Verein in die Siegerliste ein, der nie einen Meistertitel verbuchen konnte. Ansonsten kamen in den 1970ern noch der SSV Hagen (1975) und Altmeister USC Heidelberg (1977 und 1978) zum Zuge.

Die 1980er waren die große Zeit von Saturn Köln und das schlug sich auch in drei Pokalsiegen zu Anfang des Jahrzehnts nieder. Ein Jahrzehnt nach seinem ersten Pokalsieg unterbrach der MTV Wolfenbüttel 1982 die Serie der Kölner mit seinem zweiten Titelgewinn. 1984 und 1985 fügte der ASC Göttingen den Meistertiteln jener Jahre auch zwei Pokalsiege hinzu; danach war wieder zweimal Bayer Leverkusen an der Reihe. Mit zwei Finalteilnahmen 1985 und 1986 hatte sich die BG Bayreuth bereits als Pokalspezialist ausgewiesen, 1988 und 1989 holten sich die Oberfranken dann jeweils die Trophäe.

Die Serienmeister der Jahre 1990 bis 2003, Bayer 04 Leverkusen und Alba Berlin, hielten sich auch im Pokal schadlos und trugen sich in dieser Zeit jeweils viermal in die Siegerliste ein. Doch es waren auch neue Namen zu verzeichnen: TTL Bamberg schaffte es 1992, Brandt Hagen – der Nachfolgeverein des SSV – kam 1994 hinzu, ratiopharm Ulm triumphierte 1996. Gleich zweimal erfolgreich war der Klub aus Trier, 1998 noch unter dem Namen TVG, 2001 dann als Herzogtel. Und 2000 hieß der Sieger Skyliners Frankfurt. Seit 1993 wurden Halbfinale und Endspiel an einem Wochenende an einem Ort ausgetragen; dieses Final-Four-Turnier verschaffte dem Pokal zusätzliche Aufmerksamkeit.

Von 2004 und 2007 holte sich RheinEnergie Köln drei Pokaltitel. 2006 und 2009 kamen die Albatrosse aus Berlin zum Zuge, und dazwischen trug sich mit den Artland Dragons wieder einmal ein neues Team in die Siegerliste ein, der letzte von insgesamt fünf Vereinen, die zwischen 1997 und 2009 mindestens einmal den Pokal, aber nie den Meistertitel geholt haben.

2009 war die letzte Austragung des DBB-Pokals in seiner traditionellen Form mit Bundesligaklubs und unterklassigen Vereinen. 2010 führte die Bundesliga den BBL-Pokal ein. Dieser Wettbewerb ist eine Art Ligapokal, an dem aber nicht einmal die ganze Liga teilnehmen darf, sondern nur der Gastgeber der Final Four und die ersten Sechs der Halbzeittabelle der Bundesliga, die in drei Viertelfinalspielen die restlichen Teilnehmer an den Final Four ermitteln. Der DBB führte 2010 nochmals einen Pokalwettbewerb durch, an dem allerdings keine Bundesligisten mehr teilnahmen. Diesen letzten DBB-Pokal holte sich BBC Bayreuth. Im folgenden Jahr zeigten die Zweitligisten und unterklassigen Vereine kein Interesse mehr an diesem Wettbewerb und er wurde eingestellt.

Der BBL-Pokal ging von 2010 bis 2012 an die Brose Baskets aus Bamberg, danach zweimal an Alba Berlin. Der neue Modus garantiert, dass bei den Final Four nur Spitzenteams der Liga starten, was sportlich natürlich attraktiv ist. Andererseits ist das nun eine Veranstaltung, die die ohnehin erfolgreichen Vereine privilegiert und die Reichen noch reicher macht. Mit einem richtigen Pokal hat das nur noch wenig zu tun; hier gelten andere Gesetze, die allenfalls am Rande noch mit Sport zu tun haben.

**GRUND NR. 100**

## WEIL BILL WALTON ZU DEN DANKBAREN UNTOTEN GEHÖRT

Bill Walton war ein verletzungsanfälliger Center, der zwar zwei NBA-Titel gewonnen hat, aber nur wenige Jahre auf allerhöchstem Niveau spielen konnte. Was also macht er hier? Nun, Bill Walton war und ist auch eine der schillerndsten Persönlichkeiten der Basketball-Geschichte und genau damit hat er sich eine Würdigung an dieser Stelle verdient.

Bill Walton wuchs in einer Mittelklasse-Familie im kalifornischen San Diego auf. Obwohl seine Heimatstadt im Einzugsbereich der Los Angeles Lakers liegt, bewunderte er in seiner Jugend vor allem Bill Russell und die Boston Celtics. Bereits mit 17 Jahren war er so gut, dass er ins US-Team für die Weltmeisterschaft 1970 in Jugoslawien berufen wurde. Die Colleges rissen sich um ihn.

Er entschied sich für die University of California, Los Angeles, und ihr vom legendären Coach John Wooden betreutes Basketballteam, das seit 1967 regelmäßig die College-Meisterschaft gewonnen hatte. Für eine Weltmeisterschaft war er gut genug gewesen, den damaligen Regeln zufolge durfte er in seinem ersten Jahr dennoch nur für das sogenannte Freshman Team der Universität antreten. Doch in den folgenden Jahren spielte er eine herausragende Rolle in den Teams der UCLA Bruins, die 1972 und 1973 ungeschlagen die Meisterschaft holten. Im folgenden Jahr scheiterten die Bruins im Halbfinale des NCAA-Turniers nach zweimaliger Verlängerung an der North Carolina State University. Wie in den beiden Jahren zuvor wurde Walton dennoch zum College-Spieler des Jahres gewählt; viele Experten halten ihn für den besten aller Zeiten.

Walton war jedoch während seines Studiums keineswegs ausschließlich auf den Sport fokussiert. Bei einer Protestveranstaltung gegen den Krieg in Vietnam wurde er in Gewahrsam genommen und Coach Wooden musste ihn aus dem Gefängnis abholen. Auf Vorhaltungen, es sei besser, auf Regelverletzungen zu verzichten und seinen Überzeugungen in Briefen an die Verantwortlichen Ausdruck zu verleihen, reagierte er mit dem Hinweis, seine Freunde und Altersgenossen kämen in Leichensäcken und Rollstühlen aus Vietnam nach Hause. Um dann auf Woodens offiziellem Briefpapier eine Rücktrittsaufforderung an Präsident Richard Nixon zu formulieren und den Brief von seinen Mannschaftskameraden unterzeichnen zu lassen!

1974 wählten die Portland Trail Blazers Walton mit dem ersten Pick des NBA Draft. Doch während er auf dem College nur in drei von 90 Spielen aussetzen musste, sollte er in seinen Profijahren mehr Spiele verletzungshalber versäumen, als er bestreiten konnte. Verletzungen behinderten ihn schon in seinen beiden ersten Spielzeiten, doch 1976/77 hatte er seine größte Saison. Er kam in 65 Spielen zum Einsatz, wurde zum wertvollsten Spieler der Saison gewählt und führte die Trail Blazers in den Playoffs völlig überraschend zu ihrem ersten und einzigen NBA-Titel. Doch bereits in der nächsten Spielzeit schlug das Verletzungspech wieder zu, und in der Saison 1978/79 kam er wegen einer Fußverletzung überhaupt nicht zum Einsatz.

Walton hatte Zweifel an der Qualität der medizinischen Versorgung, die er in Portland erhielt, und unterschrieb 1979 einen Siebenjahresvertrag bei den Clippers, die damals noch in seiner Heimatstadt San Diego spielten. Doch es wurde nicht besser. Im ersten Jahr langte es nur zu wenigen Einsätzen; die nächsten beiden Spielzeiten versäumte er komplett und studierte nebenbei Jura an der Stanford University. Die Pause schien zu helfen und in den folgenden Jahren konnte er seine Einsatzzeiten beträchtlich steigern. Dennoch gingen die Celtics ein Risiko ein, als sie den Center im Sommer 1985 in einem Trade nach Boston holten. Der Wagemut zahlte sich aus: Walton brachte es in der regulären Saison auf 80 Einsätze und versäumte nur zwei von 18 Playoff-Spielen. Er gewann den Sixth Man Award und trug nicht unerheblich zum Titelgewinn der Celtics bei. Doch in den folgenden Jahren kehrten die Verletzungen zurück und so beendete er schließlich seine Karriere.

Parallel zu seiner Basketballkarriere pflegte er eine enge Freundschaft mit den Mitgliedern der in San Francisco beheimateten Band The Grateful Dead. 1978 begleitete er die Gruppe auf einem legendären Trip nach Ägypten und trat bei einem Konzert an den Pyramiden sogar als Schlagzeuger in Erscheinung. Unter den Hardcore-Fans der Gruppe, den Deadheads, firmierte er aufgrund seiner roten Haare und seiner Körpergröße als »The Big Red Deadhead«. Die Grateful Dead sind wohl die einzige Band, die eine eigene Ehrenhalle unterhält, in die Bill Walton 2001 aufgenommen wurde. Er würde sich vielleicht nicht als Hippie bezeichnen; dass er ein Kind der 1960er-Jahre ist und die Gegenkultur ihn nicht unberührt ließ, lässt sich jedoch kaum leugnen.

In seiner Jugend litt Walton unter heftigem Stottern. Umso erstaunlicher, dass er nach seiner aktiven Zeit eine bis heute andauernde Karriere als Fernsehkommentator beginnen konnte. Seine Kommentare sind von hohem Unterhaltungswert und beschränken sich keineswegs auf das Geschehen auf dem Spielfeld, wobei er immer für einen einprägsamen Spruch gut ist. Gelegentlich musste er auch Spiele seines Sohns Luke kommentieren, der 2009 und 2010 mit den Lakers den NBA-Titel gewann, was allerdings nichts an Bills besonderem Verhältnis zu den Celtics änderte.

Ein ungewöhnlicher Basketballspieler, ein ungewöhnlicher Mensch.

**GRUND NR. 101**

## WEIL MAN BASKETBALL LESEN KANN

Unter sportinteressierten Literaturkennern in den USA gilt der Satz: Je kleiner der Ball, desto besser die Bücher, die über diese Sportart geschrieben werden. Das ist gut für Baseball, Golf oder Tennis, weniger gut für Basketball. Und der Satz scheint seine Richtigkeit zu haben. Während es in den USA eine Fülle ausgezeichneter Baseballromane gibt, darunter Werke von so renommierten Autoren wie Philipp Roth, Bernard Malamud, Robert Coover und Don DeLillo, sind vergleichbare Texte, in denen es um Basketball geht, kaum zu finden. Sicher, Harry Angstrom, Held der »Rabbit«-Romane von John Updike, war auf der Highschool ein Basketball-Star und dies spielt besonders im ersten Roman der Tetralogie eine Rolle. Dennoch handelt es sich hier nicht wirklich um Basketballromane. Ein solcher ist schon eher *Under the Frog* von Tibor Fisher, der das Leben zweier ungarischer Basketballspieler in den turbulenten Jahren zwischen dem Ende des Zweiten Weltkriegs und dem Aufstand von 1956 verfolgt. Erwähnen könnte man ansonsten noch einige Kriminalromane. Um Spielmanipulationen im College-Basketball geht es in *Playmates* von Robert B. Parker, dessen Held, der Bostoner Privatdetektiv Spenser, versucht, Licht ins Dunkel zu bringen. Und Harlan Coben hat eine ganze Serie von Krimis um die Hauptfigur Myron Bolitar aufgebaut, einen Spielerberater, dessen vielversprechende NBA-Karriere durch eine Knieverletzung beendet wurde.

Das Fehlen großer Belletristik zum Thema Basketball heißt jedoch keineswegs, dass man mit Basketballbüchern nicht einige Regalmeter füllen könnte, denn es gibt ja auch noch Sachbücher, darunter das beliebte Genre der Biografie bzw. Autobiografie. Viele davon entsprechen natürlich dem Klischee der Sportlerbiografie, manche haben jedoch wirklich etwas zu erzählen. Als Beispiel mag hier *The Last Season* von Phil Jackson dienen, in dem der Meistertrainer nicht mit Kritik an seinem früheren Schützling Kobe Bryant spart, mit dem er später dennoch einige gemeinsame Erfolge feiern sollte. Oder *The Jordan Rules* von Sam Smith, das tiefe Einblicke ins Innenleben der Chicago Bulls in ihrer ersten Meistersaison 1990/91 erlaubt.

Zu den besten Sportbüchern überhaupt zählen zwei Werke aus der Feder (oder Schreibmaschine) von David Halberstam, einem der profiliertesten amerikanischen politischen Journalisten des letzten halben Jahrhunderts. In *The Breaks of the Game* (1981) begleitet er die Portland Trail Blazers in der Saison 1979/80 zwei Jahre nach ihrem Titelgewinn von 1977. Thema von *Playing for Keeps: Michael Jordan and the World He Made* (1999) ist – natürlich – Michael Jordan. Halberstam geht es jedoch nie nur um sportliche Aspekte, sondern vielmehr um die Einordnung seiner Beobachtungen in größere gesellschaftliche Zusammenhänge, weshalb seine Bücher exzellente Einblicke in den Zustand der NBA wie auch der USA zu Ende der 1970er und der 1990er offerieren.

Und wer sich intensiv mit der NBA beschäftigen möchte, dem sei *The Book of Basketball* von Bill Simmons in der überarbeiteten Paperbackausgabe von 2010 wärmstens empfohlen. Simmons treibt die Frage nach den besten Spielern und Mannschaften aller Zeiten um, er erstellt Ranglisten, lässt keine Kontroverse aus, die NBA-Fans beschäftigte, hat zu allem eine dezidierte Meinung und nimmt kein Blatt vor den Mund. Höchst unterhaltsam.

Natürlich gibt es auch im deutschsprachigen Raum eine Reihe von Büchern zum Thema Basketball. Den besten historischen Überblick gibt *Magic Basketball* (2005) von Michael Rappe. Lesenswert auch *Basketball: Eine Kulturgeschichte* (2013) von Christoph Ribbat.

## GRUND NR. 102

## WEIL MAN BASKETBALL SEHEN KANN

Lange Zeit galten Sportfilme in Hollywood als Kassengift, was die Studios natürlich nicht davon abhielt, immer mal wieder einen zu drehen. In den 1980ern und 1990ern schnitten dann einige Baseballfilme an den Kinokassen recht gut ab, während gleichzeitig die NBA in ungeahntem Maß an Popularität gewann. Das ließ Hollywood nicht ruhen, und so kommt eine erkleckliche Liste von Filmen zusammen, wenn man sich im Netz auf die Suche nach Basketballfilmen macht, von denen die meisten auf dieser Seite des Atlantik allerdings wohl nie zu sehen waren. Beschäftigen wir uns – in chronologischer Reihenfolge – einfach kurz mit einigen, die wohl auch hierzulande ihr Publikum gefunden haben und sich auch heute noch anschauen lassen.

Eine wichtige Rolle bei der Rehabilitierung des Sportfilms spielte *Hoosiers* (*Freiwurf*, Regie David Anspaugh) aus dem Jahre 1986. Als Hoosiers bezeichnen sich die Einwohner des Staates Indiana, der Heimat von Larry Bird, in der Basketball der populärste Sport ist. Der Film ist mit Gene Hackman, Dennis Hopper und Barbara Hershey ausgezeichnet besetzt, wurde durch eine tatsächliche Begebenheit inspiriert und erzählt die Geschichte von der letzten Chance eines Coachs, der das Highschool-Team einer ländlichen Kleinstadt gegen zahlreiche Widerstände zur Meisterschaft führt. Keine ganz neue Geschichte, hier aber differenziert und packend aufbereitet, was dem Film zwei Oscarnominierungen einbrachte.

Geradezu sprichwörtlich geworden ist der Titel von *White Men Can't Jump* (*Weiße Jungs bringen's nicht*, 1992, Regie Ron Shelton). Sidney Deane (gespielt von Wesley Snipes) und Billy Hoyle (gespielt von Woody Harrelson) begegnen sich als Streetballer, die auf den Spielplätzen ihrer Stadt mit improvisierten Basketballspielen, auf die Wetten platziert werden, zu Geld kommen wollen. Die beiden tun sich zusammen, wobei sie sich zunutze machen, dass Billys Basketballtalent aufgrund seiner weißen Hautfarbe immer wieder unterschätzt wird. Doch bei der Verwirklichung ihrer Pläne stehen sich die beiden immer wieder selbst im Wege, was zu Konflikten und auch Beziehungsproblemen führt. Der Film spielt in ironischer Weise mit rassischen Stereotypen und Rosie Perez überzeugt in einer Nebenrolle als Billys leidgeprüfte Freundin. NBA-Star Gary Peyton wirkt in einer kleinen Rolle als Streetballer mit.

Ron Shelton, der Regisseur von *White Men Can't Jump*, schrieb das Drehbuch zu *Blue Chips* (1994, Regie William Friedkin). Nick Nolte spielt den College-Coach Pete Bell, dessen Team zuletzt nicht an alte Erfolge anknüpfen konnte, nicht zuletzt, weil die besten Nachwuchstalente von anderen Colleges mit verbotenen Zahlungen geködert werden. Unter dem Einfluss eines begüterten Absolventen des Colleges beginnt Bell ähnliche Praktiken zu dulden, wodurch es gelingt, einige begabte Spieler für sein Team zu gewinnen (zwei davon werden von den Shaquille O'Neal und Penny Hardaway dargestellt; einige bekannte College-Coaches spielen sich selbst). Bells Team gewinnt das entscheidende Spiel am Ende der Saison, doch sein Gewissen veranlasst ihn, nach dem Spiel reinen Tisch zu machen und die illegalen Machenschaften an die Öffentlichkeit zu bringen.

Von den Problemen eines jungen Sportlers, der von einer Karriere als Basketballprofi träumt, aber von den Verhältnissen in dem armen, kriminalitätsverseuchten Viertel, in dem er aufgewachsen ist, eingeholt wird, handelt *Above the Rim* (*Nahe dem Abgrund*, 1994, Regie Jeff Pollack). Rapper Tupac Shakur spielt einen Drogenhändler, und dem einen oder anderen Klischee zum Trotz dürfte der Film nicht meilenweit von der Lebenswirklichkeit vieler jugendlicher Basketballhoffnungen entfernt sein.

Manche hielten Michael Jordan ja ohnehin für einen Außerirdischen, in *Space Jam* (1996, Regie Joe Pytka) zeigt uns Hollywood, dass er vielmehr dazu prädestiniert ist, die Welt zu retten.

Oder zumindest die unter dem Sammelbegriff Looney Tunes bekannten Cartoon-Figuren wie Bugs Bunny, Daffy Duck, Porky Pig und Tweety. Der Film, eine Mischung aus Zeichentrick und realen Charakteren, nimmt Anleihen bei der tatsächlichen Karriere von Michael Jordan bis zu seinem Rücktritt und dem Versuch, eine Karriere als Baseballspieler zu beginnen. Die Looney Tunes wurden von außerirdischen Kriminellen gekidnappt, über ihr Schicksal soll ein Basketballspiel mit den Verbrechern entscheiden. Die aber haben fünf NBA-Spieler ihres Talents beraubt und sich damit zu wahren Basketballmonstern aufgeschwungen. Nur ein Michael Jordan kann da Hilfe bringen und am Ende geht natürlich alles gut aus. Neben MJ treten Charles Barkley, Patrick Ewing, Larry Johnson, Shawn Bradley und Muggsy Bogues als die Profis auf, deren Talent gestohlen wurde. Auch Larry Bird und Schauspieler Bill Murray spielen als Golfpartner von Michael Jordan sich selbst. Für Kinder jeden Alters.

Schon zu Beginn seiner Karriere hatte sich Regisseur Spike Lee als großer Basketballfan geoutet und seine Werbefilme mit Michael Jordan machten ihn mindestens so berühmt wie seine Spielfilme. Kein Wunder, dass er schließlich einen Film mit einem Basketballthema drehte. In *He Got Game* (*Spike Lee's Spiel des Lebens*, 1998) spielt Denzel Washington Jake Shuttleworth, einen Gefängnisinsassen, der für die Tötung seiner Frau einsitzt. Sein Sohn Jesus (gespielt von NBA-Profi Ray Allen) gilt als großes Basketballtalent und wird von den führenden Colleges des Landes umworben, darunter die Alma Mater des Gouverneurs des Staates, in dem Jake inhaftiert ist. Der Gouverneur bietet Jake einen Deal an: Sollte es Jake während eines einwöchigen Freigangs gelingen, Jesus davon zu überzeugen, das College des Gouverneurs auszuwählen, wird dieser Jake dafür mit einer Reduzierung seiner Strafe belohnen. Das Wiedersehen zwischen Vater und Sohn erweist sich als schwierig, zumal Jesus angesichts der bevorstehenden Entscheidung unter beträchtlichem Druck steht.

Eine Meditation sowohl über die Probleme eines jungen, hoch talentierten Sportlers wie über das diffizile Verhältnis zwischen Vätern und Söhnen. Die deutsche Kritik war nicht durchgehend begeistert, viele amerikanische Filmexperten halten *He Got Game* für einen der besten Basketballfilme, wenn nicht den besten überhaupt. Als Produzent zeichnete Spike Lee auch für *Love & Basketball* (2000) verantwortlich, die romantische Geschichte zweier junger Leute, die beide eine Basketballkarriere anstreben.

Mit *Coach Carter* (2005, Regie Thomas Carter) schließt sich in gewisser Hinsicht ein Kreis zu *Hoosiers*. Auch im Mittelpunkt dieser Geschichte steht ein Highschool-Coach (gespielt von Samuel L. Jackson), auch sie wurde von einer tatsächlichen Begebenheit inspiriert. Coach Carter ist ein besonderer Coach, weil er Wert darauf legt, dass seine Schützlinge ihre schulischen Aufgaben ernst nehmen, was ihn dazu bringt, das gesamte Team zu suspendieren, weil die Spieler keinen Respekt zeigen und ihr Notenschnitt hinter den angestrebten Zahlen zurückbleibt. Letztlich folgen die Spieler ihrem Coach, doch interessanterweise verweigert der Film das Happy End in Form des Sieges im großen Spiel am Ende der Geschichte. Das Leben setzt eben andere Prioritäten als Basketball.

Bedeutender als all diese Spielfilme ist letztlich *Hoop Dreams*, ein Dokumentarfilm aus dem Jahre 1994, der inzwischen allgemein als ein Klassiker des Genres anerkannt wird. Über Jahre beobachtete und filmte Regisseur Steve James das Leben zweier junger, schwarzer Basketballspieler aus ärmsten Verhältnissen, deren sportliches Talent ihnen die Chance eröffnet hat, eine überwiegend weiße Highschool mit einem ausgezeichneten Basketballteam zu besuchen und dort ihren Traum von der NBA zu verfolgen. Natürlich geht es in diesem Film keineswegs nur um Basketball, sondern um zentrale Probleme wie Armut, Rassismus, Erziehung und Wertesysteme. Ein unbedingt sehenswertes Meisterwerk.

**GRUND NR. 103**

## WEIL MAN BASKETBALL HÖREN KANN

Es gibt Songs, die durch die Halle dröhnen, um das eigene Team und das Publikum aufzuputschen: *Whoomp! (There It Is)* von Tag Team, Gary Glitters *Rock & Roll, Part 2* oder *We Will Rock You* von Queen. Man kann sie mit Basketball assoziieren, doch eigentlich haben sie mit dem Sport nichts zu tun.

Und dann gibt es natürlich Songs, die tatsächlich von Basketball handeln. Ihre Zahl ist beträchtlich, und nichts verdeutlicht in stärkerem Maße die enge Verbindung, die Basketball (und speziell die NBA) mit der Hip-Hop-Kultur der letzten dreieinhalb Jahrzehnte eingegangen ist. Denn nahezu alle Basketballsongs sind diesem Genre zuzuordnen. Eigentlich merkwürdig, denn es gibt doch sicher auch weiße Musiker, die ähnlich fanatische Basketballfans sind wie ihre schwarzen Brüder.

Wenn es das Mix-Tape noch gäbe, was ließe sich auf ein solches zum Thema Basketball draufpacken? Beginnen könnte man mit *Basketball* von Kurtis Blow, einem Old-School-Rap aus dem Jahre 1984, in dem der Rapper Basketball zu seinem Lieblingssport erklärt und eine ganze Reihe von Stars namentlich erwähnt. Oder wir nehmen die Fortsetzung des Stücks von Lil Bow Wow von 2002.

Dabei sein könnten eine Reihe von Titeln aus Filmen wie *Space Jam* von Quad City DJ's (1996), *White Men Can't Jump* von Riff (1992) oder *He Got Game* von Public Enemy, den Altmeistern des Rap (1998). Zur Wahl stünden Stücke über große Stars wie *Michael Jordan* von Five For Fighting (2000) oder *Kobe Bryant* von Lil Wayne (2009) wie auch Titel von großen Stars wie *(I Know I Got) Skillz* von Shaquille O'Neal (1993) und *K.O.B.E.* von, jawohl, Kobe Bryant (2000). Infrage kämen auch *Now You're Mine* von Gang Starr (1994), *Shooting Hoops* von G. Love & Special Sauce (1994) oder *I Wish* von Skee-Lo (1995).

Und damit wäre nur die Spitze des Eisbergs angekratzt. Wenn es um Basketball geht, spielt die Musik nicht nur auf dem Platz.

**GRUND NR. 104**

## WEIL DER TSV MÜNCHEN 1860 GERNE AM ANFANG DABEI IST

Die Fußballbundesliga startete 1963 mit 16 Vereinen in ihre erste Saison. Sie ist damit die jüngste der bedeutenden europäischen Ligen, denn der DFB hatte lange gebraucht, sich von den gemütlichen regionalen Oberligen zu verabschieden und zu einer Konzentration der Kräfte in einer bundesweiten Liga zu finden. Nun aber, da der Fußball den Schritt gewagt hatte, folgten auch andere Ballsportarten: Mit der Saison 1966/67 führten sowohl der Basketball wie der Handball eine Bundesliga ein, wenn auch zunächst zweigleisig. Volleyball folgte erst 1974/75. Den eigentlichen Vorreiter hatte allerdings nicht der Fußball gespielt, sondern das Eishockey, in dem schon 1958/59 eine Bundesliga den Spielbetrieb aufnahm. Aber Eishockey war damals noch eine sehr bayerische Angelegenheit.

Im Basketball begann man in zwei Gruppen, die je zehn Vereine umfassten. Unter diesen 20 Klubs befand sich mit dem TSV München 1860 ein einziger, der auch drei Jahre zuvor im ersten Jahr der Fußballbundesliga mitgemischt hatte. Und die Löwen waren später dann auch bei den Volleyballern im ersten Jahr dabei und schafften damit ein Triple, das in ähnlicher Form ansonsten nur dem Hamburger SV vorbehalten blieb, der im Fußball, im Handball und im Volleyball zu den Vereinen der ersten Stunde gehörte. Aber im Basketball machte der Klub mit der Raute im Wappen nie Furore.

Die Löwen bestritten insgesamt fünf Spielzeiten im Basketballoberhaus, bevor sich die Basketballabteilung mit dem USC München zu einer Spielgemeinschaft zusammentat, der aber auch nur noch zwei Bundesligajahre vergönnt waren. Heute wird Basketball bei 1860 nur noch in unteren Klassen gespielt.

Der TSV 1860 ist also der einzige Verein, der sowohl im Fußball wie im Basketball in der Gründungssaison dabei war. Zwei weitere Gründungsmitglieder der Fußballbundesliga schafften es später noch in die Basketballbundesliga. Die Frankfurter Eintracht war 1967/68 und 1968/69 dabei, zog sich dann aber aus finanziellen Gründen zurück, und der FC Schalke 04 beendete seine einzige Bundesligasaison im Basketball 1982/83 auf dem letzten Platz.

Zu den Gründungsmitgliedern der Basketballbundesliga gehörte auch der FC Bayern München, der im Fußball anfangs nicht berücksichtigt wurde, seit dem Aufstieg 1965 dort aber den einen oder anderen Titel geholt haben soll. Auftritte in beiden Bundesligen hatten ansonsten nur der SSV Ulm 1846, der im Fußball allerdings nur eine Saison schaffte, und der TSV Bayer 04 Leverkusen, im Fußball auch als »Vizekusen« bekannt, im Basketball hingegen mehrfacher Titelträger. (Die Bayern sind neben der Frankfurter Eintracht übrigens der einzige Fußballbundesligist, der es auch im Eishockey kurzzeitig ins Oberhaus schaffte.)

Nicht vergessen werden sollen in dieser Würdigung von Vereinen, die sowohl im Basketball wie im Fußball reüssierten, der VfL Osnabrück, Alemannia Aachen und Schwaben Augsburg. Der VfL Osnabrück, im Fußball bis zur Einführung der Bundesliga nahezu immer erstklassig, war in der Basketballbundesliga von Anfang an dabei und holte in den ersten drei Jahren zwei Vizemeisterschaften und einen Meistertitel, bevor man sich mit Einführung der eingleisigen Bundesliga 1975 aus der obersten Klasse verabschiedete. Alemannia Aachen war 1963 und 1964 Deutscher Basketballmeister, schaffte es aber später nur im Fußball und nie im Basketball in die *bel étage*. Und die Schwaben aus Augsburg, lange Jahre ebenfalls ein erstklassiger Fußballverein, gehörten der Basketballbundesliga in den beiden ersten Jahren ihrer Existenz an. Die

Fußballer der Schwaben fusionierten später mit dem Lokalrivalen BC Augsburg zum FC Augsburg, den man so gesehen also auch zu den Fußballklubs rechnen könnte, die schon einmal Bundesligabasketball spielten.

**GRUND NR. 105**

## WEIL RED AUERBACH DIE SIEGESZIGARRE ERFAND

Heute ist das Rauchen in öffentlichen Räumen stigmatisiert, wenn nicht verboten. Doch es gab tatsächlich eine Zeit, da war es sogar in Sporthallen erlaubt, und Arnold Jacob Auerbach gehörte zu denen, die davon ausgiebig Gebrauch machten. Wie so viele Basketballgrößen ist Auerbach ein Produkt der New Yorker Spielplätze. Er wuchs in Williamsburg, einem Bezirk Brooklyns, auf, und sein feuerrotes Haar brachte ihm bald den Spitznamen »Red« ein. Seinem Basketballtalent verdankte er ein Stipendium an der George Washington University in Washington, D.C. Nach dem Studium arbeitete er als Coach einer örtlichen Highschool-Mannschaft und während des Zweiten Weltkrieges trainierte er ein Basketballteam der US-Marine.

Wieder in Zivil kehrte er in die Hauptstadt zurück und übernahm 1946 das Team der Washington Capitols in der neu gegründeten Basketball Association of America (BAA), das er dreimal in die Playoffs führte. Das Finale der Saison 1948/49 ging gegen George Mikan und die Minnesota Lakers verloren und Auerbach trat wegen Differenzen mit der Klubführung zurück. Gleiches geschah nach der Saison 1949/50, in der Auerbach die Tri-Cities Blackhawks coachte, die gerade der National Basketball Association (NBA) beigetreten waren, wie sich die BAA nun nannte. Im Sommer 1950 nahm er ein Angebot der Boston Celtics an, die in den ersten vier Jahren ihrer Existenz noch keine Winning Season (also eine

Spielzeit mit mehr Siegen als Niederlagen) zu feiern gehabt hatten. Boston sollte bis zu seinem Lebensende die Basketballheimat von Red Auerbach bleiben.

Für Schlagzeilen sorgte Auerbach, als er 1950 beim NBA Draft als erster NBA-Klub mit Chuck Cooper einen Afroamerikaner auswählte und damit der Rassentrennung in der NBA ein Ende bereitete. Auch auf dem Parkett präsentierten sich die Celtics nun besser und erreichten Jahr für Jahr die Playoffs, standen aber in dem Ruf, dort ihr Potenzial nicht abrufen zu können. Doch der NBA Draft von 1956 sollte Auerbachs Meisterstück werden. Mit Bill Russell draftete er einen defensivstarken Center, der das von ihm bevorzugte Fast-Break-Spiel einleiten konnte, und mit Tom Heinsohn und K. C. Jones kamen zwei weitere Spieler dazu, die es einmal bis in die Hall of Fame schaffen würden. Damit war das Fundament für die Dominanz der Celtics gelegt, die von 1957 bis 1966 nur einmal nicht den NBA-Titel gewannen.

1966 gab Auerbach die Stelle als Headcoach auf und lenkte fortan als General Manager die Geschicke der Celtics, die unter seiner Ägide sieben weitere Titel gewannen; bei jeweils zwei dieser Meisterschaften saßen mit Russell, Heinsohn und Jones die von ihm 1956 zu den Celtics geholten Spieler auf der Trainerbank. Mit seinem Gespür für Talente und der Fähigkeit, durch geschickte Manöver aller Art die gewünschten Spieler beim Draft dann auch zu bekommen, hielt Auerbach die Celtics auch in den 1970ern und 1980ern unter den besten Teams der NBA. Ab 1984 fungierte er nicht mehr als General Manager, sondern war in anderen Funktionen in der Führung des Klubs tätig. Im Alter von 89 Jahren erlag er 2006 einem Herzleiden.

Mit den Celtics gewann Red Auerbach insgesamt 16 NBA-Titel, neun davon als Coach. Diese Zahl wurde inzwischen von Phil Jackson übertroffen, dennoch halten viele Auerbach immer noch für den größten Coach der NBA-Geschichte. Er legte Wert auf die mannschaftliche Geschlossenheit seiner Teams; individuelle

Rekorde waren für ihn zweitrangig. Seine Spieler verehrten und respektierten ihn, und obwohl er äußerst temperamentvoll und ein großer *trash talker* war, wurde er auch bei gegnerischen Teams hoch geachtet. Und das, obwohl sein Markenzeichen, die Siegeszigarre, durchaus als Provokation gelten konnte. Die nämlich pflegte er auf der Trainerbank anzuzünden, wenn sich sein Team einen seiner Einschätzung nach uneinholbaren Vorsprung erarbeitet hatte. Seither hat sich der Spitzname »Human Victory Cigar« eingebürgert für Spieler, die erst dann aufs Feld dürfen, wenn das Spiel bereits entschieden ist.

Die Verehrung, die Red Auerbach in Boston genoss, manifestierte sich auch im Verhalten Bostoner Restaurants. Noch in Zeiten, als Glimmstängel aller Art dort bereits auf dem Index standen, war vielerorts auf Schildern zu lesen, das Rauchverbot gelte für jedermann, nicht aber für Red Auerbach. Ohne ihn hätte es die Erfolgsgeschichte der Boston Celtics nicht gegeben, und auch die NBA wäre nicht das, was sie heute ist. Welch ein Vermächtnis!

**GRUND NR. 106**

## WEIL DIE FRAUEN SCHON FRÜH UM EUROPÄISCHE TITEL KÄMPFTEN

Die erste Basketballeuropameisterschaft der Frauen fand 1938 in Rom statt, nur drei Jahre nach dem ersten Europa-Turnier der Männer, eine Tatsache, auf die der Basketball durchaus stolz sein kann. Fünf Länder beteiligten sich an diesem Turnier, der Titel ging an Italien, gefolgt von Litauen, Polen, Frankreich und der Schweiz.

Dann kam der Krieg und bis zur nächsten Europameisterschaft sollte es zwölf Jahre dauern. Das Turnier von Budapest 1950 ist insofern bemerkenswert, als dass das später im Ostblock ungelittene Israel zu den Teilnehmerländern zählte. Der Titel ging an die

Sowjetunion, gefolgt von Ungarn und der Tschechoslowakei. Damit war das Muster für die Turniere der nächsten vier Jahrzehnte festgelegt. Mit Ausnahme eines Betriebsunfalls im Jahre 1958, als der Sieger Bulgarien hieß, holte sich die Sowjetunion alle Titel bis 1991, das ergibt die stolze Zahl von 21 Meisterschaften. Und in den Medaillenrängen folgten so gut wie immer Ostblockländer, am häufigsten die Tschechoslowakei, aber auch Ungarn, Bulgarien, Polen und das gewöhnlich dem Ostblock zugerechnete Jugoslawien. Sogar der DDR gelang es 1966 mit einem dritten Platz, sich in diese Phalanx zu schieben. Aus dem Westen vermochte dies nur Frankreich mit einer Silbermedaille im Jahre 1970. Im Frauenbasketball spielten Ost und West in Zeiten des Kalten Krieges offenkundig nicht in derselben Liga.

Während die DDR bereits 1952 ein wenig erfolgreiches Debüt gegeben hatte, folgte die Bundesrepublik 1954. Die Ergebnisse – ein 14:69 gegen Jugoslawien und ein 11:106 gegen die Sowjetunion – waren wenig ermutigend. Immerhin gelang in der Platzierungsrunde ein 33:21 gegen Dänemark und der DDR war es insgesamt auch nicht besser ergangen. 1956 fielen die Ergebnisse dann schon knapper aus, wieder gelang in der Platzierungsrunde auch ein Sieg, diesmal gegen Schottland. 1958 belegte die DDR Platz 9. Bei den beiden nächsten Turnieren war überhaupt kein deutsches Team dabei, dann folgten die besten Jahre der DDR mit Platz 6 im Jahre 1964 und der bereits erwähnten Bronzemedaille zwei Jahre später. Bei diesem Turnier war auch die BRD dabei und blieb sieglos; das Aufeinandertreffen der beiden Teams endete mit 105:51 deutlich zugunsten der DDR.

1968 holte die DDR noch einmal einen vierten Platz, während der BRD-Auswahl nur der 13. und letzte Platz blieb. 1970 fehlten beide deutsche Teams, zwei Jahre später erreichte die DDR bei ihrem letzten internationalen Auftritt Rang 7. Von 1974 bis 1983 verpasste das bundesdeutsche Team nur einmal die Teilnahme und schloss durchgehend in den Rängen 10 bis 13 ab. Dann wurde die Teilnehmerzahl auf acht reduziert und so bedeutete bis 1993 jeweils bereits die Qualifikation die Endstation. 1995 expandierte das Teilnehmerfeld wieder und das deutsche Team belegte Platz 14. Zwei Jahre später folgte der sensationelle dritte Platz, der an anderer Stelle in diesem Buch gewürdigt wird. 1999 gab's nochmals einen zwölften Rang. Seither gelang die Qualifikation nur noch zweimal, und auch 2015 wird die Europameisterschaft ohne Deutschland stattfinden.

Mit dem Fall des Eisernen Vorhangs endete auch das Monopol der Sowjetunion auf den Europameistertitel bei den Frauen und plötzlich herrschte Abwechslung. Die elf Turniere seit 1993 sahen insgesamt sieben verschiedene Titelträger und kein einziges Mal konnte der Titel verteidigt werden. Russland dominiert mit drei Meisterschaften (2003, 2007 und 2011) und einigen weiteren Medaillen immer noch, doch ansonsten landeten nur Spanien (1993 und 2013) und Frankreich (2001 und 2009) zweimal auf dem ersten Rang. Neu in der Reihe der Titelträger sind die Ukraine (1995), Litauen (1997), Polen (1999) und Tschechien (2005). Darüber hinaus schoben sich auch die Slowakei, Italien, Weißrussland, die Türkei und eben auch Deutschland zumindest einmal in die Medaillenränge. Eine erfreuliche Vielfalt bei einem Turnier, das hierzulande leider, aber vielleicht auch verständlicherweise, nur wenig Aufmerksamkeit erfährt.

**GRUND NR. 107**

## WEIL FRANK BUSCHMANN
## MIT LEIB UND SEELE BASKETBALLER IST

20 Jahre lang war Frank Buschmann in Deutschland die Stimme des Basketballs. Er kommentierte NBA-Spiele, Welt- und Europameisterschaften und die Bundesliga für jenen Sender namens DSF,

der heute Sport1 heißt und eigentlich für sein erregendes Nachtprogramm berühmt ist. Wer immer im deutschen Fernsehen Basketball live sehen wollte, kam an Buschmann nicht vorbei oder musste den Ton abstellen.

Der junge Buschmann spielte Zweitligabasketball in Hagen und hatte Angebote aus der 1. Liga, die er jedoch ausschlug. Zur großen Karriere fehlten ihm wohl der letzte Ehrgeiz und vielleicht auch ein paar Zentimeter. Fachlich erfüllte er damit jedoch alle Voraussetzungen zum Basketballberichterstatter; auf den Mund gefallen war er auch nicht, und so heuerte er nach dem Start bei einem Hagener Radiosender bald beim Fernsehen an.

In den 1990er-Jahren hatte sich das neue Privatfernsehen großer Teile der Fußballberichterstattung bemächtigt und einen neuen Stil der Live-Reportage durchgesetzt, weitaus emotionaler und involvierter, als man das vom öffentlich-rechtlichen TV gewohnt war. Buschmann passte glänzend in diese neue Welt. Mochte es am Anfang der Übertragung noch ruhig zugehen, so wurde er bald vom Geschehen mitgerissen und ließ seiner Begeisterung freien Lauf. Hier war ein Fan am Werke, und wenn er nicht mit einem der Teams mitfieberte, dann begeisterte ihn die Sportart selbst, was der Basketball in jenen Jahre durchaus gut gebrauchen konnte. Später kommentierte er mitunter auch Fußballspiele, er tritt bei *Schlag den Raab* auf und scheint eine unerklärliche Affinität zu jener dämlichen Sportart namens American Football zu hegen. 2013 beendete er seine Tätigkeit bei Sport1; heute ist er in verschiedenen Rollen im Fernsehen und im Internet zu bewundern.

Buschmann polarisierte durchaus. Manchen ging seine Art auf die Nerven und seriöser Sportjournalismus sieht wohl in der Tat anders aus. Doch sein Enthusiasmus und sein offenkundiges Engagement gewannen dem Basketball mit einiger Sicherheit viele Fans. Und wer wollte ihm das übel nehmen?

**GRUND NR. 108**

## WEIL LEBRON JAMES EIN HITZKOPF IST

Im ersten Highschool-Jahr (von vieren) bester Werfer seines Teams und ungeschlagen Staatsmeister; ab dem zweiten Jahr mit so gut wie allen relevanten lokalen und nationalen Auszeichnungen für Highschool-Spieler bedacht; Verlegung der Heimspiele der Schulmannschaft in die wesentlich größere Halle der örtlichen Universität, Live-Übertragungen der Spiele im Kabelfernsehen; im vorletzten Schuljahr auf dem Cover von *Sports Illustrated*, der renommiertesten amerikanischen Sportzeitschrift: Kein anderer jugendlicher Basketballspieler wurde in so jungen Jahren der sportinteressierten Öffentlichkeit als künftiger NBA-Star präsentiert! »The Chosen One«, der Auserwählte, hieß es auf dem besagten Titelbild, und wenn LeBron James, so der Name des jungen Mannes aus Akron (Ohio) vielleicht nicht die Wiederkunft des Messias bedeutete, dann galt er doch zumindest als der neue – und vermutlich bessere – Michael Jordan, der Erlöser der NBA, deren großes Zugpferd in die Jahre gekommen war. Ob sich wohl irgendeiner der Journalisten, die sich um diese Geschichte rissen und jeden Schritt des Wunderkinds verfolgten, die Frage gestellt hat, wie ein Jugendlicher eigentlich den Druck aushalten sollte, der mit diesem Hype aufgebaut wurde?

Nun, LeBron James wurde damit besser fertig, als man hätte erwarten können. College bedeutete sportlich keine Herausforderung, der Weg führte direkt in den NBA Draft, deren Attraktion er im Jahre 2003 war. Mit dem ersten Pick zogen ihn die Cleveland Cavaliers, der Auserwählte blieb damit dem Bundesstaat erhalten, in dem er aufgewachsen war. Gleich in seinem ersten Spiel für die Cavaliers erzielte er 25 Punkte, am Ende der Saison lag sein Punkteschnitt bei 20,9, außerdem standen 5,5 Rebounds und 5,9 Assists im Schnitt zu Buche. Der Schritt zu den Profis war spektakulär gelungen und zur Belohnung gab es die Auszeichnung als Rookie des Jahres, nicht aber einen Playoff-Platz für die Cavaliers. Dieser blieb LeBron und dem Team auch 2005 versagt, erst in der folgenden Saison war es endlich so weit, doch die Detroit Pistons bedeuteten in der zweiten Runde Endstation. LeBron hatte eine spektakuläre Saison gespielt, ohne anschließend zum wertvollsten Spieler der Liga gewählt zu werden. Die Cavaliers standen nun vor der Aufgabe, ihren Superstar in ähnlicher Weise mit kompetenten Spielern zu umgeben, wie dies die Chicago Bulls bei Michael Jordan getan hatten. 2007 gelang der nächste Schritt mit dem Einzug in die Finalrunde, doch gegen die mannschaftliche Geschlossenheit der San Antonio Spurs blieben die Cavaliers in vier Spielen chancenlos. Dies war dann aber auch bereits der Höhepunkt von LeBrons Zeit in Cleveland. Er galt den meisten Experten als bester Spieler der Liga und seine Leistungen wurden 2009 und 2010 auch mit der Wahl zum MVP belohnt, doch die Cavaliers kamen in den Playoffs nicht an Boston, Orlando und nochmals Boston vorbei.

Sein Vertrag war damit ausgelaufen und im Sommer 2010 diskutierte ganz Basketball-Amerika die Frage, wo LeBron James in Zukunft seine Zelte aufschlagen würde. Am 8. Juli verkündete er seine Entscheidung in einer Präsentation des Sportkanals ESPN, die den bedeutungsschwangeren Titel *The Decision* trug. Am Tag zuvor hatten Dwyane Wade und Chris Bosh Vertragsabschlüsse mit den Miami Heat angekündigt, und nun ließ auch LeBron verlauten, dass »er seine Talente nach South Beach bringen« werde. Sportlich eine nachvollziehbare Entscheidung, denn in dieser Konstellation hatte er beste Chancen, endlich den ersehnten Titel zu holen. Vermutlich hätte er von anderen Vereinen sogar besser dotierte Verträge erhalten können, sportliche Gesichtspunkte spielten also durchaus eine Rolle. Dennoch wurde die Entscheidung heftig kritisiert. Da war zunächst einmal die Art der Verkündung in einer Fernsehshow, was für ein gewaltiges Maß an Egozentrik zu sprechen schien. Der Eindruck von Arroganz verstärkte sich noch, als James kurz darauf bei seiner Vorstellung in Miami mehrfache Titelgewinne ankündigte. Da half es auch nicht mehr, dass er nun verlauten ließ, alle Erlöse aus der Fernsehshow würden an wohltätige Zwecke gehen.

Viele kritisierten die Entscheidung, weil LeBron den leichten Weg zum Titel gesucht habe, anstatt aus eigener Kraft ein Team, bevorzugt die Cavaliers, dorthin zu führen. In Cleveland betrachtete man den Wechsel ohnehin als Verrat, obwohl LeBron natürlich keineswegs verpflichtet war, seine gesamte Karriere dort zu verbringen. Wie auch immer, seine Popularität nahm Schaden, und ein beträchtlicher Teil der Schadenfreude, der nach der Niederlage in der Meisterschaftsserie gegen die Dallas Mavericks auf die Heat niederprasselte, verdankte sich den Umständen des Wechsels von LeBron nach Florida.

Die Niederlage von 2011 verstärkte den Eindruck, LeBron sei vielleicht ein Spieler, der zwar individuell glänzen, nicht jedoch ein Team im entscheidenden Moment zum Sieg führen könne. Dies änderte sich in den Jahren 2012 und 2013. Nicht nur wurde er zum dritten und vierten Mal zum wertvollsten Spieler gewählt, diesmal behielt Miami auch in den Finalserien gegen Oklahoma und San Antonio die Oberhand, auch wenn gegen die Spurs im sechsten Spiel die scheinbar schon sichere Niederlage nur mit großer Mühe vermieden werden konnte. 2014 erfolgte der vierte Finaleinzug in Folge, doch diesmal kehrten die Spurs den Spieß um.

International hat sich LeBron häufiger als fast alle seiner NBA-Kollegen seinem Land zur Verfügung gestellt. Reichte es bei den Olympischen Spielen von Athen 2004 und den Weltmeisterschaften 2006 nur zu Bronze, so gelang bei den Olympischen Spielen 2008 und 2012 der Gewinn der Goldmedaille. Die Einschätzungen seiner Person bleiben dennoch zwiespältig. Dass er zu den besten Basketballspielern aller Zeiten gehört, steht außer Zweifel, und dafür wird er respektiert. Von der uneingeschränkten Bewunderung, die z. B. einem Magic Johnson zuteil wurde, kann er aber aus den erwähnten Gründen nur träumen. Es wird spannend sein, den weiteren Verlauf seiner Karriere zu verfolgen, die er – wie sich im Sommer 2014 entschied – bei seinem alten Klub in Cleveland fortsetzen wird.

## GRUND NR. 109

### WEIL HAGEN EIGENTLICH IMMER DABEI WAR

20 Vereine gehörten der Basketball-Bundesliga bei ihrer Gründung im Jahre 1966 an. Als die Liga 1986 in ihre 20. Saison ging, waren nur noch zwei der Gründungsmitglieder dabei, der MTV 1846 Gießen und der SSV Hagen. Und mit veränderten Namen waren diese beiden auch die einzigen, die der Bundesliga bis ins 21. Jahrhundert ununterbrochen angehörten. Schon allein deshalb muss man Hagen unter den Städten einreihen, die den deutschen Basketball geprägt haben. Und im Unterschied zu Städten wie Heidelberg, Gießen, Göttingen oder auch Bamberg, über die man Ähnliches sagen kann, gilt für Hagen der Standortnachteil, dass es weder in der amerikanischen Besatzungszone lag, noch eine traditionsreiche Universitätsstadt ist.

Basketball wurde in Hagen seit den frühen 1950er-Jahren gespielt. Die Basketballabteilungen des SSV Hagen und des TSV Fichte Hagen entstanden 1951 und auch im TSV Hagen 1860 wurde das Spiel in jenen Jahren eingeführt. Als sportlich erfolgreichster Verein kristallisierte sich bald der SSV heraus, der bei den deutschen Meisterschaften 1963 im Halbfinale an den Neuköllner Sportfreunden und 1964 im Finale an Alemannia Aachen scheiterte. Bei Gründung der Bundesliga war in der Gruppe Nord aber nicht nur der SSV dabei, sondern auch der TSV 1860. Hagen war damit neben München, Heidelberg und Düsseldorf die einzige Stadt, die in der ersten Saison zwei Bundesligisten stellte. Beim SSV lief es auch in der neuen Liga sportlich gut, man zog erst im Halbfinale gegen den späteren Meister MTV Gießen den Kürzeren. Der TSV 1860 allerdings beendete die Saison auf einem Abstiegsplatz und sein bester Mann Jochen Pollex wechselte zum Lokalrivalen.

Der SSV gehörte auch in den folgenden Jahren zu den Spitzenteams der Nordgruppe und verkraftete auch den Abgang von Pollex und Norbert Thimm zum westdeutschen Rivalen TuS 04 Leverkusen. Doch in den Kampf um die Meisterschaft konnte man in dieser Zeit nicht eingreifen. 1972 reichte es immerhin zum Einzug ins Pokalfinale, das jedoch gegen den MTV Wolfenbüttel verloren ging. In der Saison 1972/73 war auch der TSV 1860 wieder in der Bundesliga dabei, musste aber erneut nach nur einem Jahr wieder zurück in die 2. Liga. Der SSV hingegen belegte nach der regulären Spielzeit den ersten Platz. Seine Endrundengruppe erwies sich als extrem ausgeglichen; am Ende verzeichneten alle vier Teilnehmer drei Siege und drei Niederlagen und das Korbverhältnis verurteilte den SSV zum Ausscheiden.

Auch die Saison 1973/74 beendete der SSV auf Rang 1 der Nordgruppe. Bemühungen, Norbert Thimm zur Rückkehr nach Hagen zu bewegen, scheiterten, doch mit Jimmy Wilkins verpflichtete man einen herausragenden Amerikaner, der es bei den Portland Trail Blazers beinahe in die NBA geschafft hätte. Diesmal reichte es in der Endrunde zum Gruppensieg. Im Halbfinale schien nach einer 80:66-Niederlage in Gießen das Ende nahe, doch das Rückspiel sah den SSV als 74:59-Sieger, genau mit jenem Punktabstand also, der zum Finaleinzug nötig war.

Im Endspiel behielt der SSV gegen den Altmeister USC Heidelberg im Hinspiel in der heimischen Ischelandhalle, die aus allen Nähten platzte, mit 67:54 die Oberhand, um dann vom Rückspiel in Heidelberg als 70:64-Sieger und damit als Deutscher Meister zurückzukehren. Zu den Stützen der Mannschaft gehörten neben Wilkins der aus Leverkusen heimgekehrte Jochen Pollex, dessen Bruder Günter, der eingebürgerte Tscheche Josef Martinek und der Spielmacher Peter Krüsmann. Trainer der einzigen Hagener Meistermannschaft war Jörg Trapp.

Im folgenden Jahr gelang die Qualifikation zur eingleisigen Bundesliga, der Halbfinaleinzug wurde jedoch verfehlt. Dafür konnte man sich im Pokal schadlos halten. Endspielgegner war wie im Vorjahr in der Meisterschaft der USC Heidelberg. Mit einem Hinspielsieg von 79:58 war die Grundlage zum zweiten Titel der Vereinsgeschichte gelegt und man konnte sich im Rückspiel sogar eine 66:56-Schlappe leisten. 1977/78 kehrten die Heidelberger den Spieß um und sicherten sich gegen den SSV Hagen, der im Jahr zuvor im Halbfinale ausgeschieden war, den Pokalsieg.

In der Saison 1976/77 belegte der SSV in der Bundesliga Platz 1. Im Vorjahr, dem ersten der eingleisigen Bundesliga, hätte dies noch den Meistertitel bedeutet, doch diesmal mussten die ersten Sechs der Vorrunde noch eine Endrunde bestreiten, in deren Verlauf der SSV auf Platz 4 zurückfiel. In den folgenden Jahren landete der Klub immer zumindest unter den ersten Sieben der Tabelle, konnte jedoch nie wirklich in den Meisterschaftskampf eingreifen. Im Pokal zog man 1981 und 1983 ins Finale ein, beide Male jedoch hieß der Sieger am Ende Saturn Köln. 1980/81 hatte man in der Bundesliga wieder einmal lokale Konkurrenz erhalten, die BG Hagen – 1975 aus dem TSV Fichte Hagen und Deutsche Eiche Kückelhausen entstanden – musste jedoch nach der Saison sofort wieder den Weg ins Unterhaus antreten. 1988 schaffte der TSV Hagen 1860 noch einmal den Sprung in die oberste Liga, konnte die Klasse halten und 1989/90 sogar einen respektablen sechsten Platz belegen, unmittelbar hinter dem SSV. Beide schieden im Playoff-Viertelfinale aus und standen sich in den Spielen um Platz 5 gegenüber, die der TSV 1860 für sich entschied.

Sportlich ging es also aufwärts, doch wirtschaftlich gab es Probleme, obwohl der SSV bereits seit 1987 die Sponsorenbezeichnung GoldStar im Vereinsnamen trug. Die Basketballabteilung war aus dem Hauptverein ausgegliedert worden und 1990 entschloss man sich zu einer Konzentration der Kräfte und bildete mit den Basketballern des TSV 1860 einen neuen Verein namens Brandt Hagen.

1991 und 1992 kam dennoch bereits im Viertelfinale das Aus gegen die fränkischen Vertreter aus Bayreuth bzw. Bamberg; ein Jahr darauf musste man gar in die Abstiegsrunde. Das Potenzial der Mannschaft deutete sich jedoch im Pokal an, wo man erst im Finale gegen Leverkusen unterlag. 1994 gelang dann im Viertelfinale gegen Bayreuth erstmals seit Jahren wieder ein Sieg in einer Playoff-Serie. Im Halbfinale musste Bamberg daran glauben, doch in den Endspielen erwies sich Abonnementmeister Leverkusen als zu hohe Hürde. Im Pokalhalbfinale hatte das noch anders ausgesehen, da hieß der Sieger Brandt Hagen. Und im Finale des Final-Four-Turniers bezwangen die Hagener auch den SSV Ulm mit 86:72 und holten damit erstmals seit 1975 wieder einen Titel in die westfälische Basketballhochburg.

2001 langte es noch einmal zum Einzug ins Pokalfinale, das jedoch gegen Trier deutlich verloren wurde. In der Bundesliga ging es meist eher um den Klassenerhalt, gelegentliche Playoff-Teilnahmen endeten im Viertelfinale. Ab 2003 musste der Verein seine Heimspiele in Dortmund austragen, da die Ischelandhalle den Anforderungen nicht mehr genügte. Dem erhöhten finanziellen Aufwand standen jedoch keine entsprechenden Einnahmen gegenüber, zumal Namenssponsor Brandt sein Engagement zurückfuhr. Während der Saison 2003/04 zog sich Brandt Hagen nach elf absolvierten Spielen aus der Bundesliga zurück. Das Ende einer großen Epoche Hagener Basketballgeschichte.

2004 wurde in Hagen ein neuer Verein namens Phoenix gegründet, der die Zweitligalizenz der BG Hagen übernahm. Dieser Verein stieg 2009 in die BBL auf und konnte die Klasse seither halten. Einzig 2013 reichte es allerdings zur Qualifikation für die Playoffs, in denen das Aus gleich im Viertelfinale gegen die Bamberger Brose Baskets kam. Es bleibt also Luft nach oben, doch fürs Erste erfreuen sich die Traditionalisten unter den Basketballfans einfach daran, dass die alte Basketballhochburg Hagen wieder in der Bundesliga vertreten ist.

**GRUND NR. 110**

## WEIL ES IM BASKETBALL KEIN ELFMETERSCHIESSEN GIBT

Wie gesagt ... weil es im Basketball kein Elfmeterschießen gibt.

**GRUND NR. 111**

## DAS BESTE TEAM ALLER ZEITEN

Es gehört zum Wesen des Sports, alljährlich (oder zumindest regelmäßig) die Besten zu ermitteln. Und wenn sich ein Team wirklich hervorgetan hat, dann beginnt die Suche nach der historischen Einordnung. Waren die großen Teams der Chicago Bulls mit Michael Jordan besser als die Celtics mit Bill Russell? Was war das beste Team der Lakers? Wo stehen die San Antonio Spurs des Jahres 2014 im Vergleich zu anderen Meistermannschaften? Und so weiter ...

Eigentlich brauchen wir über das beste Team aller Zeiten nicht groß zu diskutieren, das »Dream Team« von 1992 steht sicherlich über allen anderen. Spannender ist da schon die Frage nach dem besten NBA-Team aller Zeiten. Darüber lässt sich trefflich streiten, und mit dem Zweck, einen solchen Streit zu provozieren, lehnt sich der Autor hier weit aus dem Fenster und nominiert die Boston Celtics der Saison 1985/86! In dieser Saison gewannen die Celtics 67 Spiele, bei einer Heimbilanz von 40-1. Keine schlechte Bilanz in einer Zeit, da die Liga weniger Teams hatte, also ausgeglichener war. Und vor allem: Die Celtics gewannen 18 von 20 Spielen gegen Konkurrenten, die am Ende der Saison 49 oder mehr Siege aufwiesen, das heißt, gegen die Besten waren sie da, gegen schwächere Gegner ließen sie es auch mal locker angehen.

Die Playoff-Bilanz lautet 15-3 und im fünften Spiel der zweiten Runde demontierte das Team die keineswegs schlechten Atlanta

Hawks im dritten Viertel mit 36:6, was viele Beobachter bis heute für das beste jemals gespielte Viertel halten.

Und was für ein Team das war: Robert Parish, der »Chief« mit der Nummer 00, als Center, Kevin McHale, der Tim Duncan seiner Zeit, als Forward neben Larry Bird, der die beste Saison seiner Karriere spielte; Dennis Johnson, ein fantastischer Guard, defensiv einer der besten überhaupt, und daneben Danny Ainge, der Gegnern keine Ruhe ließ und sie mit seiner ganzen Art zur Weißglut bringen konnte. Die beste Starting Five aller Zeiten, außer Ainge samt und sonders Mitglieder der Hall of Fame. Dazu dann mit Bill Walton ein weiterer Superstar und Hall-of-Famer als sechster Mann. In dieser Saison hatte Walton ausnahmsweise einmal nicht mit Verletzungen zu kämpfen und absolvierte in der regulären Saison 80 Spiele. Und auch der Rest der Bank war mit Scott Wedman, Jerry Sichting, Greg Kite und Rick Carlisle nicht gerade schäbig besetzt.

Die individuelle Qualität dieses Teams steht außer Zweifel, herausragend ist es aber, weil es immer als Mannschaft spielte, den Ball kursieren ließ und sich nie zu schade für den Extra-Pass war, der den leichten Korberfolg ermöglichte. Dieser Mannschaft standen alle Wege zum Erfolg offen, man dominierte an den Körben und konnte, wenn innen nichts lief, jederzeit aus der Distanz zum Erfolg kommen.

Was aber, könnte man fragen, ist mit den Lakers, gegen die die Celtics im Vorjahr unterlegen waren? Hätte das beste Team nicht im Finale auch den besten Kontrahenten besiegen müssen? Nun, es ist nicht die Schuld der Celtics, dass sich die Lakers von den Houston Rockets aus dem Rennen werfen ließen und das Traumfinale nicht zustande kam. In jener Saison waren die Rockets eben besser als die Lakers, und die beiden Spiele der regulären Saison gingen mit 110-95 in Boston und 105-99 in L. A. ohnehin beide an die Celtics.

Ganz nah dran: die Chicago Bulls der Saison 1995/96, die 72 Spiele gewannen und mit 15-3 durch die Playoffs marschierten, und die Lakers der Spielzeiten 1984/85 oder 1986/87. Dennoch: bestes NBA-Team aller Zeiten – die 1986 Boston Celtics!

## AUSWAHLBIBLIOGRAFIE:

Günter Bork, *Basketball Sternstunden* (München: Copress, 1995)

Peter Kränzle & Margit Brinke, *Faszination Basketball*, (München: Copress, 1996)

Peter Kränzle & Margit Brinke, *Basketball verständlich gemacht: Historie und Organisation – Regeln und Spielidee – Teams und Stars* (München: Copress, 2003)

Michael Rappe, *Magic Basketball* (Göttingen: Verlag Die Werkstatt, 2005)

Dino Reisner, *40 Jahre Basketball-Bundesliga* (Erfurt: Sutton, 2006)

Christoph Ribbat, *Basketball: Eine Kulturgeschichte* (München: Wilhelm Fink, 2013)

Bill Simmons, *The Book of Basketball* (New York: Ballantine, 2010)

 Claus Melchior, Jahrgang 1954, lebt in München und ist dort als Buchhändler tätig. Er hat Holger Gschwindner in Aktion erlebt, als Dirk Nowitzki noch gar nicht geboren war – und Larry Bird auf dem Parkett des alten Boston Garden. Er schreibt hier erstmals zum Thema Basketball, ansonsten auch über Fußball und Baseball. Bei Schwarzkopf & Schwarzkopf veröffentlichte er bereits das Buch *111 Gründe, den TSV 1860 München zu lieben.*

Claus Melchior
111 GRÜNDE, BASKETBALL ZU LIEBEN
*Eine Liebeserklärung an den schönsten Sport der Welt*

ISBN 978-3-86265-407-9
© Schwarzkopf & Schwarzkopf Verlag GmbH, Berlin 2014
Alle Rechte vorbehalten. Dieses Werk ist urheberrechtlich geschützt. Jede Verwendung, die über den Rahmen des Zitatrechtes bei korrekter und vollständiger Quellenangabe hinausgeht, ist honorarpflichtig und bedarf der schriftlichen Genehmigung des Verlages. | Coverfoto: © thinkstock.com/snowflock | Bilder im Inhaltsteil: © thinkstock.com/SÄlvia Antunes; © thinkstock.com/Ivan Hafizov; © thinkstock.com/michelle junior; © thinkstock.com/Lane Erickson; © thinkstock.com/auimeesri; © thinkstock.com/Voyagerix; © thinkstock.com/daizuoxin; © thinkstock.com/auimeesri; © thinkstock.com/wasan gredpree; © thinkstock.com/alblec; © thinkstock.com/muratsenel

KATALOG
Wir senden Ihnen gern kostenlos unseren Katalog.
Schwarzkopf & Schwarzkopf Verlag GmbH
Kastanienallee 32, 10435 Berlin
Telefon: 030 – 44 33 63 00
Fax: 030 – 44 33 63 044

INTERNET | E-MAIL
www.schwarzkopf-schwarzkopf.de
info@schwarzkopf-schwarzkopf.de

EBENFALLS VON CLAUS MELCHIOR BEI UNS ERSCHIENEN:

# 111 GRÜNDE, DEN TSV 1860 MÜNCHEN ZU LIEBEN

**111 GRÜNDE, DEN TSV 1860 MÜNCHEN ZU LIEBEN**
EINE LIEBESERKLÄRUNG AN DEN GROSSARTIGSTEN
FUSSBALLVEREIN DER WELT
Von Claus Melchior
ca. 288 Seiten, Taschenbuch
ISBN 978-3-86265-328-7 | Preis 9,95 €

»So viele Vereine sind es gar nicht, die sich schon einmal Deutscher Fußballmeister nennen durften. Und der TSV München 1860 gehört dazu, war sogar einer der ersten, dem dies in der damals gerade erst eingeführten Bundesliga gelang. Weshalb die Meisterlöwen der Saison 1965/66 bis heute einen Ehrenplatz in der Vereinsgeschichte einnehmen. Nach sicher errungener Herbstmeisterschaft war man in der Rückrunde ins Stolpern geraten, doch zwei Spieltage vor Schluss lag man mit Borussia Dortmund gleichauf an der Spitze, einen Punkt dahinter Neuling FC Bayern. Würde der Lokalrivale nach dem Spitzenduell vom 33. Spieltag der lachende Dritte sein? Nein, denn die Löwen zeigten in Dortmund eine konzentrierte Leistung und eroberten mit einem 2:0-Sieg die Tabellenführung zurück. Eine Woche später, am 28. Mai 1966, sicherte ein 1:1 gegen den HSV endgültig den Titel und der Lebenstraum von Präsident Adalbert Wetzel, einmal die Meisterschale auf dem Marienplatz präsentieren zu können, hatte sich erfüllt.« Claus Melchior

WWW.ZWOELFTERMANN.DE